正义与中国

——纪念罗尔斯《正义论》出版四十周年文集

廖申白 仇彦斌 编

中国社会科学出版社

图书在版编目(CIP)数据

正义与中国:《正义论》出版四十周年纪念文集／廖申白等著.
—北京:中国社会科学出版社,2011.12
ISBN 978 - 7 - 5161 - 0446 - 0

Ⅰ.①正… Ⅱ.①廖… Ⅲ.①正义论—研究—文集
Ⅳ.①D081

中国版本图书馆 CIP 数据核字(2011)第 275752 号

出 版 人	赵剑英
责任编辑	徐　申
责任校对	王兰馨
责任印制	王　超

出　　版	中国社会科学出版社
社　　址	北京鼓楼西大街甲 158 号(邮编 100720)
网　　址	http://www.csspw.com.cn
	中文域名:中国社科网　　010 - 64070619
发 行 部	010 - 84083685
门 市 部	010 - 84029450
经　　销	新华书店及其他书店

印　　刷	北京君升印刷有限公司
装　　订	廊坊市广阳区广增装订厂
版　　次	2011 年12月第 1 版
印　　次	2011 年12月第 1 次印刷

开　　本	710×1000　1/16
印　　张	21.5
插　　页	2
字　　数	378 千字
定　　价	59.00 元

作者名录

（以文章先后为序）

何包钢　澳大利亚迪肯大学教授
姚大志　吉林大学教授
丁建峰　北京大学博士
孙永尧　财政部财政经济研究所研究员
邓　肆　西南政法大学副教授
李绍猛　北京师范大学副教授
马永翔　北京师范大学副教授
廖申白　北京师范大学教授
赵祥禄　河南科技大学教授
何怀宏　北京大学教授
刘　莘　四川大学教授
赵汀阳　中国社会科学院研究员
包利民　浙江大学教授
徐向东　北京大学教授

序

一

美国当代著名哲学家约翰·罗尔斯教授 1971 年出版他的《正义论》（A Theory of Justice），阐释一种"公平的正义"的理论，迄今已经整整 40 年。这部著作的最核心的思想是，社会正义是一个政治社会持久稳定存在的基础，社会正义的最重要的问题是社会制度的基本安排是公平正义的，而这一点必须是经由那个社会的政治成员的某种一致意见的确认。由于从哲学的思考高度深刻地提出了人类社会正义的问题，并从宪法民主政体的特别视角细致深入地思索了这一问题，由于它审视这一问题的广阔哲学视野和独特哲学风格，这一著作成为深刻影响了从它出版迄今的整个时代的思想的最重要哲学著作。我们今天的确很难设想，人们在审视社会的问题时能够忽略罗尔斯有力地阐释了的社会正义问题；也的确难想象，人们在思考与讨论社会正义问题时能够设想一种没有罗尔斯《正义论》的思想与理论背景。不仅如此，当人们今天在从社会正义乃至某种全球正义的观念提出种种要求、呼吁时，他们在内心所诉诸的观念都常常已经深深打上了罗尔斯这部著作的思想的印记。

在《正义论》出版 31 年之后，罗尔斯离开了人世，停止了他对于公平的正义的理论思考。《正义论》是罗尔斯的第一部也是他最具有原创性的著作。它的基本旨趣是政治哲学与道德哲学的。它的三编分别对应罗尔斯所关心的三个重要问题。第一编"理论"提出并面对的问题是：设若人们要终生生活在一个封闭的政治社会体系之内，他们会一致同意用来安排那个社会制度的基本结构的正义原则将具有哪些基本内容？第二编"制度"提出并面对的问题是：以具有这些内容的正义原则来安排的社会制度将具有怎样的基本结构，它们将加给人们怎样的要求，这些要求是否会带来过强的约束而不可行，又是否会过于脆弱而不能具有良好的秩序？第三编"目的"提出的问题是：这样一种制度将塑造怎样的人——他们是否将具有能够稳定持久地支持那种制度的基本素质，是否将能发展为社会的正义安排所容许并有其自由空间的善观念，尤其是，是否将具有足够的支持他们去做一个正义的人的正义感？对这三个问题的思考仿佛是一个思想试验：一种好的处理，这意味着它们的相互适合并相互支持，将构成对这种公平的正义的理论的某种验证。这个验证的基础是人们基于公共理性的重叠共识。这三个问题，连同把这个总体的讨论当作一个"思想试验"性质的"证明"所形成的那个问题——它随之被称为"证明"问题，构成了罗尔斯整个哲学之旅的基本问题。

　　如果简单地划分，罗尔斯的哲学之旅可以分为两个阶段：从50年代在普林斯顿大学哲学系担任讲师时起到1971年《正义论》的出版，是他的正义理论形成和表达的阶段，1971年以后是他将他的正义理论表达为一种政治的而不是哲学的自由主义的阶段。在第一个阶段，他把他长期思考形成的伦理学合理决定程序思想应用于那个久在脑际的问题：社会应当如何处理自然的和社会的偶然因素对人的生活前景的不公正的影响才是合理的和公平的？这个思考的过程最终展现为上面所说明的三个彼此联系的问题。《正义论》于1971年在哈佛出版是这一阶段的思想完成的标志。在第二个阶段，面对各方面的批评者，罗尔斯继续对公平的正义的理论思考，试图把它表述为一种政治的思考而不是一种哲学。在《道德哲学史讲义》《公平的正义再陈述》《政治的自由主义》与其他后续的著作中，上述的三个问题，尤其是他以那种方式提出的"证明"的问题，都在继续。

　　罗尔斯的这两段哲学旅程都极其引人入胜。他在这两个阶段所做的哲学努力是那样严肃、执着，他的哲学创造又如此精致、系统，以致的确可以说，在20世纪很少有能够与之媲美的哲学著作。从各方面来说，罗尔斯的《正义论》以及几部主要的后续作品都属于20世纪思想界最具有影响力的作品之列。在这些著作里，罗尔斯以一种基本一致的方式，在政治哲学和道德哲学中提出了一个融会西方正义概念的基本涵义，并又极大丰富了其内涵的公平的正义的理论。公平的正义在这些著作中被诠释为在一个宪法民主制社会中人们关于一个健全的、持久的社会合作体系的条件的共同观念，因而是一种内含于关于一个基于宪法民主政体的健全持久的社会合作体系的观念中的正义观。但在所有这些著作中，理论贡献最大的当属《正义论》。这也许就是他唯独只对《正义论》一书进行了修订的原因。他的整个哲学之旅，都可以说是从《正义论》出发的。他以后几部著作，从主题、风格到讨论方式，都是对《正义论》奠定的基本思想的辩护与修正。后一阶段的主题是从前一阶段的主题发展而来，就像一个旅行者在走到一个计划的目的地后又由于在那里见到的景观而开始的另一段旅行。

二

值得继续谈到的是，即使在中国大陆，在社会研究的各个重要领域，在哲学、伦理学、政治学、经济学、法学、社会学、教育学等领域，罗尔斯《正义论》中的思想已经得到了很多讨论，人们今天也已经熟悉罗尔斯《正义论》所提出的理论，熟悉基于罗尔斯《正义论》的思想而提出和讨论的种种问题。在社会生活的实质性内容方面，在今天所提出的重要问题包括：中国的宪法制度是否需要改进，以及如果是，在哪些方面需要改进？公权力的公共性质是否已经并当如何体现？与公权力的运用相联系的腐败当如何治理？公权力当如何运用才能减少甚或消除腐败？财富与收入的两极分化趋势根源何在，又当如何扭转？社会分配的形式当如何调整？弱势人群的基本权利与最基本的社会受惠标准当如何厘定与确保？教育资源或其中最基本部分要否，以及如果要，当如何公平分配？罗尔斯"差别原则"是否是引导这些分配及其调整的指引或参照原则？等等。无论这些问题与中国伴随着经济起飞的交往生活的转变是否一根而发，这些问题的提出以及对它们的讨论都有着深深的罗尔斯印记，则是不争的事实。

诚然，熟悉并非意味着产生了"积极联系"。"积极联系"本身的含义需要澄清。首先，一个中国大陆思想者与罗尔斯《正义论》的"积极联系"意味着对罗尔斯的健全理解。的确，要对罗尔斯有恰当的理解，就需要从他所思考的那种宪法民主制度的公共政治文化背景来理解。中国具有宪法民主政体的某些性质与特点，但中国的政治体制并非是充分罗尔斯意义上的宪法民主制度。在这种背景之下，理解罗尔斯在某种意义上需要"走出"中国情境。

但是，这并非不可能，至少是并非不可能接近。今日，比起西方思想界借助同样的语言交流媒介来理解中国，中国思想界借助这种交流媒介来理解西方看来要稍有些优势。因为，尽管文化传统上差异对中西双方面来说近乎相同，汉语语言的那层"形"义对于西方思想界理解中国造成了更多一层的困难。

而且，尽管是从宪法民主政体下的社会正义问题入手的，罗尔斯《正义论》的思想指向人类在一个政治国家之内的社会组织与制度如何才是正义的这个恒久的主题。他借助理想的理论试图从人类思考那些永恒问题的智慧那里引得"光"来，"照亮"对封闭的宪法民主制社会的正义问题的思索。引向这一永恒主题的那种政治哲学与伦理学思考是中国思想界基于儒学的"道"、"理"、"义"、"直"、"良知"、"良政"、"善治"等等观念可以理解与接近的。人类智慧与思想在这些根本问题上是可以相通的。

另一方面，产生这种"积极联系"又并不意味一个阅读并思考罗尔斯《正义论》的中国读者必须走出文化的传统。相反，由于这样一个文化传统的精髓迄今仍然保有着它的精神的生命力，一个中国思想者只有通贯地领悟了政治学、伦理学与这个文化传统的内在精髓的血脉联系，才能吸收到罗尔斯思想中那些具有价值的精神内涵。这个文化传统的内在精髓是它延续其生命力的根。一个中国的思想者只有通过这个文化传统的根，才能吸收到有益这个文化机体的养分。这当然是一个困难的文化的与思想的过程。或许，在罗尔斯《正义论》出版40周年之后，随着对中国思想界对自身文化传统的精髓的反思，这种发展正可期待。

三

对于一位哲学家的最好纪念是以哲学的方式严肃地思索他的思想具有价值的含义。在这方面，批评的研究或许更有益。因为，在一种批评的研究当中，对所提出的思想的某些困难或所包含的某些困难问题会得到更为充分的审视，在这些审视之中，所提出的思想的价值本身也就经受着检验，其中经住了思想"淘沥"的内涵便得到更经得住检验的尊重。

收在本书中的14篇学术论文都是作者们认真地思索与写作的产物。所以，这些论文在相当大程度上表达了中国大陆的研究者们在过去40年对罗尔斯《正义论》的思想与理论的观点。

在这些论文中，有一些试图维护罗尔斯《正义论》的某些方面的或从某个视角来审视的理论价值。第一个辩护是关于《正义论》总体的哲学方法的。辩护者认为，罗尔斯诉诸理性方法而排除社会生活的主观经验因素是合理的，并且，罗尔斯以他的方式比较一致地做到了这一点。第二个辩护是针对科恩（G. A. Cohen）的，他反对罗尔斯对不平等的"激励论证"的批评。辩护者认为，罗尔斯有充分的理由把社会的基本结构设想为正义的主要题材，并实际上有思想资源回应科恩的批评和挑战。第三个辩护针对罗尔斯的非目的论的重建公共伦理规范的尝试。辩护者认为，与哈贝马斯的相同努力比较，罗尔斯的这种努力明显优于后者。不过，另一位作者在从"道德建构主义"的方面讨论时持与此相反的意见，认为罗尔斯向非形而上学的道德建构主体的转变削弱了正义原则的证明力，在后形而上学的条件下，哈贝马斯对道德客观性的认识可以提供一种解决的思路。

罗尔斯的差别原则在收录于本书的两篇经济哲学论文中得到了更多辩护。一种辩护是，罗尔斯对差别原则的表述正确地把差别原则与风险考虑区别开来，表现出足够的健全性，尽管他的理论还有些有待补充和完善的部分。另一种辩护是，差别原则基于福利经济学中"纳什均衡"可以得到更为充分的支持，因而可以通过经验的科学研究来确认其合理性质。

更多的论文则是对罗尔斯既有维护又有批评。这些批评在程度上差别极大。有一些论文表达着一些带有根本性的批评。在这部分论文中，有一些涉及罗尔斯《正义论》以基本健全的宪法民主制度作为这一理论思考的文化背景的问题。在这方面，第一个批评是，这种正义理论并没有把其他一些制度，例如差序结构制度以及"贵族"制度的正义，考虑进来，因而它不仅不完全涵盖传统社会正义理论的主要问题，也不是对西方之外的其他现代文明正义观念的全面阐述。第二个批评是，这种正义理论不正确地把正义局限到一个封闭的政治社会之内，因而丧失了它本来可能包含的普适性。

另一些带有根本性的批评针对这种理论的政治哲学本身。在这个方面，第一个批评是，着眼于合作观点来阐释宪法民主制度的共同正义观失之偏颇，因为基于竞争观点的阐释将更加具有说服力。第二个方向相近的批评是，这种理论并没有去说明一种合作的体系如何能够从非合作的体系中产生，并且这种缺陷带有根本性质。第三个批评是，这种政治哲学已经陷入了技术主义的泥沼，这种技术主义，甚至它采用的模型所具有的明晰性优点本身，都可能对政治哲学产生误导。第四个批评针对罗尔斯的公共理性理论，批评者认为，这一理论是罗尔斯完善其正义理论的最后努力，罗尔斯之所以将公共理性理论脱离原有的正义理论，在于其正义理论是失败的。

此外，在道德哲学方面，一种具有与上述同样性质的批评是，这种道德哲学或伦理学并没有令人信服地表明正当观念具有完全独立于善概念的另一根源，并且，与希腊时代的古典讨论比较，它对于人类的善的讨论是眼界狭小的。

另外一些论文则只对罗尔斯正义理论提出一些细节上的批评。其中一个批评朝向罗尔斯正义论的思想体系。批评者指出，罗尔斯的体系是基本一致的，但是由于罗尔斯在后期抛弃了康德的普遍主义和先验理性，并开始抛弃理想主义，他前后期的思想具有一些不充分一致的地方。在许多其他论文中，作者们也在许多具体问题上提出了一些细节上的批评。

本书作者们所提出的辩护或批评或者是基于不同的思想与理论，或者即使是基于同一种思想体系或理论，也是从不同的角度或采取不同的思想方法。显然，各个作者仅仅在表达他们个人的见解。但是不言而喻，这些见解在中国大陆都已经为思想界所熟知。这本书在辑成时所持的宗旨也并不在于仅仅表达基于某种特定思想体系或理论的批评或辩护的意见，而在于反映过去 40 年间中国大陆在哲学领域对罗尔斯《正义论》的主要思考取向。

四

《正义论》的第一个中译本由何怀宏、何包钢和廖申白共同翻译，由中国社会科学出版社苏晓离编辑，于 1988 年面世。以后，中国社会科学出版社争取到了该书简体中文本版权，三位译者与该社合作继续出版该中文版，其间只做了少许订正。三名译者是 1984 年进入中国人民大学哲学系学习的。入学以后不久，讲授"现代西方伦理学"的戴扬毅先生介绍了罗尔斯的这本书的重要影响。在何怀宏提议下，三位译者从 1986 年春开始投入这本书的翻译工作。《正义论》第 1 版的翻译工作进行得非常艰苦。为了准确把握并尽可能充分地转达，三位译者对罗尔斯的那些相当困难的术语的理解与翻译问题做过很多细致的讨论。借助《正义论》英文索引的帮助，三位译者努力地使基本术语的译名上尽可能统一。2008 年，时隔 20 年后，三位译者再次合作，按照罗尔斯《正义论》1999 年英文修订版再次翻译全书。在这次翻译工作中，三位译者努力地纠正了 1988 年中译本对一些术语的不恰当的翻译与原译文中的一些错误，使这个中文译本立基于上个中译本在表达上有了进一步的改进。

2009 年，当《正义论》修订版由冯春凤编辑在中国社会科学出版社再次出版时，在北京师范大学召开了一个小小的座谈会。在那次会上，一些与会同仁商议，在2011年《正义论》英文版出版40周年之际，编辑出版这本文集，纪念这一哲学事件40周年，也借此回顾这40年来社会正义问题的思考的进展，尤其是在中国大陆的进展。经过两年的准备，这个计划即将付诸实现。在本书即将付梓之时，我们诚挚地感谢本书的十四位撰稿人，他们或者是罗尔斯的中文译者，或者是多年来对罗尔斯做了深入研究并有卓越成就的研究者，感谢他们慷慨为本书撰稿。正是他们的贡献，使得这本文集在上述两个方面都具有了真实的价值。

在本书即将付梓之时，我们诚挚地感谢中国社会科学出版社赵剑英社长、曹宏举副总编辑对本书的出版的鼎力支持，他们支持学术研究著作的出版方面的眼界与见识一直令我们深为钦佩。同时，我们谨向本书的责编、中国社会科学出版社徐申编辑表达我们内心的感谢，他在非常短的时间接手本书的责编工作，为本书的编辑工作付出了辛苦的努力。此外，我们还要向中国社会科学出版社所有帮助了这本书的编辑与出版的同事们，向国家财政部孙永尧研究员——他不仅为本书慷慨供稿，还帮助通读和编辑了本书的部分文稿，表达我们共同的诚挚的感谢。没有大家的合作努力，这本书不可能在这样短的时间完成出版。

廖申白　仇彦斌　谨识
2011年11月北京

目　　录

第一编　罗尔斯《正义论》思想研究

第二编　罗尔斯、政治哲学与中国

第一编 罗尔斯《正义论》思想研究

罗尔斯《正义论》方法论述评

何包钢

方法非方法也，方法乃是一个人的生命精髓，一个人生命价值。罗尔斯方法论就是如此。他的方法体现了他早期的宗教关怀，一种对永恒真理的固执地追求，正如他在《正义论》的结语中所说的对心灵的纯洁，优美和自律的追求。① 脱离实质性工作的技术方法是没有意义的；罗尔斯的方法论其实是他的正义理论，是他对理性的信念，是他的一种特殊的"社会本体论"。罗尔斯通过原初状态下的无知之幕，使理性的个人摆脱其种种偏见而一致选择正义原则。这种方法和正义论融为一体。罗尔斯的方法创新是其理论创新的一个重要组成部分。

二十世纪初的哲学经历了本体论的瓦解，语言哲学的兴起。语义的技术分析取代了对重大价值问题的哲学思考，具体的、多元的情景理性取代了抽象的、普遍的理性。宏观理论的地位削弱了。各种宏观理论受到怀疑、批评，斥之为"不可靠的知识"或"语义不清所造成的知识垃圾"。

在这种哲学巨变的挑战下，罗尔斯以坚强的信念和毅力，回归和发展了17至19世纪宏观理论的传统，建构了他的正义理论大厦。他的"建筑工具"就是他所发明的"无知之幕"和"反思的平衡"。

本文试图阐述罗尔斯方法论的一般特征及其特点，并讨论其功失、成败。不少学者对罗尔斯的方法作出了批评，但是一般性的评论和批评往往不得要领。我们需要深入理解罗尔斯方法论的背景和困境。大凡大思想家在其方法论中往往思考得全面、深刻、透彻。我们对罗尔斯方法的理解不能停留

---

① 罗尔斯：《正义论（修订版）》，何怀宏、何包钢、廖申白译，中国社会科学出版社 2009 年版，第 465 页。

在肤浅、不透、表面的水平上。

一　罗尔斯方法论的一般特征

当今理性的基本特征是多元的、怀疑的和批评的。如何在多元理性中获得共识和一致，是民主社会中所遇到的普遍性问题。民主建立在理性基础之上，建立在个人的理性同意基础之上，但是，理性如何能保证我们会一致地选择民主社会呢？或者会选择罗尔斯所提倡的正义原则呢？

古典契约论者对理性的功能深信不疑。在他们那里，订立契约时毋须对理性作深入地探讨。哲学家们假设一个本体论，一个客观真理的世界。罗尔斯面对的是各不相同的并且有各自合理性的观点和多元理性，因此，订立契约的方法首先要处理理性一致性的问题，要引进技术性的方法，如无知之幕。在先前的社会契约论中，自然法和自然正义等道德命题是不证自明的。但是在一个理性怀疑和批判的时代中，在一个没有本体论的哲学体系中，笛卡尔式的不证自明的东西需要证明。正因为如此，罗尔斯花了不少精力审慎地讨论了这些不证自明的公共理性原则。《正义论》中的第一章的第三和第四节、第三章、第四章和第九章的第八十七节都是对证明的详细讨论。

罗尔斯的方法论不属于经验的、归纳的方法，也非简单的逻辑演绎。它是规范的、反思的、实验的和假设性的，一种审慎的理性选择方法，一种选择原则的知识程序，一种哲学证明方法。罗尔斯的方法也是一种特殊的心理学方法，"一种至少少数人，也许大多数人所具有的特殊用脑过程的有系统的表征方法"。[①] 罗尔斯的"证明"不是经验意义上的"证实"，而是要证明无知之幕这种哲学程序是合理的，又要证明在无知之幕下人们作出的选择也是合理的。它是一个相互支持的统一整体。自然，罗尔斯的方法建立在所有人能接受的证据及推理方式之上。它受到日常观察和一般被认为是正确的思维模式（包括没有争议的合理的科学调查方法）的支持。

在启蒙时代，唯物主义哲学天真地相信有一个客观世界的存在，哲学的任务就是去发现真理。罗尔斯政治哲学放弃了这种哲学假设。罗尔斯认为，哲学作为一种独立的形而上学的真理体系，并不能为一个民主社会提供一个

---

① Dworkin, Ronald, *Taking Rights Seriously*, Cambridge, MA: Harvard University Press, 1977, p. 158.

可行的，大家所公认的关于正义的政治体系。罗尔斯理论和方法"不建立在任何特殊的形而上学的或哲学的理论上。它没有预先假设：通过常识所公认的思想方法能建立起所有的真理；它也不认为任何事情在某种确定的意义上都是一种来自理性的科学探究所能观察和证实的逻辑结构。"①罗尔斯的方法论反对一种某些人的观点凌驾于另一些人的观点之上的特权地位。

罗尔斯以非常抽象思辨的方式来阐述各方在正义环境中如何选择两个正义原则。他的《正义论》概括了以洛克、卢梭、康德为代表的契约论，并使之上升到更高的抽象水平。他提出的"作为公平的正义"（Justice as fairness）就是指人们最初以平等地位的身份共同选择了两个正义原则。这里契约目标并非是选择建立某一个特殊的制度或进入某一特定的社会，而是选择一种指导社会基本结构设计的根本道德原则即正义原则。

二　社会契约

罗尔斯的方法论的基本特色是通过社会契约这种假设性思想实验来展开其理论证明的。社会契约是想象的、假设的，推导出结论的一种特殊程序。罗尔斯认为，社会契约并非是历史性的事件。它是假设的、非历史性的。这就是理性的当事人在某些条件下达成的一致。这是一种意识上的契约，甚至不是相互交流的行为。②

"社会契约"假定了一种关于政治秩序的理念，是对政治秩序的一种追求。契约理念可以追溯到圣经中大卫与其民签订的盟约、罗马法和亚里士多德政治学中所讨论的原则。③洛克、卢梭和康德进一步发展了契约论。罗尔斯与古典契约论不同之处在于：他提出了具有普遍性的正义概念，并把人们所熟悉的社会契约理论提升到更高的抽象层面。这里所谓"提升到更高抽象"的含义在于罗尔斯运用了一系列抽象的概念（如原初状态和无知之幕）讨论在制约、立法与执法之前的正义原则的选择，确立社会基本结构的道德原则。Ronald Dworkin 如此评论道："罗尔斯最基本的假设不是基于人有权拥有某些在洛克和密尔看来很重要的自由权利，而是认为人有平等地相互尊重

---

①　罗尔斯：《正义论（修订本）》，第168页。

②　可与 Nozickt 的无意识契约和 Gauthier 的相互影响的契约进行比较。

③　对古典社会契约论的讨论见 Ernest Barkerr, *Social Contract*：*Locke*，*Hume and Rousseau*，Oxford University Press，1947

和在设计政治制度时同等被关注的地位。"①

为什么罗尔斯需要社会契约这一假设？这是由于社会契约观念预先假定，各方是自由、平等并拥有理性能力的，并排除了暴力、强制、欺骗和欺诈。对罗尔斯而言，他把契约构想成对政治安排的理想性和可行性的一种试验。社会契约和原初状态观念是罗尔斯所说的"代表制的设计"。社会契约的各方当事人是自由、平等的公民代表，代表他们在某一公平条件下达成一致的协议。

在罗尔斯契约论中各方代表仅仅关注他或她自己的利益；这个假设与古典契约论相类似。自利的假设是契约双方的主要动机，但是，在契约制定过程中，自利的一方必须考虑他方的利益，扩展之，必须考虑各方的利益及其协调、平衡。这是契约论之所以吸引人的地方，也由此产生了正义问题。②利益的一致引出了人与人合作的必要性和可能性，而在合作中利益的冲突则更加显现出正义原则的必要性。③那些使人合作成为可能和必需的条件就是原初状态设计的正义环境。罗尔斯强调宏观环境中的中等匮乏条件和主观环境中的相互冷淡条件。

罗尔斯的创新在于把自私的倾向描述为"相互冷淡"。为什么？（1）罗尔斯认为，人们实际上是自利的。但他在《正义论》中又清楚地表明他并不认为他们都是自私的。（2）他想采用一种弱假设。尽管他认为人们确实是社会性的，但他不想把这作为其论证所必需的条件。他的论证所需要的只是原初状态中的人们是自利的，他们接受的是最大最小值策略。④ 相互冷淡的条件对人们的道德要求不高。（3）如果各方被设想为是利他主义者，或者追求某些特殊快乐，那么被选择的原则仅仅适用于这样一些人；他们的自由选择被限制在与利他主义或享乐主义相容的各种选择中。⑤

相互冷淡的动机假设是与康德的自律概念相似的。它表达了正义环境的一个特征，为指导各方的审慎思考提供了一个清楚的概念。在此，"仁慈"

---

① Dworkin, Ronald, *Taking Rights Seriously*, p. 182

② Michael Lessnoff, *Social Contract*, London: Macmillan, 1986. pp. 121 – 122。

③ 何怀宏：《契约伦理与社会正义：罗尔斯正义中的历史与理性》，中国人民大学出版社 1993 年版，第 239 页。

④ 在 Philip Pettit and Chandran Kukathas 把罗尔斯的契约论描述为一种经济契约。这一观点是值得商榷的。Philip Pettit and Chandran Kukathas, *Rawls: A Theory of Justice and its Critics*, Polity Press, 1990。

⑤ 罗尔斯：《正义论（修订版）》，第 199 页。

只是一个次要概念，它在选择正义原则中没有发挥作用。"仁慈"原则对人们的道德要求太高，并不是每一个人都会按此行为。

契约的目的在于确定，什么才是我们的社会所需要的正义；正义原则为我们的基本社会制度应该作出什么样的规定。各方从一系列可供选择的原则中选择两个正义原则，排斥了混合原则、目的论原则、直觉主义原则和利己主义原则。两个正义原则把我们作为平等自由的道德人来尊重，这样的原则是我们每一个人都可以接受的，它们是通过社会契约设计被选择的原则。

罗尔斯的契约论来源于康德，并高于康德。康德把道德原则看成是一个理论选择的过程。他以各种道德原则是理性选择的目标为始点。道德哲学变成了一门研究适当确定的合理抉择及结果的学问。在康德那里，道德形而上学排除了偶然性，但是人类道德学考虑了偶然性。

罗尔斯对原初状态的描述就是解释康德的这个观念的一个尝试。康德认为：人是一种自由、平等的理性存在物，他是在自律地行动的。他所遵循的原则之所以被选择，不是因为他的社会地位或自然禀赋，也不能用他生活在其中的特殊社会以及他恰好需要的特定事物来解释。罗尔斯就是通过无知之幕使原初状态中的人不具有那种使他能够选择他律原则的知识。各方完全作为仅知道有关正义环境的知识的自由和平等的理性人而达到他们的选择。罗尔斯把原初状态看成是本体自我理解世界的一种观察点。原初状态可以被看成是在经验理论的框架内对康德的自律和绝对命令观念的一个程序性解释。

罗尔斯发展了康德的思路。他增加了被选择的原则要运用于社会的基本结构；并不诉诸先验根据。罗尔斯在两方面不同于康德。第一，罗尔斯把作为一个本体自我的个人选择假设为一个集体的选择。自我争取平等的力量在于那些已选择的原则务必是其他自我可以接受的。恶棍的原则将不会被选择，因为它们不能表现这种自由选择。第二，罗尔斯始终假设各方知道他们处在一个世界中，同样面临中等匮乏和冲突要求的限制。人类自由要按照根据自然限制而选择的原则来调节。康德的纯粹理智的自由不受制于这些约束。①

————————————

① 罗尔斯：《正义论（修订版）》，第四章第四十节。

三 原初状态和无知之幕

在继承和发展传统的社会契约概念上，罗尔斯发明了原初状态这一理性设计。原初状态（the original position）是一种有用的启发性设计，是对最初状态（initial position）的一种较受欢迎的解释。这种最初状态非常特殊，是一种假设的公平状态，是为保证任何已经选择的制度而设计的，它是极其公平的。设计原初状态的目的在于，原初状态观念旨在建立一种公平的程序，以使任何达成同意的原则都将是正义的。一旦公平的程序已经建立，不管什么样的程序，倘若程序能够得到很好的遵循，结果应该是公平的。①

在原初状态中，我们必须区分各方当事人，良序社会的公民和我们自己。各方代表人不是实际的人，"他们仅仅是一种假想的生命，居住在我们的代表制的设计中。"②各方代表的本性与我们（你和我）相似，通过反思的平衡评估正义观念。③

罗尔斯正义论最引人注目的特征是，社会契约的各方当事人是在"无知之幕"背后选择正义原则的。他们不知道下述事实：

（1）他们不知道自己在社会中的地位；

（2）他们不知道他们的自然天赋（如智力）；

（3）他们不知道自己的"善的观念"，即他们的生活中值得追求的；

（4）他们不知道自己社会所处的特殊环境，如经济发展水平等。

但是他们知道人类社会的一般事实，政治事务和社会经济原则，基本社会组织和人类心理原则。他们试图尽最大的可能发展善的观念。④

为什么需要无知之幕？无知之幕的目的在于排除特殊信息，以此发展出一种人人能普遍同意的道德学说。任何有可能招致偏好和歪曲的知识，以及会使人们相互对立的知识都应该被排除。⑤ 如果我们将要决定什么是最好的

---

① 罗尔斯：《正义论》，第15—16，104，116页。非常有趣，有人把罗尔斯的原初状态理解为一个尚未投胎转世的灵魂所处的状况。水梦云：《何为正义，如何公平？解读〈正义论〉》，http://www.wyzxsx.com/Article/Class17/ 201005/148779. html。

② John Rawls, *Political Liberalism*, New York: Columbia University Press, 1966, p. 28.

③ Ibid., p. 28.

④ 罗尔斯：《政治自由主义》，第106页。

⑤ 同上书，第200—201页。

正义原则，那么允许某人提出只对他或她本人有利的原则就是无关紧要的因素。正义不是基于某些制度化特征使一些人比另一些人更有利。无知之幕正是表达了这一思想。无知之幕观念意在保证"在自由平等的人们之间，为了对政治的正义原则达成公平一致的协议，必须把各种条件规定得足以消除那些在交易中占便宜的现象，而这些现象在任何社会制度背景中是不可避免的。"①例如，罗尔斯认为，从道德上看，自然天赋是随意的；没有人应该得到比别人更多的智力或天生的技能，正义不应该承认：有更好自然天赋的人应该得到更多的自然资源。② 因此，无知之幕限制了我们的能力与天赋在社会分配中的发挥。简言之，没有偏见，才能有公平；避免偏见，就要假设人的无知。

在罗尔斯的论证过程中，无知之幕是一个开放的过程。当各方对正义原则已作出了选择，罗尔斯认为就可以放宽对知识的限制。例如，在立宪阶段各方不知道有关具体个人的信息，他们不知道自己的社会地位及其在自然天赋的分配中的地位，或者他们所持的善的观念。但是，他们除了解社会理论原则之外，现在还知道了有关社会的一般事实，即社会的自然环境、资源、社会经济发展和政治文化的水平等等。在立法阶段中在立法（特别是有关经济、社会政策的立法）是否正义的问题上一般来说合情合理地具有各种不同的观点。为了明智地解决这个问题，各方需要掌握有关在这种制度下的人们可能具有的信念和利益的知识，以及有关他们在他们所处的特定环境下认为可以合理地使用的那种政治策略的知识。③

各方在运用差别原则比平等自由原则需要更多的信息。当平等的自由被侵犯时，这常常是相当清楚和明显的。但是，在差别原则调节的社会经济政策那里，这种情况是比较罕见的。在运用的阶段，即法官和行政官员把制定的规范运用于具体案例时，每一个人都可以接触所有的事实。罗尔斯认为既然整个规范体系已被采纳，并按照人们各自的特点和环境运用到个人身上，那么对知识的任何限制就不复存在了。

罗尔斯的无知之幕对信息的开放和限制并非是主观的，而是旨在获得一

① John Rawls, *Political Liberalism*, New York: Columbia University Press, 1966, p. 23.
② 罗尔斯:《正义论（修订版）》，第244页。
③ 同上书，第155页。

种普遍的道德知识。① "每一阶段的信息量都是根据运用这些原则明智地解决所面临的正义问题的需要来确定的；同时，任何会导致偏见、曲解和人际敌视的知识都被排除了。对原则的合理、公正的运用的观念规定了可采纳的知识种类。"②

罗尔斯的"无知之幕"具有如下方法论的意义。

1. 无知之幕的结果之一就是每个人都是一样的。既然我们都实际拥有同样的信息，都不知道自己的特征，我们就都会以同样的方法进行推理。但这样的个人并不是形而上学意义上的抽象个人，他们具有实在的本质，这一本质不仅独立于而且优先于他们的各种偶然性特征。"对原初状态的描述解释了本体自我的观点和成为一个自由的、平等的理性存在物所蕴含的意义。人通过以他们在原初状态中将承认的方式行动，显示了他们的自由和对自然、社会的偶然因素的独立性。"③ "纯粹程序正义的巨大实践优点就是：我们不再有必要详细地了解无数的特殊环境和个人在不断改变着的相对地位"。④ 罗尔斯通过"无知之幕"这一知识程序，摆脱了个人、性别、民族、时间等偶然因素在选择正义原则中的偏见。

2. 无知之幕的设计不受现存的需要和利益的支配。它为对社会制度的评判建立了一个阿基米德支点。"无知之幕"的方法使罗尔斯雄踞峰巅之上，对各种争议一目了然。它可使罗尔斯扮演了一个大法官的角色，对各种价值原则综合起来进行考察评判，力图作出客观而中立的分析。任何特定时期所需的特殊改革都依赖于当时的条件。但是，正义观、一种正义社会的普遍形式以及与此相容的个人的理想却不具有类似的依赖性。

3. 原初状态的人没有纯粹的时间偏爱。在个人的情形中，避免纯粹的时间偏爱是一个合理的特征。正如西季维克认为的，理性意味着一种对我们生命的所有阶段的不偏不倚的关心。在原初状态中各方没有理由赋予单纯的时间位置以某种重要性。用现在来贬低将来而不是用将来来贬低现在的做法是没有根据的。因为承认一种时间偏爱的原则，就是授权处在不同时间的人们

---

① David Miller 拒绝反思的平衡方法，see David Miller, *Social Justice. Oxford University Press*, 1976.诺迈·戴尼斯提出了一种兼容现实主义的、更广泛的反思的平衡。*See Norman Daniels*, *"Health - Care Needs and Distributive Justice"*, *Philosophy and Public Affairs*, vol. 10, No. 2, 1981, pp. 146 - 79。

② 罗尔斯：《正义论（修订版）》，第157页。

③ 同上书，第201页。

④ 同上书，第68页。

仅仅根据这种偶然性来不同地衡量和评价相互的要求。①这就是说，无知之幕的设计具有永恒性。"从原初状态的观点来看我们在社会中的地位，也就是从自然的观点（sub specie aeternitatis）来看它：不仅从全社会，而且从全时态的观点来审视人的境况。永恒的观点不是一个从世界之外的某个地方发生的观点，也不是一个超越的存在物的观点；毋宁说，它是有理性的人在世界之内能够采取的某种思想和情感。"②

四　在无知之幕下选择两个正义原则

（1）第一次筛选：选择对象

[1] 处于一种词典序列中的两个正义原则；

[2] 功利原则，包括古典功利原则和平均功利原则；

[3] 亚里士多德式的至善原则；

[4] 专利型的和逃避型的利己主义原则；

[5] 直觉主义观念，包括平衡少数自明原则的直觉主义观念和平衡功利总额与平等权利或平衡平均功利与补偿原则的直觉主义；

[6] 混合观念，主要是指平均功利原则与两个正义原则的混合，即在承认罗尔斯第一个正义原则前提下以平均功利原则（或修正过的平均功利原则）来代替差别原则。

罗尔斯认为，那些依时代和社会条件为转移的特殊正义观是要被排列在表格之外的，并且上述这个逻辑对象只有前四种是独立的、具有实质意义的，并在历史上很有影响力。

他不赞同功利原则，因为更多的经济、社会利益不是接受较少平等自由的充足理由，而且在功利原则指导下，自由就会隶属于社会利益的计算。另外，功利原则在计算上是模糊的、不可靠的。就在功利目标——追求利益满足的基本余额——的名义下，自由遭到了限制、摧残乃至否定。限制自由决不是为了某种功利、善，而是为了扩大自由；这就是自由的绝对权威，自由对于功利，善具有仲裁的地位，而不是相反。

罗尔斯批评了至善原则。至善原则就是人类在艺术、科学文化中追求最

---

① 罗尔斯：《正义论（修订版）》，第 231—232 页。

② 同上书，第 464—465 页。

大限度的人类优秀性的完善，以此来指导安排制度，规定个人义务和责任，尼采就持这种观点。罗尔斯认为，至善论原则是形式的、分散的、其标准是隐晦不明的，它缺少理性基础，准确地说，至善原则不是一个正义原则，也不是一个政治原则。至善原则甚至可为奴隶制辩护，又会轻视自由，原初状态各方选择优秀性标准会导致较少信教自由或其它自由的原则，因而至善论不能指导社会基本结构的选择。因为按照契约论的观点，公民的平等自由以及利益分配是不以人的不同目标或内在价值为转移的。①

（2）第二次选择：正义原则的形式限制

罗尔斯认为，应该有下述形式限制：

[1] 正义原则应当是一般性质的，即表达一般的性质和联系，而不涉及到具体的人或事；

[2] 正义原则是普遍有效的，它们适用于一切场合和个人；

[3] 正义原则是公开的；

[4] 正义原则可排列成先后次序，形成一个层次分明的体系；

[5] 正义原则应当是载负实践推理的最后上诉法庭；

这五个形式限制条件把各种形式的利己主义从选择表格中排除出去。

（3）最大最小值策略

现在，我们处于原初状态的无知之幕中。我们应该选择什么样的原则呢？确实，处于原初状态的各方都追求最大限度地分享社会基本财富，如自由、收入、机会、财富和自尊。当评价一系列可供选择的原则时，理性的立约者必将考虑他或她在某一社会中可能占据的地位。他或她会问：如果选择这一套原则，如果我恰好是这个人，我会有怎样的生活前景？而如果我是另一个人，那么我又应该怎样选择？既然你不知道你会是谁，那么就会考虑各种可能性。所以，如果你幸运，正好处于上层社会，你肯定会生活得很好；而如果你恰好处于社会的最底层，你就不会那么好。你将作何决定？

罗尔斯的选择策略是：最大最小值规则，即将自己的最小利益最大化。②这意味着，你必须倾力关注，如果你处于社会的最底层，那将会发生什么？你会说：如果我们选择决定1，如我在上层社会，我的境遇会得12分，如我在底层社会，我的分数为负7（这是假设的分数，以表示人们所享有的地

---

① 罗尔斯：《正义论（修订版）》，第四章第五十节。

② 霍布斯、休谟和罗尔斯都各自主张避免最坏结果的原则。

位、机会和福利之和）。如果我们选择决定 2，如我在社会最底层，那么，我所得到的分数是最低的（负 8）。所以，我要尽可能避免决定 1 和决定 2，这两个决定都不能给我一个更高的最小值，因为如我选择了决定 3，即使我在最底层，我依然得 5 分。于是，最大最小原则告诉我们，根据我们可能的最坏结果排列各种可能的选择：我们打算接受结果最坏的选择，而这种最坏结果比其他最坏结果要好得多。可以按下列得失表进行思考：

决定	境遇：底层（B）	境遇：中间（M）	境遇：上层（T）
决定 1	-7	8	12
决定 2	-8	7	14
决定 3	5	6	8

最大最小原则要求我们作出第三个决定。因为，在这种情况下，可能发生的最坏结果是可以得到 5，比其它更差的结果要好得多。如果根据最高地位的最好结果作出选择，使期望的利益最大化意味着根据最好的预测结果作出各种选择，那就选择决定 2，但是，决定 2 具有风险。罗尔斯强调，原初状态各方免除了冒险气质，他们不想孤注一掷，以追求冒着风险的最大利益。相反，他们较"保守"，审慎地力求确保他们可以得到最起码的利益。

（4）最大最小值原则与平等

可以比较上（T）、中（M）、下（B）三种可能性。在 Ⅰ、Ⅱ、Ⅲ 三种情形中，最大的最小结果似乎是 Ⅱ；在选择 Ⅱ 的情况下，最低阶层的结果是最好的。如果想把原先的最低阶层提高到中等阶层 Ⅲ，使最低阶层得到比上述结果 6 更多的做法，都会产生新的最低阶层。所以，从最大最小的观点出发，平等似乎是最好的结果。

Ⅰ	Ⅱ	Ⅲ
T = 9	T = 6	T = 6
M = 6	M = 6	M = 5
B = 3	B = 6	B = 7

但是，如果考虑第四种情况 Ⅳ：

IV

T = 15

M = 12

B = 8

罗尔斯的论证是：第四种情形比第二种情形更好，尽管它不是平等主义的。因为在第四种情况下，最低阶层的状况比在第二种情况下明显要好。原初状态的人们将会选择Ⅳ，第四种情况下我们允许某种不平等的存在，这有利于增加社会的总财富，并在这一范围内最低阶层的所得远胜于在绝对平等情况下的所得。（当然，绝对平均主义者仍然会选择 II，特别是在不平等差距很大的情况下）

凯恩斯评论说，在第一次世界大战前建立的那种巨大的积累决不会发生在一个平等地分配财富的社会中。伯克相信，那些伟大的统治家族通过他们的政治统治的睿智，对一代代的普遍福利做出了贡献。①黑格尔认为对机会平等的限制（例如长子继承权）是十分重要的，这可以确保一个因其独立于国家、利润追求及市民社会的种种偶然因素而特别适合于政治统治的地主阶级的地位。②罗尔斯认为，像伯克和黑格尔那样论证说整个社会（包括获利较少者）都从对机会均等的限制中获得好处是不够的。我们还必须强调：排除这些不平等的打算大大干扰了社会制度和经济运行，以致从长远的观点来看不利者的机会无论如何会受到更大的限制。我们必须坚持认为，公平机会的优先意味着我们必须给那些具有较少机遇的人以机会。③罗尔斯的差别原则明显体现了马克思主义对弱者的关怀和支持。也正是在这里，罗尔斯试图综合自由主义和社会主义中的积极因素。

五　反思的平衡

罗尔斯方法论另一个特征是反思的平衡。这一方法是动态的，较为复

---

① Edmund Burke, *Reflections on the Revolution in France*, London: J. M. Dent & Sons ltd. , 1969, p. 49; John Plamenatz, *Man and Society*, Volume One, London: Longman Group Limited, 1963, pp. 346 – 351.

② Hegd, *Hegel's Philosophy of Right*, translated with notes by T. M. Knox, Oxford: The Clarendon Press, 1942, p. 199.

③ 罗尔斯：《正义论（修订版）》，第236页。

杂，难以运用，但十分重要。直觉在道德学科中一直是很重要的方法。我们拥有正义的信念，是因为它们看来是正确的，而不是因为它们从其它的信念中演绎或推导出来的。我们的直觉预示着某种更抽象和更基本的道德原则的本性和实质（即康德的如同星空般的道德原则）。

在最好的情况下，我们在原初状态中选择的原则与我们直觉上感悟到的正义信念是吻合的。换言之，当我们应用自己选择的两个正义原则时，我们将直觉地并以最自信的方式进行同样的判断。例如，我们确信，宗教的不宽容和种族歧视是不正义的。

但是，一旦我们考虑一种分配财富和收入的正确方法和原则时，理论与直觉有时就不一致。比如密尔说：只要一个人停留在常识性准则的水平上，那么这些正义准则的和谐就是不可能的。在工资的例子中，每个人按照他的努力来取酬和每个人按照他的贡献来取酬的这两个准则，就是矛盾的。罗尔斯认为，常识性准则只有从属地位。没有一个准则有理由被提高到第一原则的水平。[①] 罗尔斯进一步认为，功利原则不能提供一种满意的观念。相反，从正义论的观点来看，两个正义原则制定了正确的更高标准。

罗尔斯主张一种特殊的方法，即反思的平衡，以找到两者之间的最佳契合。反思的平衡需要参照事情的各种情形，涉及两个过程。我们或者必须修正对原初状态的理解，或者修改我们现在的判断。我们需要在理论判断和直觉信念判断之间反复来回思考，直至达到两者之间最合适的吻合。当我们在权衡了各种观念之后，或者修正自己原先的正义观使其符合其中的某一正义观，或者持有原先的直觉信念和相应的观念，最后达到一种与各种道德信念相一致的道德理论。[②] 当个人诉诸直觉解释他的正义感时，他可能很好地修正了自己的判断，使之适合于正义原则，即使理论与他现有的判断确实不相符合。对个人正义感的最好解释是在反思的平衡中使各种正义观与他的判断相一致。[③]

说明罗尔斯的反思平衡方法的最好例子莫过于他在《正义论》中几次修改了关于两个正义原则的公式或表述。请注意：这不是重复！

运用最大最小值规则作为总的选择标准，罗尔斯得出了普遍的正义观：

---

① 罗尔斯：《正义论（修订版）》，第 239 页。
② 同上书，第 18—19、42—45、507—508 页。
③ 同上。

所有社会的基本财富——自由和机会、收入和财富、自尊的基础——都应该平等地分配，除非对任何或者所有财富的不平等的分配能够有利于增加最少受惠者的利益。

罗尔斯论证的第二阶段是为了推演出一个自由优先性的概念。这一概念把自由从其它社会基本财富中分离出来：自由被定义为最重要的基本财富，应该被平等地分配。自由的特殊情形是：为了保持我们的生命，我们要求自由的权利替我们决定什么是我们应该做的。因此，罗尔斯说，我们不会因为别的基本财富而牺牲自由：我们坚持认为自由是第一位的。因此，罗尔斯初步形成了两个正义原则的公式：

第一：每个人应该有平等的权利，拥有与其他人相类似的基本自由体系。

第二：社会和经济的不平等应该被这样安排，使之①被合理地期望适合于每一个人的利益；②依系于地位和职务向所有人开放。

通过反思的平衡，两个正义原则最后形成为：

（1）第一原则：平等自由原则：

每个人具有平等的权利拥有一种完全充分的平等的基本自由体系，这种自由体系与所有人相类似的基本自由体系相一致。

（2）第二原则：差别原则

社会和经济的不平等应该满足两个条件。第一，它们必须在机会公平的条件下，职务和地位向所有人开放；第二，它们应该有利于社会的最少受惠者的最大利益。①

六　对罗尔斯方法的应用

罗尔斯的方法具有磁铁般的魅力。近几十年来可谓形成了一个"罗尔斯方法事业"，很多人运用他的方法。历史上，亚里士多德开创了形式逻辑，黑格尔发展了辩证逻辑，当代的罗尔斯则开创了一种假设推理证明逻辑。也可以作这样一个类比，如果民主事业依赖于投票这一基本方法，由此衍生出各种投票的规则，计票方法，和换算席位的方法；那么，理性事业也依赖于

---

① John Rawls, "The Basic Liberites and Their Priority", In Sterling M. Mcmurrin, ed., *The Tanner Lectures On Human Values*, Ⅲ, 1982, Salt Lake City: University of Utah Press, p. 5.

罗尔斯所发明的"原初状态"或"无知之幕",由此又可派出各种运用的程序和技术方法。例如,原初状态的主角是否可以是女性或国家?在"无知之幕"中知识信息量应该是多少?是否可以将此方法运用于国家关系或健康等问题?

　　Charles Beitz 将无知之幕扩展到国际关系领域。他说,"原初状态中的各方不能被假设成知道他们是某一特定国家的社会成员,最初是为他们的社会选择正义原则的。无知之幕必须扩展到国家的公民权利和义务等事务中,因此,被选择的各种原则应该运用于全球性事务。……假设罗尔斯对两个正义原则的论证是成功的,那就没有理由认为正义原则的内容随着原初状态范围的扩大而发生变化"。[1]

　　戴尼斯将罗尔斯方法论延伸到了对健康关怀的思考。他认为,应该把健康关怀包括在正义原则的应用范围之内,以便保证每个人得到健康关怀的公平平等的机会。健康关怀制度应该被包括在背景制度之下,以便为每个人提供公平平等的机会。这些制度可为公众健康、环境清洁、个人医疗预防服务、职业健康和安全……我们需要一种较稀薄(thinner)的无知之幕,因为我们知道资源的有限。[2]

　　自由派的女性主义也运用罗尔斯的方法论,例如,Okin 认为,从女性主义角度看,罗尔斯的原初状态概念具有一种潜在的有用性。"原初状态,因其参与者隐藏了性别和他们的特殊属性,如天赋、环境、目的,而成为一个挑战性别结构的强有力的概念。"[3]

　　在中国,许纪霖教授明确地表达了他试图运用罗尔斯的反思平衡方法来反思中国国内知识分子对自由、民主的讨论。[4] 但是,在东亚地区,包括中国,很少有人会运用罗尔斯的方法论。很少有人将罗尔斯的自由主义看成是一种方法,一种道德选择的知识程序,一种"政治几何学"。在中国可轻易找到激进的政治上的自由主义思想与言论,但是难以觅到罗尔斯式方法论上的自由主义者。我们不妨将这一现象称之为中国自由主义规范方法的贫乏。

---

　　[1]　Charles Beitz, *Political Theory and International Relations*, Princeton: Princeton University Press 1979, p. 151.

　　[2]　详细的讨论见 Norman Daniels, "Health – Cane Needs and Distributive Justice"。

　　[3]　Susan Okin, "Justice as Fairness: For Whom?", in Milton Fish, ed., *Justice*, New Jersey: Humanities Press, 1993, p. 294.

　　[4]　许纪霖:《合法与正义之间:论两种自由和民主 ——对"自由主义"与"新左派"论战的反思》(新加坡国立大学东亚研究所论文系列,第 31 期,2001 年 5 月 23 日出版)。

贫乏的规范方法论使中国的自由主义始终停留在口号式的层面上，这也是为什么自由主义难以在中国的土壤上扎根的一个原因。中国未能接受或消化罗尔斯规范方法的原因很多。下面择其主要的进行分析。

首先，中国实用主义思维习惯和传统使得契约方法不能推广开来。从实用立场出发，中国人毋须一个抽象的"规范"假设，更无法接受罗尔斯所说的"无知之幕"。中国学术强调考证，实事求是。正是这一点，中国人和英国人一样（如休谟，当代的 John Dunn），不喜欢罗尔斯所提出的与经验事实较远的方法与概念。中国人对价值的讨论，大多从古典（孔孟）或新经典（马列主义、自由主义、社群主义）原则出发，或通过列举日常事例诉诸于人的情感来讨论价值伦理问题。这种运思方法生命力强，深入到社会各阶层。当中国知识分子要谋求社会知名度时，就往往不直觉地容易诉诸于情感来讨论价值的方法。相反，一旦运用罗尔斯式的方法论，就会丧失无数的潜在的读者。

第二，罗尔斯规范方法的背景是一整套个体主义的方法论，即个人是道德原则选择的起点、基本单元和核心。相反，中国集体主义思维深入人心，人们也许会反对某种"集体"，特别是反对国家政府，但是，某种结构、社团、整体却是思维、道德思考的起点、基本框架和核心。这种方法可夸张说已深入到中国人的血液中，由此，中国人很难真正消化罗尔斯的规范方法。

第三，罗尔斯的契约规范方法有其历史实践为素材。英国人移居美洲时常常通过社会契约管理日常事务，大选、修改宪法的公民投票都渗透了一种契约精神。对已选上的政府而言，每隔数年的一次大选是一次"续约"的机会，对积极争取当选的候选人来说，这是一个"订约"的机会。这种历史和现实是罗尔斯方法的理论源泉。相反，在中国很难找到这些历史实践来说明契约方法的可靠性、可操作性。例如，90 年代中国农村搞乡规民约，按理这是一种农民自愿签订的契约或合同，但是，在实践中确是一种政府行为。乡镇政府制定了一个乡规民约的标准文本，再让农民自己根据本村的情况进行修改，在村民中通过实施。比如，有的地方把征税要求写入到乡规民约中，并没有通过村民讨论，也未能通过村民投票，就成为一个"契约"。如此的"民约"实践，怎么会让人们接受罗尔斯所说的规范方法呢？

第四，最为重要的，罗尔斯的方法自身确实存在着不少问题和缺陷。下节将介绍西方学者对罗尔斯方法的批评。如果我们认为这些批评是有道理的，并且当这些批评把传统中国思维习惯合理化时，那种试图运用、修正和发展罗尔斯的方法论就更为困难了。

七　对罗尔斯方法论的批评

对罗尔斯方法论的批评，不乏其人。德沃金认为，罗尔斯是通过
（through）原初状态证明两个正义原则的，但缺乏论证依据的"来源"
（from）。德沃金说，"无知之幕"概念是不必要的，因为罗尔斯已经运用了
反思的平衡的方法。对两个正义原则的真正证明应该是没有"无知之幕"的
证明。①一般而言，英国学者倾向于从其经验主义传统出发批评罗尔斯。从经
验主义的视角来看，如果原初状态和"无知之幕"的观念是假设的，那么，
这些假设就没有约束力量。Brian Barry 喜欢一种真实的人之间的对话，他抛
弃了罗尔斯的假想的人所处的假想状态。Barry 提出，各方清楚地得知自己
处于一种平等力量的状态下，这可以通过一票否决权得到保证。② 经济学家
也认为原初状态把个人偏好过滤掉了，由此引出的决策是无效的。

自由派女性主义者也批评罗尔斯的方法论。Okin 虽然肯定了原初状态概
念的价值，但是，她批评了罗尔斯只一般性地运用男性术语来描述假设的原
初状态。她论证说，罗尔斯的原初状态概念忽视了性别问题和家庭中的正义
问题，因此，影响了他对个人怎样发展出正义感的解释。罗尔斯认为，性别
是与道德不相关的偶然性因素，它们隐藏在无知之幕背后。Okin 则认为：我
们在形成和应用正义原则时，必须持之以恒地坚持把两性的相关地位考虑进
去。特别是，原初状态中的人们对女性的视角有其特殊的解释，因为他们
"对人类社会的一般事实的认识必须包括对女性的知识，即认识到女性在许
多方面已经是，并且将继续是更少受惠的性别。"③

社群主义也对罗尔斯的方法论提出了质疑。Michael Sandal 说，原初状
态中的个人是与他们既定的经验特征相脱离，他们没有能力作出任何有意义

---

① Dworkin, R., *Taking Rights Seriously*, Cambridge, MA：Harvard University Press, 1977.

② Brian Barry, *Justice as Impartiality*, Oxford：Clarendon Press, 1995, p. 5。也许有人会说，一
票否决权只是对罗尔斯方法的补充，但不构成对原初状态方法的批评。

③ 必须强调的是，女性主义者对罗尔斯的方法论有不同的看法。关于这个问题的讨论，代表
国内最高学术水准的是郭夏娟的专著。参见郭夏娟《为正义而辩：女性主义与罗尔斯》，人民出版社
2004 年版。

的选择。① Walzer 认为罗尔斯的方法取消个人、社团、组织所具有的特殊知识和经验，其理论结果是每个人都是一样。在原初状态下，各方之间的讨论和个人自身的对话并没有任何实质性的区别，一个人的选择就足够了。② 当然，罗尔斯会对此不屑一顾，因为这种批评完全误解了证明方法中的困难。罗尔斯会回答道："证明是对那些不同意我们意见的人们，或当我们犹豫不定时对我们自己，所做的论证。它假定人们之间，或一个人自身的不同观点之间，存在一种冲突，并寻求说服别人或我们自己相信作为我们的要求和判断的基础的那些原则的理性。由于是被设计来用推理使分歧意见达到一致的，证明首先从讨论中所有各方所共有的见解开始。"③此外，多元主义的观点是较难达到普遍一致的看法的，不可能解决罗尔斯所提出的如何在多元社会条件下寻求一个重叠共识。

　　哈贝马斯认为，罗尔斯的"无知之幕"是一种人为的"信息强制"（information constraint），它违背了自由的原则，因为它潜含着剥夺了自由言谈的权利。④罗尔斯的无知之幕假定知道某些情况，而不知另一些情况；某些信息封闭，但在选择过程中一些信息又开放了。这些都是为了其证明而设计的，是为证明服务的。更为深刻的批评是：当罗尔斯通过"无知之幕"排除偶然因素时，他犯了两个明显的认识的错误。第一，这与日常理性选择中受偶然因素支配的这一事实抵触。第二，他想要证明的东西已经潜含于所排除偶然信息的过程中了。换言之，他可通过对信息开放的控制来实现他想要得到某种结论。例如，在原初状态中，各方是否会接受某种宗教的问题上，罗尔斯的方法论却排除这个问题。正如他所说的："一个人的境况可能变得这样：假如他不去抗议，他的宗教道德将是可宽容的，而他要求一种平等的自由却将招致更大的、实际上不可抵抗的压抑。但从原初状态的观点来看，人们无法弄清各种学说的相对力量，所以这些考虑不会产生。无知之幕导致各方平等的自由原则。"

　　最近几年，一些中国学者开始对罗尔斯的思想提出了批评。中国社会科

---

　　① 见 Mihael Sandal, *Liberalism and the Limits of Justice*, Cambridge：Cambridge University Press, 1982.

　　② M. Walzer, *Interpretation and Social Criticism*, Cambridge：Harvard University Press, 1987, p. 11.

　　③ 罗尔斯：《正义论（修订版）》，第 459 页。

　　④ Jugen Habermas, "Reconciliation through the Public Use of Reason：Remarks a John Rawls's Political Liberalism", *Journal of Philosophy*, March, 1995.

学院哲学研究所的赵汀阳称罗尔斯所设想的"无知之幕"是一个难以自圆其说的学说。他认为，荀子所提出的原初状态的理论比罗尔斯的理论更现实，更实用，更具有说服力。[①]北京大学哲学系的王海明教授一针见血地指出，公正问题不仅仅是自由的问题，也不能回归为一个自由问题。公正问题比自由问题议题更宽泛、呼声更强烈、内涵更深刻。罗尔斯将公正化解为两条正义原则，并将平等自由原则视为公正的基础是有问题的。王海明深刻地指出，在中国的文化背景下，中国人对何为公正都有自己不同的理解。[②]确实，罗尔斯把正义问题归结于自由和平等的关系问题是一种近现代的狭窄理解。这比亚里士多德所理解的公正观念大大缩小了，也不涉及到儒家传统中的仁、中庸等丰富的概念。罗尔斯所强调的人人同意，这只不过是正义原则的自由属性，而不是原则的公正属性。如何跳出自由主义的框架解释公正和理解公正是一个值得人们进一步探索的问题。赵汀阳、王海明都在不同的方向做出了努力。

我最大的困惑在于：面临着理论负担，理论多元化这个挑战，罗尔斯的方法是排除偶然信息。如果人们接受罗尔斯的方法的话，人们可以运用这一方法的程序来解决理性不一致的问题。但是，如果人们不接受罗尔斯的方法论（确实在西方学术界和在中国知识界有很多人不接受这一方法论），那么，多元理性如何统一、整合就成为一个难题（罗尔斯的重叠共识是试图解决这个难题的另一个尝试）。

罗尔斯的方法真正解决了理性不一致问题吗？罗尔斯的"无知之幕"把各种各样具体的信息消除掉。但是，一旦我们讨论怎样发展政治自由主义，就必须讨论各种各样具体的条件和环境下。一旦涉及这些具体问题，罗尔斯就在《正义论》不少地方会说，这已超出政治哲学的范畴。真正的方案在于开放信息，让各方对各种偶然因素充分讨论来减少分歧，扩大共识，而不是虚构一个"无知之幕"的世界。

罗尔斯所面临的挑战是政治哲学论证框架的变化。从古到19世纪，不平等是自然的，是符合自然德性的，天经地义的。对自由的限制也是到处可见。论证的方法可诉诸于经验事实或建立在神学原则或其他信仰的基础之

---

① 赵汀阳：《初始状态的博弈问题》，《社会科学论坛》，2006 年第 12 期；《荀子的初始状态理论》，《社会科学战线》2007 年第 5 期。

② 王海明：《新伦理学》，商务印书馆 2001 年版。

上。到了 20 世纪，平等和自由这两大价值是天经地义的：不平等就视为不道德的，没有自由保障来讨论公正就是最大的不义。由此，二十世纪的论证方法也发生了变化。罗尔斯的证明理论中，对不平等的证明不来自于自然人的不平等的能力和社会中的等级制度安排，而却诉诸于平等，即不平等的安排是为了争取更大的平等。对自由限制的证明也不来自于人无不处在枷锁之中这一事实，而却诉诸于自由本身，即对自由的限制只是为了调整自由体系内部之间的紧张关系，是为了争取更大的自由。正是在这个理论背景下，罗尔斯假定了，原初状态的各方既平等又自由，他们所要选择的原则是平等自由的原则，来保证他们平等自由的状态得以延续和发展。这是一种在自由平等价值框架内的一种自我循环式论证。当罗尔斯抛弃目的论或其他外在因素时，他的证明方法必定是内生的、循环的（当然，在这一过程中有新内容的扩展），他要证明的东西已经蕴含在前提假设中。换言之，原初状态中各种假设已潜含了平等自由的原则。在一种高级智力游戏背后，却是一个很简单的事实：自由平等价值自身所制造的循环式论证。

罗尔斯的"无知之幕"的方法根植于从古到今人们的一种理性的思考方式：换一个角度、设身处地、从他人的角度想一想，超越个人狭窄的利益和知识，从更大更高的层面思考问题。罗尔斯的方法在于把日常生活中这种思维和情感体系化了，构造成一种哲学反思程序，并把它运用到重大正义原则的选择中。罗尔斯把这种方法变成恒久的、超时间的、全面的、体系化的。这既体现了他的方法论上的巨大优点，也显示出其缺点。比如在原初状态中，各方面不知道宗教、道德信仰的具体内容，不知道他们的宗教和道德观在社会中地位如何，例如它是占多数还是占少数。他们要决定的问题是，他们应采纳哪一种原则来调节有关他们的基本的宗教。罗尔斯推论说："良心的平等自由似乎是原初状态中人能接受的唯一原则。他们不让自由冒风险，不能允许占统治地位的宗教、道德学说随心所欲地迫害或压制其他学说。"① 但是，日常人们择决过程中大多数情况下受利益、情感的驱动。

一个经验主义者会强调，人类总是以经验事实为基础对道德原则进行评断和选择的。罗尔斯的无知之幕与我们日常道德选择的经验生活相反。日常生活中人们的利益、情绪和意志影响了人们的直觉判断，影响了人们的道德原则的选择，各种道德的选择总是以经验为基础的，总是摆脱不了偶然性

---

① 罗尔斯：《正义论（修订版）》，第 162 页。

的。经验主义的批评是否有道理，完全是见仁见智的事。罗尔斯可以反驳说，"证据本身还不是证明。一项证据只简单表现着前提之间的逻辑联系。但是，一旦出发点是共同承认的，或者结论是如此具有综合性和如此诱人，以致说服我们同意它们的前提所表达的观念的理性，证据就成为证明"①。罗尔斯的方法是一种理性选择，并非是通过经验归纳来达到；他的无知之幕的方法的优点在于摆脱了偶然性偏见和情绪化的认识。

罗尔斯脱离功利的自由论证是有争议的。一个功利主义者会说，自由的价值就在于自身具有最大的功利，捍卫自由的价值或多或少得与社会功利和公共善有关系。密尔下述论证自由制度的理由更实在，更有说服力。第一，自由制度发展人的潜能、力量，唤醒人的强大旺盛的生命力。第二，如果人对不同活动的喜好是合理的、有知识根据的，那么至少在某种程度上，自由制度及其所允许的实践机会是必需的。第三，人类更喜欢在自由的制度下生活。历史的经验表明，每当人们不甘心屈从于痛苦和绝望时，他们就向往自由；另一方面，已经自由决不会放弃自由。密尔的功利主义基础上的自由论和日常生活经验密切结合，有更巨大的说服力。事实上，罗尔斯所讨论的几个例子，如奴隶制、家长制、一票多分量制、禁止枪支都可以从功利角度来说明，并在现实中广泛使用。罗尔斯只不过强调为了自由而不得不限制某些自由的理由，阐述了限制自由的几个条件：大家同意，有确实的根据，而且对某些自由的限制的证明依赖于正义原则，而非任何其他学说。罗尔斯的这种证明是一种"自我证明"，即加强其学说的证明，而非一种独立于其正义论之外的证明。说到底，正义原则必须通过人类的经验事实来推寻、证实或证明。当然罗尔斯认识到简单经验证实方法的毛病，由此发展了一套证明的方法，但是经验事实必须是证明中的关键，而不是一个次要的"不属于政治哲学的问题。"

罗尔斯旨在建构一种替代功利主义的两个正义原则，他所一再强调的从最弱社会群体的视角显示了他与一般功利主义原则的根本区别。但是其正义原则仍然包含着功利性的计算。罗尔斯是在西方传统政治理论的背景下写作的，他本人也无法彻底摆脱功利主义的影响。他利用最大最小值方法，和强调最少受惠者的功利和利益。因此，有人指责罗尔斯是不彻底的道德思考者。尽管罗尔斯的理论影响甚大，但是翻阅西方政治理论著作，例如理性选

---

① 罗尔斯：《正义论（修订版）》，第459页。

择学派的著作中，就不难发现功利主义的思维处处可见。罗尔斯的整个理论工作，并没有取得预想的成功。罗尔斯想创造一种全新的正义理论来取代功利主义，但是，至少从我所接触的西方政治理论和公共决策领域来看，这种取代是非常有限的。

罗尔斯对于何谓政治、政治的起源、政治权利的规范都有一系列精辟的看法，但是他不能回答政治权利运作当中各种各样复杂的问题。我们不能把罗尔斯的学说看作是普遍性的学说，它只不过是美国特殊社会思想的产品，是对美国社会的特殊现象进行反思的理论成果。尽管罗尔斯的思想中包含着许多普世性的问题、价值和方法，但是对我们来讲，需要考虑的完全是另一类问题，即在非自由的社会当中，如何建立一个公正社会的问题。公正是自古到今所有统治者都必须强调遵奉的价值，在权威体制下公正的内涵和追求有其特殊的道路、方法和形式。

在建构一个中国的正义理论时，如果我们只是拼凑、抄录前人的成果，如果只是注重经世实用，缺乏方法论的自我批评的意识和创新的话，我们就不会在方法论上有所推进，更不会在正义理论建树上有所作为。罗尔斯的方法论尽管有许多缺点，但是他的方法和理论的一致性，他的方法的系统性、建构性，仍然是我们建构中国的正义理论的可贵的资源。今天，20 年以后当我们重读罗尔斯和重译《正义论》的时候，已不像 20 年前只是盲目接受的状态。我们需要在继承他合理思想的基础上扬弃其不合理的东西，努力寻找一种更具有理论说服力的政治哲学，努力在方法上的创新。

两个罗尔斯？

——罗尔斯的两个正义原则及其证明

姚大志

  1971 年，美国哈佛大学教授约翰·罗尔斯（John Rawls）出版了他的著作《正义论》。这是 20 世纪下半叶西方思想界的重大事件，它所引起的反响之巨大和热烈，激发的辩论之剧烈和深入，所产生的学术文献之重要和众多，在整个西方历史上都是极其罕见的。而后，罗尔斯沿着这一方向又发表了关于正义的另外两本著作，即《政治自由主义》（1993 年）和《作为公平的正义》（2001 年），形成了正义理论的"三部曲"。罗尔斯的正义"三部曲"对晚近西方人文社会科学各领域（如哲学、政治学、法学、伦理学、社会学、经济学等）产生了极为重大而深远的影响。

  学术界对罗尔斯的正义理论做出了非常热烈的反响，也提出了大量的批评。虽然大多数批评都是针对某个具体问题的（如"差别原则"和"无知之幕"等），但也有一些人对罗尔斯的思想总体进行了批判，特别是指出罗尔斯前期思想（以《正义论》为代表）与后期思想（以《政治自由主义》为代表）之间存在着矛盾。如乔德兰·库卡塔斯和菲利普·佩迪特在他们广为传播的著作《罗尔斯》中指出，从 20 世纪 80 年代早期开始，罗尔斯的思想发生了很大的变化，他越来越关心社会稳定性问题，其思想基础从康德转向了黑格尔。而且他们认为，"这是罗尔斯思想中的一个不受欢迎的发展动向"。①

  美国当代哲学家理查德·罗蒂同样注意到了罗尔斯思想的这种发展变化，但观点截然相反。库卡塔斯和佩迪特欣赏《正义论》时期英姿勃发的罗尔斯，而罗蒂则更喜欢带有黑格尔主义风格的晚期罗尔斯。他批评《正义

---

① Chandran Kukathas and Philip Pettit, *Rawls*, Cambridge, UK: Polity Press, 1995, p. 151.

论》时期的罗尔斯是康德主义的，而康德主义代表了罗蒂所坚决反对的本质主义和基础主义。① 罗蒂在晚期罗尔斯中发现了他极力推崇的历史主义和实用主义，而这种历史主义和实用主义正是黑格尔主义的鲜明特征。②

上述研究者持有一个共同的观点，即存在着两个罗尔斯，而早期罗尔斯是康德主义的，晚期罗尔斯是黑格尔主义的。这样他们提出了一个尖锐的问题：究竟是存在着一个罗尔斯，还是两个罗尔斯？本文以罗尔斯的正义"三部曲"为依据来回答这个问题，并同时揭示他的正义理论所蕴涵的重大意义以及所存在的主要问题。

一　两个正义原则

在某种意义上说，正义理论是现代政治文明的集中体现。

什么是正义理论？为什么说正义理论是现代政治文明的集中体现？首先，从政治哲学的角度看，"古代人的中心问题是善的理论，而现代人的中心问题是正义观念。"③ 也就是说，正义是现代政治哲学的主题。其次，正义是政治哲学的主题，对于罗尔斯而言，这意味着正义理论关注的问题是"社会基本结构"，或者更准确地说，"是社会主要制度分配基本权利和义务，决定由社会合作所产生的利益之划分的方式"。④ 在晚近出版的《政治自由主义》中，罗尔斯对社会基本结构给予了更明确的解释："所谓基本结构，我是指社会的主要政治制度、社会制度和经济制度，以及它们是如何融合成为一个世代相传的社会合作之统一体系的"。⑤

政治文明必然体现为制度，而体现现代文明的政治制度、社会制度和经济制度应该是正义的。罗尔斯的正义理论是雄心勃勃的。按照他的想法，正义理论必须阐明"什么是我们这个社会所应遵循的正义原则"，而这种正义原则为国家的根本大法（宪法）提供了基础，正如宪法为国家的所有法律制

① Richard Rorty, "Solidarity or Objectivity?", in *Objectivity, Relativism, and Truth*, Cambridge, UK: Cambridge University Press, 1991, p. 30.

② Richard Rorty, "The Priority of Democracy to Philosophy", in *Objectivity, Relativism, and Truth*, Cambridge, UK: Cambridge University Press, 1991, pp. 180－181.

③ John Rawls, *Political Liberalism*, New York: Columbia University Press, 1996, p. xl.

④ John Rawls, *A Theory of Justice*, Cambridge, Mass.: The Belknap Press of Harvard University Press, 1971, p. 7.

⑤ John Rawls, *Political Liberalism*, New York: Columbia University Press, 1996, p. 11.

度提供了基础。所以，正义原则是整个国家政治法律制度的基石。

那么什么是罗尔斯所说的正义原则？在《正义论》中，罗尔斯通过许多非常复杂的推论和证明提出了几种不同的表述，而在晚近的《作为公平的正义》中，他又修正了《正义论》的说法，并将他的两个正义原则做了最新的表述：

> （1）每一个人对于一种平等的基本自由之完全适当体制都拥有相同的不可剥夺的权利，而这种体制与适于所有人的同样自由体制是相容的；
> （2）社会和经济的不平等应该满足两个条件：第一，它们所从属的公职和职位应该在公平的机会平等条件下对所有人开放；第二，它们应该有利于社会之最不利成员的最大利益（差别原则）。①

罗尔斯大体上将社会分为两个部分，即政治领域和经济领域。第一个正义原则适用于政治领域，它用以确保公民的自由。第二个正义原则适用于社会经济领域，它用以保证平等地分配收入、财富和机会等等。当然，收入、财富和机会的完全平等分配是不可能的，但它必须符合每一个人（特别是最不利者）的利益。因此，需要运用第二个正义原则"来安排社会和经济的不平等，以使每个人都从中获益"。②

什么是正义？罗尔斯多次说过，正义总是意味着某种平等。罗尔斯也一再重申，他的正义是作为公平的正义。人们在解释罗尔斯的两个正义原则时，通常将第一个正义原则等同于自由原则，将第二个正义原则等同于平等原则。这是一种误解。实际上，在两个正义原则中，罗尔斯强调的都是平等：第一个正义原则用来处理政治领域中平等的自由，第二个正义原则用来解决经济领域中平等的分配。也就是说，第一个正义原则的重心也是平等："按照第一个原则，这些自由对所有人都应是一律平等的，因为一个正义社会的所有公民都应拥有相同的基本权利"。③

自启蒙时代以来，西方出现了许多影响深远的政治思想家，也产生了众

---

① John Rawls, *Justice as Fairness*, Cambridge, Mass.: The Belknap Press of Harvard University Press, 2001, p. 42.
② Ibid., p. 61.
③ Ibid., p. 61.

多著名的政治哲学流派。但是，究其实质，现代西方思想家追求的基本政治价值只有两个，即自由和平等。西方资产阶级革命推翻了封建制度，使社会发生了翻天覆地的变化，建立了新的政治法律制度，所有这一切的目的都是为了实现自由和平等。就此而言，现代政治法律制度既是自由和平等的保证，又是自由和平等的体现。

尽管以霍布斯、洛克和约翰·密尔为代表的现代政治思想家提出了许多伟大的理论，但是他们实质上仅仅解决了自由的问题，而没有解决平等的问题。实际上，受时代的限制，启蒙政治哲学的主题只能是自由。约翰·密尔是启蒙政治哲学的完成者，他于1859年出版的《论自由》和1861年出版的《代议制政府》意味着自由问题在理论上已经基本解决了。所以，密尔之后的100多年间西方政治哲学没有重大的建树。

说启蒙政治哲学的主题是自由，这并不意味启蒙时代政治哲学讨论的所有问题都是自由，也不意味着启蒙时代没有关心平等的政治思想家。我们知道，卢梭和托克维尔都是在启蒙时代非常关心平等问题的政治思想家。但是，第一，他们不是西方政治思想的主流，主流是以霍布斯、洛克和密尔为代表的自由主义。第二，虽然他们更关心平等，在自己的著作中更多的讨论平等而非自由，但是他们都没有提出建设性的平等理论。具体地说，卢梭的平等观念是批判的，他的主要目的是揭示不平等的起源，以推翻私有制。而托克维尔关切的重心与其说是平等，不如说是民主。

罗尔斯把正义视为现代政治哲学的主题，并提出"正义总是意味着平等"，这意味着他将政治哲学的主题由自由变为平等。首先，对于罗尔斯来说，自由和平等都是最重要的政治价值，仅仅解决自由问题是不够的，必须也解决平等问题。其次，相对而言，自由的问题容易解决，并且在目前西方社会中已经基本解决了，而平等是一个更难的任务，现在到了对平等问题加以认真对待的时候了。最后，罗尔斯认为，自由和平等的价值是联系在一起的，而没有平等的自由是形式的。① 罗尔斯的历史地位和重要意义就在于他完成了西方政治哲学主题的转换。

如果说平等（特别是经济上的分配平等）相对于自由而言是一个更难以解决的问题，那么罗尔斯是如何解决平等（特别是经济平等）问题的？

在罗尔斯之前，西方主流政治哲学的平等观念可以归纳为两种，一种是

---

① John Rawls, *Political Liberalism*, New York: Columbia University Press, 1996, p. 6.

"权利平等"，一种是"机会平等"。

"权利平等"是一种基于自由市场制度的平等。这种平等取消了封建等级制度的阶级差别和固定地位，将人看作完全自由的个体。这种自由个体作为劳动力资源在市场中尽其所能地从事竞争，并获取回报。就此而言，"权利平等"完全是形式的：所有人都拥有同样的权利进入所有有利的社会地位。但是，在这种平等中，个人的前途（收入、财富和机会等）总是受到自然偶然性和社会任意性的影响，如天赋能力的高低，家庭出身和社会环境的好坏等等。

"机会平等"力图解决由社会和文化环境给人造成的不利影响，它通过增加教育机会、实行再分配政策和其他社会改革措施，为所有人提供一种平等的出发点。这样，对于那些具有相同自然禀赋和同样愿望的人，他们应当具有同样成功的前景，而不论其家庭出身和社会地位是什么。尽管"机会平等"可能较好地消除社会和文化方面偶然因素的影响，却没有消除自然方面偶然因素的影响，它还是允许财富和收入的分配受自然天赋的分配所决定，而从道德的观点看，这一结果是任意的。

罗尔斯把自己的平等观念称为"民主的平等"。在罗尔斯看来，一个理想社会的分配方式应该是完全平等的，但这是不可能的。如果任何社会都无法做到完全平等，那么就应该争取达到相对而言最大的平等。什么是最大的平等？罗尔斯凭直觉感到，社会中最需要帮助的是那些处于社会底层的人们，他们拥有最少的权力、机会、财富和收入，社会不平等最强烈地体现在他们身上。这些人被罗尔斯称为"最不利者"。一种正义的制度应该通过各种社会安排来改善这些"最不利者"的处境，增加他们的希望，缩小他们与其他人之间的分配差距。这样，如果一种社会安排出于某种原因不得不产生某种不平等，那么只有最大程度地增加最不利者的利益，它才能是正义的。①

质言之，将正义视为政治哲学的主题并把正义理解为平等，这是罗尔斯正义理论的鲜明特色，是他对当代政治哲学的重要贡献，同时也是罗尔斯正义理论的意义所在。

---

① John Rawls, *A Theory of Justice*, Cambridge, Mass. : The Belknap Press of Harvard University Press, 1971, p. 83.

二　正义原则的可欲性证明

上面我们讨论了两个正义原则，就此而言，除了某些表述方面的差别之外，罗尔斯的思想在前后期是始终如一的。但是，提出正义原则仅仅是朝向目标迈出的一小步，更重要的问题在于如何证明正义原则。从政治哲学来说，当政治思想家问"支配社会基本结构的正义原则是什么"的时候，主要问题不是他们不知道这种正义原则是什么，从而其使命是将这种正义原则发现出来，而是他们如何能够证明所选择的原则是正义的，其主要任务是为某种正义原则和政治法律制度提供所需的合法性。恰当的政治哲学表述应该是这样的：如果存在着某种支配社会基本结构的正义原则，那么我们如何能够对此加以合理的证明？

所谓"两个罗尔斯"的问题就产生于对正义原则的证明。在《正义论》中，罗尔斯主要使用"原初状态"（original position）来提供证明，这种证明强调两个正义原则的理想性，因此它可以被称为对正义原则的可欲性证明。在《政治自由主义》中，罗尔斯则用"重叠共识"（overlapping consensus）来提供证明，这种证明重视正义社会的稳定性，因此它可以被称为对正义原则的可行性证明。

我们首先讨论可欲性的证明。在这种证明中，罗尔斯使用了社会契约论的方法。虽然社会契约论的观念有各种不同的版本（如霍布斯、洛克或卢梭的契约论），但其思想实质是一致的，即它强调选择的观念。在这种意义上，正义原则是全体社会成员一致选择出来的。罗尔斯的思路是这样的：我们面对着可供选择的许多种原则，而我们一致选择出来的原则就是正义原则，无论它是什么。如果正义理论的核心在于提供对正义原则的证明，那么对正义原则的最好证明就是全体社会成员的一致同意。这也就是罗尔斯所谓"程序正义"的观念。①

但是这里存在一个问题。在现实政治生活中，我们选择什么往往是由许多个人因素决定的，如社会地位、价值观念、生活计划、经济利益、文化传统、个人信念、理性能力等等。因为每个人的个人因素是不同的，所以每个

---

① John Rawls, *A Theory of Justice*, Cambridge, Mass.: The Belknap Press of Harvard University Press, 1971, pp. 85 – 86.

人的选择也可能是不同的。如果我知道每个人的选择都是不同的，而且我能运用我掌握的知识推断出何种正义原则对我有利，那么我通常会选择对我来说最有利的正义原则。这样，作为政治共同体的成员和政治生活的参与者，我们不可能一致同意某种原则作为我们社会的正义原则，从而我们选择出来的原则也不可能是正义的。

为了解决这个问题，罗尔斯另辟蹊径。罗尔斯认为，我们选择什么，取决于我们在什么处境中进行选择。如果我们在一种充满利益冲突的情况下带着各自的偏见来选择，那么我们就不可能选择理想的正义原则，而且我们的正义观念也不会一致。相反，如果我们能够在一种理想的处境中进行选择，在这种理想处境中我们绝无可能掺杂任何个人或群体的利益和偏见，那么我们就有可能选择出最理想的正义原则。这种理想的选择处境就是罗尔斯的"原初状态"。"原初状态"包含客观的自然条件和主观的心理条件，但最重要的东西是"无知之幕"（veil of ignorance）。为了在正义原则问题上达成一致，人们不应该知道有关他个人以及他存在于其中的社会的任何"特殊事实"和"特殊信息"。人们必须处于"无知之幕"的背后，以保证所有能影响人们进行公正选择的事实、知识和信息都被过滤出去。应该被"无知之幕"遮住的东西包括：1. 每个人的社会地位、阶级出身、天生资质、理智能力等等；2. 每个人关于他自己的善的观念、合理生活计划和特殊的心理特征等等；3. 每个人存在于其中的社会之经济和政治状况，或者这一社会所能达到的文明和文化水平等等。①

罗尔斯认为，如果人们处于"原初状态"之中并面对许多种正义原则（如目的论的、功利主义的、直觉主义的、利己主义的以及罗尔斯的），那么人们必然会选择他的两个正义原则；如果人们一致选择了他的两个正义原则，那么这种选择就是对两个正义原则的最好证明。理想的选择处境能产生出理想的正义原则，这是因为正义原则是正义程序（原初状态）的结果。罗尔斯的契约论体现在"程序正义"的观念和"原初状态"的设计之中。

罗尔斯对正义原则的可欲性证明同时也是对社会契约论的重建。社会契约论是一种古老的方法，因为自霍布斯开始，几乎所有的古典政治哲学家都是契约论者；社会契约论又是一种新东西，因为从 19 世纪初功利主义占据

---

① John Rawls, *A Theory of Justice*, Cambridge, Mass.: The Belknap Press of Harvard University Press, 1971, pp. 136–137.

统治地位以来，契约论已经死亡一百多年了。使契约论死灰复燃，建立新契约论，这是罗尔斯对当代政治哲学的重大贡献。

在重建契约论的过程中，罗尔斯求助于康德的建构主义。就此而言，罗尔斯对正义原则的可欲性证明是一种康德式建构主义的证明。尽管批评者对《正义论》时期的罗尔斯看法不尽一致，但都认为他是康德主义的。这种康德式建构主义的证明有两个显著特点。

第一，正义原则的根本问题不是发现什么，而是选择什么。从建构主义来看，不是"它们是正义的原则，所以我们选择了它们"，而是"我们选择了它们，所以它们才是正义的原则"。正义原则也好，政治法律制度也好，对它们的最好辩护是人们选择了它们，即人们就正义原则或政治法律制度问题达成了共识。契约论的功能是建立起一种理想的选择处境，在这种处境中，人们所选择的任何原则都是正义的，无论它们是什么。

第二，在选择正义原则过程中，起作用的不是理论理性，而是实践理性。理论理性强调了思想的现实性，在其应用中，主要是参照现实来给思想定位。实践理性则强调了思想的理想性，在其应用中，主要是按照理想来塑造现实。在政治哲学中，实践理性首先指导人们思考什么样的社会是正义的，然后按照正义观念将这个社会建立起来。所以，契约论不是理论理性依据历史事实而获得的正确认识，而是实践理性根据政治合理性而进行的理论建构。

但是我们还应该看到，罗尔斯并不是简单地恢复了社会契约论在西方政治哲学中的应有地位，而是发展了契约论，提出了一种新契约论。

首先，罗尔斯明确指出，他所提出的契约论本质上是"假设的和非历史的"。古典契约论是历史的，它描述的从"自然状态"到"国家"的过渡俨然是远古时代所发生的经验事实。罗尔斯所谓"非历史的"是指，契约不是一个经验事实，订立契约也不是一种真实的历史过程。契约论实际上表达了人类理性对国家起源及其合法性的审慎思考，表达了一种合理的政治推理。所谓"假设的"则有两层意思。第一，合理的政治推理应该不受任何偶然因素的影响，从事政治推理的主体所需要的品质也应该不具任何特殊性，因此，契约论所涉及的主体（自由而平等的道德主体）和背景（原初状态）都是一种"代表设置"。第二，消除各种偶然因素的影响之后，假设的契约处境便是一种理想的选择处境，从而所选择的原则必然是正义的。①

---

①　John Rawls, *Political Liberalism*, New York: Columbia University Press, 1996, pp. 271 – 272.

其次，这种新契约论的核心是"程序正义"的观念。程序正义的思路是这样的：一个正义的社会需要某些正义的原则，用来支配其社会基本结构和基本制度；我们面对着许多原则，但是我们不知道哪些原则是正义的；按照纯粹程序正义的观念，我们在正义程序中选择的任何原则都是正义的；因此，关键不在于我们"选择了什么"，而在于"如何选择"；如果我们能够设计出一种正义的程序，那么我们从中所选择的任何原则都是正义的，无论它们是什么。① 在古典契约论中，结果比程序重要，最重要的东西是全体人民达成一致的契约，而国家是从这种契约中诞生的。在新契约论中，程序比结果重要，正义的结果是由正义的程序建立的，"原初状态"（正义的程序）的设计保证了罗尔斯的两个正义原则。

最后，罗尔斯的新契约论还表达了"自律"和"互惠"的理想。"自律"强调契约是人们的自由选择，契约的道德性存在于缔结契约的自愿性质之中。"互惠"则突出了契约论所蕴涵的功利内容，契约的道德性存在于交易的公平性质之中。契约论的目的是建立一个社会合作体系，人们通过参与社会合作而达到互利互惠。如果说自律观念突出了自由的价值，那么互惠观念则强调了平等的价值。自由和平等是最重要的两种现代政治价值，而且两者是相辅相成的，不可分开。没有平等的自由是形式的，在现实生活中难以兑现。没有自由的平等是贬值的，在现实生活中通常代之以压制。社会契约论主要是一种政治思考或政治推理，但也包含经济的内容。平等既意味着人人享有平等的政治自由，也意味着人人享有平等的经济利益。

三 正义原则的可行性证明

正义原则应该具有可欲性，应该成为人类追求的崇高目标，应该体现为某种美好的社会，否则人们将失去政治理想。同时正义原则也应该具有可行性，应该体现为人们生存于其中的社会制度和政治秩序，应该成为人们不仅能够憧憬而且能够信守的原则，否则它将变为虚无飘渺的乌托邦。可欲性证明突出了正义原则的理想性问题，即这种正义原则是否值得我们当作崇高的目标来追求。可行性证明则强调了政治社会的稳定性问题，即如何保证实行

---

① John Rawls, *A Theory of Justice*, Cambridge, Mass.: The Belknap Press of Harvard University Press, 1971, pp. 85 – 86.

正义原则的社会能够长治久安。

在《正义论》中，罗尔斯主要强调的是正义原则的理想性。在《政治自由主义》中，稳定性问题得到了更充分的重视，尽管从康德式建构主义来看，稳定性不会成为一个问题。对于康德式建构主义，政治哲学关心的主要问题应该是如何按照正义观念去塑造现实社会，而不是如何保证现实社会的稳定性。因此，某些学者批评罗尔斯两种证明之间的不一致。

稳定性与正义原则的可行性是一个问题的两个方面，对正义原则的可行性证明就是对稳定性问题的解决。稳定性和可行性要求在证明正义原则时尊重政治传统与政治现实，要求政治哲学家奉行某种程度的历史主义，这样黑格尔主义就开始出场了，并由此导致研究者提出"两个罗尔斯"的问题。

社会的稳定性与其合法性密切相关。我们知道，政治权力是公共权力，同时也是强制性权力，这种权力本身及其使用的合法性都需要证明。如何证明政治权力的合法性呢？对于政治哲学家来说，如果一个社会的所有公民对支配该社会的价值原则和基本制度取得了共识，那么这个社会的政治权力就获得了合法性，而拥有合法性的社会才能够是稳定的。按照罗尔斯的说法，一个稳定的社会必须具备以下三个条件：第一，在该社会中，所有人都接受相同的正义原则；第二，人们相信，这个社会的基本政治制度、经济制度和社会制度满足了这些正义原则；第三，这个社会的全体公民具有正义感，认为该社会的基本制度是正义的，并能够按照其基本制度行事。①

在《正义论》时期，能否以及如何取得这种共识对于罗尔斯根本不成为问题。在他看来，政治哲学的难题是正义原则的可欲性（人们如何能够获得理想的正义原则），而不是它的可行性（人们如何能够接受并信守理想的正义原则）。过了20年之后，罗尔斯认识到正义原则的可行性是一个更难解决的问题，因为在基本价值原则问题上获得全民共识几乎是不可能的。

罗尔斯认为，当代民主社会中存在着以下三个事实。（1）当代民主社会里存在着各种各样的、统合性（comprehensive）的宗教学说、哲学学说和道德学说，这种统合性学说的多元性是民主社会公共文化的长久特性，在短期内不会消失。（2）国家只有通过高压强制的手段，才能使民众信从某一种宗教学说、哲学学说或道德学说，以保持思想上的统一。（3）一个民主社会要

---

① John Rawls, *Political Liberalism*, New York: Columbia University Press, 1996, p. 35.

想保持长治久安，必须获得该社会绝大多数公民的实质性支持。①

这三个事实实际上体现了政治哲学中的一个悖论：一方面，一个民主社会要想保持长治久安，全体公民必须在思想上达成一致；另一方面，这个社会的全体公民在思想上保持多元性而非统一性，又是一个民主社会的应有之义。

为了解决这个悖论，罗尔斯从《正义论》时期的立场大步后退了。《正义论》的思想是普遍主义的，即罗尔斯的两个正义原则是适合于所有社会所有国家的正义原则。现在罗尔斯则认为，他提出的正义原则不是普遍的，而仅仅适合像美国这样实行立宪民主制度的国家，并且即使在美国，也很难使所有公民都认同他的正义原则。罗尔斯的立场变得甚至比哈贝马斯还弱。哈贝马斯主张，虽然人们通常持有不同甚至对立的观点，但是经过自由而充分的讨论，还是可以就任何基本政治价值问题达成共识的。罗尔斯则显然没有这种信心。②

罗尔斯解决这个问题的思路是这样的：如果人们无法克服统合性学说的多元性而在价值理想方面达成一致，那么起码应该在基本政治问题上取得共识。民主社会至少应该建立在后者的基础上。没有这种起码的共识，没有对基本政治价值的认可，社会就既不具有合法性，也不会获得其稳定性。为建立起这种基础，罗尔斯提出了"重叠共识"的观念。

"重叠共识"是《政治自由主义》的核心观念，罗尔斯对正义原则的可行性证明就是由"重叠共识"表达出来的。

首先，"重叠共识"是在某种特定政治文化传统内部发生的。这种特定政治文化传统就是立宪民主制度。"重叠共识"具有特殊的背景制度，而这种背景是十分关键的。因为在罗尔斯看来，政治社会是一个封闭的社会：我们已经存在于该政治社会内部，我们不可以而且也不能够随意进出这个政治社会。或者用罗尔斯的话说，对于这个政治社会，"我们只能生而入其中，死而出其外"。③ 罗尔斯用这种背景制度来强调，价值理想的多元性是一个确定不移的事实。

其次，"重叠共识"是各种统合性的宗教学说、哲学学说和道德学说之

---

① John Rawls, *A Theory of Justice*, Cambridge, Mass.: The Belknap Press of Harvard University Press, 1971, pp. 36 – 38.

② Ibid., p. 58.

③ Ibid., pp. 135 – 136.

间，就正义原则或社会基本结构问题所达成的共识。由于统合性学说的多元性，人们不可能在最高的价值理想方面达成共识，但是可以在正义原则问题上达成重叠共识，并且这种重叠共识能够获得各种统合性学说的支持。①

再次，"重叠共识"依赖于一种"政治的正义"观念。政治的正义同道德的正义相对立，而后者是《正义论》所强调的。罗尔斯在《政治自由主义》中提出，正义应该是政治的，而政治的正义独立于各种统合性的宗教、哲学和道德学说。一方面，政治正义不依赖任何统合性的形而上学说，但可以同它们相容。另一方面，当正义原则所体现的政治价值同各种形而上学说的价值相冲突时，政治价值高于一切。② 在"政治的正义"观念中，罗尔斯首先将人们的思想区分为两个部分，一个部分是政治观念，另外一个部分是统合性的形而上理想，然后又使政治观念独立于形而上的理想。关于政治观念，人们必须受公共理性的支配；而在形而上理想方面，则留给每个公民自己决断。

最后，某一政治社会的全体公民在正义原则问题上达成"重叠共识"，这既是一种对正义原则的证明，也为该社会所使用的政治权力提供了合法性。"重叠共识"表明人们对正义原则的认可和对社会基本制度的支持，而民众的认可和支持是一切政治合法性的基础。换言之，一种政治社会如果不能赢得那些相互冲突的统合性学说的支持，它就不是正义的，就没有政治合法性。③

政治哲学领域存在着两个极端，一端是以启蒙思想为代表的现代主义，它追求普遍主义的客观真理；另一端是后现代主义，它主张相对主义的多元论。罗尔斯的"重叠共识"观念位于两端之间靠近现代主义的地方。"重叠共识"的实质是要求各种统合性的宗教、哲学和道德学说之间"求同存异"。实际上，在当代社会，要想全体公民在最高理想和信仰方面取得一致是不可能的，因此"重叠共识"观念要求持有不同信仰的人们都各让一步，为了社会的长治久安，把自己的最高理想往后放一放，以便在起码的基本政治问题上取得共识。应该承认，"重叠共识"是一种巧妙而合理的思路，既能够使罗尔斯解决政治哲学的基本悖论，又能使他超越普遍主义与相对主义

---

① John Rawls, *A Theory of Justice*, Cambridge, Mass. : The Belknap Press of Harvard University Press, 1971, p. 12.

② Ibid. , pp. 138 – 139.

③ Ibid. , pp. 143 – 144.

的僵硬对立。

　　但是，正义原则能够像罗尔斯说的那样独立于形而上的统合性学说吗？恐怕不能。任何正义原则都依赖于某种统合性学说，罗尔斯的也不例外。虽然"重叠共识"观念的核心是将政治正义与各种形而上的统合性学说分开，同时又主张政治正义同所有形而上的统合性学说都是相容的，但是深入分析一下，我们就会发现罗尔斯的政治正义是西方现代自由主义传统的一部分，与伊斯兰、儒家和佛教这些非西方的统合性学说相比，它同康德和约翰·密尔的形而上自由主义学说的关系更为密切。

四　一个变化中的罗尔斯

　　在某些研究者看来，提供可欲性证明的前期罗尔斯是一位康德主义者，提供可行性证明的后期罗尔斯是一位黑格尔主义者。由康德主义变为黑格尔主义，对于库卡塔斯和佩迪特，罗尔斯是选择了错误的道路，而对于罗蒂，则无异于弃暗投明。那么究竟是只有一个罗尔斯，还是存在着两个罗尔斯？罗尔斯到底是康德主义的，还是黑格尔主义的？罗尔斯是变得使人失望了，还是变得使人向往了？

　　这些问题对于评价罗尔斯是重要的，但直截了当的回答往往流于贴标签。所以，与其给予以上问题以直截了当的回答，不如深入探讨罗尔斯的思想到底在哪些重大问题上发生了变化，以及他的思想为什么会发生变化。最重要的变化有三点。为了使问题更加鲜明，我们最好以问题的方式来讨论这些变化。

　　第一，正义原则是普遍的，还是仅仅适用于美国的？

　　毫无疑问，《正义论》时期的罗尔斯是普遍主义的。这一时期罗尔斯的逻辑是：因为正义原则是一种在理想处境（原初状态）中进行的理想选择，所以它们必然适用于所有社会和国家。但是，来自各方面的批评特别是社群主义批评，使罗尔斯认识到，对于政治哲学来说，普遍主义是一种无法达到的要求，而且，脱离社会历史条件来谈论正义原则也是毫无意义的。因此，政治哲学所关心的东西与其说是普遍的正义原则，不如说是适合于像美国这种当代西方社会的原则。这样，在晚期的罗尔斯看来，"我们不是试图发现适用于所有社会而不管其特殊社会历史条件的正义观念，而是试图解决处于现代条件下的民主社会内部关于基本制度之正义形式方面的根本分歧"。①

不仅如此,罗尔斯还意识到,即使在美国,人们关于支配社会基本结构的正义原则并没有达成一致,而且,在可见的将来也不会达成一致。没有一致就没有社会稳定性。于是在 80 年代以后,罗尔斯力图用他的政治自由主义"来说明我们晚近政治历史中的一种绝境,这种绝境表现为关于基本制度应如何安排以符合公民的自由和平等这个问题还没有获得一致"。② 为了走出这种绝境,罗尔斯提出了"重叠共识"的观念。但是,这时的罗尔斯过于关注社会稳定性问题,其思想不像早期那样生气勃勃了。

第二,正义原则是程序的,还是实质的?

罗尔斯在《正义论》中曾反复重申,他所说的正义是一种纯粹的程序正义。按照程序正义的观念,正义是正义程序之结果。只有程序是确定的,而结果则是不确定的。也就是说,如果程序本身是正义的,那么它所达成的任何结果都是正义的,无论它们是什么。

哈贝马斯在《事实与规范》(1992 年)以及其它一些文章中,对罗尔斯的正义理论进行了批评。其中最重要的一种批评指出,罗尔斯的正义表面上是程序的,而实际上是实质的。在哈贝马斯看来,所谓"程序正义"意味着正义是程序的结果,即"什么是正义的"不是先定的,而是通过公民之间的对话、交流、讨论、协商之后所达成的共识决定的,或者是由"多数决定"的民主原则决定的;所谓"实质正义"则意味着对某些价值(自由、平等或权利等)的承诺,这些价值是普遍的、先在的和确定不移的,而政治制度和法律制度则是这些价值的体现和保证。哈贝马斯认为,真正的正义应该是程序的,而不应是实质的。

针对哈贝马斯的批评,罗尔斯为自己做了如下的辩解。首先,罗尔斯说明了什么是"程序正义"和"实质正义"。他提出:"我把程序正义与实质正义的区别看作是一种程序的正义(或公平)与该程序之结果的正义(或公平)的区别。"③ 罗尔斯的这种说法意在强调程序正义同实质正义不是对立的,而是相互关联的。其次,罗尔斯进一步解释了程序正义与实质正义的

①　John Rawls, "Kantian Constructivism in Moral Theory", in *The Journal of Philosophy*, 88, 1980, p. 518.

②　John Rawls, "The Basic Liberties and Their Priority", in S. MacMurrin (ed.), *The Tanner Lectures on Human Values*, Ⅲ, Cambridge, UK: Cambridge University Press, 1982, pp. 84 – 85.

③　John Rawls, *Political Liberalism*, New York: Columbia University Press, 1996, p. 421.

关系。他认为："一种程序的正义总是依赖于该程序之相应结果的正义，或者说依赖于实质正义。"① 非常明显，罗尔斯的这种观点同较早的《正义论》截然不同。最后，罗尔斯指出，没有纯粹的程序正义。他认为："就政治正义而言，不存在任何纯粹的程序，并且也没有任何程序能够决定其实质性内容，从而，我们永远依赖于我们关于正义的实质性判断。"② 罗尔斯反驳说，哈贝马斯自己的正义观念也不是纯程序的，而是实质的。

为什么罗尔斯在《正义论》中认为正义是程序的，而在《政治自由主义》中又声称没有纯粹的程序正义，所有正义都是实质的？实际上，《正义论》中，罗尔斯在提出正义程序之前已经对自由和平等的价值具有了先定的承诺，而程序只不过是把这两种价值推演出来并加以制度化而已。换言之，只有体现自由和平等的原则是正义的，而不是任何原则都可能是正义的。这样，正义就不是正义程序之结果，相反，程序变成了为达到某种预定结果而选择的设计。在这种意义上，罗尔斯的正义从来都不是纯粹程序的，而是实质的。

第三，正义是道德的，还是政治的？

按照罗尔斯自己的说法，《正义论》中的正义观念主要是道德的，而《政治自由主义》的正义观念则主要是政治的。更准确地说，"在《正义论》中，一种普遍性的道德正义学说没有同一种严格意义的政治正义观念区别开来"③。

罗尔斯所说的"道德的正义"观念有两个特点：一方面，道德的正义观念是普遍的，它适用于各个时代各种社会的人们；另一方面，道德的正义观念是统合性的，它包含了人生价值、人格理想以及关于友谊、家庭关系、社会关系和指导我们行为的各种理想。而所谓"政治的正义"观念一方面独立于道德（不是从道德推演出来的），并且当与道德价值冲突时，它高于道德价值；另一方面它的主题是社会基本结构，并同某种特殊的历史条件和政治传统紧密相关。

某些研究者认为，"道德的正义"同康德主义有关，而"政治的正义"同黑格尔主义有关。这是一种误解。实际上，"政治的正义"观念同可行性

---

① John Rawls, *Political Liberalism*, New York: Columbia University Press, 1996, p. 421.

② Ibid. , p. 429.

③ Ibid. , p. xvii.

证明和社会稳定性问题是紧紧联系在一起的。罗尔斯在晚期更为关注可行性和社会稳定性问题，一方面有其理论上的原因，如"无知之幕"引起的问题，另一方面是对来自各方面批评（特别是社群主义的批评）的回应，而这些批评往往牵涉到可行性和社会稳定问题。

如何理解罗尔斯的这些思想变化？这些思想变化的意义何在？总体来看，晚期的罗尔斯仍旧信守社会契约论的思想，仍旧使用建构主义的方法，在探讨正义问题时仍旧借助于一些康德哲学的观念，因此，罗尔斯的晚期思想仍然带有浓厚的康德主义色彩，而不是黑格尔主义的。

但是，我们也应该看到，罗尔斯的思想自 80 年代以来确实发生了某些重大的变化。而且，我认为这种变化的重要意义不在于罗尔斯是否从康德主义转向了黑格尔主义，而在于这种变化既超越了康德主义也超越了黑格尔主义，形成了一种新自由主义。

首先，罗尔斯开始抛弃普遍主义，而自由主义政治哲学一直是普遍主义的。从洛克到密尔，从康德到黑格尔，西方政治哲学家都声称自己的理论代表着政治真理，都坚信自由主义适用于全世界，尽管这些自由主义思想家之间并不一致。然而罗尔斯认识到：在正义原则问题上，西方社会中的人们目前争论不休，还远远没有取得思想一致；在形而上的信仰问题上，除非使用暴力的高压手段，否则人民也将继续信奉各种各样的、不同的宗教、哲学和道德学说。无论是现在还是可预见的将来，人们在价值问题上的分歧会长期存在下去。晚期的罗尔斯明显受到某些社群主义甚至后现代主义观点的影响，开始接受思想的多元论。他不仅主张思想多元论在立宪民主制社会中是正常的，而且相信人们思想的不一致会长期表现在从宗教信仰到正义观念的各种问题上。罗尔斯抛弃普遍主义的关键在于，在当代的哲学话语中，普遍主义失去了人们的信任，从而它不但不能给自由主义增加什么，相反会成为人们接受自由主义的一个障碍。

其次，罗尔斯开始抛弃近代的"先验理性"，在正义问题上诉诸于"公共理性"。在罗尔斯的政治推理中，理性始终是最重要的力量。但是在 80 年代以后，罗尔斯强调，政治推理所运用的理性应该是"公共理性"。所谓"公共理性"，意味着应用于政治问题的理性不应是个人的，而应该是公共的，即政治推理所涉及到的一切都应该是被公众认可的。理性是公共的，它才能为正义原则提供一种合理的证明。证明归根结底是为那些同自己观点不尽一致的人而提出来的。向其他人证明正义原则，就是通过公共理性来说服他们，也就是说，证明所使用的政治推理、所依赖的理由证据以及所诉诸的政治价值，既必须是合乎理性的，也必须是公共认可的。在这种意义上，康德和黑格尔所使用的理性概念不仅是先验的，而且本质上具有个人的性质。对于当代政治哲学，"公共理性"比"先验理性"有更强的说服力，在证明中诉诸"先验理性"已经没有意义了。另外，罗尔斯诉诸"公共理性"，其目的是将形而上的理想和形而下的利益从政治哲学中排除出去，使它们无法在政治推理中发挥作用。形而上的理想和形而下的利益在政治推理中无法发挥作用，人们在政治讨论中只能求助于政治传统和政治常识。正是在西方政治传统和美国政治常识的指导下，罗尔斯所提出的正义原则才成为适合于美国的（不是普遍主义的）、实质的（不仅仅是程序性的）和政治的（不是道德的）。由于罗尔斯的政治推理基于"公共理性"而非康德的"纯粹理性"或黑格尔的"思辨理性"，所以他对自由主义提出了超越康德和黑格尔的合理证明。

最后，罗尔斯开始抛弃启蒙时代的理想主义，逐渐接近政治现实主义。仅仅是在这种意义上，我们才可以说罗尔斯在远离康德而切近黑格尔。政治现实主义驱使罗尔斯在思考正义问题时重视西方（特别是美国）的实际政治制度和现实政治生活，并在对正义原则的论证中突出了可行性证明。从积极的方面看，政治现实主义是脱离普遍主义的一个后果，而脱离普遍主义是值得欢迎的。从消极的方面看，这种政治现实主义使罗尔斯离康德的"实践理性"观念越来越远了，从而其政治哲学中的理想成分也越来越淡了。我们可以不必再相信普遍主义，但我们不可以没有政治理想。政治理想可以建基于各种各样的哲学观念之上，但最坚实有力的基础是"实践理性"观念：它要求政治哲学不仅反映政治现实，更要塑造政治现实。对于"实践理性"，重要的东西不是依照现实来定位思想，而是按照理想来改造现实。我们对现实的不满推动着历史前进，我们超越现实的理想构成了历史的目的，我们理想的逐步实现标示着历史的进步。我认为，在政治哲学和正义原则的思考中，政治理想应该比政治现实具有更重的份量。罗尔斯的正义理论将永存史册，但令后人永远铭记的会是提供可欲性证明而非可行性证明的罗尔斯。

现在我们可以简要地回答最初的问题了：只有一个罗尔斯，而不是两个罗尔斯，但这是一个处于变化中的罗尔斯。

经济学视角下的差别原则

——罗尔斯与经济学家之间的跨学科对话

丁建峰

罗尔斯的《正义论》是二十世纪具有划时代意义的政治哲学巨著，实际上，作为一部涉及人类社会根本问题的著作，《正义论》的影响不仅仅表现在政治哲学和道德哲学领域。这部鸿篇伟制蕴含着的深刻思想，也对当代经济学，特别是福利经济学和制度经济学的发展具有深远影响。从《正义论》发表以来，不少经济学领域的专家纷纷撰文，和罗尔斯展开了深入细致的讨论和对话。由于经济学家对罗尔斯"两个正义原则"的争议主要地集中在"差别原则"上，因此，笔者在这里简略地评述经济学家与罗尔斯之间就"差别原则"而展开的理论对话和富于建设意义的论争，并简要评述当代福利经济学、演化经济学对于罗尔斯"差别原则"的进一步发展，以此纪念《正义论》这部伟大著作的四十周年诞辰，并以此简陋小文求教于政治哲学和伦理学领域的方家。

一 罗尔斯对差别原则的论证：概述

罗尔斯分配正义理论的核心，是"两个正义原则"，在《正义论》中，罗尔斯对两个正义原则的基本表述如下（罗尔斯，1999/2009，第71页）：①

---

① 罗尔斯在一系列文著中对"两个正义原则"进行过多次表述，其他表述参见《正义论》（1999/2009，第237页。本文对罗尔斯著作的注释方式为"/"前为英文原版出版年，后为中文译本出版年，以中文方式标出的页码［第x页］为中译本页码，否则为英文原版页码——编者注），这一次的表述，在"差别原则"中考虑了储蓄问题，但基本宗旨不变。《政治自由主义》（罗尔斯，1993，pp. 5-6，中译本2000，第5页）、《作为公平的正义——正义新论》（罗尔斯，2001/2002，第70页）每一次的表述都有所不同。但是，正如罗尔斯在《作为公平的正义——正义新论》中所言，他对于差别原则的提法的表述，仅仅是词句上的修改，而没有实际内容的根本修改（罗尔斯，2001/2002，第71页）。

第一个原则：每个人对与其他人所拥有的最广泛的平等基本自由体系相容的类似自由体系都应有一种平等的权利。

第二个原则：社会和经济的不平等应这样安排，使它们（1）被合理地期望适合于每个人的利益；并且（2）依系于地位和职务向所有人开放。

在罗尔斯看来，第一个原则（基本自由权的平等原则）对于第二个原则具有词典序优先性，而第二个原则中的表述应当被清晰化。又可以被准确表述为"社会和经济的不平等应当这样安排，使它们：（1）适合于最少受惠者的最大期望利益；（2）依系于在机会公平平等条件下职务和地位向所有人开放"。其中的（1）被称为"差别原则"，而机会平等原则对于差别原则又具有第二层的词典序优先性。尽管在罗尔斯的体系中，"差别原则"在社会正义原则中的"词典性顺序"中排在最后，[①] 但是，经济学家往往把这个原则的提出看作是罗尔斯"真正的理论贡献"。这是因为，"基本自由权的平等"和"机会公平平等"这两个原则，尽管极端重要，但它们表达了大多数自由主义者（甚至也包括很多左翼思想者）的共识，尽管罗尔斯的表达具有高度的系统性和严谨性，但终究并非罗尔斯的原创贡献，而"差别原则"则是罗尔斯提出并系统论证过的一个崭新的运用于社会福利判断的原则，具有振聋发聩之效。

为了深入讨论经济学家与罗尔斯之间就差别原则产生的理论分歧与对话交流，我们在这里用简短的篇幅概述一下罗尔斯对于差别原则的论证[②]。对两个正义原则的论证，在罗尔斯的理论框架里，导源于理性而道德的参与人在无知之幕下的抉择。"无知之幕"滤掉了所有和个人利益相关的信息，从而彻底清除"自利偏差"孳生的土壤，使决策者处在一个适当的"正义环境"之中对不同的分配方案进行选择。被无知之幕所过滤掉的信息包括：1. 人们的社会地位、阶级出身；2. 天生的智力、体力及其他自然能力；3. 自我的善观念与心理特征（例如风险偏好情况、乐观或悲观的气质）；4. 社会的特殊环境，社会的经济、政治状况和文化水平；5. 关于自己世代的信息。处在无知之幕下面的各方所知道的信息

[①] 罗尔斯认为两个正义原则的第一原则词典序优先于第二原则，而第二原则中的"机会公平平等原则"词典序优先于"差别原则"（罗尔斯，1999/2009，第48、69页）。

[②] 有研究者指出，罗尔斯实际上对差别原则给出了两套论证方式，第一种是循着伦理学论证的一般方法，直接论证差别原则的优点，基于自然禀赋的道德无关性（moral arbitrariness），罗尔斯论证差别原则是最能体现自由平等主体的互惠合作精神的分配原则（周保松，2010，第59—63页）；第二种则是由无知之幕和原初状态下的合理选择来加以论证（Brian Barry，1989），鉴于经济学家往往更为看重第二种论证，我们这里只简略地疏导这个论证。

包括：1. 人类社会的一般事实；2. 政治事务和经济理论的原则和人的心理学法则（罗尔斯，1999/2009，105—110 页）。

在无知之幕下，所有人的地位都是对称且平等的，这就意味着没有人在原初状态下能为自己谋求特殊的利益，当然，他也不会接受一个特别对他不利的分配。因此，首先可以确定"一种平等分配的原则接受为正义的第一个原则"（罗尔斯，1999/2009，116 页，p. 130）。"各方就从一个人确立所有人的平等的自由的原则开始，这一平等的自由包括机会的平等和收入与财富的平均分配。"于是，各方首先确定平等原则作为出发点，在这个原则基础上谋求改进，这一改进应当以有利于所有参与人为前提。对于基本自由和依系于地位与职务的机会而言，平等原则已经是帕累托最优的了，没有进一步改进的余地。但是，对于收入与财富而言，采取其他的非平均分配的方式，会改善所有人的处境。于是，罗尔斯就在这一基础上提出了"差别原则"。

但是，在一个完全平均的分配基础上，也可以设想有不同的改进方式。例如，假设社会有两个群体，再假定其他条件不变（即这个社会满足基本自由权的平等和机会的公平平等），初始的、平均主义的收入分配是每个人各得到 1000 个货币单位的月收入，从（1000，1000）的平均分配方案 A 出发，有两种改进方案，B 方案可以改进到（2000，1000），C 方案可以改进到（2500，3000），两者均大大改善了所有人的处境，功利主义者可能会支持前者（因为货币支付的总和最大），而罗尔斯则坚定地支持后者（因为最不利群体得到了最大的改善）。如果各方按照罗尔斯的假设，是"不受妒忌之累"的（罗尔斯，1999/2009，第 111 页），那么，B 方案牺牲了较优群体的 7000 单位收入却只增加了较劣群体的 500 单位收入，看上去似乎并不合理。但是，罗尔斯并不这样考虑，他给出了支持最大化最不利群体利益的三条理由。第一，各种情况出现的概率是不知道的，因此，无法计算损益得失的数学期望，因此，我们不能以日常生活中习见的计算数学期望的方法来衡量基本制度的损益得失。第二，决策者抱着这样的一种善观念，以致他很少关心在遵循"最大最小值"规则能得到的最低报酬之外还有可能得到的收入。第三，原初状态下的选择涉及重大的冒险（例如，功利主义有可能引入奴隶制度，因此会给社会成员带来重大的风险）（罗尔斯，1999/2009，第 120—121 页）。

基于以上三条理由，选择差别原则是容易理解的：由于原初状态下人们是就日后的社会基本结构进行抉择。因此，这必定是一项十分慎重的选择，甚至可能是关系到人们世世代代的福利与幸福的"生死抉择"，因此，任何给特定社会成员带来巨大灾难的选项都应当被审慎地加以排除。罗尔斯认为，在这种决策情境中，我们必须接受差别原则作为安排社会与经济不平等的一条重要原则。

二　差别原则与当代经济学的理性选择理论

　　罗尔斯对二十世纪五六十年代的新古典经济学的发展并不陌生，在《正义论》的脚注里，可以看到大量的对于现代、当代经济学理论的引证和评述[①]。事实上，罗尔斯在学生时代选修过不少经济学课程；1950 年代初，在普林斯顿大学任讲师期间，罗尔斯不仅参加了威廉·鲍莫尔的经济学研讨班，研读了希克斯和萨缪尔森等人的高深著作，还自行组织了一个非正式的研究小组讨论瓦尔拉斯、摩根斯坦、冯·诺依曼等经济学家、博弈论专家的著作，可见罗尔斯对当时的新古典经济学和博弈论颇下过一番功夫（涛慕斯·博格，2010，第 15 页）。在《正义论》酝酿和撰稿的 1960 年代，罗尔斯还曾与顶尖级的经济学家肯尼斯·阿罗和阿马蒂亚·森（后来均获诺贝尔经济学奖）合作，在哈佛大学开设《当代政治哲学》课程，当时所用的课本之一也是这部《正义论》手稿，阿马蒂亚·森回忆说，"彼时我正在撰著自己关于社会选择的著作《集体选择与社会福利》（1970 年出版），其中一部分亦是对正义原则的讨论，罗尔斯深刻敏锐的评论和建议，使我受益良多"（Amartya Sen，2009）。由此，我们亦可以看出罗尔斯和经济学家（特别是有哲学倾向的经济学大师）之间的密切关系。

　　从罗尔斯运用无知之幕设置对差别原则的推导中，可以清楚地看到当代经济学的影响。首先，罗尔斯假设在无知之幕下，人们具有合理决策的能力，"对合理性（rationality）这个概念必须被给予最狭义的解释，即经济理论中的标准解释：采取最有效的手段来达到既定的目标"（罗尔斯，1999/2009，第 11页，译文参照原文略加修订）。罗尔斯在《正义论》中专门用一节篇幅讨论了

---

　　① 《正义论》第 5 节的脚注讨论了功利主义的理论文献，引用了福利经济学家吉巴德、豪尔绍尼、布兰特的文献；第 8 节的脚注显示，对正义两原则的词典序排列的理论基础来源于经济学对词典序偏好的探讨；第 11 节对效率原则的讨论大量援引经济学著作；第 23 节讨论 "正当概念的形式限制" 则引用了社会选择理论中的重要著作，如阿罗和阿马蒂亚·森的代表作（Kenneth Arrow，1963；Amartya Sen，1970）。第 24 节讨论 "无知之幕" 时，引用了豪尔绍尼对无知之幕下的信息限制的思想；第 25 节讨论 "合理性"（rationality）概念时亦大量引证经济学家的著作。第 26 节推导两个正义原则时，引述了瓦尔德等决策理论家的看法。第 27 节反驳功利主义时，也大量引用了经济学家的文著作为功利主义的代表论点。

立约各方的合理性假设问题，重申了他遵循经济学的标准做法，把合理性看作是"对所有可选项有一贯的偏好，根据它们在促进其目的上的好坏来进行排序"（罗尔斯，1999/2009，第110—111页）。正是对合理性假设的"重合"，使得罗尔斯的理论与经济学产生了理论共鸣和方法论上的"交集"。而且，在差别原则的论证过程中，罗尔斯运用了经济学家熟悉的模型化方式展开自己的论述并得到了新颖的结论。罗尔斯采用了两人分配模型，并绘制了大量的图表，这种论证模式是经济学家最为熟悉和习惯的。在罗尔斯之前，尽管已经有经济学家系统论证过最大最小原则在决策理论中的作用（John von Neumann and Oskar Morgenstern，1944，Leonard J. Savage，1951，Abraham Wald，1950），但还从未有人把最大最小原则运用于对社会福利和基本社会制度的判断之中，这一切都使他的理论对于经济学家格外具有吸引力。正如诺贝尔奖得主肯尼斯·阿罗所说，"罗尔斯所清晰阐明的具体正义原则是十分新异的，然而，一旦它们被提出，就立刻强烈地吸引着我们的注意力，并至少成为了一种可行的、可供选择的正义理论之基础"（Kenneth Arrow，1973）。罗尔斯的差别原则被迅速引入了福利经济学理论，福利经济学家甚至把体现了最大最小原则的社会福利函数命名为"罗尔斯社会福利函数"（Rawlsian social welfare function），体现了罗尔斯对于理论经济学产生的深远影响。

三 围绕着差别原则的理论对话

然而，毋庸讳言，罗尔斯的思想与经济学思想的差异也是显而易见的——其中最明显的分歧即体现在"差别原则"上，出现这样的分歧并不奇怪，因为现代经济学无论从"理论基础"上还是从经济学家内在的"支援意识"上讲，都和罗尔斯反对的功利主义有着千丝万缕的联系。① 但是，如

---

① 这里有必要澄清一个通常的误解，即，认为大多数主流经济学家是功利主义者。不可否认，现代经济学的微观理论基础是建立在对个体偏好和个体效用函数（individual utility function）的细致分析基础上的，因此，可以认为效用的概念贯穿了当代新古典经济学的每一个领域。但是，功利主义（utilitarianism）不但认为人们的行为能够用效用函数加以刻画，而且认为社会最优是在效用总和最大的情形下达到的。单纯强调"利"与"欲"的合理性的学说，严格地说并不是功利主义，而只能说是带有功利主义的倾向。大多数新古典经济学家否认效用可以加总，他们更加支持一种通过自由竞争而达到帕累托效率的经济制度，因此，新古典主流经济学更接近于个人主义、自由至上主义而不是功利主义。罗尔斯也指出，"人们习惯上认为功利主义是个人主义的……但功利主义却不是个人主义的"（罗尔斯，1999/2009，第23页）。但是，如果让经济学家仅在"功利主义"和"差别原则"之间做一选择，那么大多数经济学家可能会更支持功利主义。

果仅仅把罗尔斯和经济学家之间的对话和争论看做不同学派之间的"意气之争",那也有失偏颇。实际上,即使阿马蒂亚·森和哈耶克这样的对功利主义提出批评的经济学家,也对罗尔斯的正义理论提出了不少异议。我们在这里不可能一一疏释所有争论,而仅围绕着与"差别原则"相关的几个基本问题,对罗尔斯和经济学家之间的对话展开评述。我们的评述是"问题导向"的,即,以两个问题为核心展开评述:1. 从无知之幕的假设出发,是否能够导出差别原则?差别原则是否是一个所有人都能接受的合理的选择(rational choice)?它是否构成一个令人满意的评判社会制度的规则?2. 在一个现代经济系统之内,差别原则能否被有效地实施?其中,第一个问题是纯粹理论方面的,亦即,它探讨无知之幕下的个人应当如何判断各种社会安排(social arrangements)的优劣。第二个问题则是实践性的,亦即,假使我们接受了差别原则作为评判收入与财富分配之优劣的主要原则之一,如果它无法被实施,那么更加偏重于政策应用的经济学家也许会转而寻找其他的原则作为差别原则的近似替代。

(1) 无知之幕下是否能导出差别原则

对于无知之幕下能否导出差别原则,很多经济学家持明显的怀疑态度。因为无知之幕下的选择是一个在不确定性条件下的决策问题。所谓"不确定性",按照弗兰克·奈特的界定,是指在风险决策中,决策者不知道、也无法预估未来的各种事件发生的概率(Frank Knight, 1921)。显然,不确定性意味着决策者面临更大的危险,在这种情况下,他自然应当采取较为小心谨慎的策略,然而,最大最小原则是一个风险规避程度极高的原则,它远远超出了一般意义上的谨慎而达到了"谨小慎微"的程度,体现了一种极端的风险规避倾向。阿罗(Arrow, 1973, p. 251)指出,对于那些患有严重疾病的社会成员,我们总可以支付巨额财富稍微改善一点他们的处境,但这种巨额花费会使其他社会成员的生活水平大大降低。博弈论大师豪尔绍尼也对最大最小原则提出了反驳,他认为,如果人们按照最大最小原则进行决策,那么他根本就不会像一个正常人那样生活。因为最大最小原则仅考虑最坏的结果,因此,这个人不会过马路(因为过马路可能会遭到车祸),不会过桥(因为桥可能塌陷),也不会结婚(任何看似美满的婚姻都可能以灾难告终),如果任何人这样生活,他最终的归宿就是精神病院(John Harsanyi, 1975)。

实际上,在撰写《正义论》时,罗尔斯也已经注意到了这个问题,在书中他举了一个例子，即，设有两个分配（1/n，1）和（0，n），当 n 趋于无穷时，将会导致荒谬的结论，即，应当舍弃某个人的无穷大的利益来谋求另一个人接近于零的改进。这个例子实际上是阿马蒂亚·森在《集体选择与社会福利》里批评差别原则时所举的著名例子（Sen，1970，pp. 136 - 138）。对于森的异议，罗尔斯提出了两个理由来支持差别原则，首先，社会必须被看作是一个合作的实体，因此，"社会正义的问题并不是临时地给个人分配某些数量的钱，财产或别的什么的问题"（罗尔斯，1999/2009，第 122 页）。罗尔斯还认为，在合作体系中，处境较好的群体的改善和处境较劣的群体的改善具有同步性，因此，反例中所提出的情形，在合作体系中不能发生（罗尔斯，1999/2009，第 63—65 页）。其次，差别原则是和其他原则共同作用的，而且在词典优先顺序上处在基本自由权的平等原则和机会的公平平等原则之后，而在保证了这些基本权利和机会的平等之后，社会将不至于出现如反例中所描述的那种悬殊的贫富分化。但是，罗尔斯的这些主张仍然会导致一些疑难。例如，一个合作体系并不足以保证由于参与人的能力与努力程度的悬殊而导致收入水平的巨大差异，而要抹平这些差异就会带来参与人努力程度的损失；同时，即使实现了基本自由权的平等和机会的公平平等，我们仍然会面临差别原则和功利主义之间的权衡选择问题，例如，我们可以设想两个社会，它们在基本自由权、职位和地位的分配上是完全相同的，唯一不同的是收入分配状况（Partha Dasgupta，1974），如果要求研究者必须对这两个社会的福利状况的优劣进行评估，那么阿罗和豪尔绍尼提出的问题就不可避免。阿罗进一步批评了罗尔斯关于社会合作体系中的各方利益可以被同步改进的看法——社会中的利益冲突是不可避免的，"同步改进"的假设严重损害了差别原则的理论价值。在一个合作体系中，即使保证了机会的公平平等，"效率—平等权衡"依然存在，有时甚至会非常尖锐；反过来说，如果这一权衡并不存在或并不尖锐，那么强调差别原则和平均功利原则之间的区别也就没有意义了（Kenneth Arrow，1973）。①

　　罗尔斯在《美国经济评论》上发表的《最大最小原则的几个理由》一

————————

　　① 我们可以这样理解阿罗的论辩：如果满足了基本自由权在最大可能范围内的平等，又满足了机会的公平平等，那么奴隶制度或其他损害少数社会成员基本权利，或给少数社会成员以巨大损害的制度安排就不可能存在，因此，只要满足了词典序优先的要求，把功利主义作为正义的第二原则至少也是无害的，因为它同样符合罗尔斯提出的在不确定条件下谨慎行事的几条理由（第二条理由除外）。这样一来，差别原则的独特性也就消失了。

文（John Rawls，1974b），可以看做是他对这些反对意见的一个初步回应。在这篇文章里，罗尔斯也承认阿罗的批评是有道理的：在基本自由权平等和机会公平平等的前提下，论证差别原则优于平均功利原则要困难得多，因为此时已经无法提出基于自由、基本权利、机会平等之类的论据来反驳平均功利原则。但是，罗尔斯在 1974 年发表的两篇文章里提出了一个重要论点，这使他和新古典经济学家之间产生了重大的区别——罗尔斯判断，风险态度并不是人们选择差别原则的决定性原因。罗尔斯指出，"我必须强调的是，最大最小化公正原则和所谓的在不确定性下选择的最大最小化规则完全是两回事"（John Rawls，1974b）。于是，罗尔斯给出了另外三条支持差别原则的理由，即，运用差别原则的时候需要的信息比功利原则为少；更适合成为一个公共原则；更弱的承诺压力。在另一篇回应经济学家批评的文章中（John Rawls，1974a），罗尔斯还给出了三条支持差别原则的理由：首先，在无知之幕下人们不知道自己的欲望和目标，因此，他们不能确定自己的选择函数；其次，在无知之幕下技术是不确定的；最后，无知之幕下的概率分布是不确定的，因此拉普拉斯的非充足理由律不起作用。罗尔斯的辩驳虽然很细致，但可能无法说服经济学家——最主要的原因在于，罗尔斯假设无知之幕下人们不知道自己的欲望和目标，这就和他对"合理性"的假设产生了矛盾，如果人们根本不知道自己的欲望和目标，按照标准的合理选择理论，他们是无法进行决策的；假如他们还有起码的共同目标（例如对基本物品的追求），那么就很难无视经济学家的批评意见。① 但我们也应指出，罗尔斯对于差别原则和最大最小决策规则无关的提法，的确可以回应经济学家的很多批评，并且有进一步的、广阔的发展空间（关于这一点，本文第四节有进一步的讨论）。

值得注意的是：罗尔斯在 1999 年修订《正义论》的时候，在 13 节的末尾专门添补了一段，认为"差别原则"不适合被称为"最大最小值标准"。罗尔斯指出，"最大最小值标准一般被理解为在高度不确定情况下的一个选

---

① 罗尔斯认为，差别原则带有康德主义"人应当作为目的而不仅仅是手段"的特色。对于罗尔斯的这个论断，阿罗和豪尔绍尼都进行了反驳，例如，豪尔绍尼认为，罗尔斯的差别原则很难说体现了康德的"道德律"。因为在实行差别原则时，较优势的群体要为较劣势的群体而牺牲利益，有时甚至需要很大的付出。罗尔斯说功利原则是把弱势群体"仅仅当做了手段而没有当做目的"，但是，实行差别原则则把优势群体当做了改善弱势群体福利的手段，在必定会有人因为其他人的利益而做出牺牲的情况下，运用"目的—手段"的辩证法毫无意义，罗尔斯认为"差别原则"符合康德的道德律的逻辑是"极其牵强的"（John Harsanyi，1975）。

择规则，而差别原则是一个正义原则。对两种明显不同的原则用同一个名称是不可取的"（罗尔斯，1999/2009，第65页），因此，修改了这个提法之后，也就意味着我们不能支持差别原则的主要理由定位为风险规避假设。尽管1999年版的修改体现了罗尔斯的匠心和治学的严谨，然而，罗尔斯在论证差别原则的时候，仍然采用了最大最小值原则这样一个不确定条件下的决策规则，他的基本论证模型也没有做任何修改（罗尔斯，1999/2009，第118—120页，特别见119页脚注1），而仅仅在表述上做了修订，这说明，他仍然认为差别原则与人们的风险规避之间存在着联系，而仅仅认为这里的风险规避并不取决于个别人的风险态度，而取决于无知之幕的设置本身。但是，在2001年的《作为公平的正义——正义新论》里，罗尔斯已经试图把差别原则和不确定性下的选择分离开来，"尽管作为一种分配正义原则的差别原则与作为一种非确定情况下的模糊决策方法（rule of thumb）的最大最小规则之间存在着形式上的相似性，但是差别原则的推理并不依赖于这个最大最小化规则，这种形式上的相似性使人误入歧途"（罗尔斯，2001/2002，第154页）。但是，也许是由于年事已高，罗尔斯并没有像《正义论》里所做的那样，对这个重要论点给出形式上的严谨说明。

另一组比较重要的反对意见是：罗尔斯提出的差别原则是一个静态的分配原则，它丝毫没有考虑演化和动态因素对分配规则的影响（Onora Nell et al.，1973）。如果我们考虑演化、动态、博弈等诸多因素，那么分配原则的具体形式应当是动态的而不是静态的，是多元的而不是一元的。

公共选择学派的创始人詹姆斯·布坎南提出，人们在无知之幕下对分配正义的判断可能是多样化的，他指出，一个社会的制度格局中，人们对"公平"和"正义"已经有了一种共识，这就好比扑克牌游戏，实行人人平等的规则，或者对某一局的胜者有利的特殊规则，都已经成为了这个扑克牌游戏中玩家的共识。现存的社会—经济制度可能不满足"两个正义原则"，但却已经被人们习以为常地接受，即使美国宪法也不能说是两个正义原则的体现，但这一宪法却是长期稳定的，而且也被大多数人认为体现了公正（James M. Buchanan，1972）。在这种情况下，应当承认原初状态下的谈判均衡不止一种。罗伯特·萨格登认为，"我们不能证明公正无偏规则是唯一合理的。理性谈判者们利用以其共同经验为依据的对另一个人的期望来选择策略"（Robert Sugden，1990）。阿马蒂亚·森在他的《正义的理念》一书中也支持对分配正义原则的多元理解，他认为，"罗尔斯认为，在原初状态下只

有唯一的极其具体的选择，对于一个充分正义的社会而言，只有唯一一套据
以判定正义制度的特定原则，我不得不对此表示相当程度的怀疑"。实际上，
在这种情况下可能有多种选择，每一种都是不偏不倚的判断，和决策者的个
人地位、特征无关，而且这些准则都可以满足康德的"可普遍化"标准
（Amartya Sen，2009）。

　　晚年的罗尔斯对差别原则的态度略有一些变化。应当认为，罗尔斯自始
至终都坚持认为：差别原则是无知之幕下调整经济与社会的不平等的最好选
择，但他也对其他学者的观点做了一定的让步。罗尔斯认为，人们在思考正
义原则时，会把两个正义原则分别与功利原则进行两次比较，"给出关于第
一个正义原则之推理的第一种比较是完全具有结论性的，而给出关于差别原
则之推理的第二种比较的结论性则更弱一些。第二种比较依赖于各种非确定
性的思考之间一种更微妙的平衡"（罗尔斯，2001/2002，第 155 页），而且，
罗尔斯也承认，"差别原则通常并没有得到人们明确的赞同，确实，它没有
显示出在当代的政治文化中能够得到多少支持"（罗尔斯，2001/2002，第
218 页）。他在坚持差别原则的同时，也反复明确了两个正义原则的层次，
亦即，正义的第一原则优先于差别原则，而差别原则并不适宜成为一个在宪
法层次上范导整个社会的"宪政实质问题"（罗尔斯，2001/2002，第 78—
79、262 页）。

　　（2）差别原则的实施问题

　　很多经济学家注意到，即使我们在原初状态和立宪过程中都接受了差别
原则作为调整经济与社会不平等的标准，这个原则的实施也会遇到一些困
难。主要的困难有如下几个：

　　首先，如何辨识一个社会的最不利群体？我们可以较为容易地辨识一个
社会中处于相对不利地位的群体（即社会学中所说的"弱势群体"），但是，
从这些弱势群体中遴选出处于最不利地位的群体，则是一个几乎不可能完成
的任务。具体到罗尔斯的框架里，为了避免人际间效用比较的任意性，罗尔
斯用"基本物品"（primary goods，又译作"基本善"、"首要善"、"基本利
益"）的分配来确定社会的不平等状况的。罗尔斯认为，有一组物品对所有
的理性人生计划都有用，亦即，基本物品是一组可以满足不同人生目的的通
用手段（general - purposes means），具体而言，包括权利、自由、机会、收
入和财富以及自尊之社会基础（罗尔斯，1999/2009，第 71 页；罗尔斯，
1993/2000，第 326—327 页）。由此可见，在罗尔斯的理论里，基本物品不

止一种，由此而存在的问题是：多维度的向量之间经常无法比较大小。即以经济学家最常讨论的收入和财富为例，某些收入稍高的弱势群体所从事的职业可能开支也较大，因此，这些人的财富量反而少于那些收入稍低但开支较少的弱势民众，此时，究竟哪一类人属于"最不利群体"呢？另外，福利经济学家也注意到，罗尔斯的基本物品清单里并没有列出一些至关重要的物品。① 阿罗和森都认为，罗尔斯并没有把"健康"划为基本益品之列，从而会导致一些严重的理论困境，例如，对于那些患有慢性疾病，需要进行抗凝血治疗或透析治疗的社会成员而言，和其他社会成员相等的收入并不意味着真正意义上的福利平等。身体条件或健康水平不同的人对于基本物品的转换能力也不同，怀孕妇女、病人或残疾人把特定量的基本物品转换成个人福祉（well‐being）的能力较弱，因此，基本物品这个指标很可能无法辨识出真正需要帮助的弱势群体（Amartya Sen，2009）。而如果要在清单里增加基本物品，无疑又涉及更为复杂的公共选择问题。

其次，即使我们辨识出了最少受益群体，还有一个问题是：我们是否需要最大化最不利者的期望收入？经济学家的口头禅是"天下没有免费的午餐"，具体到差别原则的实施而言，必须考虑和这一原则相关联的激励问题。经济学家大致都注意到：如果一个社会按照差别原则来范导和调整它的基本制度，那么必定会存在较高的税率，广泛的收入再分配计划和社会福利支持计划。因此，罗尔斯的社会正义观和福利国家之间有着千丝万缕的联系（Stephen Nathanson，1998）。但是，差别原则实际上要求比福利国家更高的税收和再分配计划——罗尔斯认为，能力和努力都是人的自然禀赋（natural assets），基于能力和努力所获得的收入也应当被纳入收入再分配计划（Barry，1989，p. 225），即，"如果社会对自然禀赋收取人头税，那么最大最小化标准应当符合'各尽所能，按需分配'的准则（Rawls，1974b，p. 145）。

但是，这样一来，差别原则就将带来两方面的激励问题。对于那些天赋和才能较高的人而言，差别原则导致的高税率会使他们选择较低的努力程

---

① 罗尔斯自己可能也注意到了这一问题，在答复马斯格雷夫等经济学家的批评时（R. A. Musgrave，1974），罗尔斯说，他不反对把经过清楚定义的闲暇（leisure）也划归为基本益品，但是，闲暇应不应当划为基本物品，应当取决于对这类益品的更深入的了解，以及我们是否能较好地测量该益品（John Rawls，1974a）。在《政治自由主义》当中，罗尔斯更明确表示，"如有必要，我们可以补充（基本益品的清单）"（罗尔斯，1993/2000，第 192 页）。"倘若我们采取适当谨慎的态度，我们就能够——如果需要的话——扩展这一目录的范围，是指包括其他的益品，比如闲暇时间，甚至是某种诸如无肉体痛苦的精神状态"（罗尔斯，1993/2000，第 193 页）。

度，从而降低整个社会的产出和财富总量。而对于那些天赋和才能较差的人而言，通过税收和转移支付给他们以最大程度的保护和支持，同样会降低他们的努力程度。因此，如果以总产出来衡量，那么罗尔斯意义上的"良序社会"很可能变成一个效率较低、增长缓慢的衰敝社会。实际上，罗尔斯并不是没有考虑对天赋和才能较高的社会成员的激励问题，因为差别原则本身就承认了经济和社会的不平等，只是要求这种社会的不平等应当以最不利者的最大利益为衡量依据。

然而，一个很显著的问题是：相对于平均功利原则而言，差别原则对于优势群体的激励不够强。在罗尔斯的理论里，优势群体必须给弱势群体以最大限度的补偿，"为了平等地对待所有人，提供真正平等的机会，社会必须更多地注意那些天赋较低和出生于较不利的社会地位的人们，这个观念就是要按平等的方向补偿由于偶然因素造成的倾斜。遵循这一原则，较大的资源可能要花在智力较差而非较高的人们身上"（罗尔斯，1999/2009，第77页）。罗尔斯还假定，社会契约的立约者会恪守他们在无知之幕下达成的承诺，"每个人都被假定是在符合正义地行动，在支持正义的制度中尽他的职责"（罗尔斯，1999/2009，第7页）。然而，现实中的人们可能既缺乏"遵守承诺的义务感"，又无法"严格服从"无知之幕下所订立的社会契约——特别是那些处于优势地位的人，在无知之幕揭开之后，可能不会按照他们在原初状态下许诺的那样用大量的资金和资源去支持弱势群体。姑且不考虑强势群体通过利益集团的形式影响立法，即使退一步说，假设宪法和法律是按照差别原则的精神设置的，也仍然存在着劳动努力和投入方面的激励问题，亦即，高能力群体会通过减少投入和消极怠工来反对对他们不利的社会契约，这样仍然会带来社会效率的下降；或者如诺齐克所预料的，高能力社会成员会"用脚投票"，离开罗尔斯的良序社会。在这方面，"左派"（例如阿马蒂亚·森）和"右派"的经济学家（例如哈耶克）之间存在少有的共识。例如，阿马蒂亚·森认为（Amartya Sen，2009），罗尔斯陷入了一个理论上的两难之中：如果他不考虑激励问题，那么差别原则可能并不是一个合适的正义原则，因为若丝毫不考虑激励问题，无知之幕之下的平均分配就是一个最为合理、也最合乎道德要求的分配方式（Cohen，1989）。但如果考虑激励问题，认为"不平等的唯一目的就是提供刺激"（罗尔斯，2001/2002，第110页），那么最大最小原则所支持的分配模式又实在不足以为经济活动的参与者提供足够的激励。哈耶克认为，社会正义只是"皇帝的新衣"，是一种根本不能实施的"幻象"式的理论。他的基本理由是，只有在基于人的天赋的不平等的、乃至（在罗尔斯的意义上）不公平的机会分布之下，才会有企业家才能和创新，罗尔斯所说的"机会的公平平等"会对一个社会的传统造成巨大破坏，我们无法想象一个没有传统的社会能支持真正意义上的平等和自由，这种空想式的普遍正义观念，只会扼杀一个社会的创新潜力；一个社会也根本没有必要按照差别原则的模式来调整收入分配（哈耶克，1976/2000）。哈耶克当然不反对基本的社会保障制度①，但是，基本社会保障制度只给予弱势群体最起码的维持生活的救济性保障，而决不会最大化他们的期望收益，后者即使对于弱势群体本身的发展也是不利的。众所周知，在经济学的基本理论方面，阿马蒂亚·森和哈耶克之间的理论分歧是很明显的，例如，阿马蒂亚·森便不同意上述哈耶克对社会救济和社会扶持系统所做的保守论断。相对于哈耶克的自由至上主义，森更倾向于可行能力上的平等主义，然而，对于差别原则所引致的激励不足的问题，基于经济学的一般推理，这两位经济学大师的结论却是比较一致的。肯尼斯·阿罗的看法也和哈耶克、森殊途同归，阿罗从信息经济学的角度指出：在一个信息完备的社会里实施差别原则不会有什么问题，因为此时只需要针对人的能力和其他类似的自然禀赋课税就可以了（对于能力强的人而言，此时，消极怠工没有好处，因为总额税是根据可以观察到的能力确定的）。但是，在现实社会中人的能力不可观察，在这种情况下，我们只能根据一个人的实际产出课税，此时，差别原则不足以导致一个激励相容的机制，使社会成员最大限度地运用自己的能力贡献于社会（Arrow，1973，p.259）。

詹姆斯·布坎南则较为接近哈耶克的看法，认为差异原则对于大多数社会传统中的社会成员而言，是一个难以接受的分配原则。他引用休谟的名言"理性是，并且应当是激情的奴隶"——即使某个人出于理性（reason）或合理性（rationality）确定了正义的原则，他也决不能把这些原则强加于其他"不那么理性"的人身上，否则就与自由理念相悖。何种正义原则转化成宪法、法律和政策，最终应当依照选民的意志而定，而选民未必支持差别原则作为分配收入与财富的基本规则（Buchanan，1972，p.126）。布坎南的这个

---

①　哈耶克指出："我们完全有理由认为，在自由的社会中，政府也应当以一种确获保障的最低收入的形式（或以一种保证任何人都不会获得低于某一最低收入额的形式）来确使所有的人都得到保护并免遭严重且残酷的剥夺"（哈耶克，2000）。

看法，得到了一些调查研究和经济学实验的证实，在模拟的无知之幕下，大多数被调查人或实验被试都不能接受"最大化最不利者的利益"作为基本的分配规则，这无疑是对罗尔斯分配正义思想的一个现实挑战（Norman Frohlich and Joe A. Oppenheimer, 1992, 1994, Norman Frohlich et al., 1987）。

从罗尔斯后来发表的若干文著来看，他也完全能够同意经济学家的这些批评意见——如果在一个税收体系内理解差别原则，那么，它的实施会遇到巨大的困难。罗尔斯指出，"在这样的制度规划中存在着巨大的实践困难：能力几乎无法量度，而个人会非常想隐藏自己的天赋。另外一个困难是对自由的干预：更加优异的自然禀赋并非下面意义上的集体资产：即社会应当强迫拥有它们的人为不够幸运的人工作"（John Rawls, 1974b）。亦即，罗尔斯认为，阿罗设想的在信息完备的条件下对智慧和才能收总额税的方案，即使能够实施，也很容易侵犯当事人的自由，因此是非正义的。但是，由于学科专业化导致的信息分隔，罗尔斯并不熟悉经济运行的具体情况，因此，他对再分配和转移支付的政策所带来的效率损失估计过低，还是没有充分估计到差别原则的实施难度①。

在其后的岁月里，罗尔斯对差别原则的实施还进行了更加深入的思考，从而把他在《正义论》中提出的一些基本构想予以深化。在后来的几次关于差别原则之应用的论述中，罗尔斯更加强调机会平等对于弱势群体的作用，他强调平等的受教育机会，并且认为应当征收较高的遗产税，这些政策举措都有利于创造一个公平的起点，从而在起点平等的意义上有利于最不利群体或弱势群体。罗尔斯表示：正义原则的实施应当看作是程序上的，应当尽力弥合人们在创造财富能力方面的差距，而最好不要在财富已经被创造出来之后，用税收和转移支付的形式去分配具体的劳动成果。罗尔斯的这些思考，无疑是经过长期深入思考的智慧结晶。

四　小结与评述

从以上的介绍和评述可以看出，罗尔斯所提出的差别原则受到了一些经

---

① 例如，罗尔斯认为，存在着一个有效的税收和转移支付的制度安排，可以把富人的巨大财富转移给最不利者，而不会有较大的效率损失（罗尔斯，2001/2002，第109页），但事实上，转移支付的效率损失相当巨大，其损失率至少在70%以上。

济学家的怀疑和批评，但罗尔斯并没有因为这些批评而放弃他的看法，通过回应这些批评，罗尔斯逐步地澄清了经济学家的诸多误解，在这一过程中，也使差别原则的独特意义凸现出来；同时，罗尔斯也进行了一些理论深化和细化的工作。在《作为公平的正义》一书中，罗尔斯再次强调，差别原则是和其他原则共同作用的，只有在满足了基本自由权的平等和机会的公平平等两个原则之下，差别原则才具有合理性，才能够排除诸多反例的挑战（罗尔斯，2001/2002，第107—109页）。因之，罗尔斯提出了差别原则之运用的五个条件，可以看做是他对于围绕着该原则的讨论的一个总结。"1. 只有当在先的正义原则得到了满足的时候，差别原则才是有效的；2. 它以可行的基本结构的粗略连续体为前提；3. 任意设想的数字例子能够轻易地使人误入歧途；4. 差别原则是一个正义原则，它不诉诸任何特殊群体的自我利益；5. 相关的社会位置必须正确地加以规定。"从第一条到第三条的表述中，均可以看出经济学家的评论所产生的影响——我们可以看到，通过《正义论》发表以来大量的讨论，特别是和经济学家的若干讨论，罗尔斯对于差别原则的表述更加具体和精准了。

　　但是，根据笔者的浅见，罗尔斯的理论论述也确实并非尽善尽美，其中大有经济学专家的"用武之地"。目前可以进行的有如下的工作。"差别原则与风险态度无关"是罗尔斯对于经济学家挑战的最有力的回应，它可以决定性地回应阿罗和豪尔绍尼的反驳。罗尔斯对"分配"（distribution）和"配置"（allocation）之间的区分，是一个天才的理论洞见。① 在一个竞争经济的资源配置上，特别是在彼此竞争的经济组织内部，我们大致可以采取功利主义的模式，把资源较多地配置到那些能够使它最大限度增殖的成员（即熊彼特意义上的"企业家"）上面，否则低效和浪费就难以避免；但是，如果把整个人类社会看做一个合作系统，不同的人之间通过互补性的合作而产生共同利益，那么"短边规则"（即优先照顾那些处境最为不利的群体）似乎更有益于维护合作的长久进行。当合作体系中的各个阶层对经济社会的发展均有不可或缺的贡献，而这些贡献的归属又不能被明确划分的时候，差别原则尤其显得更有优势。由于罗尔斯仍然使用了二十世纪五六十年代的社会福利

---

　　① 在罗尔斯的体系里，"分配"与"配置"之间是有区别的，"分配"强调的是人们在一个合作体系之中分享合作收益，对产品的分配是按照一个公共的规范体系进行的。而"配置"是指在已知其欲望和需求的个人之间对一定量的物品进行配给，"要配给的这些物品并不是这些人生产的，这些人之间也不存在任何既定的合作关系"（罗尔斯，1999/2009，第69页）。

可能性曲线的模型来分析对基本益品（特别是收入和财富）的分配问题①。因此，罗尔斯的这些论述很难直接刻画出"分配"和"配置"的区别。比较苛刻地说，经济学家对于罗尔斯的那些误解，或许是罗尔斯自己招致的。笔者认为，当代经济学家可以借鉴当代博弈论中关于互补性的理论（例如超模博弈）和关于合作的理论（例如合作博弈论）对差别原则进行推导，在真正意义上构建一个合作生产并共享收益的模型，从而把差别原则和冒险、风险态度比较彻底地分离开来。

其次，对于罗尔斯分配正义的基础概念——"基本益品"而言，经济学家可以进行更加深入的挖掘。罗尔斯提出基本益品理论的目的，是试图为人际间的福利比较提出一个客观的标准。基本益品理论用基本益品的量代替了对于主观效用的无穷细琐的研究。罗尔斯指出，衡量一个人的地位、财富、收入是相对容易的，因为它们只涉及到人们的客观处境，但是，衡量一个人的满足程度就非常困难，因为这里不仅仅涉及到人们的客观处境，还涉及到他们的目标体系（理性生活计划），我们其实无法评价另一个人的生活方式和最终目标体系（罗尔斯，1999/2009，第 134 页）。而基本益品就不会遇到这方面的困难。差别原则简化了人际比较的基础，这些比较是根据对基本社会益品的期望而做出的。事实上，我把这些期望值结界定为一个代表人所能期望的益品的指数"（罗尔斯，1999/2009，第 70—71 页）。罗尔斯的基本益品理论在客观价值理论的回归过程中起到了筚路蓝缕开启山林的作用。在罗尔斯之后，哲学家、福利经济学家也在沿着这一路径探索人际间比较的客观标准，而不再把人际间的效用比较当做人际间福利比较的唯一方法。但是，迄今为止，对于基本益品的讨论仍然需要经济学家进行更多更细致的工作，例如，哪些益品应当进入基本益品清单，各个基本益品如何度量，如何加总基本益品以成为一个指数，或如何比较衡量不同维度上的基本益品的量，这些问题都应被加以严肃细致的研究，即使不能得到正面的建构性结果，至少也可以使我们知道这一方法的限度。

最后，也是较为重要的一个方面，就是差别原则需要更为精确的定量表述。如果从字面上来理解罗尔斯的"差别原则"，把它看作是一个调整收入和财富分配的不受其他原则约束的基本原则，并以此来制定政策，那么会带

---

①　即使在 1999 年的《正义论》修订版中，对差别原则的推导仍然来自这一模型，仅仅在用语上做了一些修订。

来哈耶克所预料和反对的那种令人难以接受的政策后果，即使平等主义的政策建议并不是"通向奴役之路"，在很大程度上也会窒息一个社会创新的活力、增长的动力，很遗憾的是，不少经济学家就是这样误解并批评"差别原则"的。然而另一方面，如果强调差别原则只是其他两个正义原则的附属物，并且较为宽泛地理解"最大化最不利群体的期望"中的"期望"二字的含义，那么，差别原则的现实含义就变得比较模糊，在现实应用中难以和平均功利原则相区别。① 这显然也违背了罗尔斯等自由主义者提出这一原则的初衷。因此，理论的发展要求我们必须在最优税收理论或机制设计理论当中，清楚地、定量地表示出差别原则与平均功利原则、古典自由主义原则在长期、动态模型中的区别，而这显然需要经济学家的帮助，甚至做出主要的贡献。

对于跨学科对话而言，还有一点需要注意的是双方彼此怀有的尊重之意。在这一方面，罗尔斯和西方的经济学大师都为我们做出了典范，在《经济学家》的一篇传记文章里（*Economist*，2002/12/7），作者写道，"罗尔斯先生的动作很慢，他总是用铅笔记录下所有的问题，然后对每个反对意见都予以回应，经常请求给他更多的考虑时间，常说'我将不得不考虑一下'（I'll have to think about that）。罗尔斯禀性谦逊，曾宣称他之所以选择政治哲学，乃是因自己不够聪明，因此不能从事音乐或数学。其他的政治哲学家也许比他反应更快捷，但很少有人像他那样深刻。"这段描述是罗尔斯本人的传神写照。当代运用博弈论阐释罗尔斯社会契约理论的著名经济学家肯·宾默尔在他的《自然正义》序言里回忆：1984 年底，他构想把鲁宾斯坦讨价还价理论应用于无知之幕下的分配问题，当他在加拿大出席某学术会议并宣讲自己的论文之后，"一位高个子的绅士从座位起身，自我介绍说他就是约翰·罗尔斯……他对我当时的演讲给予友好评价且超过了他的责任所在……"。宾默尔提到，罗尔斯的鼓励是使他下决心写出两卷本巨著《博弈论与社会契约》（Ken Binmore，1994，1998）的原因之一（Ken Binmore，

---

① 比如，我们可以设想一个主张非常不平等的财富和收入分配的保守主义者或自由至上主义者会宣称：长远而言，保护富人的财产，减少税收和转移支付对穷人更有好处，这样的言论在当代中国并不罕见。罗尔斯《正义论》中译本的译者就有过这样的担心——"他提出差别原则的本意是为了缩小差别，但在一个相当平均主义而又'患寡'（均穷）的社会里，这一原则却有可能为扩大差别辩护——即如果有给未来的最不利者也带来最大好处的差别，为什么不允许这种差别出现呢？"（罗尔斯《正义论》中译本修订版《译者前言》第 19 页）。

2005/2010，第 2—3 页）。阿马蒂亚·森在 2009 年完成了《正义的理念》一书（Amartya Sen，2009），把这部带有一生思想总结性质的著作题献给了罗尔斯，并深情地回忆了他与罗尔斯共事的经历。而肯尼斯·阿罗在 2010 年写给《社会选择与个人价值》第二版中译本的序言里，把罗尔斯视为最具代表性的当代社会契约理论家，并反复强调"合作为人类生活的根本所在"（阿罗，2010，《中译本序言》）。可见，无论是罗尔斯，还是本文提到的那些著名的经济学家，既能严肃、诚恳地对事关人类社会之经纬的根本问题进行详尽、深切的争论，同时，又能彼此之间保持最大的尊重与敬意，这种恳切争论而又彼此尊重的学风，正体现了罗尔斯在著作中再三强调的道德理性（Reasonableness）。

　　罗尔斯本人对于理论的发展持非常开放的态度，他不仅把自己的理论称为"一种正义理论"，并不认为它就是独一的真理。而且认为，"无论如何，经济学家在契约理论中发现的最有用的观念或许是原初状态的观念，这一视角可以以各种方式，不同程度的抽象加以规定，其中有一些可能对经济理论具有启发意义"（John Rawls，1974bJohn Rawls，1974b），阿马蒂亚·森和宾默尔等经济学家也认为，罗尔斯的重大贡献不在于具体的分配原则，而在于他系统发展了原初状态和无知之幕的思想，给经济学的分配正义研究提供了理论基础。尽管罗尔斯对其理论的跨文化应用持谨慎态度，但是，我们也应看到罗尔斯正义理论对中国当代经济改革与社会发展的重大意义。《正义论》出版四十年后的中国，一方面经济长期高速增长，经济规模扩张；另一方面又面临着贫富差距扩大、社会矛盾加剧等一系列难题。开启和深化收入分配制度的改革，已经成为了全国大多数阶层在某种程度上的"重叠共识"。另一方面，由于对西方新古典主义经济学的片面引介和效仿，中国的经济学研究也和西方主流经济学一样，出现了"价值真空"和"道德贫困化"的状况，亦即，中国的经济学研究过分偏重于对经济增长战略、政策以及与之相关的资源配置的实证研究，而在一定程度上忽视了社会公平正义的研究，忽视了对经济学道德基础的探讨，而罗尔斯的理论则是足以弥补这一缺陷的"良药"。笔者衷心希望中国经济学家能够更加深入地研究罗尔斯的正义理论，并为发展一种适合中国情境的正义理论而做出新的贡献。

罗尔斯的差别原则：
从纳什均衡开始的论证

孙永尧

　　罗尔斯在《正义论》的证明总结中曾说，从传统上看，伦理学上的证明有两种：一是"笛卡尔"式的，二是"自然主义"的。但罗尔斯没有采用其中的任何一种观点。因为，在他看来，用这些方法解释命题"都存在极大的障碍"，没有哪个原则可以被说成是对道德起必然的规定作用，而要人们接受这些原则，就需要事先确定明确的意义理论，这又是非常困难的。于是，他自己认为，他的理论是苏格拉底式的。他的反思的平衡正是这种思想的表达。他反对正义原则是必然真理或来自这种真理，并认为，一种正义观不可能从原则的自明的前提或条件中演绎出来。相反，它的证明是一种许多想法的相互印证和支持，是所有观念都融为一种前后一致的体系。为了达到这一目的，他提出了新的契约论作为其构建正义理论的结构。契约论，在哲学界并非新名词，把它运用于解释正义理论早在古希腊哲学家那里就已存在，但在罗尔斯正义论那里却赋予了新的含义。所谓"新"，主要表现在他的正义理论的证明基础的构建上：原初状态。原初状态是罗尔斯正义论的创新概念，与传统的契约论相比，表现在"社会基本结构"、"社会合作"、"社会基本善"、"秩序良好社会"、"无知之幕"、"相互冷淡理性"、"最大最小规则"等概念上。这些概念，以前的哲学家或有所论述，或根本就是没有涉及，是罗尔斯证明其两个正义原则的理论基础。在正义的背景条件下，在原初状态下，在可供选择的正义观的条件下，在罗尔斯看来，参与者作为自由的平等的公民的代表人会一致选择他的两个正义原则。为什么会这样选择而不是那样选择？这是罗尔斯要解决的问题。作为论证方式，他把作为公平的正义的概念与传统的正义观做了分析，但主要集中在与功利主义的比较上。以功利主义作为靶子，是罗尔斯整个正义论的特色。功利主义在传统伦理学中占有重要地位，如果作为公平的正义能够驳倒功利主义，那么就能树立其权威地位。罗尔斯承认，各种正义观在其特定条件下都有其优势，但并非无懈可击，功利主义也不例外。如果原初状态的各代表人都知道功利主义的一些重大不足，那么他们就会选择两个正义原则而不是功利原则。诚然，功利主义作为一种传统的主导伦理学，自然有其理论魅力。但在罗尔斯看来，功利主义主要是社会资源的有效管理理论而不是公平理论。人们按功利原则而行动，社会资源就会得到最优的配置，效率就会达到最佳。福利经济学已经证明了这一点。但这是一个经济标准而不是伦理标准。人们自然会问，经济效率提高了，是否有利于社会中的每一个成员？是否在不损害社会任何一个人的福利情况下提高效率？功利主义不能作出肯定的回答。进一步说，在罗尔斯看来，功利主义是"含糊性"的。它以"功利"来衡量社会每个人的价值，但最终以社会最大净剩余额作为最高目标，个人的价值以服从总价值为依据，以此为逻辑起点作为立法原理。显而易见，效用的人际比较是十分困难的。要是这样，功利主义求出的社会最大净剩余额，究竟有什么意义，不是十分明确的。不仅如此，为了计算总功利，功利主义者还要测算社会每一个人的概率水平，需要给予他们一个恰当的权数，用以表示他们的风险偏好程度。结果，最大净剩余额的主观性、偶然性起到很大的作用。人生被看作是一种冒险的事业，它使社会成员处于极大的不稳定之中。由于功利主义的这种作用，社会成员完全成了被利用的工具，而过着没有尊严的生活。人的价值以效用来反映，效用高，价值就高，效用低，价值就低。为了提高总效用，价值小的效用可以忽略不计。

与此不同，作为公平的正义反对任何人生冒险的计划，反对任何把人看作工具的倾向，尊重每一个人的价值。在罗尔斯看来，正义的第一原则，即平等的自由原则，保证了社会每一个人的平等权利；正义的第二原则，即平等的公平机会原则，确保了社会成员都有均等的机会进入社会工作，而差别原则却保证了社会最不利者的最小受惠值。这样，两个正义原则，体现了人是目的的思想。在社会合作体系中，较有利者与较不利者的关系是相互性关系，但不是相互有用的关系。这是关系存在于作为平等的自由的人们之间，在社会相互合作活动中密切不可分离。如果最不利者的利益得不到保障，那么较有利者的利益也很难提高。较有利者与较不利者的利益在合作生产体系中只有保持一定的相互比例关系，才能维持社会公平正义的水平。因此，在最大最小规则上，社会的生产能力将是一条非常有规则的曲线，较有利者与较不利者之间的公平程度的最佳点将是生产能力发挥的最优点，而在此时，社会正义也就实现了。这样，在最低水平上，原初状态的参与者将会根据理性自利原则，不会用代表人的预期人生计划去冒险，一定会谨慎地选择正义原则。

　　反对者认为，罗尔斯关于差别原则的论证存在许多问题。对于诺齐克来说，差别原则侵犯了个人的权利。对于德沃金来说，差别原则如何确定最不利者是困难的。对于沃尔泽来说，社会的物品是多样化的，分配的原则自然也应该是多样化。而有些学者则认为，罗尔斯的公平的正义并不能替代功利主义。对罗尔斯来说，"最大最小规则"是证明差别原则的一种比较有吸引力的分析工具。但在哈萨尼看来，这是一个非理性的规则，并不能普遍适用。在阿罗看来，这是参与者无限厌恶风险情况的功利主义，是功利主义的一个特例。在阿马蒂亚·森看来，"最大最小规则"非常特殊，在原初状态中会被选择并不令人信服。在沃尔夫看来，差别原则的论证存在不一致性。如果他们的批评是正确的，那么罗尔斯的差别原则确实很难证实。在《作为公平的正义》中，罗尔斯坦言，差别原则在与有条件的平均功利相比较中能否有更大的优势，并不十分确定。我将从博弈论角度来研究差别原则的论证，试图为罗尔斯的论证提供进一步的证据。关于博弈论与分配正义的关系是以被上世纪中叶的一些西方哲学家所发现，并在道德哲学方面得到了广泛的运用①。罗尔斯本人在《正义论》中也多次提到了博弈论，并用了一些博弈模型进行了分析。罗尔斯不止一次声称，他的正义论是合理选择理论，是平等自由的理性人在原初状态的条件约束下做出的决策程序的过程。而博弈论是研究理性人的策略理论，也就是如何做到最佳选择的理论。这样，从博弈论来研究罗尔斯的正义论是非常自然的事，并非离题。我的论证包括：研究博弈论是如何说明作为分配正义的公平范式的；罗尔斯博弈模型的分析；研究结论。

---

　　① 在 1954 年，Richard Braithwairte 在剑桥大学做了题为 "Theory of Games as a Tool for the Moral Philosopher" 演讲（Brian Skyrms, Evolution of the Social Contract, Cambridge University Press, 1996）。会上，Richard Braithwairte 提出了一种分析分配正义问题的新方法。早在 1944 年，John von Neumann and Oskar Morgenstern 出版了 "Theory of Games and Economic Behavior" 一书，为社会作用的科学理论奠定了基础（Princeton University Press, 1944）。在 1950 年左右，Nash 发现了拍卖的形式理论，为博弈论做出了巨大的贡献（Nash, "The bargaining Problem", Econometrica, 1950 (18), pp. 155 – 162; Nash, "Two – person Cooperative Games", Econometrica, 1953 (21), pp. 128 – 140）。从此，博弈论在这些经典理论基础上取得了长足的发展，并在跨学科方面得到了广泛运用。

1. 纳什均衡

博弈论是研究人与人之间利益相互制约下策略选择时的理性行为及相应结局。豪尔绍尼在他 1994 年获得诺贝尔经济学奖的获奖词中是这样定义博弈论的："博弈论是关于策略相互作用的理论，就是说，它是关于社会形势中理性行为的理论，其中每个局中人对自己行动的选择必须以他对其他局中人将如何反映的判断为基础。"[1] 博弈论适用情况是在自己做出决策时评估对手将可能做出的反映。传统的假设是，在这样的博弈过程中最优策略是利用由对手行动所提供的获利机会。在冯·诺依曼和摩根斯坦的著名著作出现前后的时间里，合作博弈理论是博弈论研究的重点，1951 年，纳什提出了纳什均衡，为非合作博弈的一般理论与谈判理论奠定了基础[2]。

纳什均衡是一种策略组合，使每个参与者的策略是其他参与者策略的最优反映。假设 δ^* 是混合策略组合是一个纳什均衡，如果所有参与者 i 有

$$u_i\ (\delta_i^*,\ \delta_{-i}^*)\ \geq u_i\ (s_i,\ \delta_{-i}^*)\ s_i \in S_i$$

那么，这种组合策略就是满足纳什均衡条件的策略组合。由于期望效用是概率的期望函数，所以，如果任何一个参与者在纳什均衡中使用了非退化的混合策略，那么，他对赋予正概率的所有纯策略是无差异的。如果一种纳什均衡中任何一个参与者都是对于对手策略的唯一的最优反应，那么，这种均衡就是严格的。也就是说，S^* 是一个严格的均衡当且仅当它是一种纳什均衡，而且对于所有和所有 $s_i \neq si^*$，有：

$$u_i\ (s_i^*,\ s_{-i}^*)\ \geq u_i\ (s_i,\ s_{-i}^*)$$

根据定义，严格均衡必然是纯策略均衡。当收益函数受到轻微变动时，由于严格不等式仍然得到满足，所有严格均衡仍然是严格的。严格均衡意义在于它的稳定性，不过，这种严格均衡不一定存在。纳什均衡是关于博弈将会如何进行的一致预测，如果所有参与人预测特定纳什均衡会出现，那么，所有参与人均会采取与均衡相一致的行动。因此，纳什均衡能让参与者能预

---

[1]　黄涛：《博弈论教程——理论·应用》，首都经贸大学出版社，2004，第1—2页。

[2]　博弈论分为两大领域：合作博弈与非合作博弈。这两种博弈理论的差别在于所使用的一种基本假设不同，也就是承诺的强制力不同而产生的差异。在非合作博弈中，决策主体完全根据自己的利益来决定自己的选择，任何违背自己的利益都是不可信的；而合作博弈是假设了人与人之间如果达成合作协议，那么，他们的协议是可强制执行的，也就是说合作是必然成立的。此时，选择问题不再重要，合作者总会选择使收益之和最大的策略组合。合作博弈考察的是，人们达成的合作收益如何分配。非合作博弈是策略选择，是研究人们在利益相互影响下如何做出最有利于自己的选择。合作博弈是研究已经达成的合作如何分配收益。

测到它，预测到对手也会预测到它。相反，任何固定的非纳什组合如果出现，就意味着至少有参与人预测时"犯了"错误。有时，纳什均衡通过了一致预测并不见得就是好的预测，实际可能结果取决于博弈时提供的信息量。当剔除一轮劣势策略导致唯一策略组合 $s_i^* = (s_1^*, \cdots, s_I^*)$ 时，则这一策略组合一定是一个纳什均衡。这是因为任何策略 $s_i \neq s_i^*$ 必然劣于 s_i^*。即

$$u_i(s_i^*, s_{-i}^*) \langle u_i(s_i, s_{-i}^*)$$

因此，s_i^* 是一种纯策略的纳什均衡，囚徒困境是唯一的纳什均衡。任何纳什均衡的策略组合必须仅仅在没有严格劣势策略上赋予权重。许多博弈具有多个纳什均衡[①]。可是，在日常生活中事前很难收集到参与人的相关信息，要在多个纳什均衡中挑选出一个合理的预测是困难的。不过，斯凯林关于"聚点"理论认为，在一些现实生活中的局中人可能使用策略式省略掉的信息会在特定均衡上协同[②]。斯凯林"聚点"理论指出，在某些日常生活情况中，局中人可以利用由策略形式提供的信息而协调在特殊的均衡上。根据这种理论的预测，需要依赖局中人的文化背景、习惯或历史经验[③]。

谈判理论，是纳什均衡研究与应用的一种重要方面，他的基本含义是各方对于可能达成的合作条件的协商。罗尔斯在两个正义原则的选择正是这种模型的应用。在研究罗尔斯谈判模型之前，有必要研究这种理论的基本原理，以分析罗尔斯证明的有效性。就谈判理论方面，博弈论主要有古典理论与纳什理论。这里主要研究纳什理论。

在纳什看来，一个谈判问题是定义在两个方面上。一方面是用效用来表示的可行的支付集合，另一方面是当协议无法达成时参与者所需要的特殊支付。形式上说，一个谈判问题是用一对变量（X，d）来描述的，其中 X ∈ IR2，是支付的可行集合，d 是 X 中的一点，代表当参与者无法达成协议时的现状。假定参与者是以效用来表示谈判结果，如果我们是福利主义者，那么，这种表达可以满足信息要求。可行集合的经典定义假定：X 是 IR2 空间

---

① 一个著名的例子是"性别战"与"鹰鸽"博弈。

② 施锡铨：《博弈论》上海大学出版社 2000 年版，第 44—45 页。

③ 以上这些都是纳什均衡的博弈。但是，从理论上讲，纳什均衡的存在性是需要证明的，这涉及高深的数学论证。纳什指出，任何有限正则型或策略型博弈具有混合策略均衡。后来，Debrreu and Glickssberg 证明，在一个策略型博弈中，其中各局中人的策略空间 Si 为欧氏空间中非空紧凸子集，如果盈利函数 Ui 关于策略剖面 S 为连续且关于局中人 i 的纯策略 Si 为拟凹，那么，博弈存在一个纯策略纳什均衡（施锡铨：《博弈论》，上海大学出版社 2000 年版，第 77、82 页）。

上的一个凸的、密集的、完全的子集。这样，一个谈判的解被定义为一种公理化的表达，这种表达方法赋予每一谈判问题的唯一结果：一个参与者达成协议的支付对[①]。设 B 为谈判问题的集合，那么，一个谈判的解是一个把每一谈判问题，$(X, d) \in B$，和一个特殊的结果，$(u_1^*, u_2^*) = f(X, d)$，联系起来的函数 $f: B \rightarrow IR^2$。根据这一假定，不同的公理体系会有以下不同的谈判的解[②]。

A_1，个人理性：$f(X, d) \geqslant d$，对所有 $(X, d) \in B$；

A_2，弱帕累托效率：$(u_1, u_2) > (u_1^*, u_2^*) = f(X, d)$，$(u_1, u_2)$ 不属于 X；

A_3，如果 $(X, d) \in B$ 和 $(Y, d') \in B$，有：$(V_1, V_2) = (a_1 u_1 + b_1, a_2 u_2 + b_2)$，对所有的 $(u_1, u_2) \in X$ 和 $(V_1, V_2) \in Y$，且对所有的 a1，$a_2 \in IR$ 都成立，那么，$(V_1^*, V_2^*) = f(X, d') = (a_1 u_1^* + b_1, a_2 u_2^* + b_2)$；

A_4，不相关选择的独立性：对任何凸的、密集的集合 Y，Y？X：$f(Y, d) = f(X, d)$；

A_5，对称：如果 (X, d) 有，$d_1 = d_2$，$(u_1, u_2) \in X$，$(u_2, u_1) \in X$，那么，$(u_1^*, u_2^*) = f(X, d)$，满足 $u_1^* = u_2^*$。

公理 A_1，对于每一个参与者而言，如果他是理性的，那么，他一定会接受合谋的结果，但这仅仅在给他带来的效用至少和不达成协议时带来的效用一样多时才成立。这一公理意味着 $u_1^* \geqslant d_1$ 与 $u_2^* \geqslant d_2$。公理 A_2 是说合谋的结果必须是从所有参与者整体的角度来看是理性的。这一集体理性是用弱帕累托效率来评价的。参与者不会在 X 上达成一对支付协议，如果对他们每个人来说有更好的结果。这两个公理，在可行性支付对集合里定义了所有个人理性的、有效率的支付子集，这些支付子集也称为谈判集。公理 A_3 是说达成的协议支付对于效用的数值来说是不变恒定的。对任一参与者的效用度量尺度做任何线性变换，都必定导致相应的以效用表示的结果转变，也就是意味着，协议还是在同样大小的支付上达成。纳什谈判解的这一特征意味着参与者之间效用的对比是相互独立的。所以，这一公理可理解为一种纯粹谈判

---

① 这就是纳什公理。

② 克里斯汀·蒙特、丹尼尔·塞拉：《博弈论与经济学》，经济管理出版社 2005 年版，第 166 页。

方面，而不考虑道德伦理方面。公理 A4 被纳什称为互不相关选择的独立性。它说明，不考虑谈判过程中无效可行集，一定不会改变最后的谈判结果。公理 A4 被称为收缩一致性。

如果谈判的解满足公理 A_1—A_5，那么，便存在下列唯一的结果：

$$(u_1^*,\ u_2^*)\ =\ f\ (X,\ d)\ =\ \arg\max\ (u_1 - d_1)^\alpha\ (u_2 - d_2)^\beta$$

其中，$\alpha > 0$，$\beta > 0$，且 $\alpha + \beta = 1$

如果谈判的解满足公理 A5，那么，$\alpha = \beta = 1/2$[①]。

现在的乘积是一般化了的纳什乘积。该定理描述了一般化了的纳什谈判解（NBS）。参数 α 与 β 可看作是参与者的谈判的力量。参与者谈判的力量越大，NBS 所得的份额也就越大。但纳什仅考虑了两位参与者有同等谈判力的情况。与规范的解相反，一般化的纳什解并不满足公理 A_2' 的特征。公理 A_2、公理 A_3、公理 A_4 不再与公理 A_1 相一致。不过，通过运用词典排序来对解进行精练，帕累托效率的特征还是能够恢复的。这一定理表明，谈判问题的解可以通过求解一个最优化问题来找出。图 1 表示了 NBS 的特征[②]。在图像上，NBS 对应的谈判集与式 $(u_1 - d_1)^\alpha\ (u_2 - d_2)^\beta = C$ 所代表的曲线切点相一致。$(u_1^*,\ u_2^*)\ =\ f\ (X,\ d)$ 的切点为 N。在该图像中，N 是 X 的边界点，且过点 R、N 和 T 的直线在 N 点处是支撑线。于是，点 N 和支撑线的曲线方程是：$N = \alpha R + \beta T$。

有时，如果协议达不成，每一参与者都有广阔的决策空间，并且大范围决策都会对各方造成影响。纳什研究了这种博弈，并证明了谈判的解经过修改还是合理的。这种创新思想把仲裁与非合作博弈联合了起来。假定每一参与者都有策略集 X_i，它是密集的、凸性的，如果协议无法达成，那么每一参与者的支付函数是 $d_i\ (x_1,\ x_2)$。这样就有博弈 $(X_1,\ X_2,\ d_1,\ d_2)$ 便是一个默认博弈，也就是说，参与者达不成协议也要继续博弈。假定存在着一个集合 $X \in IR^2$，包括所有参与者在达成有约束的协议时所能取得的支付。用数学语言表述如下：博弈 $(X_1,\ X_2,\ d_1,\ d_2;\ X)$ 是一个可变的双人博弈，其中 $(X_1,\ X_2,\ d_1,\ d_2)$ 是一个协议无法达成时的双人合作博弈，X 是合作可获得的支付集合，那么，$\{d\ (x)\ \in IR^2:\ x_1 \in X_1,\ x_2 \in X_1\}$。纳什仲裁博弈

---

① 这叫纳什第 2 定理。

② 克里斯汀·蒙特、丹尼尔·塞拉：《博弈论与经济学》，经济管理出版社 2005 年版，第 168 页。

在于让参与者同时选择默认博弈的策略，$x_i^T \in X_i$ 用以决定危险点 d（x^T）。博弈仲裁的结果就是 $[X, d(x^T)]$ 的 NBS。在这种情况下，参与者并非是为了自身而对支付 d（x^T）感兴趣，而是关心对最终结果的影响。X 的帕累托边界上的任何一点都可以是一个仲裁结果。帕累托边界上的点与那些作为威胁点之间存在关系，严格的非合作博弈，但他们的结果是合作的解①。

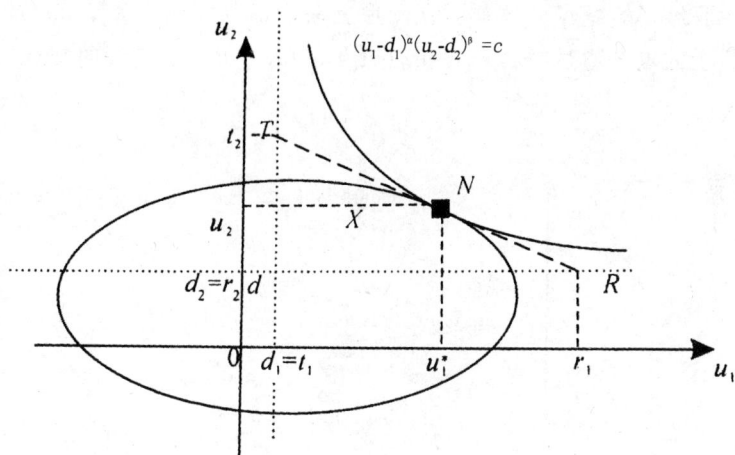

图 1　纳什谈判解

在纳什提出的公理中，公理 A_4 引起争议。关于反省或实验博弈得出了这样的结论，增加参与者的机会，将改变以前可利用集的偏好结构。NBS 精神下的公式化的理解，随着对公理 A_4 的修改而取得了发展。卡拉、斯默丁斯基与拉费提出了一个弱公理 A4 的解，他们称之为个人单调性。这个公理要求，如果可利用效用集倾向于一个特殊的参与者的利益，那么谈判解已经增加了这个参与者的效用。卡拉—斯默丁斯基—拉费的解，简称为 RKS。其基本思想是，当另一参与者是理性时，每个参与者愿意得到他所期望的最大收益。然而，导致结果是不可获得的，这个点叫理想点。他们的解，包括可

---

①　于是有了纳什第 3 定理：设（X1，X2，d1，d2；X）为双人可变威胁的博弈。如果 u* 是 NBS 且 dT 是最优的威胁策略的变量，那么：

$$\frac{U_2^* - d_2 (x_1^T, x_2)}{U_1^* - d_1 (x_1^T, x_2)} \geq \frac{U_2^* - d_2 (x^T)}{U_1^* - d_1 (x^T)} \geq \frac{U_2^* - d_2 (x_1, x^{T}2)}{U_1^* - d_1 (x_1, x^{T}2)}$$ 此外，所有的合作纳什博弈可变威胁

解也拥有同样的支付。

获得的支付对，诸如每个参与者在威胁点之上的效用所得是他在理想点最大效用水平上的一个百分比。理想点可以这样求法：

设理性点 a（X，d），那么 a（X，d）= max｛ui：u∈X，u≥d｝。设 A′4 个人单调的，那么（X，d）和（Y，d）是两个谈判问题在 B 中并且 X∈Y。如果 a1（X，d）= a1（Y，d），那么，$u_2^* \geq v_2^*$，其中（u_1^*，u_2^*）= f（X，d）并且（v_1^*，v_2^*）= f（X，d）。同样，如果 a_2（X，d）= a_2（Y，d），那么，$u_1^* \geq v_1^*$。这样，在图形上关于谈判问题（X，d）的 RKS 解谈判集合上的点与通过威胁点 d 和理想点 a（X，d）的直线的交点。

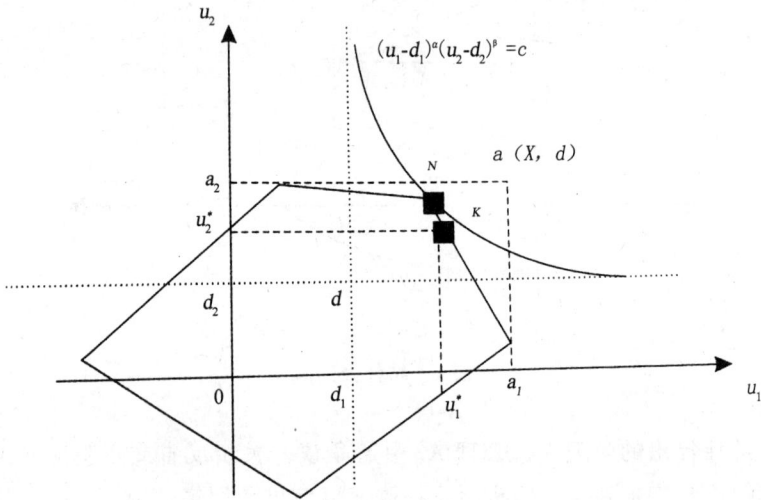

卡拉—斯默丁斯基—拉费解

如果对于任何谈判的解（X，d），其中 d = 0，唯一的解满足 A_2，弱帕累托效率；A_3，差异性；A_4，个人单调性；那么是一个平等主义的解①。这个解可以看做是独立性公理与单调性公理之间的协调。这是基于比个人单调性更强的特征。如果效用增大时，参与者没有遭到损失，如果 A4n 强单调性，那么，谈判问题（X，d）与（Y，d）在 B 中，并且 X∈Y：f（Y，d）≥f（X，d）。

---

① 这是 Kalai 平等主义解的定理。

一般来说，强单调性与帕累托效率并不一致。RKS 的解要求帕累托效率与弱单调性。平等主义的解仅仅要求比较弱的帕累托效率。但是，对于一般化 NBS 来说，通过使一些字典技巧来精炼这些解，能够重新得到帕累托效率。平等主义的解并不涉及公理 A3，但是，参与人之间的期望效用是可以比较的。平等主义的解最初由卡拉作为一个更一般化的百分比的解而提出。其基本思想是，对于不同的点，每个参与者平均分配所得。如果参与者在谈判集上采取 $u_1^* - d_1 = u_2^* - d_2$ 的分配点，那么，谈判的解：$(u_1^*, u_2^*) = f(X, d)$，是平等主义者①。

与 NBS 相比，RKS 的解与平等主义的解，能够作为一个分配正义标准来解释。在巴利看来，政治哲学中有两类正义观点：相互作用与不偏不倚。就第一类来说，它是霍布斯、休谟等人的传统。在他们看来，正义是在一定背景下所追求的简单理性程序，合作是人类必不可少的条件。就第二类来说，它是亚里士多德、卢梭、洛克等人的传统。在他们看来，所谓正义就是理性人既不期望更多也不要求更多。要揭示第一类理性的含义，一个谈判理论是必要的；而第二类理性，则需要公平理论。罗尔斯是当代第二类传统的主要代表。我们已经发现，NBS 可以清楚地鉴定为一种关于正义的标准。这是唯一能把相互作用与公平相结合的纳什谈判的解。一方面，RKS 的解可以看成是对分配正义的实现；另一方面，平等主义的解可以被理解成一种正义的分配原则。罗尔斯的正义论吸收了以上两种理论的优点，是纳什均衡的典型的运用。这种说法，把我们引向下一主题：罗尔斯的博弈论。

2. 罗尔斯的谈判博弈

从博弈角度来论证差别原则，罗尔斯需要通过其谈判博弈模型能为其提供支持的证据。这至少涉及到四个方面的问题。一是谈判模型的背景条件，二是两个正义原则的解释，三是两个正义原则在备选方案中排序，四是两个正义原则是否就是谈判模型的唯一解。这四个问题中，前三个问题已在前几章中做了研究，这里仅做简单说明。关键是第四个问题，它涉及罗尔斯谈判模型的结构分析，是两个正义原则证明的最重要也是最困难的部分。谈判模型的背景条件，也就是罗尔斯所称的正义条件，也就是分配正义的环境。这方面没有什么问题。就谈判博弈本身而言，公开性是必要条件，其次，参与者在决策力方面形式上平等。这是作为谈判博弈的基本要求。任何对参与者

---

① 克里斯汀·蒙特、丹尼尔·塞拉：《博弈论与经济学》，经济管理出版社 2005 年版，第 174 页。

的威胁与强制都会影响谈判效果。按照罗尔斯的话说，参与者是自由平等的理性人。这种自由在谈判中无须考虑，而是假定优先存在①。

2.1 博弈结构

我假定罗尔斯的谈判博弈是非合作博弈。因为根据罗尔斯原初状态的描述，参与者是相互冷淡理性，他们之间是不互相沟通的。并假定参与者非重复博弈，仅仅一次静态博弈。根据纳什均衡理论，如果存在静态均衡，那么，经过无限重复动态博弈，也将会得到均衡的解。假定给每个人一张纸，写上所选择的正义原则，并交给裁判。为了符合标准博弈模型，按照原初状态的要求仅在五种备选正义观中选择，每个参与者写上所选择的正义原则。这样，不同参与者总共有 5 + 1 种选择策略。他可以写下目录中的任何一种，但只容许选择一种正义原则，也可以交上白纸，自动放弃选择。如果放弃选择，就意味着选择了自然状态的正义。假如参与人为有限数 N 人，那么，就有 $(5+1)^N$ 不同的选择策略交给裁判。每个选择策略，按博弈规则都与结果相联系。如果仅仅只有一个正义原则可供选择，如果仅仅只有两个参与人，那么，每个参与人只有两种策略。要么选择，要么放弃。这样的话，就是两人博弈，有四种选择结果，矩阵为 2 × 2。假设两个参与人分别为 A 与 B，所选择的原则规定为原则 I，自然状态原则规定为 SON，那么，根据博弈规则，只有当参与人 A 与 B 一致同意时，才能确定选择原则 I 或原则 SON，否则，就达不成均衡，不能选择。要是这样，必须修改规则，把一次博弈修改成多次博弈，直到达成协议才结束。本例中，两人博弈模型如表 1 所示。假设当参与者还是两个人，但是所选择的正义原则为五种，那么，就是矩阵为 6 × 6 的博弈，虽然还是两个参与人，但选择的结果是 36 种，要复杂得多，其结果如表 1 所示。对于 N 个参与者，就有 N 维组合，每个组合有 5 + 1 单位长度。任何一维组合都有原则 SON，并有 N 个参与者相互协调的 5 种可供选择的原则，原则 I、原则 II、原则 III、原则 IV 与原则 V。

---

① 但是，保尔·沃尔夫认为，在罗尔斯的谈判模型中存在重大的不一致。起初，谈判模型包含了政治自由与经济分配，但后来，罗尔斯把政治自由当作一个原则来选择，这产生了一些逻辑与概念的问题。"In the first version of the model, Rawls builds that traditional conception of the relationship between political liberty and economic distribution into the structure of the bargaining game. In later models, as we shall see, he significantly shifts his ground by making political liberty one of the principles chosen by the players in the game. This change it will turn out , creates enormous logical and conceptual problems for Rawls. " (Robert Paul Wolff, *Understanding Rawls*, Princeton: Princeton University Press, 1977, p. 37)

表 1　　　　　　　　　　　两个正义原则两人博弈

A	B		
		原则 I	SON
	原则 I	（I，I）	（I，S）
	SON	（S，I）	（S，S）

表 2　　　　　　　　　　　多个正义原则两人博弈

A	B					
		原则 I	原则 II	原则 III	原则 IV	原则 V	SON
	原则 I	（I，I）	（I，II）	（I，III）	（I，IV）	（I，V）	（I，S）
	原则 II	（II，I）	（II，II）	（II，III）	（II，IV）	（II，V）	（II，S）
	原则 III	（III，I）	（III，II）	（III，III）	（III，IV）	（III，V）	（III，S）
	原则 IV	（IV，I）	（IV，II）	（IV，III）	（IV，IV）	（IV，V）	（IV，S）
	原则 V	（V，I）	（V，II）	（V，III）	（V，IV）	（V，V）	（V，S）
	SON	（S，I）	（S，II）	（S，III）	（S，IV）	（S，V）	（S，S）

　　从表 1 与表 2 中，有不少纳什均衡解。它们分别是（I，I）与（S，S），以及（I，I）、（II，II）、（III，III）、（IV，IV）、（V，V）与（S，S）。就表 1 而言，仅仅只有两个原则可供选择，就有 2 个纳什均衡解，而在表 2 中，竟然有 6 个纳什均衡解，如果不对选择做出限制，无法判断哪个是最佳均衡解。看来，要符合标准博弈模型，需要做出限制是必需的。每个参与者必须知道未进入博弈前自然状态正义原则的价值，并知道其他参与者的评价。每个人需要表达真实的偏好。但对非自然状态的正义原则的评价要复杂得多。通过评价由所选择并实施正义原则的社会制度，需要每个参与者计算其预期效用，估计代表性职位的概率，并做出自我评价；估计出每个概率的贴现率；在假定未来生活不确定的情况下，计算出最可能的结果。计算出这些数据后，把它们填入恰当的矩阵位置。假定参与者知道每个正义原则的价值。这样的话，一个矩阵的支付值就可以完整地表现出来①。关于这点，罗尔斯是用最大最小规则来选择策略的。运用这个规则，在两人博弈中可以用

---

　　①　在支付矩阵中，不考虑人际比较。但是，根据参与者的参与过程，这又是非常重要的。这个问题在后部分研究中将会考虑。

画线法来求解。一个参与者可以用行表示最小值，用列表示最大值，aij 就是一个最大最小值的表示单元。在 N 个博弈中，支付值有 N 维排列，每个参与者的策略选择有 N-1 维排列。这是多维矩阵的策略选择，但形式是与两人博弈相似的。毫无疑问，每个参与者首先要研究 N-1 维矩阵的支付值，然后把自己放在最小支付值的矩阵单元里。这是一个保险水平，如果他真的选择这个策略，那么，对他来说就是最差的。他会研究每一个保险水平的策略，然后选择最高保险水平的策略。这个策略就是最小支付额的最大值。在计算时，他不会考虑其他支付值，也不会考虑其他参与者选择的可能性。如果有很多相同的最大化的保险水平的策略，如果没有人根据这样的弱策略来估计，那么，每个参与者就认为这样的策略就是最佳的策略，他就会随机选择它①。本研究的博弈参与者，假定其支付值在每一指定的例中，即 j 例，对自然状态正义原则的评价值是相同的。这样，对每个参与者来说，对自然状态正义原则有三种情况：其评价值大于自然状态，小于自然状态，或者等于自然状态。如果采纳的原则 j 的评价值大于自然状态的正义原则，那么，对他来说这种安排的保险水平是自然状态的正义原则；如果原则 j 的评价值等于自然状态的正义原则，那么，自然状态的正义原则就是保险水平的评价值；如果原则 j 的评价值小于自然状态的正义原则，那么，原则 j 就是保险水平的评价值。假设有一种排序，其结果是选择了自然状态的正义原则，那么一定会把自然状态的评价值作为保险水平。并且，没有任何其他排序会超过自然状态的正义原则的评价值，即使任何一个排序都有许多自然状态正义原则的单元，也是如此。因此，矩阵的最大保险水平是自然状态的水平。假使有一个参与者，而且仅仅是一个参与者，其选择的策略恰巧是差别原则，如果在其他任何可选的正义原则中，对参与者的支付值都超过自然状态正义原则，那么他会选择差别原则。单单保险水平方面来考虑，这位参与者就会放弃除了差别原则以外的任何其他正义原则。但是，如果考虑到转移支付与补贴的情况，有两个这样的正义原则，其评价值都超过自然状态的正义原则，那么，他会根据最大最小规则进行随机排列。如果有 N 个参与者，也以这种方式进行随机排列，结果会发现，相等的概率将会非常小。对于参与者

---

　　①　不管其他参与者选择什么，如果第一个参与者与第二个参与者支付值至少一样多，那么，这个策略对另一个策略几乎没有什么影响。实际上，至少比其他人的选择要支付得多。很明显，如果参与者有两个这样的策略，那么，永远不会选择第二个策略，因为，第一个策略至少对他有利或者可能更好。

来说，几乎没有任何方法来判断他所选择的原则的评价值是否超过自然状态的正义原则。如果是这样，那么罗尔斯的正义原则的选择理论就存在问题。但对于罗尔斯来说，有两个这样的正义原则会超过自然状态的评价值①。

以上是采用预期效用法进行的正义原则的博弈，但在作为公平正义中，罗尔斯采取了不同的博弈方法。在罗尔斯看来，假使存在竞争利益，假设其他人的利益也同样受到限制，那么，参与者所选择的原则将会符合任何一个采取同样行动人的条件。如果他在设计一个制度，但他的对手要同他竞争，那么产生这种限制是由于他想到了这种限制。这里，罗尔斯把这种选择看成是最大最小规则的形式。实际上，这种选择构成了一个支付矩阵而不是仅仅选择一个策略。因为参与者没有任何效用函数，这种限制不会使支付矩阵对称化。对参与者来说，仅仅是减少了策略范围，关于支付矩阵与选择策略问题仍然没有解决。

当拉下无知之幕的时候，博弈方式将发生重大变化。他们不知道在社会中的时空位置，不知道效用函数，不知道有多少参与人。在这种情况下，构建支付矩阵更加困难。在罗尔斯看来，有一种方法可以弥补。也就是说，不考虑决定支付值的偶然因素，参与者不知道矩阵单元的危险根据。以这种方式来看待博弈，其单元支付值是对称的。参与者不知道他们需要什么，当然也不会知道各种状态的好坏。罗尔斯因此假定所有参与者有人生计划。这种计划是社会上可分配物品的可辨认的子集。是理性计划所不可少的东西。这些东西罗尔斯称之为社会的基本善。对理性生活来说，其他东西是不重要的，参与者的效用完全依赖于他所能得到的基本善。所有参与者至少需要这些基本善，因此，他们对基本善的指数有一个正的边际效用。无知状态意味着所有参与者有相同的效用函数。在构建支付矩阵中，首先要决定自然状态的矩阵值。即使在正义条件下，假设在参与谈判之前，参与者生活在一个权利平等的社会里，但是，存在着相当严重的贫富差距。根据罗尔斯的推理，博弈矩阵有两个自然状态的支付值：生活最差代表人支付值与最好代表人的支付值。假定参与人知道生活的社会，但不知道谁会在这样的社会生活。但必须指出的是，这里所指的自然状态不是指丛林社会，也不是战争社会，而是仅仅指没有被认可的正义原则所指导的社会。就罗尔斯而言，谈判博弈的

---

① Robert Paul Wolff, *Understanding Rawls*, Princeton：Princeton University Press, 1977, pp. 142 - 149.

参与者必须是小心谨慎的、保守的。他们不能盲目做出决定，以免以后后悔。如果参与者认为他是社会生活的最差的人，那么，他会非常急于参与谈判，因为任何可选择的正义原则都会比自然状态要好。如果他不是社会最差者，那么他会降低标准，以便能达成协议。如果他是社会最好者，从稳健主义来考虑，他也会按最低保险水平来考虑，以免以后的不测。如此，可以按下列方式来构建支付矩阵：最好代表人的矩阵单元按自然状态的支付值来反映；最差代表人的矩阵单元按所选择的任何正义原则的支付值来表示。但还有一个问题需要解决。如果最差代表人所选择的任何正义原则还没有与自然状态的一样好，那么怎么办呢？如果出现这种情况，说明自然状态的支付值与其他正义原则基本不相关，那么罗尔斯博弈就无效。如果参与者是自然状态的生活最差人，如果在任何其他正义原则下也将是最差，那么支付矩阵将会考虑这些相关利益。最大最小规则限制了这样的结果的出现，如果符合假设，差别原则是会出现的①。

　　从原初状态来看，参与者没有实际社会的概念，也不知道技术水平与社会政治的发展阶段。但他们知道，如果处于某种经济社会，就会采取某种原则，就会有基本善的分配模型，社会人口将会按收入分成不同的类别。这意味着不会有自然状态的正义原则，并且，每个正义原则不可能是一个结果而是有许多结果。在不同的社会里，其运行结果是不同的。对第 N + 1 个参与者来说，就可能有 N + 1 个可能的结果。设想每个参与者从 5 + 1 种正义原则中选择一个策略，而社会经济状态独立于个人选择。这样，参与者知道有什么样的选择，结果将会是什么样，以此来构建结果矩阵。显然，谈判者一般会比较积极，设计出不同情况下的最差者的支付值。由于社会现实不同，其矩阵支付值也不一样。按照罗尔斯的最大最小规则，每个参与者完全保守是比较理性的。这说明，每个社会现实的矩阵支付值要以社会最差代表人的支付值为基础。这样，矩阵支付值的集合是罗尔斯理性规则，也就是最大最小规则。但这种规则会产生一些问题。当参与者依次考虑每种策略时，他们会研究各种不同策略结果的排列。对 5 + 1 种策略来说，对 N − 1 个参与者是有效的。社会的现实个数可能非常大，这个数以 R 来表示。这样的话，矩阵支付值将会有 R (5 + 1) N − 1 种排列。当然，这些排列不是仅仅由自然状态的正义

①　Robert Paul Wolff, *Understanding Rawls*, Princeton：Princeton University Press, 1977, pp. 150 – 156.

原则的支付值组成，只有一个是。支付值的实际分布可能还要更复杂些。对于任何一个自然状态的社会，将会有非常多的排列，其形式为（5 + 1）N − 1。当然，这些结果有许多是重复的。N − 1 个参与者可能会在（5 + 1）策略中选择。其中 5 种正义原则是备选的，它们会协调发生作用。这样，对自然状态的正义原则来说，将会有 [（5 + 1）N − 1 − 5] 种的相同结果。每一个支付值与自然状态的正义原则相等，也与生活最差的人的相等。5 种不同的结果，对应于5 种不同的正义原则，但每一种的支付值对生活最差的人来说都是非常重要的。由于有 R 种社会，将会有 R [（5 + 1）N − 1 − 5] + 5R 的总结果。当参与者有这么多的选择策略时，他会研究不同 R（5 + 1）不同的矩阵单元，他肯定会选择支付值最小的矩阵单元。这样，下列假设是成立的：存在一个最差自然状态的生活最差的人的支付值①。由于这个支付值表示了 5 + 1 个的策略组合，它就是罗尔斯所说的最大化的保险水平。但由于自然状态的矩阵因子的作用力是非常弱的，参与者一般不会考虑这种选择。合作保证了会一致选择差别原则的合理期望。

　　这种技术分析反映了罗尔斯的形式正义，是一种非常简单的说明。其要点在于，罗尔斯承认，参与者会进行许多超复杂的预期效用的计算；他们不知道他们是谁或者属于哪个社会，但仅此而已。对支付矩阵来说，参与者会采取乐观的谈判态度，生活最差的人的支付值至少等于自然状态的支付值。参与者承认，采纳的原则会保证得到实施。同样，差别原则是备选原则之一，事实上，在自然状态中会得到有效实施。一旦完成支付矩阵，最大最小规则并非是必须的。矩阵的对称性给参与者选择差别原则提供了足够的支持。这种支持来自矩阵因子的协作因素，也就是合作作用。当然，在博弈模型中，罗尔斯的最关键步骤是，最大最小规则，但它遭到了极大的批评。最大最小规则是用来构建支付矩阵的，最大最小规则的严格性直接影响到了支付矩阵。按照罗尔斯原初状态的说明，可以把最大最小规则理解成构建支付矩阵的稳健性原则。看来，这种合理性需要进一步研究。以下的研究将结合支付矩阵来分析。

　　2.2 支付矩阵

　　在罗尔斯看来，最大最小规则是富有启发性的非常有用的分析工具。两个正义原则是社会正义问题的最大最小规则的解决办法。在不确定选择下，

① 从理论上说，假设这样一个自然状态是为了建立一个标准，完全是从技术水平来考虑的。但差别原则并不必然适用于这样的社会。

两个正义原则与最大最小规则之间可以相互比较①。这似乎让人觉得，在严格的博弈中，罗尔斯并打算使用最大最小规则。在《正义论》的第 26 至 29 节中，以及在《作为公平的正义》的差别原则论证中明确让人感觉到了这一点。在谈到最大最小规则的理由时，他拒绝使用效用的概念。在他看来，在作为公平正义中，参与者不知道善的观念，不能根据日常意识来评估效用。事实上，在任何情况下，我们是在各种偏好的后面。期望是建立在基本善的指数基础之上，参与者只能据此选择。但是，他的这种说法引起了更多了困难②。在我看来，罗尔斯总是在设计与捍卫形式论证，无论是形式程度还是效用函数或其他，在他的论据中总是预先假定存在。为什么在支付矩阵中要使用稳健规则呢？在公开博弈中，参与者用预期效用计算矩阵单元的支付值。一旦放下无知之幕之后，行动过程不再公开。由于他是"无知"者，当然不知道效用函数，更不用说估计占据社会某种职位的可能性，就连将会得到的报酬也不知道。因此，选择状态是相当不确定的，无论最大最小规则还是任何其他规则，其意义都不大。但是，在罗尔斯看来，参与者关于社会基本事实的知识是已知的，这就足够可以构建 N + 1 维支付矩阵了。并且认为，根据社会基本善的指数与人生计划理论可能知道一些简单的效用函数。这里，罗尔斯把基本善与效用之间的关系看成是相对平行的关系，在参与者之间设定了一些效用的观念，与其声称放弃效用函数的观念是不一致的。每个参与者有人生计划，而基本善就是人生计划的内容，因此，参与者对将要得到的基本善的数量并不是漠不关心。在罗尔斯看来，对参与者来说，除了基本善之外的善是不重要的。按此推理，每个参与者的效用函数仅仅用基本善的指数就足够了。基本善是每个参与者都想要的东西，越多越好。这样的话，把基本善的指数假设成单调增加函数是不会成问题的。当然，人生计划与基本善，对每个参与者来说可以假定为无差异的。原初状态的人是无个性化的个体，他们的效用函数都是相同的。这样，既可以保证支付矩阵是对称的，也可以保证了期望的解会出现。但是，参与者为什么不能计算预期效用呢？虽然所有参与者的预期效用相同，但结果会直接影响到生活最差者。罗尔斯谈到了最大最小规则的三个主要特征：不可能得到概率的知识，或者至少相当不确定；参与者对善的观念毫不关心，仅仅希望能获得最低报酬以

---

① John Rawls, *Theory of Justice*, Cambridge, MA: Harvard University Press, 1971, p. 152.
② 因为他使用最大最小规则的推理模型有三个理由，但其中有二个理由与效用有关。

上。他不值得去冒险，因为损失对他非常重要；拒绝几乎不能接受结果，包括有巨大风险的结果①。

从道德上讲，对原初状态的选择者来说，这个规则并非重要，或是义务性，或是正当的。问题是什么是理性自利的选择。选择条件，包括博弈规则与无知之幕，旨在保证参与者通过合作达成一个正义原则的协议。从道德上来说，这又是重要的、公平的、义务性的与正当的。罗尔斯在这点上总是含糊其辞，但是他的整个理论正是依赖于此。概率知识是否不可能？罗尔斯的意思是说，正如不可能知道参与者的社会现实一样，要知道某一特殊社会的现实运作规律是困难的。如果参与者不能估计某一特定社会的运作概率，那么关于知道社会基本事实的说法就毫无意义。很明显，在罗尔斯看来，参与者不知道他自己属于哪个社会以及他自己是谁。但对支付矩阵来说，这不是问题。参与者可以计算出不同社会的支付值，由此可以估计出将要进入或重新进入社会的概率。罗尔斯拒绝概率理由在于不充足理由律。这种思想认为，如果要决定色子是 4 的概率，如果根本不知道色子可能出现的情况，那么就会假定 6 种可能出现的结果，概率分布将是 1/6。但也可以完全假定有 4 种不同的可能结果，3 个偶数与 1 个奇数，其概率是 1/4。也可以假定 1 与 4 不会出现，那么此时的概率是 1/2。在罗尔斯看来，这是一个矛盾的结果。这种情况可正常分析为由于色子有 6 个完全相等的面，如果有概率知识，就会知道不同的可能结果；如果你是无知者，那么就不知道可能的结果。这就是说，分类依赖于我们自己的信仰，如果不能区分结果，当然就不知道哪个更有可能。在谈判博弈中，参与者首先想到的是社会中的任何人是等可能性，只有这样的思维，他才有可能计算出预期效用。但罗尔斯拒绝这样做。在他看来，由于原初状态的人的机会是不均等，因此应该假定参与者不会根据不充足理由律来计算概率。这种假定对要达成非常重要的协议参与者来说是合理的。这种协议会影响他的后代。不管后代与协议相关与否，在

---

①　John Rawls, *Theory of Justice*, Cambridge, MA: Harvard University Press, 1971, p. 154: "The situation is one in which a knowledge of likelihoods is impossible, or at best extremely insecure. …The person choosing has a conception of good such that he cares very little, if anything, for what he might gain above the minimum stipend that he can, in fact, be sure of by following the maximum rule. It is not worthwhile for him to take a chance for the sake of a further advantage, especially when it may turn out that he loses much that is important to him. …He rejected alternatives have outcomes that one can hardly accept. The situation involves grave risks."

构建功利函数时必须认真考虑。其合理性需要用不充足理由律才能说明①。我认为，有一种情况非常适合这种原则。假定有一位博弈参与者，但不知道有多少人参与。所有参与人都已经进入了某社会，并且该社会中仅有成年人参与博弈。他也知道社会分工。因此，有 N 个参与者，在社会中他是 1/N。那么，基本善在他们之间如何分配呢？不同社会的人，他会知道一般的阶级分层及其相应的分配结构。如果是这样，有什么理由不能假定他是社会中的 1/N②。

效用函数通常以参与者的评价结果来反映。罗尔斯的社会基本善的效用函数是与横轴呈平行趋势的。可以用图 2 来反映。效用函数为 0，表示参与者无法生活。假定参与者对无法生存点是无差别的，这个无差别点就是效用曲线的最低点。随着基本善指数的提高，效用曲线飞快上升，直到 U^* 点不再上升，而是突然变得平滑，几乎与 X 轴平行。因为在 U^* 点，参与者对基本善已毫不关心了，边际效用为正值，几乎没有什么重大的变化。可以把在 U^* 点的基本善设为 a 单位，那么相应效用函数则为 U（a）。假定参与者 a 单位基本善，在效用曲线 U^* 点上，或者说有 50% 概率获得 P 单位基本善，或者 K 个单位基本善损失，K = a - u。这是一个风险点，从曲线来看要损失 K 个基本善，可能会使参与者消耗比 P 还要多的效用。

为了更详细分析，把图 2 增加些分析点，变成图 3。如果参与者在效用曲线点 U_1 上，那么他可能会在 U_2 与 U_3 上进行博弈，而不会在如何处理点 U_1 上。理由是曲线的斜率会使基本善的金额从 U_2 向 U_3 移动，但也有可能会使 U_2 跌回 U_1 移动，导致参与者的损失。对于 U_4、U_5、U_6 可做同样分析，但它们之间风险要低些。只有在 U^* 点以及非常接近它的点是均衡点，优于其他任何点。根据这个效用曲线，可以构建一个支付矩阵。如果这个分析是正确的，那么作为一个罗尔斯的博弈者，可以做如下推理。对每个社会，分配一个与该社会相应的正义原则的支付值。假定该社会为 T_1，参与者有该社

---

① 哈萨尼认为，最大最小规则是非常稳健的，它与数学上的某种特殊概率分布是相等的，即这种概率分布把权重放在最小支付上。效用理论的发展表明，理性决策者能反映人的行为是遵守一定规则的，并且，这种行为与预期效用最大化是相一致的。其效用分布等于线性转化。理性决策者遵守的规律可以表述为："效用最大化是自然的结果，它以主观概率来反映。"（Harsanyi, *APSR*, 1975, 69（2）, p. 599）

② Robert Paul Wolff, *Understanding Rawls*, Princeton：Princeton University Press, 1977, pp. 163 - 167.

会的基本事实的知识，正义原则 I 是该社会的分配原则。社会分为不同的阶层，并获得相应的基本善。利用不充足理由律，参与者利用预期效用函数计算出矩阵每一单元的支付值。社会一些阶层在效用曲线点 U* 的右边，一些在左边。在这样的曲线下，阶层之间的微小变动，或者说基本善收入的微小变动，会导致预期效用的巨大变化。很明显，在点 U* 处，无论向左或者向右移动，都有很大的风险。为安全起见，参与者会按生活最差代表人的预期效用来计算每一单元的支付值①。

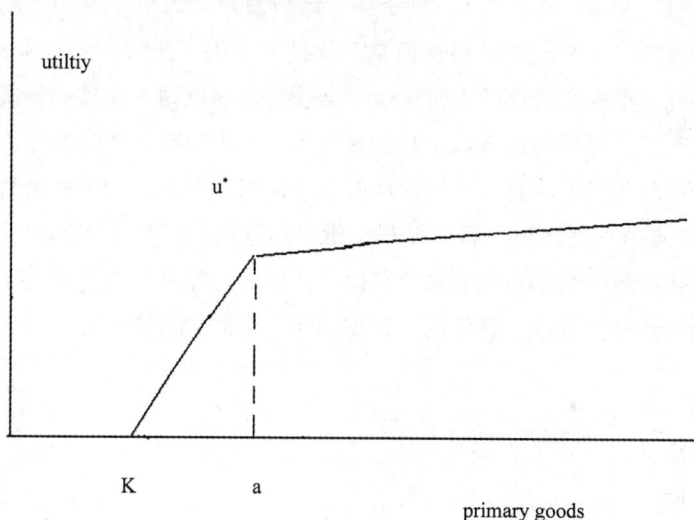

图 2　基本善与效用关系图

只要参与者以这种方式来计算支付值，差别原则至少和其他原则一样好。支付矩阵会促使理性的参与者在差别原则上合作。但是，这样的效用曲线是可能社会与正义原则的非常有限的组合。只要某一社会按 U* 处的支付值进行分类，那么估计值的任何微小变化都会导致预期效用的极大变动。如果支付值仅仅沿着 U* 处的单边移动，那么罗尔斯的最大最小的推理规则就会失效。如果不按稳健性来构建支付矩阵，那么就不可能期望合作，差别原则就不会被选择。要是这样，差别原则就不可能优于任何其他原则。罗尔斯在《正义论》中没有表达这种思想，但在《作为公平的正义》中确实表达

---

① Robert Paul Wolff, *Understanding Rawls*, Princeton: Princeton University Press, 1977, p. 167.

了这样的思想①。如果某种社会的支付矩阵是如此构建的，那么其他社会就不大可能是这个样子。可是，罗尔斯在《作为公平的正义》中"第二个基本比较"中声称，差别原则的比较论证已基本放弃了最大最小规则。要是这样，那么从罗尔斯的谈判模型中就得不出参与者会选择差别原则的结论。这是罗尔斯论证的矛盾点。一边说放弃最大最小规则，一边又不得不运用最大最小规则。如果不从稳健主义考虑，那就无法构建效用曲线，无法构建支付矩阵。如此，不仅罗尔斯关于差别原则的相互性论证无效，而且其第一原则的证明力也会大大减弱。诚然，在 U^* 点，罗尔斯会试图使用最大最小规则，用每列的保险水平最大化方式来选择策略。但是，从技术上讲，此时的参与者只有在 U^* 点附近是社会最贫穷群体的支付值时才会选择差别原则。在这种情况下，从稳健性考虑，任何原则的选择都是社会最差者的效用函数。此时的差别原则会获得一个最高的支付值，富人的社会状况也会提高。但是，如果社会群体的支付值都向 U^* 点的左边移动，那么很有可能差别原则的保险水平不会使社会保险水平最大化，最大最小规则会选择其他正义原则。如果我的分析是正确的，那么罗尔斯也许会阻止社会群体的支付值向 U^* 点的左边移动②。

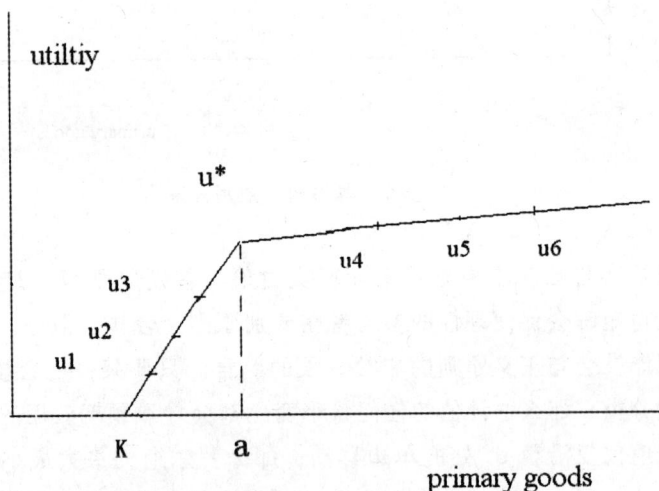

图 3　基本善与效用关系图

---

① John Rawls, *Justice as Fairness—A Restatement*, Cambridge, MA: Harvard University Press, 2001, p. 108.

② Robert Paul Wolff, *Understanding Rawls*, Princeton: Princeton University Press, 1977, p. 168.

　　从罗尔斯的谈判博弈中发现，图 2 与图 3 的效用函数曲线的合理性是选择差别原则的关键。人生计划的理论与社会基本善的理论要求原初状态的参与者要有一个合理的生活目标。他们要有理性的生活计划。他们不会一时生活，一时满足。然而在现实社会中有一些奢侈品，要求有更高的基本善的指数。理性的安排需要有丰富的生活方式，需要大量的奢侈品。如果我知道我自己有这样的一种生活安排，如果我知道社会的基本事实，那么我会期望我的效用曲线向正倾斜角方向上升而不是变得平坦。如果我有了一个保险的支付值，那么我会冒点风险要求向右移动以提高我的生活水平。但是，如果 U^* 点滑向左边，那么怎么办？此时，即使向上移动非常困难，但是，作为一个参与者会试图使他们自己走向罗尔斯的保险状态。差别原则会迫使我们选择一个较高水平的最低支付值的行动。这是偏离罗尔斯最大最小规则的一种策略。罗尔斯并没有否认这一点[1]。但罗尔斯认为，他的两个正义原则并不适用于如此具体的分析，而是适用于作为整体的社会基本结构[2]。差别原则是要说明，获利最高的职位不能过于离谱，不能过高于获利最低的职位。可是这种说法让人觉得，报酬最低的职位未必是最大最小规则的职位。平等的基本自由限制了社会最差者所能容许的幅度。公平的机会与开放的职位大大改善了社会最低水平的条件。因此，参与者向 U^* 点滑向左边的可能性是存在的[3]。

3. 结论

　　罗尔斯的谈判博弈，在原初状态的基础上，在最稳健的基础上，在评估其他正义原则的基础上，在假定理性自利的基础上，参与者会一致选择差别原则。根据以上谈判特征，这种解是正当的。参与者的博弈是纯粹程序正义的一个应用。为什么要用罗尔斯的两个正义原则作为制度安排的标准？可以做这样的回答：它们不仅是参与者公平博弈选择的结果，而且也是参与者本人在恰当条件下的公平博弈的一种比较合适的选择。这种论证的力量在于假设的合理性。假设理性自我会做出有约束力的一致性的承诺，如果能证明这种承诺，那么罗尔斯一定会说，作为理性主体一定会履行。如果以这种方式

①　Robert Paul Wolff, *Understanding Rawls*, Princeton：Princeton University Press, 1977, p. 173.

②　John Rawls, *Theory of Justice*, Cambridge. MA：Harvard University Press, 1971, pp. 157 – 158.

③　Robert Paul Wolff, *Understanding Rawls*, Princeton：Princeton University Press, 1977, p. 169.

作为反驳，那么其证明力度会加强。但是，从谈判博弈来看，很难证实这样一种承诺。就罗尔斯的谈判博弈来说，存在二个方面的问题。一是，罗尔斯不能为参与者选择差别原则提供充分的证明。因为支付矩阵单元的计算仅仅是"评估"，而不是非常有把握，存在着其他一些估计的可能。其次，关于实践理性的正当性存在着很多的哲学争论。预期效用的最大化是否就是理性选择的毫无争议的原则？理性主体是否应该采用最大最小规则，或者说，不充足理由律？选择方法是否需要根据工具理性来进行排序？这种排序是否反映了我们的道德直觉？罗尔斯已经意识到这些争论大大削弱了正义原则论证的可接受性。由于这些问题，罗尔斯在《作为公平的正义》中已经改变了关于善的理论与人生理性计划的理论，并采用更加稳健的选择原则来构建支付矩阵。

尽管如此，罗尔斯坚持认为，他的正义论对政治哲学作出了重大的贡献。他一直在坚持理性重构。反思的平衡是罗尔斯的正义原则论证的一个非常明显的理性重构。通过反思的平衡，不仅构建出两个正义原则，而且构建出理性选择的谈判博弈模型。通过模型的设计，能合理地推出两个正义原则就是谈判博弈的解。作为理性选择的先在条件，谈判博弈模型本身有其显著的优点。这些优点反过来又支持了理论重构。解决道德争议是整个重构过程的起点。道德真理就是从中推演出来的。结果肯定不如道德意见那么多。原初状态中，参与者会选择两个正义原则；在谈判博弈中试图加强这一信心。为使参与者能够选择两个正义原则，通过调整支付矩阵的选择方式来达到。调整，既有反思平衡，又是理论重构，不仅使模型具有理性选择的独立特征，而且又反过来支持重构。其结果是，尽量减少道德意见，加强参与者选择两个正义原则的信心，清晰理解原初状态的条件。但是，反思平衡会削弱罗尔斯论证的逻辑性。罗尔斯关于羡慕问题的论述不一致性是这方面的一个例子。关于原初状态，开始时，假定参与者是非羡慕的。参与者的非羡慕假设，使不平等分配成为可能。这是对效用函数的重大限制而不是纯粹实践理性的要求。通常，理性的做法是如何与他人和睦相处，希望别人差些而非好些总是不明智的。假定两个正义原则符合我们的直觉，那么，这些原则的适应谈判模型的特点。可是，在后来，罗尔斯关于羡慕问题做了完全不同的论述。罗尔斯说，羡慕问题在于，由差别原则指导的不平等从社会上看是非常危险的。公平机会下的差别原则，非常有可能引发破坏性的羡慕。起初，羡慕问题与激励相联系，可是现在，它与社会的稳定性相联系了。关于程序理性，罗尔斯谈道，正义原则的论证分为两部分：第一部分是，关于正当性假设的论述，第二部分是，受正义原则指导的秩序良好的社会必然会产生羡慕与道德态度，论证它们是否会破坏正义的制度安排。起初，似乎没有任何羡慕与道德问题，达成了正义协议，可是，现在需要检查正义制度是否良好，与人类的善是否相容、运行是否有效。如果不一致，正义概念必须重构①。如此看来，关于正义原则，由原初状态开始的论证，由谈判博弈开始的论证，与道德理性的重建会产生不一致，有必要做出调节，以促进正义原则的和谐与稳定。

谈判博弈表明，从程序正义来看，存在着许多谈判的解，而且这些解都是符合程序正义的。要使差别原则成为唯一的解，必须对支付矩阵进行构造，改变原初状态的非羡慕性的假设，才能成为一个参与者能够理性地选择的对象。如果羡慕是非理性的，那么社会制度安排必须排除羡慕；如果羡慕并不是非理性的，那么未必拒绝羡慕。罗尔斯的谈判模型，从最稳健角度出发，才会出现卡拉的解，差别原则才会被选择，而这是通过理性重构达成的，已经发展了原初状态的思想。正是从这种意义上，我们才说罗尔斯的论证逻辑并非是严格的一致性，而是不断地反思平衡的过程。反思的平衡过程，就是修正不一致的过程。

---

① John Rawls, *Theory of Justice*, Cambridge, MA: Harvard University Press, 1971, pp. 530 – 531: "I have split the argument for the principles of justice into two parts: the first part proceeds on the presumptions just mentioned (that the parties in the original position are not envious, have no special attitudes towards risk, etc), and is illustrated by most of the argument so far; The second part asks whether the well – ordered society corresponding to the conception adopted will actually generate feelings of envy and patterns of psychological attitudes that will undermine the arrangements it counts to be just. At first we reason as if there is no problem of envy and the special psychologies; and then having ascertained which principles would be settled upon, we check to see whether just institutions so defined are likely to arouse and encourage these propensities to such an extent that the social system becomes unworkable and incompatible with human good, If so, the adoption of the conception of justice must be reconsidered. "

公共理性理论与罗尔斯正义理论

邓 肄

公共理性理论是罗尔斯后期政治哲学十分重要的理论，对罗尔斯公共理性理论进行深入剖析，明确其与罗尔斯正义理论的关系，既有助于我们准确把握罗尔斯哲学的发展演变，也有助于我们正确评价罗尔斯哲学的历史地位。

一

公共理性（public reason）的理念是罗尔斯在 1993 年出版的《政治自由主义》中首次提出的，其目的在于解决自由主义宪政民主社会中政治权力行使的合法性问题。

在罗尔斯看来，民主公民之间的政治关系具有以下两个独特的特征：第一，政治关系是公民生于其中并在此正常度过终生的社会基本结构内部的一种人际关系；第二，在民主社会中，政治权力乃是一种公共权力，即它永远是作为集体性实体的自由而平等的公民们的权力。前者说明政治关系不应当是施密特所说的敌友关系，而应当是一种公民友谊关系。后者表明我们每一个公民对于政治权力都享有平等的份额，一个公民并不能凌驾于另一个公民之上。由于宪政民主社会公共文化的永久性特征是各种宗教、哲学和道德的统合性教说（comprehensive doctrines）的多元性，因此民主公民之间政治关系的特性对宪政民主社会里政治权力的行使提出了一个深层的合法性问题，即：在宪政民主社会里，那些持相互冲突但又合理的宗教、哲学和道德的统合性教说的自由而平等的公民，在置身公共政治领域时，他们相互之间应当怎样行使政治权力，才是正当的或完全恰当的？易言之，我们能根据自己视为"完整真理"（the whole truth）的统合性教说来行使政治权力吗？

对此，罗尔斯认为，在宪政民主社会里，任何一个公民，在行使政治权力时都不能把他的统合性教说强加于另一个公民之上。这是因为我们作为公民都是自由而平等的，我们的理性都同样承担着判断的负担（the burdens of judgment），我们不能认为自己所持有的统合性教说就是"完整真理"——这在别人看来其实只是一种信仰。因此那种为了推行表达"完整真理"的统合性教说而运用政治权力去压制那些并非不合理的统合性教说的做法，不但是不合理的，而且也构成了强制，从而形成一种"压迫性的事实"。

那么，在民主社会中，那些持不同宗教、哲学和道德的统合性教说的公民应当怎样来行使自己的政治权力才具有合法性呢？罗尔斯对此仍然秉持以洛克、卢梭为代表的合法性理论——即从对政治权力的自愿服从出发，将政治权力的行使建立在公民"同意"的基础上。但与洛克、卢梭将政治合法性的基础诉诸于"多数人同意"不同的是，罗尔斯意图为政治合法性寻求"一致同意"的基础——这是罗尔斯受康德影响，秉持政治上"充分自主"的必然结果。罗尔斯认为，尽管公民们对任何政治问题都取得一致同意是不可能的，但只要我们以共同的正义观念为推理前提，并遵循共同的推理规则，我们就可以在运用政治权力解决宪法根本和基本正义事务时，对这些维系社会合作和稳定的最重要问题取得一致同意。基于此，罗尔斯为民主社会的公民提出了一种公共理性的理想：即我们每一个公民，都不应当根据自己视为完整真理的统合性教说来行使政治权力，而应当根据中立的"正义的政治观念"（political conception of justice）来处理宪法根本和基本正义事务。这样，这些问题的解决才可能取得一致同意，从而避免对其他公民的压迫，真正达到自愿服从政治权力的自由主义的自律理想。而只有当我们每一个公民都遵从这样一种公共理性的理想的时候，我们对政治权力的行使，也才具有合法性。

公共理性的本质是要求公民在"正义的政治观念"的框架内进行公共推理，这表明，公共理性理论是罗尔斯正义理论的组成部分。因为正义的政治观念，是罗尔斯在完善"公平的正义"的过程中提出的代表其后期正义理论的核心概念。《正义论》之后的罗尔斯后期政治哲学，是罗尔斯为回应人们对《正义论》的批评和弥补《正义论》关于稳定性问题阐释的缺陷而对原有正义理论所作的完善。在罗尔斯看来，将"公平的正义"扩展和限定为

"正义的政治观念"，既可以解决两个正义原则证明力疲软的问题，也可以解决合理多元主义事实下宪政民主社会的稳定性问题——罗尔斯说，我们可以从民主社会的公共政治文化中发现若干为持不同宗教、哲学和道德教说的公民所共享的基本理念，这些基本理念可以结合成政治领域中的中立的正义的政治观念，而对这种中立的正义的政治观念，持不同宗教、哲学和道德教说的公民可以对之形成"重叠共识"，自由主义宪政民主社会的统一和稳定就是基于这种对正义观念的重叠共识之上。事实上，罗尔斯之所以认为持不同宗教、哲学和道德教说的公民会以正义的政治观念作为解决宪法根本和基本正义事务的公共基础，也在于罗尔斯相信这些公民对正义的政治观念存在着重叠共识。由此可见，公共理性的理念与正义的政治观念和重叠共识的理念都存在内在的连接，公共理性理论本身就是罗尔斯正义理论的组成部分。对此，不论在《政治自由主义》还是《公平的正义：一种重述》中，都有罗尔斯的明确论述为证，本文于此不再赘述。

尽管不但从《政治自由主义》的形式安排、逻辑理路还是罗尔斯的明确论述上，将公共理性理论归结为罗尔斯整个正义理论中的组成部分都是完全恰当的，但是，综观罗尔斯对公共理性理论的阐述，公共理性理论并不是一个前后一致的理论，它只是在本初意图上是罗尔斯正义理论的组成部分，在其后的推进阐发中，公共理性理论则逐渐脱离了罗尔斯原有的正义理论，而成为具有相对独立性的理论形态。

二

对于上述结论，我们首先可以从罗尔斯对"正义的政治观念"的阐释发现端倪。根据罗尔斯的阐释，所谓正义的政治观念，是指以下具有自由主义品格的正义观念：

第一，它具体规定了某些基本权利、自由和机会（即宪政民主政体所熟悉的那些权利、自由和机会）；第二，它赋予了这些权利、自由和机会以一种特殊的优先性，尤其是相对于普遍善和至善主义价值的优先性；第三，它认肯了各种保证所有公民都有效利用基本自由和机会的充分适于其所有目的的措施。

罗尔斯在《政治自由主义》中所修正的两个正义原则是：

（1）每一个人对平等的基本权利和基本自由之完全适当的图景——它与

所有人的同样的图景是相容的——都有一种平等的要求；在这一图景中，平等的政治自由——且只有这些自由——应当受到其公平价值的保证。

（2）社会和经济的不平等应满足两个条件：第一，它们所关联的公职和地位应当在公平的机会平等的条件下对所有人开放；第二，它们应当符合最不利社会成员的最大利益。

与罗尔斯原有正义理论的两个正义原则相比，正义的政治观念除在基本权利和自由的优先性方面与其存在共同点之外，其他方面我们则很难看出蕴含着罗尔斯原有正义理论的主张。尽管罗尔斯将两个正义原则解释成正义的政治观念的"范例"，但显然这只是罗尔斯所做的一种技巧性的联结。同时，在《政治自由主义》中，罗尔斯是意图通过政治建构主义，从民主社会的公共政治文化中发现的若干基本理念来推演出两个正义原则，这是一种道德几何学的方法，但是，从罗尔斯对正义的政治观念的规定性特征特别是他对第一个规定性特征的阐释来看——他认为正义的政治观念所规定的基本权利和自由是宪政民主政体的人们所熟悉的——罗尔斯在这里实际上依靠的是社会学和法学的方法论，即认为基本自由的优先性就是宪政民主政体的思想文化传统和宪法制度的内在精神，或者说它就是一种社会学和法学上的事实。① 既然正义的政治观念来源于社会学和法学的事实，而不是出自哲学的推演或论证，那么以正义的政治观念为核心的公共理性理论与作为哲学的罗尔斯正义理论就失去了内在的联系。

公共理性理论脱离罗尔斯原有正义理论的更为明确的例证是《政治自由主义》第六讲第八节对所谓"包容性观点"的承认。公共理性要求国家公职人员、公职候选人和选民等在行使政治权力处理宪法根本和基本正义事务时必须以正义的政治观念作为推理的基础，这是对行使政治权力的公民适用自己所持有的统合性教说的限制。然而，罗尔斯在第六讲第八节阐述公共理性的限制时，却"出人意料"地在以获得重叠共识支持的政治正义观念为证明基础的"排斥性观点"（the exclusive view）之外，承认了所谓的"包容性观点"（the inclusive view），即允许公民根植于他们统合性教说的政治价值

---

① 如美国后现代主义哲学家理查德·罗蒂就指出，罗尔斯《政治自由主义》中对其《正义论》的修正是"彻头彻尾的历史主义和反普遍主义的观点"，如果说《正义论》是想把正义建立在康德式的个人观念之基础上的话，那么现在，罗尔斯的自由主义"似乎不再承诺一种关于人类自我的哲学解释，而仅仅承诺对我们现在的生活方式作一种历史描述和社会学描述"。参见［美］迈克尔·J.桑德尔《自由主义与正义的局限》，万俊人等译，译林出版社 2001 年版，第 236－237 页。

基础来进行公共证明，只要它提供的理由是能被其他公民所接受的。很明显，放弃"排斥性观点"，承认"包容性观点"，意味着公共理性不必以正义的政治观念为推理前提。既然公共理性不必以正义的政治观念为推理前提，那么公共理性的理念实际上也就走出了罗尔斯正义理论的框架，而成为了一种类似哈贝马斯交往理性的东西。

1996 年《政治自由主义》再版时，罗尔斯写作了"平装本导论"，在这篇导论中，罗尔斯将公共理性的包容性观点进一步扩展为"宽泛性观点"（the wide view）——即只要由统合性教说所提供的公共理由能得到合理政治观念的支持，它在任何时候都可以进入公共理性之中。尽管在"平装本导论"中公共理性理论与其正义理论有了进一步分离的趋势，不过罗尔斯还没有断然切断公共理性理论和其原有正义理论的联系。罗尔斯最终切断公共理性理论和原有正义理论的联系是 1997 年夏季发表的《公共理性理念新论》一文。在这篇论文中，罗尔斯将公共理性界定为审议民主（deliberative democracy）中公民推理的本质特征，而审议民主，是以广泛而充分的政治讨论来修正自己的政治前见以获取共识的民主形式，它并不为政治讨论预设任何共同的推理前提。

此外，罗尔斯在《公共理性理念新论》中还重新为公共理性奠定了理论基础——即"公民之为公民"的理念。罗尔斯说，我们在向所有公民进行公共证明的时候，应当将个人视作自由而平等的公民，而不应考虑其社会地位、财产状况，或所持的统合性教说，我们也不考虑个人或群体的特殊利益。所有公民都是合理的和理性的、自由的和平等的，都具有相同的基本政治地位，以这一理念作为政治推理的起点，我们在行使政治权力时就不应当自视为完整真理的统合性教说强加于其他公民之上，而应当以我们所共享的正义观念作为推理的基础。由此可见，公共理性并不需要进入"原初状态"进行理性选择或通过政治建构主义进行理性演绎，而直接可以从"公民之为公民"的理念进行独立推导。

或许人们对上述论据尚有疑义，但如果我们注意到罗尔斯对政治合法性的命题，那么公共理性理论最终已嬗变为一种独立理论形态的结论就确定无疑了。

在《政治自由主义》第四讲第一节和第六讲第二节，罗尔斯对政治合法性提出的命题都是：

只有当政治权力的行使符合这样一部宪法——即宪法根本是我们可以合

理地期望所有合理的和理性的公民根据他们共同的人类理性可予接受的原则和理想来加以认可的——时，我们对政治权力的行使才是完全恰当的。这便是自由主义的合法性原则。

但是，在1997年的《公共理性理念新论》一文中，罗尔斯对政治合法性的命题却是：

只有当我们真诚地相信我们的政治行动——假如我们指的是政府官员——所提供的理由是充足的，而且我们也合理地认为其他公民亦能够合理地接受这些理由时，我们对政治权力的行使才是恰当的。[①]

比较《公共理性理念新论》中的合法性命题与《政治自由主义》本论中所提出的合法性命题，我们会发现罗尔斯在这里并没有要求政治权力的行使必须符合一部根据能为所有公民所一致认可的正义原则来制定的宪法，也没有一以贯之地要求必须以"正义的政治观念"为公共证明的基础，而是直接根据"相互性准则"来提出合法性的要求——即我们"真诚相信"我们提供的理由是"充足的"，并可以为其他公民所合理地接受。这样，罗尔斯的公共理性理念及其合法性原则就完全脱离了与其原有正义理论的联系而独立存在了。

三

罗尔斯为什么要有意无意地切断公共理性理论与其原有正义理论的联系，使它最终成为一种具有相对独立性的理论形态呢？本文认为，其内在原因在于罗尔斯本人已经明确认识到了其正义理论在哲学上的失败，而有意将公共理性理论作为自己哲学事业的真正遗产。

众所周知，自罗尔斯的《正义论》出版以来，其所提出的正义理论就受到了诸多批评，其中受到的最多批评是罗尔斯关于两个正义原则的证明并不能成立。在《正义论》中，罗尔斯是通过设想个人在"原初状态"中面对开列的正义清单进行理性选择来对两个正义原则进行证明的。罗尔斯认为，

---

① John Rawls, "*The Idea of Public Reason Revisited*", in *Collected Papers*, Harvard University Press, 2001, p. 578. 需要指出的是，这一变化最早是在1996年《政治自由主义》再版时的"平装本导论"中出现的。在该导论中，罗尔斯对政治合法性作了以下命题："只有当我们真诚地相信我们为自己的政治行动所提供的理由可以合理地为其他公民接受为那些行动的正当性证明时，我们对政治权力的行使才是恰当的。" John Rawls, *Political Liberalism*, Columbia University Press, 1996, xlvi.

当我们将包括两个正义原则和功利主义、至善主义、直觉主义、利己主义等主要的传统正义观念的正义清单交给原初状态——它以"无知之幕"为特征——中的个人时，他们在比较权衡中会根据自我利益的需要，选择两个正义原则。对此，英国学者哈特评论说，罗尔斯关于自由优先的论证是独断的，因为原初状态中的个人完全有可能在更为优裕的物质生活前景面前宁愿牺牲自己的政治自由。罗尔斯的哈佛大学同事桑德尔则批评说罗尔斯原初状态中的人被剥夺了其一切社会属性，是赤裸裸的自我，这样的人在现实中是根本不存在的。美国学者德沃金也提出了有力的批评，他指出，罗尔斯所设想的原初状态中的人所达成的契约是假设的契约，而假设的契约在现实中并不具有约束力。罗尔斯自己则认识到，《正义论》第三部分关于稳定性的解释与全书的观点并不一致。因为关于平等自由的第一个正义原则保障公民的思想自由与良心自由，这两项基本自由在宪政民主制度中的长期贯彻，必然形成思想文化的多元性，在这种多元性的事实条件下，公民们并不可能一致坚持相同的正义原则。此外，罗尔斯还认识到，他在《正义论》中所运用的反思平衡（reflective equilibrium）的证明方法也是一种有很大局限和缺陷的方法，因为它对两个正义原则的证明是极为有限的比较选择，如果有人再提出一种比两个正义原则更好的正义观念，那么我们在原初状态中就肯定会选择这个新的正义观念。

在《政治自由主义》中，罗尔斯决定通过"政治建构主义"按照道德几何学的方法来重新证明两个正义原则。罗尔斯认为，我们可以从民主社会的公共政治文化中发现这样三个隐含的为人们所共享的基本理念：作为公平合作体系的社会理念；秩序良好的社会理念；自由而平等的公民理念。我们可以运用这三个基本理念来"结合"成两个正义原则。但他很快认识到这是不可能的。于是罗尔斯退让说我们可以从上述三个基本理念得到一组正义的政治观念——两个正义原则是其中的一个范例。罗尔斯说，当我们把作为范例的两个正义原则放进正义清单，交给原初状态中的代表去进行选择时，代表们仍会一致选择两个正义原则。同时，由于在原初状态中决出的两个正义原则是以自由民主社会的公共政治文化中公民们所共享的基本理念为观念模块构建的，所以它就有可能成为秩序良好的社会中持不同宗教、哲学和道德教说的公民的"重叠共识"。当人们运用两个正义原则制定宪法以后，罗尔斯认为生活在这种自由主义制度下的世代接替的公民也是能够对两个正义原则形成重叠共识的。因为在"以德报德"的理性的道德心理学的作用下，当持合理的宗教、哲学和道德教说的公民开始赞赏自由主义观念所取得的成就的时候，他们就获得了对它的忠诚，而且这种忠诚愈久弥坚。在使民主制度成为可能的完全有利的条件下，他们就开始理性地和明智地考虑应该将它当作表达政治价值的正义原则来加以确认。

然而，罗尔斯通过政治建构主义对两个正义原则的证明仍然是不能成立的。因为他尽管将原初状态中的个人改为公民代表，无知之幕只遮蔽所代表的公民的信息，从而避免了桑德尔关于"赤裸裸的自我"的诘问，但是，罗尔斯对原初状态的这种修改也带来了新的问题，因为当无知之幕只存在于被代表的人而不存在于原初状态中的代表时，原初状态的设置已面临着完全失去作用的风险——各个代表完全会根据自己的社会地位、个人信仰、所属种族以及其自然天赋等来选择正义原则，显然，在这种情况下，意图通过原初状态获得一致同意就是完全不可能的。罗尔斯也未能成功回应哈特和德沃金的上述批评。对于哈特关于原初状态中的人并不一定在更多的物质利益面前选择政治自由的批评，罗尔斯是转而求助公民的两种道德能力的完善来证明基本自由的优先性的。正如哈贝马斯所指出的，这种抽象的哲学说理使得罗尔斯原初状态中的公民代表非普通公民所能胜任，而必须是哲学家（甚至必须是罗尔斯本人）。对于德沃金关于假设的协议不能产生约束力，原初状态中就正义原则达成的协议如何在现实中约束制宪大会的问题，罗尔斯实际上并没有做出正面的回应。

至于罗尔斯对自由主义宪法体制下的持不同宗教、哲学和道德教说的公民会对自由主义的正义原则形成重叠共识的论述，很明显也是失败的。因为罗尔斯将达成重叠共识的范围限定在了持"合理的教说"的公民之间，而所谓"合理的教说"，就是肯认自由主义制度的教说，罗尔斯无异于是在说：在合理的宗教、哲学和道德教说——它们是一种自由主义的教说——的范围内，公民们会就一种政治的正义观念——它具有自由主义的品格——达成重叠共识。事实上，罗尔斯本人在论证中也只指出了人们会对民主社会中两个广泛接受的基本理念——作为公平合作体系的社会理念和自由而平等的公民理念——形成最低的重叠共识，而并没有说明重叠共识的具体程度会达至基本自由的优先性。

自 1971 年《正义论》出版以来，罗尔斯一直致力于其正义理论的完善，但罗尔斯最终发现，自己后续 20 年的哲学努力仍然只是一种自圆其说的概念游戏，而并未获得证成的真理或可以指导实践的灼见，这对盛名之下的罗尔斯而言,那种精神的痛苦是不难想象的。晚年的罗尔斯很显然想为自己和世人留下一笔真正的哲学遗产,①因此,明知以基本自由优先性为规定性特征的正义的政治观念在哲学上并不能获得证成的罗尔斯②后来干脆扔掉这一限制,直接以"相互性准则"这一罗尔斯眼中的绝对的道德真理(同时也是罗尔斯全部哲学的基点)作为公共理性的限制性特征。当公共理性失去正义的政治观念的限制,公共理性理论当然也就最终脱离罗尔斯正义理论而成为具有自身独立性的理论形态了。

---

① 罗尔斯在接受伯纳德·普鲁斯克的访谈中说他修正《政治自由主义》,是为了使它与《公共理性理念新论》一文相契(参见伯纳德·普鲁斯克《罗尔斯访谈录》,唐文明译,载万俊人等编译《政治自由主义:批评与辩护》,广东人民出版社 2003 年版,第 255 页),这说明罗尔斯把公共理性理论当作了自己哲学事业的最后归结。

② 罗尔斯在接受萨缪尔·R. 艾巴等人的采访中明确承认自己没有完成这个课题。参见萨缪尔·R. 艾巴、耶和华·D. 哈兰、翁·J. 李《约翰·罗尔斯:学术之路》,刘成付译,载万俊人等编译《政治自由主义:批评与辩护》,广东人民出版社 2003 年版,第 239 页。

合作、竞争与民主制度的优越性问题

——罗尔斯的民主观及其缺陷

李绍猛

　　罗尔斯的自由主义和民主理论主导当代英美学术界的政治哲学研究，已经有三十多年的时间了。罗尔斯所提起或者重新提起的很多问题，像社会契约论、原初状态、权利的优先性、民主制度下的社会不平等、公共理性等等，都成了当代英美政治哲学界的热门话题。另一方面，罗尔斯不大关注的一些与民主理论有关的问题，像权力与权力制衡、国际秩序与国内秩序的关系、国家权力与社会结构的关系、选举与政党问题等等，在英美政治哲学界则几乎失声。与此同时，在罗尔斯的理论框架内讨论问题的很多研究者，却在"国内秩序的封闭性假设"、"强制的合法性"、"权力的中立性"、"重叠共识与公共理性"以及"差别原则与社会再分配"等问题上聚讼不已，莫衷一是。在很多对第三世界国家抱有同情之理解的研究者看来，这样的研究难免让人联想到"经院哲学"：理论是越来越深奥、越来越精致了，但真实的问题离我们却越来越远。

　　本文认为，后一类问题所引起的争议，在罗尔斯的理论框架内不可能得到根本的解决，因为这些问题本来就是罗尔斯的理论框架"制造"出来的。罗尔斯的正义理论将民主社会理解为一个公平的社会"合作"系统，这不仅混淆了民主制度与专制制度的区别，也掩盖了民主制度相对于专制制度的优越性。像君主制、寡头制和独裁制这样的专制制度，也可以用这样的"合作模式"来为自己辩护，而且这些制度所支撑的"合作"可以更加完善。本文认为，民主制度优越于专制制度的原因，首先在于民主制度对"公平竞争"的创造性容纳和鼓励，因为民主制度所能容纳的社会竞争是最多、最全面、最深刻、最公平的。以"竞争模式"为主导来理解民主制度，罗尔斯理论所引起的上述一系列问题都可以迎刃而解。"竞争模式"不仅可以避免这些问题的困扰，而且可以让我们更加透彻地理解民主制度的独特性和优越性。

合作模式与竞争模式

　　历史上的各种民主理论，归结起来有两种模式。①第一种模式认为，民主的首要特征是"多数原则"：当一群人要就公共事务做出决定的时候，赢得多数支持的那种意见应该成为该群体的最终决策。与民主制度相比，形形色色的专制制度的首要特征，就是某种形式的"少数原则"。"多数原则"之所以优于"少数原则"，要么是因为多数人的意见更有可能是正确的意见，要么则是因为获得多数支持的意见更能照顾多数人的利益和感情，因而更容易获得自愿的服从。这种理解民主的模式可以被称作"合作模式"，因为它假定一群人为了共同的利益在一起解决合作的难题：当人们对如何促进共同利益持有不同意见的时候，赢得多数支持的意见应该被这个集体采纳。

　　第二种模式认为，民主制度区别于专制制度的首要特征，在于它禁止"权力垄断"，而将公共权力的所有权交给全体"人民"，由人民通过竞争性的选举来决定公共权力的"临时"使用者（公共职位有任期限制）。与"合作模式"相类似，第二种模式也赞成"多数原则"，但是它认为这个原则不是用来制定"决策"，而是用来决定谁拥有决策的"权力"。第二种模式认为，民主制度不同于专制制度之处，首先就在于专制制度允许公权力被少数人垄断，允许出现一个或者一批明确的"主权者"，而民主制度则将公权力的临时使用权交给人民中的不同派别去和平竞争。因此，第二种模式可以被称作"竞争模式"：是否允许人们对公权力展开定期的、公开的、公平的、和平的竞争，是衡量一个社会民主程度的最终标尺。

　　从西方历史来看，古典时期的希腊民主，似乎主要从"集体决策程序"这个角度来理解和发挥民主。以雅典为代表的古希腊民主，将多数决策原则发挥到了极致。他们发明了由全体城邦公民参加的公民大会，任何公民都可以在会上将任何一种公共事务交付"全民公决"。公民大会不仅可以就重大公共事务做出决策，也可以制定城邦的法律，审决城邦的案子。雅典人还发明了"陪审团"，用抽签的方式选取陪审员，让他们根据"多数原则"来裁

---

　　① 参见 Adam Przeworski, "Minimalist Conception of Democracy: A Defense", In *Democracy's Value*, edited by Ian Shapiro and Casiano Hacker-Cordon, Cambridge: Cambridge University Press, 1999。

决法律纠纷。另一方面，当时对民主制度的主要批评意见，也是针对多数决策原则的。比如，柏拉图之所以反对民主制，就是因为他认为多数人往往会作出错误的决策，而真正应该拥有决策权的，是那些有真知和智慧的人，是哲学家。

共和国时期的古典罗马，则倾向于用竞争的方式来限制公权力。罗马共和国的立法权在元老院（Senate），但他们把行政权交给由元老院提名的执政官（Consul）。执政官有两个，他们彼此可以否决对方的命令，而且任期都只有一年。由于元老院成员主要来自富裕阶层，罗马的平民后来又赢得了选举"保民官"（tribune）的权利。"保民官"不直接立法，但他可以"一票否决"任何他认为不利于平民的立法。这种用竞争来制约公权力的办法，还体现在罗马共和国的其它一些职务设置和制度安排上。①

古希腊民主制和古罗马共和制，集中代表着理解民主的两种模式：前者强调在社会合作中尊重每个公民的"平等"，后者强调在社会竞争中保护每个公民的"自由"。自那时以来，西方人对民主的理解就围绕这两种模式展开。这不仅体现在西方人的制度建设之中，也体现在他们的哲学反思层面。比如，卢梭、马克思、罗尔斯就更加重视民主的"平等"诉求，而洛克、密尔和哈耶克则更加重视"自由"这个概念。

合作模式要求参与社会合作的各方都认可同一套具体的合作规则。一种合作，只有在参与各方对合作的目标、合作的分工和手段、合作的顺序等等都有了统一的认识之后，才可以顺利进行。"同床异梦"的合作，是很难持久的。比较而言，在一场竞争中，竞争各方只需要对抽象的竞争规则有一个共同的认识，此外他们可以各自决定自己的目标、手段和顺序，只要不违规就行。换句话说，合作要求的是一套肯定式的陈述，其规则形式为"你应该这样做"，而竞争要求的是一套否定式的陈述，其规则形式为"你不可以这样做"。单从规则形式来看，我们就能合乎逻辑地推论：竞争规则为相关行为者提供的自由空间，要远远大于合作规则所画定的范围。

举例来说，双人冰上舞蹈就是一种合作游戏，它要求两个舞者在动作上的协调天衣无缝。仅仅告诉他们"不能摔跤"、"不能相互撞击"是不够的，

---

① 关于罗马共和国的分权制衡，马基雅维里和孟德斯鸠都是倍加推崇的。参见马基雅维里《论李维》（特别是第3、4章），冯克利译，上海人民出版社2005年版；孟德斯鸠《罗马盛衰原因论》（特别是第8、9章），婉玲译，商务印书馆1962年版。

你还必须告诉他们，当一个舞者单脚旋转的时候，另一个舞者必须配合她保持平衡。一套冰上双人舞，两个舞者的动作都是完全规定好了的，一个动作都不能错，这样才能保证舞蹈的流畅和优美。但是，在象棋这样的竞争游戏中，你只能告诉两个弈者"不可以直走'马'或者直接用'炮'吃子"这一类的抽象规则，却不可以规定任何一方的任何一步走法。一盘设计好双方每一步走法的象棋"比赛"，是没有人愿意玩儿的。即使可以有针对象棋游戏的肯定式指导规则，那也只能以这种形式存在："如果对方这么走，那么你可以怎么走"，而且在这种陈述中，"怎么走"通常意味着多种选择。

因此，合作的规则总是要很具体，这样合作才可以很顺利；而竞争的规则却要足够抽象，这样竞争才会有意思。正因为如此，合作的过程可以说是一个相对封闭的过程，而竞争的过程则是一个开放的过程。合作的过程越是封闭，合作的导向越是具体、确定，合作越有可能顺利进行，合作的目标越有可能顺利实现。相反，竞争的过程越是开放，竞争的招数越是变幻莫测，竞争就越精彩。

作为近代民主制度的哲学表述，自由主义似乎首先是一种基于竞争模式的诉求。近代早期的很多自由主义者，用自由主义思想来解释市场经济的合理性：市场经济之所以相对于其它经济形式有比较高的效率和活力，就是因为市场经济尊重每一个市场主体的自由选择，让每一个市场主体自己承担行为的后果，因而可以通过一只"看不见的手"来分配市场上的权利和义务——而这种有效的分配，是任何一只"看得见的手"（比如国家、统治集团）都无法实现的。从那以后，市场竞争模式就经常被自由主义者用来解释和捍卫自由主义政治秩序（或者民主制）的优越性。市场竞争模式强调竞争；它认为所有市场主体参与市场买卖的首要动机，都是为了将自身的利益最大化，而不是为了向交易对方提供良好的产品和服务，更不是为了与竞争对手合作提升产品和服务的质量。后两种效果，完全是各市场主体竞相追求自身利益最大化的副产品，而且要实现这两种效果，还缺不了公平的市场法规的引导和监督。在市场竞争模式下，社会制度的设计都着眼于利用市场主体趋利避害的动机来规范竞争，使竞争不至于变成阻碍市场交换的恶性竞争。主导市场的那些制度形式，并不关心市场主体究竟如何合作，它们只需要保证这种合作不至于导致制假、倾销、内部交易、垄断等等不正当的竞争，不至于让市场竞争无法持续下去，或者让市场经济失去创新与活力。

　　从竞争的角度来理解社会的基本制度，在描述和解释这些制度的时候具有相当高的成功率。比如，中国古代的科举制，就通过引入竞争机制，将统治者阶层向全社会开放，从而在一定程度上打破了一部分人对政治权力的垄断。在古代中国的王朝政治中，科举制有助于更新统治者的血液，保持统治阶层的活力，并从一定程度上延缓社会不平等的急剧扩大。虽然所有的王朝最终都毁于贫富两极分化的增长，但科举制的确在一定程度上起到了沟通上下阶层、缓解社会矛盾的作用。如果我们用竞争模式来理解社会秩序，那么科举制就的确是一种比较成功的制度创新：科举制通过引入一种针对政治权力和经济机会的有序的、相对公平的竞争，使得社会上的竞争和矛盾不至于迅速演变为不同社会阶层之间的剧烈冲突。在任何一种社会形态下面，针对权力、金钱、名望和其它社会资源的竞争都是不可避免的，问题在于如何设计社会制度，以便将这样的竞争变成一种合法的、和平的、有序的竞争，从而避免或者延缓整个社会秩序毁于暴力冲突和分裂。

　　因此，用竞争模式来理解各种社会制度，目标是防卫性的，是为了避免社会秩序在面临社会变革和社会矛盾的时候陷入冲突和崩溃。为达此目的，竞争模式追求社会成员之间在利益、态度和力量等方面的平衡。竞争模式承认，任何社会都免不了有富人有穷人，因为人们在智力、机遇、性格、爱好等等方面存在差别，而这些差别在竞争中必然反映为人们在财富、权力和其他社会成就方面的差别。但是，竞争模式强调竞争程序的公平性和竞争结果的均衡性。只要穷人能够享受到基本的社会财富，只要穷人能够接受社会竞争的结果，只要穷人有力量遏制富人对游戏规则的操纵，社会秩序就可以达到一种相对稳定的平衡。

　　比较而言，如果我们从合作的角度来理解社会制度，我们就会采取一种进取性的、正面的目标，即把公平的、有序的、和谐的社会合作本身当作目标，要建立一种稳定的、美好的合作体系。以促进良序合作为目标的政治哲学，通常就会建构一种政治的、经济的、道德的、文化的或者宗教的乌托邦。有意思的是，几乎所有传统上的大哲学家，都是这种意义的乌托邦主义者，他们想要建立的，都是千年王国。比如，以孔子为代表的传统儒家，就是要建立一个"君君臣臣父父子子"的社会，在其中每个人都按照自己的社会地位各尽职守，从而实现良性的、稳定的社会合作。西方的"孔子"柏拉图，也向往一种理想的社会合作体系，其中有智力的人制定规则，有勇力的人保卫国家，有劳力的人则从事生产。①在这些乌托邦思想家看来，只要这样的社会合作体系没有实现，我们就没有真正地建成一个公正的、合法的、稳定的社会。

　　儒学家们的那种"为万世开太平"的梦想，注定永远也实现不了。这里我不想否认儒家政治理想对历代读书人和士大夫的激励作用，不想否认这种理想在教化和治理方面的功劳。没有儒家思想作为社会秩序的支柱和社会矛盾的缓冲，没有儒家思想对掌权者施加的道德约束，中国历史上的那些相对清明的一统王朝，可能也很难维持几十年到几百年的时间。但是，儒学思想之所以成了中国历代王朝的正统思想，在很多时候只不过是因为儒学的理想有助于营造一种"天下太平"的假象，或者有助于满足帝王们的千年王朝的梦想。诚如朱熹所言，"尧舜三王周公孔子所传之道，未尝一日得行于天地之间也。"②

　　其实问题不在于这种乌托邦永远没有实现，问题在于政治思想家们都像朱熹一样，不满足于"架漏牵补"过时日。而本文所钟爱的竞争模式，能够满足于"架漏牵补"，或者像波普尔所主张的那样，满足于零星的社会工程。波普尔反对任何形式的乌托邦主义；他赞同民主制度，不是因为民主制度代表某种完美社会的理想，而是因为在民主制度下，如果人民不喜欢他们的政府，他们可以通过合法的、和平的方式将这个政府赶下台。③民主的优越性不在于民主选举产生的政府一定比其它制度下产生的政府更有效率或者更有智慧，而在于它提供了任何其它制度都没法提供的一种和平更换政府的方法，或者说，一种和平的纠错机制。从这种意义上说，民主制度本身不带有任何目的，它不需要像历史上其它的政治制度那样，非得有一个乌托邦的理想支撑着不可。很多其它的政治制度都通过某种意识形态将自身打扮成一种永恒的秩序，将自身当作社会秩序的终极目标。民主制度不需要这样做；它可以完全坦诚地承认自己只是一种手段。④

---

①　柏拉图在《理想国》中强调人治，在《法律篇》中强调法治，但在这两篇前后迥异的对话中，柏拉图都以合作模式为基础来建构理想的社会秩序。

②　《朱文公文集》卷36，《答陈同甫书四》，四部丛刊本。

③　Karl Popper, *The Open Society and its Enemies*, London: Routledge, 1945.

④　像熊彼特、哈耶克，就明确地将民主制度当作一种手段。

权力的中立性

这种拒绝乌托邦主义的政治哲学，可以在我所构建的竞争模式中得到很好的体现。不过，当代哲学家中仍然有人试图将民主制度设想为一种乌托邦式的秩序，并继续用合作模式来解释和捍卫民主制度。罗尔斯就是这种思路的一个杰出代表。按照罗尔斯的理解，社会正义问题应该被界定为：在一个社会合作体系中，社会的基本制度究竟应该如何安排，才能够使得社会合作的成果能够按照一个所有社会成员都能够（在一个最合理的情境中）自愿接受的原则来分配？罗尔斯的正义原则是跟一个社会理想联系在一起的：只有当一个社会的基本制度能够按照一个所有社会成员都了解、都同意的正义原则来组织，这个社会才是一个良序社会（well‑ordered society）。在这个社会中，最基本的正义问题，就是如何分配社会合作的成果、如何分担社会合作的责任。

罗尔斯给自己的正义理论取的名字是"作为公平的正义"，但是他似乎忽略了一个很表面的问题，就是"公平"和"正义"这两个概念更适合于一种竞争的环境，而不是一种合作的环境。我们通常在竞争中讲求规则的"公平"，在资源比较稀缺和利益有冲突的前提下追求社会的"正义"。①在通常情况下，我们也只有在发生利益和意见冲突的时候，才会诉求于规则和制度。在一个物质极大丰富而且每个人都尽自己所能积极参与合作的社会中，人们根本不需要用社会制度来限制、协调各自的行为。只有在发生利益冲突而且现有资源无法同时满足所有当事人的要求的时候，人们才会要求"正义"的裁决。也正因为如此，"正义"的实现必定需要某种强制的手段，否则利益的冲突不可能得到自发的解决。

在这最后一点上，马克思似乎比罗尔斯更高明一些，因为他至少看清了社会制度产生的原因。更具体一点说，在马克思看来，国家这种强制性的政治制度之所以产生，并不是为了促进一个社会的内部合作，而是为了让一部分人获得并保持对另一部分人的竞争优势。从这个观点出发，我们至少可以

---

① 罗尔斯对"正义的环境"（the circumstances of justice）有充分的认识，他知道在现实社会中存在着"适度的资源紧缺"（the moderate scarcity of resources）。不过，他是用这种紧缺来解释社会合作的必要性，而不是用它来解释社会竞争的不可避免性。参见《正义论》第 22 节。

推出这样一个结论：人类政治文明的进步，来自于对国家的驯化、对政治权力的驯化，使得国家和政治权力能够摆脱被少数人控制的命运，而更多地为大多数人服务、为公共利益服务。这个正面的目标可能永远也无法完全实现，因为对"多数人"和"公共利益"的界定永远都取决于全体社会成员的理解，而这些理解总是存在着这样那样的差异。但是，要想逐步接近这个目标，要想尽可能地保证每个社会群体都能够得益于社会制度本身，我们只能依靠社会群体之间的竞争。在一个社会体系内部，每个社会群体和每个社会成员，在他们表达自己的利益诉求的时候，都会用"多数人利益"、"国家利益"、"公共利益"这样的词汇来包装。这个事实本身并不值得我们对人性表示遗憾或者绝望，因为只要所有的人都需要向别人证明自己的诉求符合公共的利益，我们最终一定会有一个越来越文明、越来越友好的社会。问题不在于每个人都用"公共利益"来包装私人利益的诉求；问题在于有些人把自己对"公共利益"的界定强加给别人，并且禁止别人用"公共利益"的诉求来实现他们自身的利益诉求。

在这个意义上，从马克思关于国家的理论中，我们似乎可以推出民主制度的合理性。民主制度对选民投票权利的保障，以及对公民言论和思想自由等等的保障，实际上都是为了保证一般民众在界定"公共利益"的游戏中有自己的发言权，以尽量避免国家被少数利益集团控制。基于同样的逻辑，马克思的国家理论也可以被用来表明现有民主制度的局限性，因为在界定"公共利益"的游戏中，形式上的政治权利的平等并不足以确保每个公民都真正具有平等的发言权。比如在美国，有钱的人恐怕就比没有钱的人拥有更多的界定"公共利益"的权利，因为他们有更多的时间、更多的资源，可以把自己的阶层组织起来，通过院外游说、政治捐献和媒体运作等等方式，来表达自己的利益诉求，影响政治家的决策和老百姓的投票。相对来说，比较穷的人如果也想让制度和政策向他们倾斜，他们手里的资源就要有限得多。他们所有的，只是那些富人也同样具有的每人一张选票，以及那么一点点通常还受到富人意识形态操纵的言论自由。不过，尽管如此，由于有了平等的投票权和言论自由，比较穷的人至少可以凭借他们在人数上的优势而对政治权力形成一定的制约。比起那些没有普遍选举权和言论自由的制度，民主制度具有巨大的优越性。政治文明的下一步进展，需要利用民主制度已经取得的成就，更进一步提高民主制度的质量。

跟民主制度（或者共和制度）相比，君主制度和专制制度的最明显的特征，就是对竞争的限制。在一个典型的西欧封建国家中，人们的政治权利和经济权利因为出身的不同而不同，政治权力和经济权力因此集中在少数贵族家族手中，而且被世代继承——只有武力和残酷的政治斗争才能够使权力易手。在一个典型的中国古代王朝中，政治权力和经济权力一般更为集中，因为皇帝和他的家族对于政治权力和经济权力具有最终的所有权，而官吏、地主和商人的政治经济权力，多少具有从属和派生的性质。

现代民主制度的演化过程，是逐步打破权力垄断的过程，是逐步放松竞争限制的过程。随着工商业经济超过农业经济，随着城市经济超过农村经济，古代社会那种对竞争的限制，越来越难以维持。新的技术、新的交通方式和信息交流方式，不仅为有权势的人提供了更多更好的控制民众的手段，同时也为平民提供了与权势人物较力的砝码。①

比如，在战争以骑兵和兵车决胜负的时代，拥有供养马匹和重型装甲的人都是贵族，他们因此可以享有政治上和军事上的特权。但是在依靠步兵或者海军作战的时代，平民就可以在战争中起到关键作用，他们因此也就有了与权贵讨价还价的更大的砝码。古典时期的雅典城邦之所以能够演变出一种古代的民主制度，在很大程度上就得益于雅典军事力量上的演化。从依靠重装步兵向依靠海军，雅典平民在军队中的作用明显增强了，他们对国家的贡献的加大因此也扩大了他们对国家事务的影响。同样，与传统的农业相比，现代工商业对平民的劳动能力和购买能力都提出了更高的要求，而这种转变也增强了平民相对于权贵的竞争力。②

近代城市和工商业的发展，需要将平民从封建领主的庄园上吸引过来，需要他们学习新的技术，还需要他们有能力购买新的产品。市场经济具有分散权力的效应，这不仅体现在工人可以自由选择工作单位（农民一般是被束

---

①　甚至黑死病也曾帮助欧洲农民获得向地主讨价还价的优势。发生于 15 世纪后五十年的黑死病，夺去了至少三分之一的欧洲人口。人口的锐减使大量农田荒废，地主要想有人替他种地，就必须出更好的条件招募当时已非常稀缺的劳动力。

②　参见 George Klosko, *The Development of Plato's Political Theory*, 2nd ed. , Oxford: Oxford University Press, 2006, Chapter 1。马基雅维里也认为，如果战争技术的演变要求平民也加入军队，则会使平民在政治上有更大的竞争砝码。参见《论李维》，冯克利译，上海人民出版社 2005 年版，第六章。西欧的战争主力，在中世纪以贵族和骑士为主，所以贵族和骑士垄断着军事、政治和经济权力。但是，在 1300 年以后，由步兵组成的长矛方阵和炮兵部队被发明出来，它们取得了相对于骑士兵团的优势，而欧洲的政治和经济制度也因此发生了结构性的变化。参见迈克尔·曼《社会权力的来源》，第一卷，刘北成、李少军译，上海人民出版社 2002 年版，第 25—27 页。

缚在土地上的），可以自由选择他想要购买的产品，而且还体现在资本家自身之间的竞争当中。在农庄时代，领主之间的关于土地所有权的竞争，一般体现为武力的夺取和长期的经营，其交易成本是非常巨大的。但是现代的工厂和企业可以在资本积累的过程中轻易转手，资本家因此也承受着巨大的、持续的竞争压力。与这种压力同时存在的，还有这样一个事实，即资本家不再像庄园主那样，拥有一批固定的劳动力。他需要从市场上吸引足够多、足够好的劳动力，否则他将在竞争中输给对手，因而输掉他的产业。

　　罗尔斯式的自由主义特别关注国家权力的中立性（neutrality）问题，但罗尔斯所采用的合作模式无法最终解决这个问题。罗尔斯后期的"政治自由主义"，核心概念就是"重叠共识"（overlapping consensus），即持有不同的宗教、道德、政治观点的人如何能够在他的"作为公平的正义"的基础上达成共识，从而共同认可和接受以"作为公平的正义"为基础的一整套社会制度，并自觉地遵守和捍卫这套制度。这也就是罗尔斯所理解的稳定性问题：中立性产生合法性，合法性产生稳定性。但是，罗尔斯所理解的中立性与合法性，有赖于观念的重合，而在一个真实的民主社会中，这种重合是特例而不是常规。任何一个问题，哪怕是基本权利和基本宗教信仰自由方面的问题，都可能在新的社会环境下成为有争议的问题。

　　罗尔斯正确地看到了"权力的中立性"对于一个自由民主社会的重要性。他敏锐地感觉到：政治权力能否在不同个人利益和不同的观点之间保持中立，这既是评价一个社会是否自由、是否民主的关键标志，同时也决定着一个比较自由、比较民主的社会秩序是否能够得到其国民的衷心认同和支持，因而成为一种稳定的、自我维续的良序社会（well-ordered society）。不过很可惜的是，罗尔斯的整个理论以合作模式为基础，所以无法确立"权力的中立性"。罗尔斯也知道，《正义论》的最薄弱环节、最难以说服人的地方，就是论证"稳定性"的第三部分，所以在他的后期哲学生涯中，罗尔斯不惜笔墨地证明"重叠共识"存在的可能性，证明"公共理性"可以成为民主社会公民的自觉的操守。然而，罗尔斯后期提出的新的解决"稳定性"问题的方案，与其说是解决了权力的中立性问题，不如说是把这个问题变成了一个道德修养问题。假如一个公民在投票的时候心里只装着自己的利益，假如一个官员从私利出发去制定法律和政策，罗尔斯只能指责他"不合情合理"（unreasonable），不是一个合格的民主社会的公民。假如这个人能够非常巧妙地用"公共理性"来掩盖自己的理性算计，罗尔斯又能怎么说呢？在罗尔斯的合作模式框架内，公民和官员在针对公共问题做出决定的时候是否能够做到"合情合理"，就成了一个道德问题，一个教育问题，一个情感培养问题，一个关系到"公民间的友谊"（civic friendship）的问题。罗尔斯的这种"知其不可为而为之"的道德主义归宿，多么像他的合作模式的先驱孔子和柏拉图啊！

如果我们从竞争模式出发，那么作为民主社会核心特征的"权力的中立性"，就可以得到很好的解释和辩护。竞争模式认为，民主社会的制度秩序和专制社会的制度秩序都遵循同样的逻辑，它们都是各种社会和政治力量竞争的结果。所不同的是，在专制社会中，政治权力被一群组织良好的人获得，他们垄断了政治权力，并用政治权力巩固和扩大他们的垄断优势；而在一个民主社会中，没有哪一个集团能够长期垄断政治权力，所以没有哪个集团能够将政治权力据为己有，为自己的利益服务。换句话说，民主的政治秩序是一种缺乏"主权者"的秩序，说"人民"拥有主权，这只不过是一种修辞的说法，意思不外乎是"主权向所有人开放，但任何人不得垄断"。民主秩序之所以没有陷入内乱，完全是因为各种相互竞争的社会和政治力量看到了相互妥协的好处，所以愿意在同一套规则下继续和平竞争。在这种相互妥协的社会秩序中，政治权力仍然是各方竞争的对象，但是因为没有一方能够长期垄断国家权力，国家权力的性质就发生了变化：原来被用来任意打压政敌的国家权力，现在被逐步限定为只服务于公共事业和公共利益。"反对派"的财产权利和人身自由受到法律的保障，任何一方上台都不可以利用公权力报复和压制反对自己的人。出于同样的动力，各种其他的"个人权利"也被逐渐引入到法律保护的范围，以避免某些人在掌握政治权力以后用残忍的、暴力的手段打压竞争对手，扩大自己的竞争优势，从而将民主制度变成专制制度。就这样，一种没有"主权者"的社会秩序，几乎在内战的边缘被建立起来。

可以想象，建立这样的一种社会秩序，比建立一种有"主权者"或者公共权力垄断者的社会秩序，要艰难得多。① 它需要更大的宽容、更多的制度

---

① 美国建国的时候，北方领袖为了将实行奴隶制的南方各州留在联邦之内，不得不在宪法中间接承认了奴隶制的合法性。但是，这种妥协最终还是走到了尽头，南北双方不得不在内战中解决这个分歧。同样，在意大利文艺复兴时期，像佛罗伦萨这样的城邦虽然复兴了中断近一千年的共和制传统，但他们也经历了城邦内部血腥而持久的家族竞争和派别斗争。这样的内部竞争，有时候可以带来平衡、稳定和民主，但在更多的时候却会使一个政治体陷入内乱和分裂。整个意大利在近代以来的历史，就昭示着"竞争—平衡—民主"这条道路的艰难和曲折。中国人或许会把"大一统"视为当然，但历史上中国的统一和稳定时期是比较短暂的，内乱和分裂实际上占据了更长的时间。

设计和更巧妙的政治平衡术。但是，这样的秩序一旦确立，它就会有更大的潜力获得长期的稳定性。在一个专制社会中，因为社会秩序的存在有赖于一个垄断公共权力的"主权者"，这个社会对这个"主权者"就不能形成有效的监督。只要"主权者"愿意，他随时可以加重对社会的掠夺，直到这个社会再也无法承受。而由于这个"主权者"对公共权力的垄断，其他社会成员根本不可能以和平的方式取代他，他也实际上"绑架"了整个社会秩序。在大臣们的道德劝诫和老百姓的跪哭喊冤都无法逆转"主权者"的行为模式以后，要么军队将领会发动兵变，要么老百姓会起来造反，总之新的"主权者"要取代旧的"主权者"，就必须有人流血。也就是说，专制统治的自我和平改良的机会非常有限，暴力革命是专制统治的必然要求，"专制"与"暴力革命"形成了一个互补的内循环。比较而言，在一种民主的社会秩序中，政治权力可以在相互对立的政治势力之间和平转手，所以政权交替中的"砍人头"游戏变成了"点人头"游戏。只要一种政治势力可以赢得足够多的公民支持，他们就可以接管公共权力。因为"夺权"的机会现在跟选票的多少挂钩了，希望"夺权"的政治力量不仅会有动力讨好更多的人，而且有动力把更多的人变成有投票权的公民。这一点可以解释，为什么一个民主社会一旦建立，公民权的发放范围就会逐渐扩大，直到所有的成年人。从理论上说，只要这样的和平竞争可以保持和扩大"权力的中立性"，只要竞争的规则变得越来越公平，这样的和平交接可以无限次地进行下去，民主的社会秩序可以实现真正的长治久安。①

由此可见，从竞争模式出发，权力的中立性就成了民主社会区别于专制社会的首要标志，成了民主社会的内在要求。在罗尔斯的合作模式下，要确立权力的中立性，就必须为整个制度体系的合法性提供一个所有"合情合理"的公民都能衷心认可的"正义原则"。根据这种模式，只有掌管法律施行的法官才是制度体系的代表、国家的代表、全社会的代表。所以，罗尔斯关于"公共理性"的讨论，主要针对"宪政"法治体系。这样，关于真正的民主政治，像多党制、选举、行政权力、立法权力等等，在罗尔斯的民主

---

① 反过来，选举制本身不能保证一个民主国家不会重返专制的老路。在现代民主化的历史上，有很多国家，好不容易实行了公开选举，但通过选举获得政治权力的人，却利用手中的权力继续扩大自己的竞争优势，以至于最后谁也没有能力再把他请下来。这种国家往往还会在民主与专制之间持续摇摆好几个回合。值得注意的是，不能将这样的国家当作"民主容易导致动乱"的例子。毋宁说，这些国家的历史再一次向我们表明，要确立一种民主的秩序是多么的艰难。

理论中反而不重要了。因为罗尔斯所理解的"政治权力"，一定是代表全社会的，所以他看不到，在民主社会中，真正握有政治权力的人，往往并不能、也不需要代表全社会这个合作主体。相反，通过多个党派的轮流坐庄，让每个执政党都能按照自己的执政理念推行一段时间的"片面"政策，然后在动态的政党轮替中寻求动态的平衡，这才是民主政治得以稳定的基础。在所有相互竞争的社会力量和政治力量中，可能没有一方能够真正地代表或者符合"公共理性"，但只要每个人的生命、财产、言论、投票等等基本权利得到了保障，只要各种政治主张可以形成相互的制衡，只要没有一种政治力量可以获得绝对优势因而可以变成垄断公共权力的"主权者"，谁对谁错又有什么关系呢？

从最抽象的角度总结，我们可以说，中立性对于竞争性活动才显得尤其重要，而对于合作性的活动，其合作条款是否中立则并不是第一位的。合作意味着双方出于善意而做出相互的让步和妥协。在双方能够接受的范围之内，任何妥协都是可能的。合作条款的中立与否，在这里仅仅表现为双方相互忍让的限度。而在竞争性活动中，竞争规则的中立与否则将直接关系到竞争各方是否会接受竞争的结果。其次，如果我们把整个社会看作是一个竞争的系统，则显然不同层次的竞争将界定不同层次的竞争范围，每个范围之内的人都能够明确地意识到他们在跟谁竞争。但是如果我们把整个社会看作是一个合作的系统，则一个人通常会不清楚他到底在跟谁合作。所以，罗尔斯的政治自由主义中所寻求的那种所有公民都可以在基本制度层面衷心认可的"重叠共识"和"公共理性"，虽然有助于我们探索民主社会的长远理想目标，但是对于民主社会的合法性和稳定性而言，它们是既无必要，也不可能的。罗尔斯似乎在尝试用一种自由主义的民主理论来满足一种只有专制社会才会产生的需求。由于停留在合作模式中，罗尔斯没能看到民主秩序与专制秩序的根本区别，没能看到民主秩序产生和自我维续的真正动力。

近代民主制度在产生之初，都是由某种形式的专制体系中分娩的。那些由外部占领或者外部影响而产生的民主是如此，那些"原生"的民主也是如此。比如文艺复兴时期的意大利各城邦共和国，比如17世纪英国革命后的君主立宪体制，其前身都是某种专制体制。民主政治体系如何能够从一种专制体系中"自发"演变出来？专制体系如何能够"允许"民主的因素发展壮大？

如果我们把专制制度和民主制度看作两种截然不同的制度体系，那么上述问题确实很难解答。但是，换一个角度看，其实民主制度之所以出现，不外是因为专制制度本身出现了裂缝，再也维持不下去了。在一个社会中，如果没有哪一个行为者或政治力量可以绝对主导政治秩序，如果出现了相互竞争的几种政治力量，如果没有一种政治力量可以在可预见的将来成为独一无二的"主权者"，那么几种力量之间就会自发地形成某种制衡，以至于任何一方都不愿意看到"霸主"的出现。在这种情况下，出于自身利益的考虑，各方的最佳策略都是"尽力维持均衡"。常设的代议制议会和相对中立的司法体系，这时候显得非常必要、非常有用，因为它们是保护和促进各方利益的最佳工具。近代西方之所以能出现几个"原生"的民主秩序，并不是因为当时有某种主导性的政治力量按照民主理论的要求设计了一种新型的制度，而恰恰是因为主导性的政治力量缺位了。① 跟专制制度不同，民主政治不需要自己的"圣人"。只要有几种政治力量互相制衡又互相妥协，民主秩序的核心要素（代议制和司法独立）就可以出现，权力的中立性就能够实现。在民主秩序出现以后，相互竞争的政治精英在寻求保障自身的安全和权利的同时，也会逐渐扩大这种权利的发放范围。尤其是在政治竞争中处于相对弱势的政治精英，他们自身的安全和"夺权"的希望，都取决于更多的人对民主过程的参与。因此，大多数人的"自由化"和"民主化"的过程，就成了民主秩序的一种内生的发展趋势，而且"自由化"和"民主化"的过程越深入，这个民主秩序就越稳定。

国内与国际制度体系之间的关系

　　罗尔斯正义理论的其它一些局限，也可以归结为他对合作模式的坚持。而如果我们采用竞争模式来理解民主制度的优越性，来为民主制度提出辩护，这些局限本可以避免。比如，在最开端的地方，罗尔斯的正义理论假设了一个独立的、封闭的社会——社会合作都发生在这样一个与世隔绝的内部

---

　　① 这种缺位，跟西欧封建社会缺乏强大的中央集权传统有一定的关系。西欧封建制很像后来的联邦制，其中央权力和地方权力都有各自的界限。很有意思的是，日本在现代化之前的几百年时间里也处于封建割据状态，而且很多学者认为，日本历史与西欧历史的这种相似性可以解释：为什么在东方国家中，日本接受民主制度最彻底。反过来，很多历史事实似乎也表明，有强大中央集权传统的国家，一般都会在民主化的进程中遭遇更大的困难。究其原因，民主化实在是一种分权的过程。

世界中，政治哲学的目标也是要建立这样一个自足的社会合作体系。但是，罗尔斯的这种假设完全不符合事实。历史上的和现实中的社会秩序，都是在与外部世界竞争的过程中形成的。雅典人之所以要建立自己的城邦，是因为他们要保护自己免受其它城邦的侵犯。美国之所以成为一个国家，是因为它要摆脱英国的统治。就连历史上因为自然环境的阻隔而相对封闭的中华帝国，其之所以形成一种相对独立的社会秩序，也跟周围的少数民族的压力有关。①

罗尔斯理论的这种极端不切实际的前提，居然被罗尔斯的大多数评论者所忽略，这不能不说是合作模式的胜利。对于绝大多数欣赏罗尔斯理论的哲学家来说，合作模式似乎是我们研究社会秩序的理所当然的出发点。因此，毫不奇怪，当罗尔斯在国际正义领域将国家间的关系看作是一种纯粹的外部关系的时候，大多数研究者也都表示了默认。而实际上，罗尔斯的国际正义理论完全扭曲了当今国际秩序演变的历史。在罗尔斯看来，近代以来的国家间战争，似乎完全应该归咎于发动战争的国家所实行的不正义的国内制度。因此，根据罗尔斯的理论，只要所有国家都实行了比较正义的国内制度，国家间的和平和国际的正义就自动实现了。

如果情况真如罗尔斯所说，那么罗尔斯的正义理论就的确标志着某种意义上的历史的终结：罗尔斯的正义理论不仅可以带来国内秩序的稳定，也能带来国家间的永久和平。为了证明这一点，很多哲学家还煞有介事地反思了这样一个事实，即在近代以来，"真正的"民主国家之间从来没有发生过战争。这些人似乎有意回避了另一个更明显的事实，即这些"真正民主"的国家实际上碰巧都是长期的利益同盟国。它们之间的相对和平，要么是因为它们联合起来反对其它国家，要么是因为它们之间存在着利益和实力的相互制约和平衡。

所谓的"民主带来世界和平"这样一种前景，与我们对人类历史的理解似乎完全不合拍。要说任何一个时期、任何一个地区的国内秩序，都充满着

---

① 当然，也正是因为这种相对的封闭性，才使得中国古代的政治哲学家们特别迷恋合作模式。不过，掩盖在这种合作模式的理论表述背后的，是皇权与官僚集团的竞争，是政治权力与经济权力之间的竞争，是富人与穷人之间的竞争。与不太强调合作模式而更爱琢磨权力均衡的西欧封建社会相比，帝制时期中国社会的竞争，其激烈性和残酷性有过之而无不及。因为争夺皇权而父子相残、兄弟反目，这样的故事比比皆是。以合作模式为主的儒家表述，在促进社会合作方面并不成功；它更多地充当了粉饰太平的工具。

内部的竞争，都是内部竞争局面下的一种暂时的均衡，这种说法可能还会引起某种争议。但是，从历史上看，存在于国家间的秩序，首先的确是国家之间的一种力量均衡——这一点恐怕是我们不得不承认的。国际秩序一般缺乏一个绝对的主导者。即使在当今世界，国际秩序也是在没有一个"世界政府"的前提下实现的。这种"主导者缺位"局面下的秩序，中国人或许会觉得很陌生，欧美人却应当很熟悉才对。为什么罗尔斯不从这种角度去理解社会秩序呢？

因为在罗尔斯看来，这样的秩序不具有"稳定性"。罗尔斯称这样的暂时均衡为 modus vivendi（临时妥协），因为这样的均衡背后没有一个大家共同遵守的正义原则。以宗教改革后的教派冲突为例，罗尔斯认为，仅仅因为没有哪个教派可以一派独大，并不能形成一种稳定的妥协。一旦独大的机会出现，教派冲突的烽火还会重新点燃。只有当所有教派都认同"宗教信仰自由"和"宗教宽容"这样的原则以后，宗教战争才会彻底绝迹人间。

罗尔斯对这段历史的解读，其实是有争议的。新教改革以后的宗教战争，首先是欧洲近代民族国家之间的竞争。而宗教战争之所以停止，首先是因为欧洲各民族国家之间形成了某种力量的均衡，或者因为宗教纷争已经不再是国家间竞争的主要焦点了。无论如何，教派之间的宽容和宗教信仰自由，并没有结束欧洲国家之间的竞争。相反，这种竞争使得欧洲国家间的战争不断升级，直到爆发两次世界大战。

所以，竞争模式对这段历史的解释，可能刚好和罗尔斯的设想相反：国际范围内的秩序，只是一种暂时的均衡；而"支撑"这种秩序的原则，其实只是这种平衡的一种理论表述。这种理论表述究竟在多大程度上能够约束参与竞争的各方，这还要取决于各种力量间的均衡能够维持多久。处于均衡中的各种力量，都有动力遏制一派独大的苗头。这种均衡中的张力，与民主秩序中的均衡张力是同一种张力。在一种追求均衡的国际环境中，民主的国内秩序更有可能出现，因为不同的国内政治势力都会寻求国际势力的援助，而国际势力之间的平衡也会被"传递"到国内秩序中来。

当代的国际秩序也好，古代的国际秩序也好，都可以是一种没有明显主导者的社会秩序。这种秩序的存在，对合作模式构成了一种最直接的挑战，也最好地印证了竞争模式的合理性。在这里，我们可以对"社会秩序"做一个最宽泛的定义：社会秩序就是一些可以发生相互交换的行为者在竞争关系中达成了某种平衡，所以彼此愿意按某种规则和平交往，并预期他人也会按同样的规则行事。① 由于竞争关系中的平衡总是在变动，所以任何一种社会秩序都只能享受动态的平衡，而不能指望江山永固。而且，在这种意义上，国际秩序与国内秩序并没有本质的不同，因为它们都是竞争关系中的相对平衡。国内秩序通常有一个以强制手段维持秩序的"主权者"（国家、政府），这一点似乎将国内秩序与国际秩序区别开来了。但是，与霍布斯的设想相反，"主权者"的存在不会将国内秩序变成一种以合作为主体的秩序，因为在"主权者"与民众之间，在"主权者"内部和民众内部，存在着无数的竞争关系，而且这些竞争关系决定着一种国内秩序的演变。

比如，一种国内秩序的产生，也就是一个国家的形成，本身就是社会竞争的结果。在"国家"诞生之前，人与人之间的竞争关系促使人们结成家族、部落一类的社会组织，以抵抗他人的可能侵犯，或者联合起来掠夺他人。当一个家族或部落在一个地域取得明显的竞争优势以后，它可以将本地所有其他家族、部落和个人置于自身的控制之下，既从他们那里攫取剩余劳动成果，也在他们中间维持相对和平、相对公正的交往关系。② 可以说，马克思关于国家起源的设想，在历史学意义上是比较真实的：国家不是什么自愿结合的合作组织，而是一部分人压榨另一部分人的工具。在这样一个"国家"里，统治者可能总是宣扬自己是"国家"的代表，而且只要统治者能够维持基本和平的国内秩序，他也确实为整个社会做出了贡献。但是，尽管这种统治者的存在为全社会带来了安宁和富裕，尽管这种统治者可能会把自身的利益和全社会的利益捆绑在一起，尽管这种统治者可能得到了全体民众的拥护，他们仍然需要依靠自己的竞争优势来维持这个国家。要证明这样的国家是一个全体民众自愿结合起来的合作体系，那只能是自欺欺人。实际上，这样的统治者自己时刻都不会忘记，他要维持自己的统治地位，又需要应付多少的威胁、多少的竞争关系。

霍布斯以来的社会契约论者，往往从合作模式出发来解释国家的产生，认为"主权者"之所以出现，是因为在没有主权者的情况下，人与人之间的

---

① 如此定义的社会秩序，容易让人想起博弈论（theory of games）中的"均衡"（equilibrium）概念。竞争模式确实可以用上博弈论，不过因为我们描述的社会秩序模式非常宏观，所以要用量化的方法计算各种社会秩序的均衡点，几乎是不可能的。关于竞争模式与博弈论的具体关系，只能留待以后探讨。

② 有很多人类学的、历史学的、经济学的理论，都以这种"黑手党—国家"的模式来解释国家的诞生。请参见 Mancur Olson, *Power and Prosperity: Outgrowing Communist and Capitalist Dictatorships*, Basic Books, 2000, chapters 1 & 2。

竞争关系会演变成"所有人对所有人的战争"——当所有人都认识到这种全面战争的不便以后,他们就会聚在一起订一个契约,将裁决纠纷的权力交给一个"主权者"。就这样,霍布斯开创了一个关于国家诞生的神话,名叫"社会契约论"。罗尔斯虽然没有用社会契约论来解释国家的诞生或者一种国内秩序的产生,但他丝毫不怀疑这一点:至少在一个民主国家内部,社会秩序的根源在于所有人对某个"社会契约"的认同。这个"社会契约"就是指导社会基本制度的那些最基本的正义原则。

竞争模式要求我们放弃社会契约论,用另外的模式来解释国家的诞生,解释社会秩序的稳定性。

社会不平等的合理性

在任何一种社会形态中,为什么总是存在社会不平等?很多社会改造的理想,都试图消除这种不平等,但各种形式的人为平等,往往又都维持不了多长时间。假如我们把一个社会体系理解为首先是一个合作的体系,那么要解释这种顽固的社会不平等现象,我们就只能说这样的不平等有利于整体社会利益的提高。要让那些获得更多的人的状态合理化,我们只能说他们对社会合作有更大的贡献,所以理应得到更多。在这一点上,所有为社会不平等提出辩护的哲学家,都是功利主义者。柏拉图及其追随者们说:统治者之所以应该得到更多的社会资源,是因为他们有更高的理性能力,比别人更能准确地理解集体的社会福利。罗尔斯也说:在一个实行了"差别原则"的社会里,得到社会资源最少的人不会嫉妒那些得到更多的人,因为假如那些人不能通过一定的激励机制得到更多,社会底层的人们会活得更惨。这些说法归根到底都符合功利主义的思路,因为功利主义不外乎是以一种极端的形式表达了这样的意思:在一个社会内部可以存在合理的不平等,只要这种不平等有利于促进社会合作的整体目标,即要么是最大多数人的最大的幸福,要么是社会平均幸福指数的最大化。

以合作为出发点来解释社会不平等现象,结果却得到了这样一种对社会不平等现象的辩护。这种辩护显然会为社会不平等的程度施加某种限制,但它的落脚点是辩护:为了促进社会合作,我们需要不平等。这种辩护似乎是站在一个代表"全社会"的中立角度来看问题,但实际上如果我们从每个社会成员的动机出发来理解社会不平等现象,那么很显然,不平等的真正原因是社会竞争，是个体社会成员对自然资源和社会资源的竞争。

社会不平等是社会竞争的结果，但竞争也有公平与不公平之分。如果一个社会的不平等现象过分严重，多数人就会陷入贫困的边缘，因而无法参与正常的社会竞争。这时候社会竞争就会变得极端不公平，多数人就会选择违反该社会的基本规则，而采取另外的、通常是暴力的手段来改变整个游戏规则。民主制度不能一劳永逸地保证完全公平的竞争，但民主制度给了那些处于不利竞争地位的人一些非常重要的竞争砝码。人手一张的选票，以及相应的由法律保障的自由和权利，使得那些在竞争中处于不利地位的人不至于在竞争中输得太惨，不至于完全失去竞争的能力，成为任人宰割的牺牲品。有了这些保障，社会竞争的失败者就还有比较多的机会重新站立起来，在他们有生之年或者他们的子孙后代那里取得相当的社会成就。这一点，对于每个个体来说，是一种生活的希望、一种人生的梦想；对于整个社会来说，则是活力的源泉。由于竞争失败者不会被就此淘汰出局，新一轮的竞争往往能在一个新的水平上展开，失败者的经验往往会让下一次竞争变得更加精彩——当然，前提是这种竞争仍然比较公平。

至此我们看到，在竞争模式下，民主社会通常采用的制度，比如全民选举和宪政权利，都可以得到比较好的解释。比较而言，如果我们把民主社会首先理解为一个社会合作的体系，这些民主制度形式反而显得没那么必要。一种良性的社会合作，为什么非要让尽量多的人参与到社会决策中来？单单让那些更有经济条件、更有知识、更有智慧的人来管理、协调社会合作，不是更有效率么？为什么非要保障每一个公民的基本权利和自由呢？如果成功的社会合作需要某些人甚至是大多数人牺牲某些或者大多数权利和自由，这些人有什么理由拒绝呢？大多数人坚持要保留一些基本的权利和自由，这体现的恰恰是对社会合作的不够信任。

要看到合作模式的这一内在困境，我们仍可以罗尔斯为例。罗尔斯的核心正义理论包含两个原则，但对这两个原则的选择似乎出自两个不同的甚至互相矛盾的动机。在罗尔斯的"原初位置"中，人们之所以会选择首先保护每个人的基本自由和权利，是因为他们担心在未来的社会竞争中失去太多，怕永远无法翻身。第二条正义原则中的"机会均等原则"，其实也是这种担心的结果，是第二重保险，目的也是要保护未来的竞争失利者。而当罗尔斯让这些人选择"差别原则"的时候，罗尔斯似乎需要给这些人一种另外的动机：这时候他们完全相信社会合作的好处，因为他们居然希望所有的社会不平等都能让那些在社会竞争中处于最不利地位的人享受到利益最大化![①] 如果社会合作真能达到这样理想的效果,那些在社会竞争中失利的人还有什么理由要保留他们的基本权利和自由?还有什么理由要求"机会均等"?还有什么理由要保证"自由原则"和"机会均等原则"相对于"差别原则"的优先性?可以说,"差别原则"对社会合作的效果有最高的期许,是罗尔斯正义理论中最具乌托邦色彩的环节,也是罗尔斯离开古典自由主义最远的地方。原因无它,只因为古典自由主义用竞争模式来理解社会,而罗尔斯却采用了合作模式作为出发点。

　　竞争模式与合作模式之间的最大区别,就在这里显现出来了。在竞争模式下,国家政权应该是社会竞争的裁判,应该置身于社会竞争之外,而参与社会竞争的人,则总是希望能够影响国家政权,使它为自己谋求更好的竞争地位。这样,理论上应该中立的政治权力,实际上就成了社会竞争的另外一个对象。而在合作模式下,国家政权是社会合作的协调者和组织者,具有自己独立的地位;它代表全社会来指导社会合作,因而是一个完整的行为主体。从竞争的角度看,国家和政府作为社会竞争的裁判,应该尽量不出面去帮助社会竞争的某一方,而只是把自己的任务限定为制定和维持更加中立、更加公正的竞争规则。而从合作的角度看,则国家和政府作为合作的组织者,会拥有大得多的权力,甚至可以大到无所不包。根据通常的理解,似乎合作的组织者最终还是要尊重合作各方的自愿;也就是说,如果连合作的参与者都不愿意再合作下去的时候,合作的组织者似乎就没有合法的权力来维持合作的局面了。但是如果这时候合作的组织者想要强迫合作的各方继续留在合作的格局之中,则它完全可以以集体的名义来实行强制。这样,当我们把一个社会看作一个合作的格局的时候,我们就不仅有不同的合作参与者,也有一个合作的集体,该集体超越于单个的合作者之上,而有一种独立的身份和权威。

　　于是我们就看到:为什么古典自由主义要把国家与社会分开来谈,并且总是强调要将国家最小化,将政治权力最小化,而以罗尔斯为代表的新自由

---

　　①　包含"差别原则"的第二条正义原则,罗尔斯表述如下:"Social and economic inequalities are to satisfy two conditions: first, they are to be attached to offices and positions open to all under conditions of fair equality of opportunities; and second, they are to be to the greatest benefit of the least - advantaged members of society."

主义，①则一般将国家与社会混为一谈，对它们不做明确的区分，认为一个民主社会的国家政权只不过是全体社会成员集体自治的工具。因此，将一个社会究竟是看成一个合作的格局还是看成一个竞争的格局，这两种思路的核心区别就是：在竞争格局中，竞争的对手是主体，竞争的裁判是为竞争对手服务的工具，而在合作的格局中，合作的组织者却具有独立的主体地位，是一个更高的主体。在竞争格局中，当竞争的一方或多方不再认可裁判的中立性和权威的时候，裁判没有合法的权威去强制性地维持竞争的格局。但是在合作的格局中，合作的组织者则具有主导性的权威，可以在合作的一方或多方不愿意继续合作的情况下，强制性地维持合作的格局。

　　如果我们把社会看作一个竞争的系统，则个人和群体相对于国家（竞争的裁判）而言，有较大的独立性。为了维持公平的竞争，针对竞争的参与者，有些事情国家是不可以做的。国家对任何一个竞争者的惩罚和剥夺，都可能会被其他的竞争对手所利用，都会自动为其他的竞争者加分。有鉴于此，其他的竞争者就会有动力去利用裁判手中的权力，去削弱对手，巩固和加强自己的竞争地位。从这个角度，我们完全可以理解，为什么近代以来的自由主义思想，会想方设法为国家的权力套上各种各样的限制。"权利"和"自由"就是两个主要的限制，它们限定国家不能对个人做什么，不能剥夺个人的某些核心的要素。"权利"和"自由"是公民个人作为竞争参与者的护身符。失去了这些护身符，一个竞争的参与者就会处于极为不利的境地，搞不好要任人宰割。自由主义思想的合理性，从这个角度来理解，可能也最牢靠。

　　而在合作模式下，"权利"和"自由"似乎显得多余，或者是一种奢侈品，只有社会整体发展程度比较高的地方才能享受。②可以说，罗尔斯之所以要为"权利"和"自由"保留一个优先性，之所以要不厌其烦地论证这种优先性，恰恰是因为他所采用的合作模式没有办法直截了当地论证权利和自由的必要性。权利之所以优先，是因为一旦实现了"差别原则"，对个人权

---

①　一般称为 new liberalism，以区别于那种复兴古典自由主义的"新自由主义"（neo - liberalism）。后者可以哈耶克为代表，而前者的最知名旗手就是罗尔斯。

②　罗尔斯在很多地方都强调，他的两条正义原则只适用于社会发展程度比较高的国家。对于那些还不具备条件的国家，温和的专制主义，或者用他本人的概念来讲，"体面的等级社会"（decent hierarchical societies），也不失为一种良性的社会合作格局。参见 Rawls, *The Law of Peoples*, Harvard University Press, 2001。

利和自由的保护将会显得多余。

宪政民主与政党政治

　　以合作模式来理解民主，"宪政民主"这个概念就会让人惊讶：民主既然是多数人的统治，是由多数人参与的决策过程，为什么我们还要让多数人的意志受制于一个由前代精英制定的"宪法"呢？美国宪法是当今世界实际使用时间最长的宪法，但是在美国宪法制定之初，杰斐逊就表达了这样的怀疑：既然法律最终源于人民的意志，为什么要给后人留下一个约束他们意志的"宪法"？[①]美国宪法是很难修改的。根据美国宪法第五条，宪法修正案的提议，需要三分之二的联邦议会两院议员或者三分之二的州议会多数通过；而要一条宪法修正案成为正式的法律，则需要四分之三的州议会或州立宪会议多数通过。而且，在美国宪政的历史上，最高法院的大法官从来都不是经由民主选举程序产生的，但是这些非民选的、终身任职的大法官，却可以宣布民选的国会所制定的法律为"违宪"（无效）。在很多研究者看来，这种"司法审查"（judicial review）显然违反民主精神。[②]

　　用竞争模式来理解民主，"宪政"和"民主"就没有冲突了。根据上述解释，"宪政"和"民主"之所以构成冲突，是因为合作模式把"民主"理解为"人民当家作主"：有一群人，他们构成社会成员中的多数派，有着共同的利益和共同的观点；由于这些人代表着全社会的利益和观点，所以用"宪法"来制约"人民"的意见，是不符合民主精神的。与此相反，竞争模

　　[①]　杰斐逊说："能不能把它们做成不可更改的东西？一代人可以约束另一代人——甚至从此以往所有的后人吗？我看不行。造物主创造地球，是为活人服务的，不是为死人服务的……一代人可以约束自身，只要他们中的多数认可这种约束。一种多数消失了，另一种多数会站起来，他们拥有原来那个多数所拥有的一切权利和权力，可以根据自己的意愿来修改他们的法律和制度。"（参见 *Thomas Jefferson*: *Political Writings*, edited by Joyce Appleby & Terrence Ball, Cambridge: Cambridge University Press, 1999, p. 386）杰斐逊又说："我并不提倡经常修改法律和宪法……但是法律和制度必须同人类的心智一道携手并进。随着时移境迁，只要人类的心智变得更为发达、更为开明，只要有了新的发现，揭示了新的真理，行为方式和舆论发生了变化，制度就必须保持与时代同步向前发展。"（转引自罗森鲍姆编《宪政的哲学之维》，郑戈、刘茂林译，生活·读书·新知三联书店 2001 年版，第 173 页）

　　[②]　在美国制度体系中，可以被指责为"反民主"的因素还有很多，比如选举团（electoral college）、联邦体制、两院制等等。达尔系统地讨论了这些制度因素与民主的复杂关系。参见 Robert Dahl, *How Democratic is the American Constitution?*, second edition, Yale University Press, 2003.

式从根本上承认社会成员在利益和观点上的分歧，因而不管是少数人的统治还是多数人的统治，都有可能滥用强制性的国家权力，去剥夺那些暂时处于下风的人。[①] 少数人对多数人的剥夺，当然不可能带来一种稳定的社会秩序。但是多数人对少数人的剥夺，也好不到哪里去：一群少数人被剥夺、被排斥在社会竞争体系之外以后，新一批的"少数人"又会被揪出来，成为被剥夺和被排斥的对象——直到最后，真正的胜利者仍然是这个社会原有规模上的少数派。因此，竞争模式的理想，是用一套非人格的法律，来限制社会竞争的手段和程度。由于这种法律所列出的限制并不针对任何具体的人，所以每个人都愿意以这样的预先限制来保护自己，以免承受未来有可能发生在自己身上的伤害。

罗尔斯用假设的"原初状态"来论证这种保守性的宪政策略，这符合竞争模式下的推理；但是，罗尔斯用合作模式来解释这种策略，却是很不充分的：既然"原初状态"中的人知道自己在设计一个精诚合作的"良序社会"，他们又有什么理由担心别人会剥夺自己的基本权利呢？为了解决这个难题，罗尔斯把基本的个人权利看作是社会合作所带来的益处，并且认为，有些益处，像基本的个人权利，可以完全平等地分配给所有的社会成员。但是，以这种方式来界定基本的个人权利，个人权利就不再那么"神圣不可侵犯"了。所以罗尔斯总是说：对每个人的基本权利做完全平等的保护，这个标准只适用于一个经济发展水平比较高的社会。也难怪诺齐克会坚决反对罗尔斯。从诺齐克的古典自由主义出发，基本的个人自由有牢固的哲学基础，因为从道德心理学上来讲，宪政理想中所包含的保守策略，无论如何都是一种对恶性竞争的防范，而不是一种"平分"社会合作成果的诉求。

跟竞争模式相一致，"法治"并不积极地追求一种乌托邦式的社会秩序，而只申明一种保守性的原则：不管是少数人占上风还是多数人占上风，处于劣势的人都应该受到一些起码的保护。不管是少数人掌权还是多数人掌权，有些事情是不可以做的。与其说"法治"限制的是人的意志，还不如说"法治"要限制权力本身：法治之下的规则，就是一些"权力使用须知"，一些对权力的警告和限制。这样，法治之下虽然不一定能够实现什么"大善"，却可以防止一些"大恶"的发生。

---

　① 因此，在竞争模式下，像罗尔斯那样费力地用"判断的负担"（burden of judgment）来解释"多元主义的事实"（the fact of pluralism），就显得多余了。

　　合作模式强调对社会合作的组织和协调，因而会强调人对社会秩序的"设计"和"建构"。而竞争模式则强调则会强调社会秩序是一种"自发"的"演化"。社会合作需要人为的、有意识的社会组织活动，需要沟通、协调合作各方的意图与行动。合作各方必须对合作的目标、合作的规则、合作的顺序等等有相同的认识。所以，在前后期的研究中，罗尔斯都注重"共识"。《正义论》追求一套社会公认的正义原则，让社会成员根据这些原则来建构和评价基本的社会制度；《政治自由主义》虽然承认社会成员在哲学和宗教观念上的差别，但仍然追求一种"重叠共识"。在罗尔斯看来，如果在基本的社会正义问题上缺乏基本的共识，一个社会的基本制度就不可能得到所有社会成员的一致认同，因而也就不可能从根本上获得合法性和稳定性。

　　从竞争模式的角度来看，罗尔斯对"共识"的追求，可能忽视了社会交往中固有的信息传递困境。实际上，考虑到人们在观念、性格、利益诉求、生活背景等等方面的差别，生活中的误会是无处不在的。人与人之间可以相处得很融洽，但是个人内心的想法却可能完全不兼容，甚至南辕北辙、"同床异梦"。在绝大多数情况下，人与人之间之所以能保持和平共处，并不是因为各方有什么"共识"，而是因为每个人对他人都保持着谨慎的距离。这种生活层面的差距，表现在抽象的政治和法律问题上，就是社会成员对基本的社会规则并没有什么共识。比如，美国宪法的第二条修正案，就被一些人解释为"所有公民都有权持有枪支"，而被另一些人解释为"民兵有权持有枪支"。[1]宪法是否要确保每个公民都有持枪的权利，这就成了美国宪政史上的一个大争论。同样，美国宪法中规定的其他基本权利和自由，在司法实践上也都是一些争议极大的概念。正因为美国宪法有这样的模糊性，美国最高法院才成为美国法律和政治秩序中的一个举足轻重的角色。而对于一些根本性的分歧来说，最高法院的解释也不能一劳永逸地解决，而只能维持某种暂时的均衡。

　　一个更有政治涵义的例子，是政党政治在美国宪政中的地位。美国宪法并没有提到任何一个政党的名字，也没有规定政党在政治中的地位。但是在当今美国的政治中，政党的影响几乎无处不在。从推出候选人到组织选举宣

---

　　① 美国宪法第二条修正案的原文是这样的："管理良好的民兵是保障自由州的安全所必需的，因此人民持有和携带武器的权利不得受到侵犯。"

传，从筹集竞选经费到国会议员的党团会议，美国政治已经离不开政党了。民主党和共和党主宰着从联邦政府到各州各郡的政治，这一点如果让华盛顿和杰斐逊这些开国元勋看到，一定会让他们目瞪口呆。而且，在任何一个现代民主国家，政党都是决定政治走向的最重要的力量。要在任何一个国家为政党的存在寻找宪法上的根据，恐怕都只能从"结社自由"这一点做文章。但是，政党存在和发挥作用的主要原因，仍然是社会成员在观点和利益诉求方面的差异。政党的生存之道，也是在千差万别的观点和利益之间寻求尽量多的支持。可以说，现代政党政治是现代民主社会的关键构成要素，而政党政治反映的，恰恰是民主社会内部的各种观点和利益之间的竞争。

罗尔斯的正义理论不讨论政党问题，不是因为政党政治在现代民主政治中无关紧要，也不仅仅是因为政党政治是政治学家们擅长研究的领域。从根本上讲，罗尔斯的以"共识"为基础的政治哲学，根本解释不了政党政治在现代民主社会中的关键作用。对于更一般的与选举有关的政治问题，罗尔斯也鲜有关注，而公开公平的选举，恰恰是现代民主政治的标志。或许，按照罗尔斯对现代民主秩序的理解，政党和选举都是可有可无的东西——最重要的，是要有一些所有公民都认可的正义原则，以及建立在这些原则基础之上的基本的政治、经济和法律制度。除此之外，民主社会就只剩下法院的解释和仲裁，以及公民之间的基于"公共理性"的对话了。无论如何，罗尔斯在其洋洋巨著中为我们描述的民主社会，就是这样一个和谐而又单薄的图景。

当然，在寻求建立良性社会秩序的时候，并不是所有的合作模式的支持者都这么积极地倡导一种主导性的社会建构。合作模式也有一种消极的表现形式，就是把社会建构的主导权"转让"给一个更高的行为者，比如上帝或者神。斯多葛派的哲学家、罗马帝国皇帝奥勒留，就把实际存在的社会看作和宇宙一样，有神灵在主宰，在安排协调社会成员之间的合作。因此，他在自己的日记里不断劝告自己：不管有人做了什么坏事、说了什么坏话，不管我对实际发生的事情多么不能接受，这些事情本身都自有其合理性。① 这种无所作为的态度，跟积极的合作模式所提倡的主导性社会建构刚好相反，但它们所犯的错误却是相同的。两种合作模式都认为：社会秩序之所以存在，是因为存在一个社会合作的组织者和协调者。两种模式都忽略了这样一个事

---

① 参见 Marcus Aurelius, "Meditations", in A. S. L. Farquharson, *The Meditations of the Emperor Marcus Antoninus*, Oxford: Oxford University Press, 1990。

实，即由某一个行为者来协调全社会的合作，这种情况在人类历史上是极其罕见的，如果真的曾经有过的话。

结束语

本文讨论了罗尔斯民主理论的一些内在困难，认为这些困难都因罗尔斯采用合作模式而起，而且在合作模式内部得不到有效的解决。本文认为，用竞争模式来理解民主，将民主理解为一种限制滥用权力、限制恶性竞争的一种手段，就不会产生这样的理论难题。竞争模式也有利于我们理解民主制度何以能从专制制度中脱颖而出，理解各种政治制度产生和演化的动力，以及民主制度相对于专制制度的优越性。

当然，本文对竞争模式的构建还比较初步，还主要是从否定合作模式的角度出发的。一个完整的竞争模式还需要回答更多的问题：各种竞争性秩序如何能够实现权力的平衡和制约？为什么有些社会倾向于产生权力的垄断者，倾向于权力的集中？如何才能让暂时的权力平衡和权力制约演变成一种长期的、稳定的宪政秩序？如何在一个竞争性的秩序中避免无效率的摩擦，实现比较有效率的合作？……所有这些问题，显然不能简单地归结为偶然的历史原因、归结为运气。政治制度和观念都是人的创造，它们的产生和存在都带有规范的性质。如何将竞争模式发展成一套规范的政治哲学，使其有助于我们的哲学对话和制度创新，这是摆在我们面前的一个新课题。

罗尔斯和当代政治哲学中的技术主义[*]

马永翔

2009 年 6 月 28 日，中国社会科学出版社和北京师范大学价值与文化研究中心共同主办了一场题为""《正义论》与社会正义观念之构建""的关于罗尔斯《正义论》修订版中文版出版的座谈会。在会上，我以"罗尔斯和当代政治哲学中的技术主义取向"为题作了一个简单的发言。今蒙该书译者之一廖申白教授之邀撰文纪念《正义论》出版 40 周年，故将该题发展成此文。在这篇文章中，我持有的基本观点是：罗尔斯的《正义论》开启了、并代表着当代英美乃至世界主流政治（和道德）哲学[①]的建构路向或探究方式，我将这一路向或方式称作"技术主义"，意指其过分倚重或依赖技术分析；这种技术主义虽然在当代英美乃至世界政治哲学领域成为主流并影响广泛，但它从根本上流于偏误，表面晦涩繁难，其实并无实践价值。下面，我将具体阐释这一论题。

---

[*] 本文原有五节（原题还有一个副标题"兼谈未来政治哲学的导向"），6.5 万余字，因篇幅关系，刊载于此时删除了最后两节。这两节的主旨在于刻画技术主义政治形而上学（确切说是政治玄学）的穷途末路，并展望我所理解的未来政治哲学的导向。这种导向我将之概述为"回归生活世界"。在我看来，未来政治哲学的探究亟待从技术主义的流弊以及其他流弊中脱身，并"回归生活世界"。只有"回归生活世界"，我们才能适当理解人们在过去和现在实际上如何生活，并在此基础上展望人们应当如何生活。对于未来中国政治哲学及其使命而言，这一点尤其值得声张。

[①] 我向来视政治哲学为政治领域的道德哲学，在这个意义上，政治哲学和道德哲学不可分离，也不是两种不同类型的哲学，而归根结底是同一种哲学。但在后文，为行文方便，我主要仅说政治哲学。

一　当代政治哲学中的技术主义及其基本特征

首先，我想简单地说明我理解的技术主义是什么，并简要概括当代政治哲学中的技术主义的基本特征。

"技术主义"这个词用于政治哲学的讨论似乎并不多见，甚至可能是我的杜撰。不过，在其他领域，这个词偶见有人使用。比如，搞 IT 的、做医生的、拍电影的、搞文学的、从事管理的等，都可能使用这个术语。而不同语境下的技术主义的含义可谓五花八门。比如，一个对医疗技术的发展和进步充满信心的医生可能相信，人类所有疾病最终都可以通过生命科学技术得到克服；与此相似，有些人甚至认为，所谓能源危机不过是个伪问题，因为人类科学技术的发展和进步一定可以催生替代性的能源；此外，一个导演醉心于各种灯光和拍摄技术、以及电脑特技的使用，认为这些是未来电影的根本；一个作家专注于写作技术的运用，甚至认为这是创作出好作品的唯一法门；等等。这些人的观念似乎都可谓为技术主义，或者说是技术主义的不同表现形式。在这些不同表现形式之间或许可以概括出一种共通的理解，这种共通理解可看作是技术主义这个术语的大致含义。对此，我大致倾向于作这样的概括，即把技术主义理解为人们的一种态度或思想观念，这种态度或思想观念对技术过分倚重或依赖。值得注意的是，这里所说的技术其形式是多种多样的，就上面提到的几个例子来说，它可以指涉工程技术、电脑技术、医疗技术或一般而言的科学技术，以及其他如影片制作技术、写作技术、管理技术，等等。正因为如此，技术主义这个术语可被应用于各种各样的场合。

我们还可考虑使用一个英文词来表述这种技术主义。在上文提到的座谈会上，我借用了英文词 technologism 来表述之，但这一表述遭到来自中国台湾中研院的钱永祥先生的质疑。他指出 technology 主要用于工业工程技术领域，而我们提到的影片制作技术、写作技术等显然不适合用这个词来表述——他认为后者更适合用 technique、craft 这些词来表述。我认为他的见解是有道理的。这样，如果放弃使用 technologism 这个词的话，我们也许可以考虑改用或杜撰英文词 techniquism 来表述技术主义——尤其是在当代政治哲学的语境中。

无论如何，技术主义的语词表述并不重要，重要的是它的含义实指。在本文中，我们还是直接使用技术主义这一中文术语，并将之借用到当代政治哲学的语境。所谓当代政治哲学中的技术主义，按照我们刚才对技术主义术语的含义概括，似乎可以理解为当代政治哲学家们的一种态度或思想观念，确切说是一种建构政治哲学理论的方法或路径，抑或说是一种政治哲学探究方式，这种方法或路径，抑或探究方式，过分倚重或依赖技术分析。仍需注意的是，这里所说的技术不同于工业工程技术、电脑技术、医疗技术等，也不同于影片制作技术、写作技术，而应理解为建构政治哲学理论的技术。这样，当代政治哲学中的技术主义简言之就是指，当代政治哲学家们在建构政治哲学理论时过分倚重或依赖技术分析。

从性质上说，这种技术主义与导演或作家们的技术主义其实是一样的，只不过后者倚重或依赖的是影片制作技术或写作技术，而当代政治哲学家们倚重或依赖的是建构政治哲学理论的技术。尽管如此，相对于其他形式的技术主义来说，当代政治哲学中的技术主义在内容上有着显著特点。这主要体现在如下方面：

首先，当代政治哲学①呈现出明显的分析化特征。所谓分析化是指，当代政治哲学特别强调在建构政治哲学理论时的话语或语言分析。在这一点上，当代政治哲学显然受到了极盛于 20 世纪上半叶的分析哲学和语言哲学的深刻影响。在这种影响之下，当代政治哲学家们特别注重政治哲学概念、命题和理论逻辑的条分缕析，在作理论阐述时也显得特别谨慎，有时甚至为了表述的精确化而有意无意地牺牲简洁。

其次，当代政治哲学也呈现出明显的模型化特征。所谓模型化是指，当代政治哲学特别注重理论模型的建构和分析，试图通过建构和分析理论模型来论证或反驳某些政治哲学的原则或价值观念体系。在这一点上，当代政治哲学显然受到了在当代西方经济学领域中占据主流地位的数理或计量经济学的影响，有时甚至直接使用一些数理或计量经济学中的数学模型来进行讨论。此外，当代一些著名经济学家，如诺贝尔经济学奖得主布坎南（J. M. Buchanan）、哈桑尼（J. C. Harsanyi）、阿马蒂亚·森（Amartya Sen）等，也直接参与了当代政治哲学的讨论。

概而言之，当代政治哲学具有明显的技术化特征，这种技术化同时表现

---

① 确切说是当代英美政治哲学，这种政治哲学似已成为当代政治哲学的主流，具有世界性的影响，也因为此，我们将之统称为当代政治哲学，而不作明确的地域或文化背景区分。

为分析化和模型化。相应，这种技术化特征正是我把当代政治哲学归于技术主义名下的直接缘由。

二　罗尔斯的方法论和技术主义

接下来我打算讨论罗尔斯和技术主义的关系。在我看来，罗尔斯是促使当代政治哲学走上技术主义路向的始作俑者。至于说他怎么样"始作俑"当代政治哲学中的技术主义，这就不得不谈到他的《正义论》。

我们知道，罗尔斯的《正义论》自 1971 年出版之后在西方道德和政治哲学界引起了强烈反响，各种回应——包括赞成、批评及其他——的声音不绝于耳，以致形成了一个规模庞大的所谓"罗尔斯产业"（Rawlsian Industry）。正是基于这样一个话语背景，罗尔斯和技术主义之间的关系才得以凸显。在我看来，这种关系主要体现在两个方面：一是他的理论本身的技术主义倾向，二是他的理论的巨大影响事实上促成了技术主义的勃兴，这也是我之所谓"始作俑"的确切所指。下面，我先就第一点作些说明。

● 罗尔斯的方法论

在上文提到的座谈会上，有一个话题得到了与会学者的较多关注，这就是罗尔斯建构政治哲学理论的方法论问题。比如，来自北京大学哲学系的韩水法教授，和《正义论》的中译者之一、来自澳大利亚 Deakin 大学的何包钢教授，所讨论的主题就是这一问题。我本人的话题实际上也跟罗尔斯的方法论直接相关，只不过，与韩水法教授、尤其是何包钢教授着意从正面或积极的方面阐释并维护罗尔斯的方法论不同（何包钢教授提交的论文题目就是"罗尔斯方法论述评"），我倾向于对罗尔斯的方法论作否定性的批评。确切地说，我认为，正是罗尔斯的方法论体现了技术主义的特征和迷思。

提到罗尔斯的方法论，有人可能会问，这种方法论是否就是为人们熟知的所谓反思的平衡（reflective equilibrium）呢？不能简单地这样说。反思的平衡固然是罗尔斯方法论的一个重要特征，但就其整体而言，罗尔斯的方法论显然要比反思的平衡宽泛得多。关于此，我们可先借鉴一下何包钢教授的理解。

在"罗尔斯方法论述评"这篇会议论文中，何包钢教授概括了罗尔斯方法论的一般特征，认为："罗尔斯的方法论不归属于经验的、归纳的和事实论证的方法，它是规范的、反思的、实验的和假设性的。他的方法既非简单的归纳，也非简单的演绎，而是代之以一种审慎的理性选择方法，一种作出原则选择的知识程序。罗尔斯的方法也是一种特殊的心理学方法，'一种至少少数人，也许大多数人所具有的特殊用脑过程的有系统的表征方法'①。"此外，何包钢教授概述了罗尔斯方法论的主要内容（并分述了其基本特征），这主要包括罗尔斯的社会契约理论、原初情境（original position②）和无知之幕（veil of ignorance）理论、原初情境中的人们处在无知之幕背后选择两个正义原则的理性选择理论，和反思的平衡。③

　　从内容上来说，我基本认同何包钢教授对罗尔斯方法论的概括和理解。并且，从这一角度来看，我倾向于把罗尔斯的方法论理解为一种（确切说是一套）思考政治哲学问题，并建构政治哲学理论的思路、方式和方法。在这个意义上说，罗尔斯的方法论的确不仅限于反思的平衡，而是包括他的社会契约理论、原初情境和无知之幕理论、理性选择理论等在内的一整套思想观念体系，以及将这一整套思想观念体系搭建起来，并使之逻辑化、有序化、论证化的那些或显或隐的思路、方式、方法，抑或技术、技巧等。

　　进一步的问题是，罗尔斯的这种（或这套）方法论与技术主义有何干系，或在何种意义上体现了技术主义的特征呢？我们刚才已经概括了，当代政治哲学中的技术主义总体上体现出一种技术化特征，这种技术化特征又体现在两个方面，即分析化和模型化。我认为，罗尔斯的方法论也具有明显的技术化特征，体现出了明显的分析化和模型化的倾向。正是在这个意义上，我才把罗尔斯的方法论，以及以这套方法论为支撑的他的整个理论体系，至少是在《正义论》中的理论体系，归于技术主义的名下。

　　下面，我打算就此提供具体的论据。

　　● 罗尔斯方法论的分析化特征

　　先说分析化特征。我们知道，罗尔斯的《正义论》虽说出版于1971年，但这部著作实际上集成了他此前20余年理论思考的心血和成果。在这部著作中，罗尔斯的著述方式明显受到了自西季威克（H. Sidgwick，1838—1900，

---

　　① 单引号中的引文为何包钢教授引自 Ronald Dworkin, *Taking Rights Seriously*, London: Duckworth, p. 158.

　　② 这个术语在何怀宏、何包钢、廖申白翻译的《正义论》中译本（中国社会科学出版社，1988年初版，2009年修订版）里被译作"原初状态"，但在本文我使用了钱永祥先生在座谈会上的译法。

　　③ 关于何包钢教授的具体论述，读者可直接参阅他的文章。

代表作为 Methods of Ethics，中译名为《伦理学方法》）和他的学生摩尔（G. E. Moore，1873—1958，代表作为 Principia Ethica，中译名为《伦理学原理》）所开创的、直到 20 世纪中叶才渐趋衰落的分析伦理学（analytical ethics）或元伦理学（meta‐ethics）的影响。

说到分析伦理学或元伦理学，这里有一个小问题可先予说明：我们一般把分析伦理学或元伦理学的开风气者归为摩尔，这里怎么把西季威克也算在内呢？尤其，我们知道，正是摩尔对以西季威克为代表的经典效用主义（classical utilitarianism①）所作的"自然主义谬误"（naturalistic fallacy）的批判，使得后者在长时期内深受挫折。从这一点来看的话，我们似乎应该把西季威克和摩尔放在对立或至少是不同的立场上才是，这里怎么反倒把他们放在同一条战线上呢？确实应该注意，摩尔曾经对西季威克作过尖锐批评，也正是他的《伦理学原理》直接开启了、并标志着分析伦理学或元伦理学的转向。但我想在这里强调的是，作为摩尔的前辈，西季威克也对分析伦理学或元伦理学的兴起作出了贡献。实际上，西季威克生活的年代正是分析哲学在西方世界酝酿发育的时期，诸如马赫（E. Mach，1838—1916）和弗雷格（F. L. G. Frege，1848—1925）这样的分析哲学的先驱②都生活在这个年代。就此而言，我们更应把西季威克看作是分析伦理学或元伦理学——把分析哲学的方法用于伦理学领域就形成了分析伦理学——得以产生的一位思想先导，而不是它的对立面。事实上，我们也可注意到，西季威克的代表作《伦理学方法》其论述风格就具有明显的分析色彩。在这部著作里，西季威克对他理解的几种主要伦理学"方法"，如利己主义、直觉主义和效用主义，尤其是它们在人们的常识道德观念中的运用，进行了细致的条分缕析，只不过在总体上他的实质性道德立场偏向于效用主义——而且是一种经过修正的效用主义——而已。

回到上面的话题。实际上，刚才我说到罗尔斯《正义论》的著述方式受到了分析伦理学或元伦理学影响时提及西季威克也是故意为之。之所以要这样做，是因为在我看来，罗尔斯《正义论》的著述方式与西季威克《伦理

---

①　Utilitarianism 这个术语经常被翻译为"功利主义"、"功用主义"等，但在本文我都翻译为"效用主义"，utility 一词也相应译为"效用"，而不是"功利"或"功用"。

②　马赫不是分析哲学家，但他继承休谟的思路，在分析哲学兴起的前奏期首先扛起了"反形而上学"的旗帜，这面旗帜直接刺激了后来被称作逻辑经验主义的分析哲学流派的产生，维特根斯坦、卡尔纳普、石里克等人都受到了马赫的影响。弗雷格则直接引导了分析哲学的诞生。

学方法》的著述方式有着更为接近的因缘，并且，前者显然从后者那里受益良多。具体说来，我们可先比较一下这两部著作产生的时期。刚才已说到，西季威克生活在分析伦理学正在酝酿发育的前期。在这个时代，分析伦理学还没有正式诞生（如果把摩尔的《伦理学原理》看作是分析伦理学正式诞生的标志的话），但分析伦理学的方法和思想氛围已渐趋成熟。《伦理学方法》（注意：这部著作不是西季威克的一蹴而就之作，而是他一辈子都在反复修订的集大成之作）就诞生在这一历史性的交替时期：一方面，传统伦理学的影响犹在，另一方面，新伦理学（即分析伦理学或元伦理学）正呼之欲出。所以，我们事实上看到，《伦理学方法》兼具传统伦理学和新伦理学的特征，确切地说，西季威克是在用新的分析方法探究、考察和修正传统伦理学理论（当然，仅就《伦理学方法》的文本来看，西季威克使用的分析方法还不可直接等同为分析伦理学或元伦理学的方法）。与此相似，罗尔斯的《正义论》——同样是一部集大成之作——也诞生在一个历史性的交替时期。在这一时期，曾一度统治整个西方哲学界的分析哲学逐渐式微，相应，伦理学领域的分析方法也因为其"冷冰冰"而日渐受人冷落，取而代之的是所谓规范伦理学的复兴。罗尔斯的《正义论》正代表着这一复兴。所以，我们可以理解，《正义论》也兼具分析伦理学和规范伦理学的特征，确切地说，罗尔斯是秉持分析伦理学的方法和精神重新探究、考察和复兴传统的规范伦理学理论。由是观之，《伦理学方法》和《正义论》在著述方式上实有着异曲同工之妙：两者都深受分析伦理学方法的影响，但又不仅限于探讨分析伦理学问题，而是秉持分析的方法和精神（重新）探究和考察实质性的规范问题，同时试图修正或复兴传统的规范伦理学理论，如效用主义、直觉主义或道义论、社会契约论，等等。此外，我还认为，虽然罗尔斯在《正义论》中对以边沁、密尔和西季威克为代表的经典效用主义提出了强烈批评，但在著述方式上，他实际上从西季威克那里受益良多，甚至，他之所谓反思的平衡也可从《伦理学方法》中窥见一斑。这似乎可以看作是罗尔斯和西季威克之间的一种直接的承继关系。对这种承继或渊源关系的梳理有助于我们更好地理解罗尔斯《正义论》的著述方式或方法论的分析化特征。

这种分析化特征的具体表现大致可见于如下方面：（1）从总体上而言，反思平衡的思路或问题意识促使罗尔斯在进行理论建构时，不断尝试与自己和各种可能的潜在批评进行对话，进而在作理论表述时不断试图加以精确化，以避免各种可能的歧义和误解，同时在这个过程中不断修正自己的理论架构。(2) 在 (1) 的基础上,同时为了理论建构的便利,罗尔斯对自己的论题范围作了明确的限定和简化（比如对封闭社会结构的预设、对基本社会制度的界定、对原初情境选择环境的简化等）,且尽可能避免考虑和讨论超出其有限论题范围的各种可能的复杂情势（包括社会的、政治的、人性的,等等）。(3) 也许是出于为避免受到"自然主义谬误"或类似批评的考虑,罗尔斯在进行理论表述时对概念或术语的使用非常慎重;但一旦使用了某个或某些概念或术语,同时也出于避免歧义和误解计,他就会在不同场合反复地对所使用的概念或术语进行解释和界定,有时甚至不避重复之嫌。(4) 或许是受到了西季威克及其后继者对直觉主义的反思性批评的影响或警示,罗尔斯对直觉判断的使用非常敏感;虽然他的理论建构并不完全拒斥诉诸直觉,但在使用直觉判断,或依据直觉判断进行理论推理时,他的态度非常谨慎,同时辅以大量的辅助性解释。(5) 在一般的意义上进行理论推理时,罗尔斯表现出了极好的耐心和细致审慎,往往不惜花费大量的笔墨就推理过程及其依据进行其实是非常繁琐的解释和论证,这一点尤其在《正义论》的第二编和第三编中表现鲜明。(6) 由于《正义论》论旨宏大（注意:这种论旨的宏大是建立在他对论题范围的明确限定和简化的基础之上的）,罗尔斯要在有限的文本范围内黏合诸多不同的论题,或像他自己在该书序言中交代的,"要通过某些简化的手段"把这诸多不同论题"组织成一个一般的体系",他不得不花费大量笔墨来粘连、且尽可能清晰地交代各论题之间的逻辑关联,并在反思平衡的问题意识的引领下论证这些不同论题之间的相互支持关系,而这对理论建构者（同时也对阅读者）的逻辑思维能力的要求是非常高的（在这一点上,罗尔斯虽然没有像有些分析哲学家那样直接使用各种形式逻辑甚或数理逻辑的符号和分析推理工具来对各种概念和命题推理进行分析论证,但他在理论建构过程中实际诉诸的逻辑分析和推理的思辨能力比起正统的分析哲学家们来恐怕有过之而无不及）。总之,罗尔斯的《正义论》虽然不能直接看作是一部分析伦理学著作,而主要是一部规范伦理学著作,但在这部著作中,他是继承分析伦理学或元伦理学的基本态度或精神来建构其正义理论体系的,这使得他的著作及其方法论具有鲜明的分析化特征。

至此,读者可能会产生一个疑问:按照通常的理解,分析哲学（和语言哲学）虽然作为一个哲学流派或一种哲学潮流在 20 世纪中叶趋于衰落,但它本身作为一种哲学探究的方法,实际上给我们留下了宝贵的精神财富。这在于：它时刻告诫我们，应当认真、审慎地对待和使用我们的语言，且应在使用语言的过程中尽可能避免歧义和误解，只有这样，我们才能有效或"有意义"地进行沟通和交流，进而才能合理地理解和解释我们的生活世界。在这个意义上说，分析哲学（和语言哲学）的价值是永恒的。可以想见，如果我们人人都秉持一种分析的精神来认真、审慎地对待和使用我们的语言的话，这个世界将会避免或免除多少无谓的误解、争议或争端！既然是这样的话，罗尔斯继承西季威克及后来的分析伦理学家们的分析方法和精神，并将之运用到《正义论》的理论建构中去，这似乎是一件值得肯定的事情，至少这有助于我们避免歧义和误解。但是，我们在这里怎么反将之贬斥为技术主义的迷思呢？

针对上述质疑，实际上，我并不否认罗尔斯《正义论》及其方法论的分析化特征在避免歧义和误解方面的积极意义。但问题在于，当这种分析化特征与罗尔斯方法论的另一重要特征结合在一起的时候，就会出现并不可欲的后果，即所谓技术主义迷思。

● 罗尔斯方法论的模型化特征

这里说的"另一重要特征"就是指模型化特征。在我看来，若要适当理解罗尔斯方法论的技术主义倾向，必须把他的方法论的分析化特征和模型化特征结合起来理解。

这种模型化特征又该如何理解呢？前面已经说过，当代政治哲学中的技术主义的模型化特征是指，当代政治哲学家们特别注重理论模型的建构和分析，并试图通过建构和分析理论模型来论证或反驳某些政治哲学的原则或价值观念体系。而且，我们还指出，在这一点上当代政治哲学受到了数理或计量经济学的重要影响。我以为，只要顺着这条思路，罗尔斯方法论的模型化特征就不难为我们理解。

此前我们引述过何包钢教授的这样一句话："罗尔斯的方法论不归属于经验的、归纳的和事实论证的方法，它是规范的、反思的、实验的和假设性的。"实际上，何包钢教授在这句话里提到的罗尔斯方法论的"实验的"或"假设性的"特征，与我之所谓模型化特征直接相关。在我看来，罗尔斯在《正义论》中建构的各种理论模型就是实验性或假设性的，或者说是虚构的或虚拟的，抑或说是一种技术性的虚拟设计。罗尔斯正是试图通过分析这些虚拟设计出来的理论模型，一方面来否证他的各种论敌，尤其是效用主义，另一方面来论证自己提出的两个正义原则，进而为所谓"作为公平的正义"

（justice as fairness）理论体系奠定基石。当然，这只是我的结论。我们需要进一步追问，罗尔斯究竟建构和分析了什么样的理论模型，以及，他建构和分析这些理论模型与技术主义是何干系？在解释这些之前，我们先说说什么是理论模型。

我们可先借鉴当代（西方）经济学的一些理解来加以解释。我们知道，经济学家们在论证某条经济学命题或辩护某种经济学观点，甚或建构某种经济学理论（体系）时，经常会建构各种理论模型，并借助各种技术手段或工具（如文字、符号、图表和数学）来加以分析、推理和论证。这些理论模型可能是文字性质的（可称作文字模型），也可能是图表性质的（可称作图表模型），还可能是纯数学的（可称作数学模型），此外，更常见的是混合性质的，即同时混合文字、图表和数学的各种理论模型（或可称作混合模型）。作为当代西方经济学主流的数理或计量经济学的最重要特征，就是大量建构数学模型，通过纯数学的工具或方法来进行各种理论推理和论证。无论是数理或计量经济学家，还是其他类型的经济学家，他们建构各种理论模型的方法都有一些共同的特征。比如，他们需要为自己的理论模型严格限定条件，需要明确界定他们考虑的各种因素，并明确哪些因素是恒量，哪些因素是变量，以及这些恒量和变量之间的相互关系（对于数理或计量经济学家们来说，他们还须把这些相互关系表述为各种数学函数），进而通过分析这些恒量和变量及其相互关系，或通过数学分析和推理，来论证他们的经济学命题、观点或理论。

理解了经济学意义上的理论模型的话，理解罗尔斯建构的各种理论模型就容易了。当然，罗尔斯建构的理论模型与经济学家们建构的理论模型还是有所不同。但这种不同主要是内容上的，他们建构理论模型的方法或方式却是一致或相似的。

我们先来看看罗尔斯建构了什么样的理论模型。前面我们谈到过，罗尔斯的方法论包含一些实质性的内容，如他的社会契约理论、原初情境和无知之幕理论、理性选择理论和反思的平衡等。实际上，他的这套理论系统本身就可看作是一个论旨宏大的理论模型，在这个大理论模型里面又包含一些小理论模型。这些大大小小的理论模型一起表征了罗尔斯方法论的模型化特征。

要适当理解罗尔斯建构的理论模型，我们需先理解他建构正义理论体系的基本思路。在《正义论》的序言里，罗尔斯向我们交代了他写作《正义论》的目的："我一直试图做的就是要进一步概括洛克、卢梭和康德所代表的传统的社会契约理论，使之上升到一种更高的抽象水平。藉此，我希望能把这种理论发展得能经受住那些常常被认为对它是致命的明显攻击。而且，这一理论看来提供了一种对正义的系统解释，这种解释在我看来不仅可以替换，而且或许还优于占支配地位的传统的效用主义解释。"① 更有意思的是，罗尔斯紧接着明确宣称："我并不认为我提出的观点具有创始性，相反我承认其中主要的观念都是传统的和众所周知的。我的意图是要通过某些简化的手段把它们组织成一个一般的体系，以便它们的丰富内涵能被人们赏识。"这后一句话里面的个别辞句在前面已经引述过，但这里有必要再行引述。从字面上看，罗尔斯说这句话似乎是在自谦，即承认他的《正义论》包含的主要的实质性观点或观念并不具有原创性，而是对以洛克、卢梭和康德为代表的传统社会契约理论的继承和发展。但值得强调的是，罗尔斯说这句话的重点恰恰不是自谦，而是低调地说明他的理论的原创性究竟何在，那就在于他之所谓"简化的手段"。实际上，这种"简化的手段"就是何包钢教授彰显的罗尔斯的方法论。正是这套方法论或"简化的手段"成就了罗尔斯正义理论体系的原创性。

那罗尔斯究竟如何以"简化的手段"来改造和修正他继承自洛克、卢梭和康德的传统社会契约理论呢？答案就在于我们所说的他的方法论的模型化特征，确切地说，罗尔斯实质上是通过建构新的理论模型来实现这一目的的。进一步的问题是：他是怎么样，或以什么样的思路来建构新的理论模型呢？我们知道，传统的社会契约理论有一个共同的理论始点，那就是所谓的自然状态（natural state）学说。虽然像霍布斯、洛克和卢梭这样的思想家对自然状态的解释各不相同，有时甚至正相反对，但他们都依赖于这一理论假设，并以此作为参照来解释、论证或批判某种或某些理论学说。尤其值得注意的是，不同的人对自然状态的解释或预设不同，会导致他们——即使针对同一问题或同一讨论对象——得出不同的、有时甚至截然相反的见解或观点，进而形构出不同的、有时可能针锋相对的理论学说。比如，霍布斯把自然状态中的人与人之间的关系理解并预设为狼对狼之间的战争关系，亦即所谓战争状态，致使他走向了论证以绝对王权为支点的利维坦的合理性的道

---

① 这里使用的是中国社会科学出版社 1988 年出版的何怀宏等译的《正义论》译文，其中我把"功利主义"改译成了"效用主义"。另，后面若再行直接引述，我们都使用该译本。

路。而洛克把自然状态理解并预设为一种容许私有财产权的和平状态，决定了他所论证的合理政府形式乃是一种维护私有财产权的、基于被统治者同意的有限政府。至于卢梭，他把自然状态理解并预设为一种类似于古希腊诗人赫西俄德所曾描述过的黄金时代，在那里没有私产，人人平等，自然产出的丰饶使人们衣食无忧（后来私有财产权的出现破坏了原始的平等，从此人类堕入了万恶的深渊）；正是对自然状态的这样一种诗意想象奠定了卢梭在《社会契约论》中诉诸所谓的"公意"，追求平等的政治理想。由是观之，自然状态学说显然构成了传统社会契约理论的奠基石，它既是其理论始点，也是其理论核心，同时还是我们理解传统社会契约理论的金钥匙。

现在的问题是：是不是罗尔斯构想的原初情境（original position）就是对传统社会契约理论的自然状态的一种改造或修正？确实如此。实际上，社会契约理论并不是西方自近代以来才出现或兴起的一种政治哲学理论，而是由来已久。早在古希腊时代，就有一些通常被人们称作智者（sophists）的人提出过类似的思路。此后，在古罗马和中世纪，这一思路断断续续。直到近代，随着主权国家观念的勃兴，以及人与国家（还有教会）之间关系出现新的动向，政治哲学家们在思考相关的问题（如主权的合法性根据、主权和人权之间的关系等）时才强势诉诸了这一思路，并在近代西方思想史上形成了一种蔚为大观的气候或思潮，直至今天这一气候或思潮仍在产生重大影响。在这个意义上说，古已有之的社会契约理论其实是人们在思考政治哲学相关问题时经常或自觉不自觉地会诉诸的一条思路。这一思路也为罗尔斯继承，只不过他试图以新的"简化的手段"来重新改造或修正这一传统思路。这大致可以看作是罗尔斯构想所谓原初情境的思想渊源，而其直接的理论来源就是传统社会契约理论的自然状态学说。但是，传统社会契约理论的自然状态学说显然存在重大缺陷。比如，就像我们刚才解释的，不同政治哲学家对自然状态的理解和预设不同，从而导致他们在实质的政治哲学观念上出现根本歧异，最终导致的是一种"公说公有理，婆说婆有理"的众说纷纭的局面。在这样的局面中，人们事实上不可能就某些基本的政治原则达成共识，进而无以形构良序社会，社会正义也无从谈起。这样看来，传统社会契约理论及其自然状态学说显然不能为罗尔斯直接所用，他必须对之进行改造修正，使之摆脱上述困境。

问题是如何对之进行改造修正呢？这就是罗尔斯所谓"简化的手段"要做的事情，而且，他要在《正义论》所涉及的一个非常宏大的背景框架中来使用这些"简化的手段"。他设想，如果能够设定某种相对封闭的初始的公平情境，处在这种公平情境中的人们能够通过一个共同的行为，理性且合理地选择出某些基本正义原则的话，那么，这些基本正义原则的道德合理性就是可以得到辩护的。但什么样的初始情境是公平的呢？以及，如何达致这样的公平情境呢？罗尔斯认为，那些受制于自然机运或偶然因素的社会环境是不公平的，要达至一个公平的初始情境，必须尽可能排除自然机运或偶然因素的影响。于是，罗尔斯进一步设想，如果设定一道无知之幕（veil of igno-rance）来屏蔽参与选择的各方的各种实质上受制于自然机运或偶然因素的具体信息（如身份、财富水平、社会地位、文化和种族归属、宗教背景等）的话，那么这样的初始选择环境就是公平的，或至少是接近公平的。此外，罗尔斯还设定参与选择的各方是有理性的（rational）和相互冷淡的（mutually-disinterested），其中前者罗尔斯采用了经济学理论的狭义解释，即"采取最有效的手段实现既定目标"，后者是指人们对他人的利益表示冷淡。① 至于待选择的对象，罗尔斯列了一个清单，其中包括他自己的两个正义原则、效用主义原则、直觉主义原则等。在作了诸如此类的一系列设定和交代之后（我在这里没有一一罗列之），罗尔斯宣称，一个公平的初始选择情境就达成了，这个初始情境就是所谓的原初情境。关于这一原初情境的性质，罗尔斯强调，"在作为公平的正义中，平等的原初情境相应于传统的社会契约理论中的自然状态。这种原初情境当然不可以看作是一种实际的历史状态，也并非文明之初的那种真实的原始状况，它应被理解为一种用来达到某种确定的正义观的纯粹假设的状态。"②简言之，原初情境是罗尔斯专门用以论证其正义原则而做的一种纯粹技术性的虚拟设计，它跟现实的社会状态没有直接关联，也不可与之混同。显然，这一原初情境实际上就是一个理论模型。而且，这是罗尔斯《正义论》设计或建构的一个最典型、也最重要的理论模型，这一理论模型构成了该书所有理论论证的基本前提或预设，同时还是所谓反思平衡的推理论证的始点或出发点。离开了这一前提或预设，抑或始点或出发点，罗尔斯《正义论》中的所有其他理论论证都将是不可理解的。

　　这一理论模型与经济学家们建构的理论模型可作何比较？尤其是有何共同点呢？首先，我们可以注意到，罗尔斯建构的这一理论模型显然不同于我

---

① 参见罗尔斯《正义论》，第一编第一章第三节。

② 同上书，第 10 页，这里将原译文的"原初状态"改译作了"原初情境"。

们在一般的经济学著作里看到的那些往往针对某个具体的经济学个案问题所建构的理论模型。与后者相比，罗尔斯的理论视域更为宏大，他建构这一理论模型是试图藉此论证某些可适用于社会基本制度安排的道德原则，亦即他的两个正义原则。但是，他的理论模型与经济学家们的理论模型仍有着显著的共同点。比如，他的理论模型也被理解为是一个纯粹的虚拟设计，或如包钢教授所说是"实验性的"或"假设性的"。又如，他也对原初情境作了严格的条件限定，如封闭性、无知之幕、理性人、相互冷淡、选择对象序列等等，并且，只有以这些严格限定的条件为前提，他才可能推证两个正义原则。甚至，如果在这里勉强照搬某种数理经济学的表述方式的话，我们可以说，在原初情境这一理论模型中，诸如封闭性、无知之幕、理性人、相互冷淡等条件或因素，可以看作是该理论模型中的恒量，而作为待选对象的各种正义原则可以看作是变量，至于罗尔斯诉求的其他各种或显或隐的论据，如某种心理学假设、某种推理规则等，则可看作是某种函数关系，而良序社会可看作是由这些恒量、变量和函数关系构成的方程式所要求解的值（亦即某种目的，这种目的也是一个恒量）。根据这些恒量、变量、函数关系和方程式，罗尔斯所作的理论运思大致可这样理解：当在这一方程式中分别给变量代入不同的值，如他的两个正义原则、效用主义原则、直觉主义原则等时，处在原初情境中的以各种恒量来加以限定的选择者可能会作出何种选择，进而形构出良序社会。据罗尔斯本人推证，他显然倾向于认为，只有他的两个正义原则，而不是效用主义原则或其他，才是求解该方程式的唯一合理选择。这差不多就是他的理论论证的实质。就此而言，我们是不是可以说，他建构的理论模型与经济学家们建构的理论模型确实存在共同点呢？确切地说，他和经济学家们建构理论模型的方式、方法或思路其实是一致的，或者说是异曲同工。

如果顺着上述思路走下去的话，有人甚至可能产生这样的设想：我们是不是可以将罗尔斯的方法和数理经济学的方法结合起来，把政治哲学所要考虑的各种问题和因素都用一套严格的数理经济学术语和符号表述出来，进行严格的数学化演绎推理，这样，政治哲学就可以变成一门真正意义上的科学了？这个设想的确新奇大胆，不过，几乎可以肯定的是，这条路子是走不通的。这就像曾经的人工语言学派不满意日常语言的模糊性，试图创造出一门人工语言以代替日常语言一样，必定会遭受失败。也可以想见，这个设想要是真的实现了的话，那么政治哲学就会不复存在，取而代之的是某种"数理经济政治学"，但这个东西至少就目前来说是不可想象的。

至此，我们已经解释了罗尔斯建构的原初情境这一最重要的理论模型。实际上，除原初情境外，罗尔斯在《正义论》中所作的其他一些技术性讨论，也可以看作是某种意义上的理论模型。比如，他在原初情境中设置的"无知之幕"本身似乎就可独立地理解为一个理论模型。又如，他在论证差别原则（difference principle）时使用的那些曲线图，也可理解为某种理论模型，只不过这些模型主要是用来进行辅助分析的，或可称作分析模型。再如，他之所谓"词典式序列"（lexical order）、"最大最小值规则"（maximin rule）等，似乎都可理解为某种分析意义上的理论模型。当然，关于这些理论模型的界定，也许是可以存在争议的，不过我们在这里作具体争议的必要性不大。总之，我以为，如果我们能够通过解说罗尔斯《正义论》中的理论模型，至少是原初情境，来理解他的方法论的模型化特征的话，我们此番讨论的目的就已经实现了。

● 罗尔斯方法论的技术主义倾向及其后继影响

关于罗尔斯方法论的分析化特征和模型化特征我们都已经有了解释，而若按照我们此前对当代政治哲学中的技术主义的界定的话，现在可以说，我们已经大致明确了罗尔斯方法论的技术主义倾向。不过，读者对此可能仍有两个疑问。第一个是：按照我们上面所作的解释，虽然罗尔斯的方法论确实可以说具有分析化和模型化的特征，但我们为什么要用技术主义这个术语来指称这些特征呢？难道没有其他更合适的术语，如分析主义、模型主义等，来作这种指称吗？我的回答是：我只是把技术主义这个术语借用到政治哲学语境之中而已，但这个术语本身有可能并不妥切。不过，坦白地说，我一时还没有找到其他更合适的术语来表达这里的意思，至少，相比于分析主义、模型主义——这两个术语的所指虽然更为确切，但过于狭窄——来说，我觉得技术主义这个术语还是要更合适一点。同时也可注意，除了使用技术主义这个术语外，我也把分析化特征和模型化特征总称为技术化特征，认为技术化特征同时表现为分析化和模型化。实际上，我之所以作这种解释，是因为我把分析化和模型化都看作是当代政治哲学家们建构政治哲学理论时使用的"技术"，或表现为某种"技术"（读者可联想一下罗尔斯在《正义论》中使用的各种技术分析方法或手段）。这种"技术"跟作家们的写作技术、导演们的影片制作技术等，在性质上是一样的，这也正是我们可以将它们都归于技术主义名下的理由所在。总之，虽然技术主义这个术语可能并不足够妥切，但在找到其他更合适的表述方式之前，我们还是姑且使用这个术语。

　　读者的第二个疑问可能在于：虽然罗尔斯的方法论的确具有分析化和模型化抑或说技术化的特征，但就我们目前已作的解释来看，我们的解释主要只是说明罗尔斯的方法论具有技术化的"特征"，然而，我们是否适合、或有否必要给这种"特征"上纲上线，以至于要贴上一个"技术主义"的标签呢？毕竟，当我们用某某"主义"来指称某个对象时，我们指称的对象往往并不仅限于某一个人的某一种理论，而往往是指某一个群体拥有的某一种思潮或思想动向。比如，当我们说"马克思主义"的时候，我们指称的并不是马克思一个人的学说，而是指称以马克思的学说为宗旨而团聚到一起的、全世界范围内的往往被称作无产阶级的那一个庞大群体所持有的思想信念体系。又如，当我们说"后现代主义"的时候，我们指称的也不是仅限于某一个德里达（J. Derrida）或某一个福柯（M. Foucault）所创造的某一种理论，而是指以德里达、福柯等人为代表的一个广大群体所持有的一种具有共同或相似论旨——即批判甚或反叛所谓现代性（modernity）——的思想学说。就此而言，如果我们的论域或视野仅限于罗尔斯一个人建构其正义理论体系的方法论的话，那么，我们似乎并不适合将之标签为技术主义。对此，我的回答是：我仍旧坚持使用技术主义这一表述，其理由在于，我们的论域或视野并不仅限于罗尔斯一个人的正义理论，而是以罗尔斯为代表的一个较大群体在参与当代政治哲学讨论、建构政治哲学理论时所持有或体现出来的一种思想动向。这一思想动向我将之称作当代政治哲学中的技术主义。

　　实际上，此前我已经说过，罗尔斯和当代政治哲学中的技术主义之间的相关性主要体现在两个方面，一是他的理论本身的技术主义倾向，二是他的理论的巨大影响事实上促成了技术主义在当代政治哲学中的勃兴，甚至可以说，罗尔斯是促使当代政治哲学走上技术主义路向的始作俑者。关于前一方面，我们此前就罗尔斯方法论的分析化和模型化特征，抑或说技术化特征的讨论，实际上已经有所解释。而后一方面，实际上就跟上面的问题相关。确切地说，当代政治哲学中的技术主义不仅仅体现在罗尔斯建构其正义理论体系的方法论之中，而且，甚至可以说主要地，体现在罗尔斯的后继者们在建构各种政治哲学理论时所走的技术化路向之中。

　　那罗尔斯的后继者们所走的技术化路向究竟有何体现呢？我们还是先来看看罗尔斯的影响。我们知道，罗尔斯的正义理论——以《正义论》为集大成，也反映在他后来出版的其他著作之中，如《政治自由主义》（*Political Liberalism*，1993）、《万民法》（*The Law of Peoples*，1999）、《作为公平的正义：一个重述》（*Justice as Fairness：A Restatement*，2001）等——对当代道德和政治哲学影响巨大，不仅当代西方一些重要的道德和政治哲学家，如诺齐克（R. Nozick）、德沃金（R. Dworkin）、麦金太尔（A. MacIntyre）、哈贝马斯（J. Habermas）等，都参与了同罗尔斯的对话，而且，在当代道德和政治哲学领域中最引人注目的一场争论，即所谓自由主义（liberalism）与共同体主义（communitarianism）之争，在某种意义上也可看作是由罗尔斯的刺激所引发的，或至少可说与罗尔斯的刺激密切相关。当然，关于此我们需要区分两个概念，即罗尔斯的"后继者"和罗尔斯的"影响所及者"。所谓"后继者"似应指涉与罗尔斯站在同一个思想传统或同一条思想进路之中的人，而所谓"影响所及者"似可指涉所有受到罗尔斯思想影响的人，但这些人未必与他站在同一个思想传统或同一条思想进路之中。如果作这样理解的话，那么当我们试图讨论罗尔斯的后继者所走的技术化路向的时候，泛泛而谈罗尔斯思想的广泛影响有什么实际意义呢？实际上，我们应该更为具体地指出，在罗尔斯的广泛影响范围内，可称作他的后继者的究竟是一些什么样的人。此外，还有一个可能的问题：在所谓自由主义与共同体主义之争中，罗尔斯往往被人们划归自由主义阵营。如果是这样的话，那么我们是不是可以把罗尔斯的后继者都划归自由主义阵营呢？或者，是不是只有处在自由主义阵营中的那些人才可称作罗尔斯的后继者呢？对此，我并不认为只有处在自由主义阵营中的人才可成其为罗尔斯的后继者。实际上，就我们当下讨论的技术主义话题而言，所谓罗尔斯的后继者主要是就人们建构政治哲学理论的方式或方法而言的，而跟他们建构的政治哲学理论的具体或实质内容没有直接关系。所以，只要某一个理论家——无论他是不是处在自由主义阵营——建构政治哲学理论的方式或方法是技术主义的，那么我们就可以说他是罗尔斯的后继者，否则就不是。不过，从另一方面来说，据我所知，在当代政治哲学领域，采取技术主义方式或方法建构政治哲学理论、从而实际上可称作罗尔斯的后继者的人，主要是那些探讨与罗尔斯所探讨的诸论题相似或相关、甚至相同的论题的人（这些人往往受罗尔斯的影响最大，也最直接），且因为论题相似或相关甚或相同，这些人的思想及其建构的理论总是与罗尔斯的思想和理论存在各种各样或直接或间接的因缘关系。也因为此，如果从思想内容和理论倾向上来看的话，这些人的确往往跟所谓自由主义存在各种因缘，其中有些人也经常被人们称作自由主义者（liberalist），甚至是自由至上论者（libertarian）。

这些人包括哪些呢？他们的技术主义路向又有何表现呢？在这里，我无法把所有这样的人都一一罗列出来，更不可能一一罗列他们的理论的具体技术主义表现。我现在能做的，只是简单举几个例子加以说明。尤其需要强调的是，当我们说一个政治哲学理论家具有技术主义倾向时，这并不意味着该理论家在其所有理论建构或所有论著中都使用技术主义的方式或方法。相反，他有可能只是在建构某一种理论时，或在某一本著作乃至其中的某些章节中，抑或在某一篇文章中，使用技术主义的方式或方法，从而体现出技术主义的倾向。但在建构其他理论时，或在其他论著中，他完全可能不使用技术主义的方式或方法，从而也谈不上技术主义。就此而言，技术主义这个术语指涉的含义其实也是相对的，或者说，我们只是在一种相对的意义上说一个政治哲学理论家具有技术主义的倾向。就具体例子而言，按照我的理解，在当代西方政治哲学领域，稍后于罗尔斯而几与罗尔斯齐名的著名政治哲学家诺齐克和德沃金，都可看作是罗尔斯的技术主义后继者。其中前者在其名著《无政府、国家与乌托邦》（Anarchy, State, and Utopia, 1974）中循着"无政府→国家→乌托邦"的逻辑思路，虚拟论证了一种"最弱意义上的国家"（minimal state）及相应的道德原则；后者在《至上的美德：平等的理论与实践》（Sovereign Virtue: The Theory and Practice of Equality, 2002）——该书由他此前发表的一些文章结集而成——中试图通过建构一个荒岛模型来论证他的资源平等（equality of resources）理论。除这两个人之外，当代西方其他一些著名道德和政治哲学家，如高希尔（D. Gauthier）、巴里（B. Barry）、内格尔（T. Nagel）、斯坎伦（T. M. Scanlon）等，也都可以看作是罗尔斯的技术主义后继者，他们在各自的相关著作——如高希尔的《基于同意的道德》（Morals By Agreement, 1986）、巴里的《正义诸理论》（Theories of Justice, 1989）和《作为不偏私的正义》（Justice as Impartiality, 1995）、内格尔的《平等与偏私》（Equality and Partiality, 1991）、斯坎伦的《我们彼此亏欠什么》（What We Owe to Each Other, 1998）——中都使用了技术主义方式或方法来建构他们的政治哲学理论。尤其是高希尔和巴里，他们都步罗尔斯之后尘，试图借用社会选择理论的方式和方法来进行道德哲学理论建构。除这些人之外，此前我也提到过，著名经济学家、诺贝尔经济学奖得主布坎南（公共选择理论的主要发展者之一）、哈桑尼（博弈理论的主要发展者之一)、阿马蒂亚·森①等，也直接参与了当代道德和政治哲学讨论，并各自从经济学的视角、同时依其方法作了相关的理论建构②，这些理论建构在某种意义上也带有技术主义的色彩。

上面这些人在当代西方、乃至整个世界范围内的道德和政治哲学领域内影响非常广泛，可以说，正是他们在引领当代政治哲学中的技术主义路向。不过，有必要强调的是，技术主义之为"主义"远不仅仅在于这少数几个大牌人物。实际上，在这些大牌人物背后，还有难以数计的不那么知名或根本就不知名的人——这些人散落在各个大学、学术研究机构、以及各种知识传播组织之中——在做他们的拥趸。这些人在更加难以数计的各种学术文章和各种知识传播媒介中，有意无意地操着一口技术主义或类似技术主义的话语在做学术研究、教书育人，以及在各种私下的或公开的场合对他人乃至公共政策施加影响。在我看来，正是所有这些人，包括那些领头的大牌人物，一起营造了一种时下似乎颇具声势的思想动向，这种思想动向反映在当代政治哲学之中就是所谓的技术主义。

三　技术主义的迷惑和局限

此前在讨论罗尔斯方法论的技术主义特征时我曾说过，与何包钢教授倾向于肯定和维护罗尔斯的方法论不同，我倾向于对之作否定性的批评，而且，我还把技术主义贬称为一种"迷思"。现在我们进一步追问：我们究竟为什么要对技术主义作否定性的批评？以及究竟在何种意义上贬称技术主义为"迷思"？这是我们此前的讨论遗留未决的重要问题，不过，在直接解答这些问题之前，我们可先谈谈技术主义的迷惑，包括它的优点③。

---

① 这三个人都与罗尔斯有过直接的理论论辩。尤其是布坎南，他对罗尔斯早年思想的形成可能有较大影响，甚至可能直接影响了罗尔斯在《正义论》中对社会选择理论的诉求，当然，他本人也受到了罗尔斯的影响。参见汪丁丁对布坎南的采访，载于高小勇、汪丁丁编《专访诺贝尔经济学奖得主：大师论衡中国经济与经济学》，朝华出版社 2005 年版。

② 可参见布坎南（和塔洛克合著）的《同意的计算——立宪民主的逻辑基础》（*The Calculus of Consent: Logical Foundations of Constitutional Democracy*, 1967)、哈桑尼（尤其在晚年）为效用主义所作的辩护（如 "Rule Utilitarianism and Decision Theory", in *Erkenntnis*, 1977.1; "Rule Utilitarianism, Rights, Obligations and the Theory of Rational Behavior", in *Theory and Decision*, 1980.6)、阿马蒂亚·森的《以自由看待发展》（*Development as Freedom*, 1999) 等。

③ 技术主义也有其优点。或许正是因为这些优点使技术主义吸引了众多追随者，进而成其为一种"主义"。

● 技术主义的迷惑

相信大多数读者，包括我本人，最初接触罗尔斯的《正义论》时都会有这样的感受：罗尔斯的书真难读！当时令我印象尤其深刻的是：罗尔斯在《正义论》中使用的一些论证方法，也就是本文所谓的"技术"，颇让人觉得新鲜。曾经有那么一段时间（不算很长，大概一、两年的样子），我对罗尔斯（还有诺齐克等人）的方法论非常着迷，以至于设想要重新修习数学、经济学和逻辑学的相关科目，以便循着罗尔斯等人的思路和方法进行相关道德和政治哲学探究，甚至设想要重新建构一套比罗尔斯的理论更严密、更精致、更系统的政治哲学理论。当时我的理论建构宏愿或可谓高远，但在今天，我已经完全放弃了这一宏愿。现在回想起来，我当时深陷其中的正是技术主义的迷思。之所以陷入这种迷思，多少是因为我受到了技术主义的迷惑。

这种迷惑到底该作何解呢？我是这样看待的：技术主义首先会让人觉得它非常高深。就像刚才说的，罗尔斯的著作很难读，很难懂。实际上，不仅罗尔斯的著作是如此，几乎所有技术主义著作都是如此。可以设想一下：在这些技术主义著作中充斥着各种复杂难辨的技术设计乃至假想，所使用的各种论证方案和手段也是高度技术化甚至是专业化的（主要偏向于当代主流经济学的技术化路向），再加上一套高度分析化的话语体系，这样的著作怎么可能不难读、不难懂呢？甚至，如果读者自身不掌握一套或基本或高级的技术分析的方法和手段的话，或者说不具备或基本或高级的技术主义素养的话，还可能根本进入不了相关技术主义著作的话语体系，更不用说与之对话交流。比如，要是不掌握一点基本的博弈论知识的话，我们是看不懂高希尔的《基于同意的道德》的；要是对公共选择理论的背景知识缺乏了解的话，我们也读不懂巴里的《正义诸理论》和《作为不偏私的正义》。

问题在于，技术主义的著作高深归高深，这种高深跟所谓的迷惑好像没有直接关联。毕竟，我们要是读不懂大可以不读，为什么会受之迷惑呢？这就要考量技术主义的优点。在我看来，正是技术主义的某些优点，加上它给人高深莫测的印象，容易使那些对之一知半解的人受到迷惑。那技术主义的优点何在？在我看来，技术主义的最大优点在于：就某些前提条件得到严格限定的个案模型来说，技术主义的分析论证相对明晰，结论也大致可靠。

我们可举一个简单易懂的例子来说明这一点，即所谓"囚徒困境"（Prisoner's Dilemma），这是很多技术主义者，尤其是像高希尔、巴里这样的诉诸社会选择理论的论者，都会诉诸的一个颇具代表性的博弈分析模型。不过，值得说明的是，囚徒困境在博弈论中被广泛应用和拓展，至今已变得非常复杂。在这里，我们无从深入博弈论论域，只限于讨论经典囚徒困境，这也足以说明我们的话题。我们知道，经典囚徒困境大致是这样设定和解释的：

有两个合伙犯罪的嫌疑人甲和乙同时被警方逮到，但警方没有充分证据指控他们，于是把他们隔离在两个囚室分别进行审问，并给他们提供如下的相同选择：

（1）若一个犯罪嫌疑人招供并指证同伙的罪行（即选择背叛同伙），而同伙拒不招供的话，那么该嫌疑人将立即获释（或者说获刑 0 年），而其同伙将获刑 10 年；

（2）若二人都拒不招供（即选择与同伙合作），那么二人都将蹲 1 年监狱；

（3）若二人相互指证对方罪行的话（即相互背叛），那么二人都将蹲 5 年监狱。

二人面临的选择方案及可能获刑的年数可见下表：

	甲：合作	甲：背叛
乙：合作	甲：1 乙：1	甲：0 乙：10
乙：背叛	甲：10 乙：0	甲：5 乙：5

面对以上方案及可能结果，囚徒们会如何作为呢？

考虑这个问题的时候，经典囚徒困境的设计者设定：①人（包括囚徒）都是理性自利的，即都试图使自己的利益最大化，而不关心他人的利益；（注意：这种假定是自亚当·斯密以来的西方主流经济学的经典假定；同时也可比较罗尔斯在原初情境里面所作的人性假定，那里的人同样是理性自利和相互冷淡的）②囚徒们相互隔离，不可能交流信息；③囚徒们可以完全按照自己的意愿自由地作选择，而不会受到任何干预、强制或胁迫。

如果基于以上设定，囚徒们的选择将是可以预见的。比如，对于甲来说，无论乙是选择合作还是背叛，他只有选择背叛才能获得相对于选择合作而言的利益最大化。参照上表可见：

若乙合作，甲背叛，他将获刑 0 年，否则将获刑 1 年，显然，在这种情况下，甲选择背叛才符合他的利益；

若乙背叛，甲背叛，他将获刑 5 年，否则将获刑 10 年，显然，在这种情况下，甲也只有选择背叛才符合他的利益。

归结以上两种情况可见，理性自利的甲必定会选择背叛。然而，身处另一囚室的乙面临的选择情境与甲所面临的是一样的，所以，理性自利的乙也必定会选择背叛。

综合观之，在上述情境中，理性自利的囚徒最终达至的结果是：两人都选择背叛，都获刑 5 年。

但是，这样的结果是不是真正的最优结果呢？显然不是。真正的最优结果是两人都选择合作，各自获刑 1 年（这时候他们不仅各自获得了相对于选择背叛的较优结果，而且两人获得的总体效用水平也最高）。

这样一来，经典囚徒困境之所以成其为"困境"的理由就显露无遗：各自追求利益最大化的人在参加非零和博弈（即参加博弈各方的收益和损失之总和不是零值的博弈，在这种博弈中，各方实际存在合作从而谋求最大利益的可能）时实际得到的并非是最大利益。

以上就是经典囚徒困境及相关解释，这是一个最简单也最具代表性的非零和博弈模型。但是，通过分析这个模型得出来的结论却非常直观明晰，也令人信服。这个模型反过来告诉我们，在非零和博弈中，参与博弈的各方如果要真正获得最优结果的话，必须放弃片面追求私利、而不顾他人利益的做法；实际上，只有各方建立互信，并恪守契诺，坚持合作，才能获得共赢，获得真正的帕累托最优。应该说，这一推论也是令人信服的。由此可见其理论说服力，正因为它的这种说服力，经典囚徒困境事实上已被人们广泛应用于分析各种现实的政治、经济和社会的问题，比如国家之间的军备竞赛、关税战、企业之间的广告竞争等。这正体现了模型分析的重要价值。而若按照我们的思路，把这种或类似的模型建构和分析理解为当代政治哲学中的技术主义的一个重要特征的话，那么，正是在这个意义上，我认为技术主义确实有其优点。

实际上，即使在罗尔斯等人的技术主义著作里，我们也能偶尔发现其优点。比如，罗尔斯在《正义论》中为论证差别原则使用的那些图表分析，在一定程度上就能体现技术主义的优点。又如，诺齐克在《无政府、国家与乌托邦》中使用的那些经典分析个案（这些个案在某种意义上也具有技术主义色彩，不过似乎并不浓厚），如体验机、张伯伦打篮球等，确实常常让人记忆犹新。甚至，即使是德沃金在《至上的美德：平等的理论与实践》中设计的那个荒岛模型，以及德沃金本人对其推论的相关应用，我们也不能说其中完全没有亮点。

既然技术主义有其优点，那为什么还说它"迷惑"人呢？我已经说了，技术主义之所以容易迷惑人，一方面在于它看似高深，另一方面在于上述优点。当一个因其"高深"而对之一知半解、甚至不明就里的人，看到它有这么鲜明的优点，就很容易在这个"高深"又似优越的形象面前产生自我渺小之感，同时为之倾倒，甚至膜拜在它的"石榴裙"下（我承认，曾经的我就是这样受之迷惑的）。当然，我这样说还不足以解读者疑问。毕竟，按照孔夫子的"择善而从"的训导，我们有理由择技术主义之优点而从之才是。现在怎么反倒贬之以"迷惑"和"迷思"的论调呢？这就不得不考究技术主义的缺点，确切说是其局限。

● 技术主义的局限

在我看来，技术主义不仅有其缺点或局限，而且这种缺点或局限似已对当代政治哲学产生了某种误导，这种误导带来的不利影响可能远甚于它的优点产生的有利影响。

我们先来说说技术主义的优点的局限性。刚才我们已经解释，技术主义的最大优点在于：就某些前提条件得到严格限定的个案模型来说，它的分析论证相对明晰，结论大致可靠。实际上，这种优点本身也有其典型的局限，或者说是受限制的。再确切点说：这种优点只是在有限的或严格限定的前提条件下才成其为优点，而若脱离了限定条件，它不仅不成其为优点，反而可能成为缺点。还是先以囚徒困境为例来说明这一点。

刚才的讨论已表明，经典囚徒困境作为一个极具代表性的技术分析模型的优点在于：它简洁有力且令人信服地论证了，在非零和博弈中，理性自利的博弈各方作不出真正的最优选择，也实现不了真正的利益最大化。实际上，这一优点之所以成立，或者说，它的论证之所以简洁有力且令人信服，从根本上取决于它那严格限定的前提条件。其中最重要的有两点：第一点是模型设计者明确作出的人性假定——理性自利（再次提示：这是自亚当·斯密以来的西方主流经济学的经典假定，罗尔斯在原初情境中所作的也是这一假定）；第二点我们刚才没有明确提及，就是该模型对利益或效用的狭窄限定，即缩短刑期。只有严格限定并基于这两个前提条件，经典囚徒困境的论证及其结论才是成立的，进而才能体现其优点。相反，一旦脱离了这两个前提条件，或其中的任何一个的话，经典囚徒困境就无法作出论证，也无从体现其优点。比如，如果我们不作理性自利的人性假定的话，或者，如果设定囚徒的效用满足除了缩短刑期之外，还有对说谎和背叛的耻辱感或羞耻感的话，我们会发现，经典囚徒困境中所作的论证将根本就不成立。或者，我们还可以作一个更明确的假定：被警方逮到的不是两个理性自利、且以缩短刑期为唯一效用满足的犯罪嫌疑人，而是两个极端的原教旨主义者，他们甚至不以杀人放火这样的行为为犯罪，而将之看作是履行神或上帝或真主交代的任务或义务，且视对这样一种任务或义务的履行为他们最大的效用满足，而对同伙的背叛将被他们视同对神或上帝或真主所犯的不可饶恕的罪行。如果把这样两个极端原教旨主义者置入经典囚徒困境、确切说是类似经典囚徒困境的博弈环境中，可能的结果会是什么样的呢？显然，他们很可能都会选择与同伙合作，而不是背叛同伙，从而获得真正的帕累托最优结果（实际上，对于极端的原教旨主义者来说，他们在类似的博弈环境中考虑的可能根本就不是要不要或应不应与同伙合作的问题，而是是否坚持对神或上帝或真主的信仰的问题，因为对他们来说，他们背叛的并不是同伙，而是他们的信仰对象）。这样，我们看到，只要简单地修改经典囚徒困境的前提条件，我们就会得到完全不同的结果。正是在这个意义上说，经典囚徒困境的论证的有效性其实是非常有限的，只有基于它严格限定的前提条件，它的论证才是有效的，否则就无从作出有效论证。

针对以上论辩，读者可能会指出：经典囚徒困境作为一个理论模型本来就是限定条件的，如果修改了它的前提条件，它就不成其为经典囚徒困境了。所以，我们不能修改它的前提条件，然后指责它论证无效。相反，如果仅就它的前提条件来看的话，似乎可以说经典囚徒困境的论证始终是有效的。对此，我的回应是：我并没有直接说经典囚徒困境的论证是无效的，而是说它的论证的有效性是有限的。确切地说，我想表达的意思是：经典囚徒困境的论证所能解释的现象是有限的，相应，它论证或推论的原则的适用性也是有限的。这种有限性从根本上源于：它限定的前提条件过于狭窄，远不足以有效解释或涵括人类社会和人类自身的复杂性。实际上，人性的表现是非常复杂的，远非仅仅表现为理性自利；人的利益或效用满足的表现，抑或说人的价值观念，也是非常复杂的，远非仅限于缩短刑期或对神的信仰。而人性和人的价值观念的复杂性，以及其他诸种因素，从根本上决定了人的行为和人类社会的复杂性。然而，经典囚徒困境根本不能反映这种复杂性。

虽然以上论辩仍可能给经典囚徒困境负载过多，但可以强调，经典囚徒困境始终只是一个非常简单、确切说是简化的理论模型，就它的限定条件来说，它的有限性是显而易见的。实际上，不仅是经典囚徒困境，而且是任何理论模型，包括我们所说的技术主义建构的各种理论模型，都必定是有限的。它们只能解释有限的社会现象，它们论证或推论的各种原则的适用性也是有限的。这种有限性几乎是不言自明的。可以说，正是这种有限性决定了所有理论模型，包括技术主义的理论模型，都有其局限性。

尽管如此，读者仍可能质疑：虽然技术主义确实可能因其模型化特征而具有有限性或局限性，但这种局限似乎还不可直接等同为缺点。毕竟，缺点这个词在我们的日常话语中往往带有贬义，而有限性或局限性似乎可以在中性的意义上使用。比如，就经典囚徒困境这个理论模型来说，只要我们能够明确意识到它的有限性或局限性，在使用这个理论模型的过程中就未必会导致不好的结果。在这个意义上说，经典囚徒困境的局限未必成其为一种缺点。所以，看来我们不能仅仅拿技术主义的可能局限，来支持我关于它的所谓"迷惑"或"迷思"的评判。

读者的上述质疑并非没有道理，但这恰恰也说明了一个至关重要之点，即：对于包括经典囚徒困境在内的任何理论模型，当然也包括技术主义的理论模型来说，如果要避免使其局限（而且是固有的局限）沦落为某种缺点的话，我们必须明确意识到它们的局限性，并在使用它们的过程中小心谨慎，时刻避免做任何不适当的使用。然而，必须指出的是，我之所以说当代政治哲学中的技术主义有其缺点，而不仅仅是局限，正是因为技术主义者们在建构和使用他们的理论模型的时候，没有明确意识到这些理论模型的固有局限，进而对它们作了不适当的、有时甚至可以说是错误的使用。而正是因为这种不适当的、甚或说错误的使用，他们在不知不觉中陷入了技术主义的"迷思"。

我们还是举例子来说明这一点。在我看来，最好的例子就是罗尔斯在《正义论》中精心建构的原初情境这一理论模型。罗尔斯对它的使用如何体现了上文所说的缺点甚或错误呢？我们先得明确这一理论模型的局限性所在。刚才已经说了，任何理论模型之所以有其局限性，根源在于它的前提条件的有限性或限定性。显然，与经典囚徒困境的设计者做的相似，罗尔斯也对原初情境限定了非常严格的前提条件。其中最重要的有三点：一是他继承或借用自西方主流经济学的人性假定，即理性自利和相互冷淡；二是他用来屏蔽自然机运或偶然因素的影响的无知之幕；三是他在原初情境中设置的选择对象清单，主要包括他的两个正义原则、效用主义原则和直觉主义原则。可以说，罗尔斯基于原初情境这一模型作出的所有理论论证和相关推论，都直接或间接地依赖于这些前提条件。若离开了这些前提条件，乃至其中的任何一条，不仅原初情境无法作出有效的论证，而且《正义论》的整个理论大厦都可能受到威胁。比如，如果我们从一开始就修改理性自利和相互冷淡的人性假设，同时撤除无知之幕的话（我认为，做这种修改很可能更加符合人类社会的实际状况），我们还能设想处在原初情境中的人们会作何种选择吗？或者，我们是否能够设想，一旦人们从一开始就拥有罗尔斯用无知之幕屏蔽掉的那些具体信息，即在参与选择的过程中自始至终都知道各方的身份地位、财富水平、文化和种族归属、宗教背景等，他们实际上更可能选择效用主义原则，而不是罗尔斯的两个正义原则呢？我以为，这种可能性是有的。

当然，读者可能替罗尔斯辩护：就像前面所说，修改了前提条件的经典囚徒困境实际上已经不成其为经典囚徒困境，在这里也是一样，修改了前提条件的原初情境实际上也已经不是罗尔斯建构并使用的那种原初情境。所以，我们不能修改罗尔斯的前提条件，然后再来指责他。相反，如果我们严格遵循罗尔斯设定的前提条件的话，我们未必不会得出与他一样的论证和结论。有的读者甚至可能说：要么我们修改罗尔斯设定的前提条件，从其他各种可能的前提条件出发去建构其他类型的理论（如效用主义），但这样的话，我们就不能站在这其他的前提条件上对罗尔斯提出批评，否则就犯了某种逻辑错误；要么我们严格遵循罗尔斯设定的前提条件，这样我们虽然可以对他提出批评，但必须找到更充分的理由。

实际上，以上或类似的辩护罗尔斯本人早就使用过了。在 1993 年出版的《政治自由主义》（*Political Liberalism*）的"导论"中，罗尔斯就抱怨过他的论敌误解了他的《正义论》的理论前提。问题是这种辩护有没有道理呢？若仅仅从罗尔斯的立场来看的话，我们当然可以认为有道理。但是，罗尔斯的立场本身也许是值得商榷的。而若撇开罗尔斯的立场，从其他可能的立场来看的话，这种辩护可能又是没有道理的。尤其，以上辩护如果推扩到极端的话，还会导致更为严重的后果，即可能毁灭一切理论批评的合理性基础。确切地说，它会导致这样一种"无赖"推论：任何基于不同前提条件的不同理论（注意：不同的理论必定会基于不同的前提条件）之间都无法合逻辑地进行相互批评。这无异于取消了一切理论批评的可能性。甚至，这样一种"无赖"推论反过来还会颠覆罗尔斯本人的理论，即：如果这种"无赖"推论成立的话，那么罗尔斯在《正义论》中就无法基于原初情境这一理论模型来否证效用主义和直觉主义等，因为它们各自的理论前提都是不同的。

　　既然如此，那么如果撇开罗尔斯的立场，我们可能依据什么样的立场来对罗尔斯的理论提出批评呢？对此的回答似乎不宜是效用主义，因为如果是这样的话，我们恐怕就只能在罗尔斯的立场和效用主义立场之间相互骂架了，而且这一架骂下去恐怕还会没完没了，就像麦金太尔在《追寻美德》（*After Virtue*，1981／2007）一书中评价西方启蒙运动之后诸种道德理论之间的互竞论争将无休无止一样。所以，虽然我并不认为罗尔斯的《正义论》能够有效地驳倒效用主义，但我不会直接使用效用主义立场来反驳罗尔斯。我认为，除了罗尔斯的立场，以及其他诸如效用主义、直觉主义等立场之外，我们完全可以从这样一种立场或角度来评价罗尔斯建构的原初情境这一理论模型，即考究罗尔斯为原初情境设定的前提条件本身是否合理。可以想见，如果罗尔斯为原初情境设定的前提条件本身并不合理的话，那么他依据这种原初情境来作其他的理论论证其合理性就是值得怀疑的。

　　那罗尔斯为原初情境设定的前提条件本身是否合理呢？我的回答是：否。且其最大的不合理在于：这些前提条件太过偏离人类社会生活的实际状况。比如，拿我们刚才提到的第一和第二点来说，究竟有谁会认同现实生活中的人都像罗尔斯设定的那样是理性自利和相互冷淡、且处在无知之幕背后呢？当然，针对这样的设问，读者可能会说：罗尔斯本人并不认为理性自利、相互冷淡、处在无知之幕背后是人类社会的实际生活状况；他只是作一种纯粹的简化的虚拟设计，以此来进行理论论证，论证他的两个正义原则而已。但真正的问题在于：如果我们明明知道现实生活中的人并非都是理性自利、相互冷淡，更非处在某种怪诞的无知之幕背后，罗尔斯却偏偏以理性自利、相互冷淡、无知之幕为前提条件，左拉右扯地勉强推论出一套正义原则，同时想当然地将之推扩为一个政治社会的基本道德原则，以至于要求该社会的所有成员，包括那些并非理性自利、相互冷淡、更非处在无知之幕背后的人（这样的人恐怕更是现实生活中的人的常态），都得依照这些原则来组织政治生活，分配社会财富等，这不是很荒唐的吗？或者，我们可以作这样一个也许过于极端、但其性质是类似的比附：假如罗尔斯从小就生活在一个疯子的社会群体中，他经过长年累月的思考，处心积虑地从疯子社会群体的前提条件出发，论证了一套原本仅仅适合于疯子社会群体的正义原则体系；现在他却试图把这套原则推扩为包括疯子社会群体和更广大的非疯子社会群体在内的整个政治社会的基本道德原则，要求所有社会成员，包括疯子和非疯子，都得按照这套原则来组织政治生活、分配社会财富等，这不是荒唐至极吗？

实际上，以上设问很好地体现了罗尔斯的原初情境这一理论模型、乃至他的整个正义理论体系的局限性。这种局限性至少表现为：就罗尔斯为原初情境设定的理性自利、相互冷淡和无知之幕这些虚拟的前提条件来说，因为这些前提条件太过背离人类社会生活的实际状况，使得他基于这些前提条件而从原初情境这一理论模型论证出来的所谓正义原则，实际上并不能有效地推扩为一个政治社会的基本道德原则，也无从有效地支持该政治社会的基本制度安排。当然，读者可能会质疑：这种评价似乎直接跨越了虚拟设计和社会现实之间的逻辑鸿沟，我们是站在社会现实的立场上来批评罗尔斯的虚拟设计。对此，我并不承认在虚拟设计和社会现实之间真的存在一条泾渭分明的所谓逻辑鸿沟。实际上，罗尔斯本人恐怕也会拒斥这一条鸿沟。——难道我们可以认为，罗尔斯虚拟设计出一个原初情境的理论模型，真的只是为了搭建一个纯粹的想象楼阁，而不关照现实的政治社会？非也。罗尔斯建构原初情境这一理论模型的目的恰恰在于为现实政治社会奠定基本道德原则，只不过他的理论论证的思路是从虚拟设计出发，进而试图推扩至现实政治社会而已。我的评价的实质则在于：罗尔斯的这一论证思路本身是有问题的，从虚拟设计出发实现不了他的理论论证的目的。在我看来，若要为一个政治社会奠定基本道德原则——如果这种基本道德原则存在的话——我们必须首先关照政治社会的现实状况。只有首先关照并理解政治社会的现实状况，我们才可能相应建构出合理的道德和政治哲学理论。

以上我们对罗尔斯的原初情境的局限性的概括主要是就其前提条件的第一和第二点（即理性自利且相互冷淡的人性假设和无知之幕）来说的，我的评价思路或立场主要是将这些前提条件与政治社会的现实状况相对比，以考究这些前提条件本身的合理性。但到目前为止，这些论据很难说是充分令人信服的。所以，我们有必要从其他的可能角度来解释罗尔斯的原初情境这一理论模型的局限性。我认为，即使我不直接将罗尔斯的前提条件与政治社会的现实状况相对比，而从罗尔斯本人的思路和理论预设出发，也能实现这一目标。

　　此前我们概括了罗尔斯为原初情境设定的前提条件的第三点，即罗尔斯在原初情境中设置的选择对象清单，主要包括他的两个正义原则、效用主义原则和直觉主义原则等。我们知道，罗尔斯列出这个清单的理论意图在于：让原初情境中的处在无知之幕背后的各方在这个清单中进行选择，他们的选择结果就是罗尔斯的理论论证目标。罗尔斯向我们论证道：原初情境中的处在无知之幕背后的各方必定会选择他的两个正义原则，而不是效用主义原则和直觉主义原则。由此他论定，他的两个正义原则是最为优先的，一个政治社会要以两个正义原则作为基本道德原则来安排政治制度，组织政治生活。表面上看，这套论证思路似乎没什么问题。但其实我们可以质问：罗尔斯凭什么在他的清单中仅仅列入他的两个正义原则、效用主义原则、直觉主义原则等少数几个选择对象，而不考虑可能存在其他的更优的选择对象呢？或者，我们可以这样设问：我们是否能够排除这样一种可能性，即存在某种 X 原则（X 的值待定），若把这种 X 原则也列入罗尔斯开出的选择对象清单的话，原初情境中的处在无知之幕背后的理性自利且相互冷淡的各方恰恰会选择 X 原则，而不会选择罗尔斯的两个正义原则呢？我认为，这种可能性是不能排除的。实际上，像诺齐克、德沃金和阿马蒂亚·森这样的、与罗尔斯同样站在所谓自由主义阵营的论者就很可能会认为，这样的 X 原则是存在的，它与罗尔斯的两个正义原则相比处在更为优先的地位。显然，诺齐克会认为这一 X 原则就是他的持有正义（justice in holdings）原则，德沃金会认为是他的资源平等原则，阿马蒂亚·森会认为是他的能力平等（equality of capabilities）原则，等等。

　　当然，读者可能会指出，诺齐克、德沃金和阿马蒂亚·森各自论证他们的原则所从出发的理论前提不同于罗尔斯的原初情境。但我想说明的是，实际上，这一 X 原则具体是什么并不重要，真正重要的是，罗尔斯似乎没有理由否认这种 X 原则存在的可能性。如果这种可能性是确实的话，那么从这一点来反观罗尔斯的理论，我们就会发现罗尔斯的理论逻辑实际上存在一个根本的错置，甚或说错误。这在于：从他的原初情境出发，罗尔斯至多只能论证，对于处在无知之幕背后的那些理性自利且相互冷淡的人来说，他的两个正义原则比效用主义和直觉主义原则更有吸引力。但除此之外，原初情境，以及罗尔斯基于原初情境所作的其他理论阐释，什么都论证不了。在这个意义上说，原初情境这一理论模型至多只能作为一个排除设置加以使用（即用以排除效用主义原则、直觉主义原则等），而在罗尔斯本人所奢望的建构论意义上，原初情境根本就是论证乏力的，它根本无力证明他的两个正义原则对于社会基本制度的适用性和道德合理性。这中间的理论逻辑的错置或错误何在？其实很明显：本来，原初情境只能论证他的两个正义原则"较优"于效用主义等原则，但罗尔斯完全没有考虑更优于他的两个正义原则的 X 原则存在的可能性，从而实质上将他的两个正义原则当作"最优"来看待，乃至于认为一个政治社会要按照这两个正义原则来安排其基本制度。这种将"较优"混同为"最优"的做法就是一种理论逻辑的错置或错误。当然，仅在罗尔斯开列的清单上，他的两个正义原则可以说是"最优"的。但就 X 原则存在的可能性而言，他的两个正义原则未必是"最优"的，而可能和效用主义原则一样，仅仅是一种"较优"或"次优"，从而他无法确证这两个正义原则对于社会基本制度的道德合理性。确切地说，他无法在"最优"的意义上确证他的两个正义原则一定是原初情境中的各方的"最优"选择对象。或者，我们还可以这样解释：原初情境中的各方之所以选择罗尔斯的两个正义原则，不仅是因为这两个正义原则"较优"于效用主义等原则，而且更主要地是因为，罗尔斯根本没有给他们提供其他可能的"更优"甚或"最优"的选择对象，如 X 原则；而若这种 X 原则也被列入选择清单的话，原初情境中的各方很可能更愿意选择它，而不是罗尔斯的两个正义原则；在这个意义上说，两个正义原则其实可能是原初情境中的各方的不得已之选，甚或说是"被迫"之选，而非他们真正的出于良善意愿的乐意之选。抑或，我们可以打一个这样的比方：有一群关在封闭屋子里的、处在无知之幕背后的、理性自利且相互冷淡的饥饿之徒，他们需要食物充饥，这时罗尔斯给他们提供食物，但在选择对象清单上只列出了糠麸、树皮和土（据说在中国的所谓三年自然灾害期间［1959～1961 年］，有很多人以土充饥），而完全没有列出其他可能的食物，如白米饭、鱼肉等；在这种情况下，饥饿的选择者们——或许遵循了某种所谓的"最大最小值规则"———致同意吃糠麸，而放弃了树皮和土，这样，糠麸可谓为他们的集体选择结果。由此，我们是不是就能论证糠麸是这群饥饿之徒的最优选择呢？或者，我们是不是就能将糠麸作为饥饿问题的基本解决之道呢？显然，答案是否定的。在这一比方中，饥饿之徒们之所以选择糠麸，而不是树皮和土，仅仅是因为他们没有其他"更优"的选择，如白米饭、鱼肉等，这种意义的选择实质上是不得已的"被迫"选择。所以，这一比方除了仅仅能够说明糠麸较优于树皮和土之外，在其他方面不能说明任何问题。我以为，罗尔斯的原初情境也是如此，它除了能说明罗尔斯的两个正义原则——对于处在原初情境中的各方来说——较优于效用主义等原则之外，也不能说明其他任何问题。

针对以上论辩，读者仍可能替罗尔斯辩护：在《正义论》中，罗尔斯本人似乎并没有要把他的两个正义原则当作"最优"选择的意思。相反，他好像强调过，他只是试图论证一套正义理论，以用来代替长期占据主导地位的效用主义而已。在这个意义上说，罗尔斯似乎只是把他的两个正义原则当作是"较优"于效用主义原则的。我的回应是：说是这么说，但罗尔斯理论意图的实质似乎并不仅限于此。尤其，当我们考虑他在《政治自由主义》中的理论架构时，他的理论意图的实质更加明显。在《政治自由主义》之中，《正义论》对两个正义原则的论证被罗尔斯当成了一个基本的理论预设，正是、且只有基于这一理论预设，罗尔斯才可能进一步拓展他对一个政治社会的基本道德原则的论述。由此可见，罗尔斯确实是把他的两个正义原则看作是适于、甚或"最优"于一个政治社会的基本道德原则的。当然，关于这一点读者可能还是存有疑问，但我以为我们没有必要过分纠缠于"最优"和"较优"的字面比较。实际上，我提到这个话题的目的只是试图表明，即使顺着罗尔斯本人的思路，并基于他自己的理论预设，我们也可以找到他的原初情境这一理论模型的局限性所在。即如前述：原初情境只能作为一个排除设置论证罗尔斯的两个正义原则较优于效用主义等原则，在除此之外的其他方面，原初情境其实是论证无力的。

至此，我们已大致明确罗尔斯的原初情境这一理论模型的局限性所在。无论是从罗尔斯为原初情境设定的前提条件的第一和第二点来看，还是从第三点来看，我们都可以看到：原初情境这一理论模型的论证力量其实是非常有限的，它根本不能有效地论证罗尔斯的两个正义原则对于一个政治社会的基本制度安排的道德合理性。然而，令人遗憾的是，罗尔斯本人似乎没有明确意识到这一局限性，以至于当他在《正义论》（以及《政治自由主义》）中试图通过原初情境来论证两个正义原则对于政治社会的基本制度安排的道德合理性的时候，他事实上对原初情境作了不适当的、甚或说是错误的使用。这就是我此前说技术主义有其缺点或局限抑或错误的实质理由之所在。

读者仍可能会问，我们至此只是举了罗尔斯的原初情境一个例子（若加上经典囚徒困境的话，或可算是两个），据此我们就能说整个技术主义都有这一缺点或局限抑或错误吗？我的回答是：在我看来，不仅是罗尔斯，而且包括他的后继者们，在循着技术主义的路向建构政治哲学理论时，都会陷入同样或类似的缺点、局限或错误。比如，如果我们也以刚才的眼光或思路来审视德沃金在《至上的美德：平等的理论与实践》中建构的那个荒岛模型的话，我们也会发现同样或类似的缺点、局限或错误。关于此，我相信读者自己就可以体味，在这里我们就不再详举具体的例子来说明这一话题。我们只要记住：实际上，技术主义之所以会陷入这样的缺点、局限或错误，并不是取决于技术主义者们在建构各种政治哲学理论时使用的技术手法的高低，而是从根本上缘于技术主义建构的各种理论模型本身所共同固有的局限，以及技术主义者们对这种固有局限的忽视或错误处理。关于这种固有局限，如果我们借鉴哈耶克（F. A. Hayek，1899—1992）的复杂现象理论（theory of complex phenomenon）的话，或可得到更好的理解。

我们知道，哈耶克反对计划经济的一个核心论据是所谓的知识论论据，而知识论论据的核心又在于他的复杂现象理论。这种复杂现象理论可见于哈耶克的这样一种见识：计划经济其实可在小规模或小范围的经济体（如一家公司、一个组织或一个部落群体）内得到良好的实施。之所以如此，是因为小规模或小范围经济体的复杂程度较低，计划们能够掌控相对充足的知识（knowledge）或信息（information——哈耶克晚年更倾向于使用这一术语）以对之实施经济计划。但是，对于那些规模很大、复杂程度很高的经济体（如一个国家或一个政治社会）来说，计划者们不可能掌控足够的知识或信息，以有效应对各种变动不居的复杂情势，从而不可能成功实施全面经济计划，或者说，任何针对复杂经济体的全面经济计划都将是无效率的，最终必将走向失败。哈耶克还把这一见识拓展应用于一切复杂现象，如语言的发展、文化的积淀、民族的形成、道德观念的嬗变、市场秩序的形构整合，等等。在他看来，任何诸如此类的复杂现象的复杂程度都远远超出任何个体人（以及任何由个体人组合而成的组织或集体）的理性能力所能有效理解和解释的范围，因而是"理性不及的"（non - rational），这种状况构成了人的理性能力的"绝对限制"（absolute limit）。①

---

① 关于哈耶克的复杂现象理论，读者要是有兴趣作进一步了解的话，可具体参读他的相关著作，如《个人主义与经济秩序》（Individualism and Economic Order, 1949）、《感觉的秩序：理论心理学基础探究》（The Sensory Order: An Inquiry into the Foundations of Theoretical Psychology, 1952）、《对科学的反动：理性滥用之研究》（The Counter - Revolution of Science: Studies on the Abuse of Reason, 1952）、《哲学、政治学和经济学研究》（Studies in Philosophy, Politics and Economics, 1967）和《哲学、政治学、经济学和思想史的新研究》（New Studies in Philosophy, Politics, Economics and the History of Ideas, 1978）等。

　　以上复杂现象理论对于我们理解技术主义理论模型的固有局限究竟有何帮助呢？帮助在于：实际上，技术主义理论模型的固有局限之所以是固有的，其缘由与哈耶克的复杂现象理论解释的道理是相通的。而且，这种道理不仅有助于我们理解技术主义理论模型的固有局限，也有助于我们理解其优点。我们已经说过，技术主义理论模型的最大优点在于：就某些前提条件得到严格限定的个案问题来说，技术主义理论模型的分析论证相对明晰，结论大致可靠。实际上，这一优点恰恰体现在技术主义者们使用理论模型来模拟解释规模较小、复杂程度较低的"简单现象"——相对于哈耶克之所谓复杂现象而言——之上。确切地说，对于那些规模较小、复杂程度较低的简单现象（如经典囚徒困境预设的那种情境）来说，技术主义的理论模型可通过一些严格限定的前提条件，以及基于这些前提条件所作的一些相对简单并处于一定限度内的理论推证，来近似地加以模拟分析和解释（如经典囚徒困境所做的那样），并且，这种模拟分析和解释往往看上去相对明晰，结论大致可靠。但是，真正的问题在于，对于那些规模很大、复杂程度很高的复杂现象（如罗尔斯所探究并试图加以规范的政治社会及其道德和政治秩序）来说，技术主义的理论模型却永远无法近似地对之加以模拟分析和解释。这从根本上是因为，技术主义的理论模型，无论被建构得多么复杂精巧，毕竟始终是一种虚拟设计，它设定的前提条件，以及基于这些前提条件所作的各种理论推证，始终都是有限的或受限制的。然而，诸如人类社会及其道德和政治秩序这样的复杂现象却是无限复杂且变动不居的，因而技术主义的理论模型不可能在整体的近似模拟的意义上（注意这一限定语）有效地以有限解释无限，以简单解释复杂，或者说，它在整体的近似模拟的意义上对这种复杂现象是解释无力或无效的。这就可以看作是技术主义理论模型的固有局限，这种局限是它仅仅凭借自身而永远无法摆脱的。或者，如果借用哈耶克的术语的话，我们可以说，技术主义理论模型的固有局限构成了它自身的"绝对限制"。

　　针对以上论辩，读者可能会问：既然技术主义理论模型因其固有局限而受"绝对限制"，那么这是不是意味着我们在做政治哲学研究时，要尽可能避免一切理论模型的建构呢？或者，我们是不是要在建构政治哲学理论时尽可能避免使用一切技术手法呢？其实不至于这样。我们此前已经谈到过，技术主义理论模型的局限本身并不成其为一种缺点或错误，而真正造成缺点或错误的乃是技术主义者们对其所建构的理论模型的固有局限的忽视，以至于对之作了不适当甚或错误的使用（主要是针对复杂现象而言）。就此来说，我以为，只要我们能够良好地意识到理论模型的固有局限，并在使用的过程中——尤其是针对复杂现象——小心谨慎，而不至于失当、乃至陷入技术主义的窠臼的话，那么我们还是可以在政治哲学探究中使用各种技术手法来建构各种理论模型。何况，考虑到理论模型在模拟解释简单现象时的显著优点，我们更加没有理由完全拒斥理论模型的建构和使用。由此看来，我们在作政治哲学探究时若要适当建构和使用理论模型，非常重要的一点在于，我们要区分复杂现象和简单现象。对于简单现象，我们可以适当建构理论模型以对之进行模拟分析和解释，而对于复杂现象，我们不可能有效地建构任何理论模型以对之进行整体意义上的模拟分析和解释。

问题在于，我们又该怎么样、或依据什么样的标准来区分复杂现象和简单现象呢？我以为，在复杂现象和简单现象之间恐怕很难说有某一条泾渭分明的界限，我们也很难找到某一种确切的标准来区分这二者。但是，我们可以循着哈耶克的思路大致作这样的理解：某一现象涉及的变量或不可确知的因素越多，那么这一现象就越复杂，相反，若涉及的变量或不可确知的因素越少，就越简单。比如，经典囚徒困境模拟的仅仅是两个理性自利者之间的非零和博弈，在这个博弈环境中涉及的因素和各种可能发生的状况大致都能为我们确知，因而这一博弈环境或现象是相对简单的。但是，对于一个动辄拥有几百万、几千万、甚至几亿、十几亿人口的政治社会来说，其中涉及的变量或不可确知的因素（如种族、民族、宗教、语言、文化传统、现实利益等等）实在是太多了，以至于其复杂程度远远超出世界上任何一个最聪明的头脑的想象，所以这样的现象我们不能不将之归为复杂现象。针对这样的复杂现象，我们显然不能像罗尔斯所做的那样，试图采用某一套技术主义的方式或方法来建构某种理论模型，以对之进行模拟分析和解释，进而论证某一套所谓的基本道德原则以规范之。实际上，这样一种技术主义做法无异于"削足适履"，把一种原本非常复杂的现象或对象加以人为的、实际上也是任意的、武断的裁剪，想当然地使之简单化，以适合自己的理论模型，进而作所谓的理论论证。

读者可能会进一步追问：既然像政治社会这样的复杂现象如此复杂，以至于我们不可能有效建构任何技术主义的理论模型来对之进行模拟分析和解释，那么这是不是意味着，我们也不可能建构任何一种政治哲学理论来对之进行有效的分析和解释呢（注意：如果在一种非常宽泛的意义上理解的话，实际上任何一种政治哲学理论都可看作是某一种理论模型）？进而，如果是这样的话，这是不是意味着我们将取消一切政治哲学探究呢？针对这一问题，我想从两个方面作答：一方面，在一种整体的意义上，我确实认为，我们不太可能建构任何一种宏大叙事式的政治哲学理论，以图一劳永逸地、或一揽子地对一个政治社会作出有效的分析和解释。在这一点上，我们不得不诉诸一种柏拉图式的信念或信仰：这个世界的终极真理掌握在神的手里，不可为凡人所得。就此而言，任何一个政治哲学的理论建构者都应时刻抱持一种谦卑的姿态，对自己建构的政治哲学理论的可能局限保有清醒的意识，这样才有助于我们更好地理解和解释我们身处其中的政治社会。另一方面，我并不认为政治哲学一定要去探究柏拉图式的所谓终极真理——如果有哪一位政治哲学的理论建构者抱持有这样一种"宏愿"的话，我建议他及早打消这一"宏愿"。实际上，从事政治哲学探究有很多种方式、方法或路向（技术主义正是其中之一）。虽然我们不可能一劳永逸地或一揽子地掌握政治社会的终极真理，但我们可以循着多种不同的可能方式、方法或路向，对一个复杂的政治社会进行理解、分析和解释。就此而言，政治哲学探究永远不可能被取消。当然，就我们的话题来说，我倾向于认为，当代政治哲学中的以罗尔斯为肇端和代表的技术主义存在严重的局限、缺点甚或错误，这一从事政治哲学探究的方式、方法或路向是不值得我们效仿的。

实际上，就罗尔斯的契约论正义理论而言，如果我们剥离罗尔斯为之所做的看似高深而其实了无意思的技术主义装饰的话，我们会发现，他的理论很难说真正超越了他的契约论前辈们，甚至在使传统社会契约论"上升到一种更高的抽象水平"这一点上的合理性也是值得怀疑的（这种"更高的抽象水平"有可能仅仅是技术主义的自我感觉良好而已）。或者，如果我们把罗尔斯的契约论思路置入西方契约理论的传统脉络中去审视的话，我以为我们很难找出充分的理由来拒斥这样一种可能性：如果我们把原初情境——其原型就是传统社会契约论的自然状态——的前提条件修改设置成霍布斯设想的那样，我们完全可以期望，处在原初情境中的人有可能会同样选择出一个"利维坦"来。仅就理论本身来说，这个"利维坦"的道德合理性与罗尔斯的两个正义原则的道德合理性是没有优先性差别的，因为它们赖以推定的理论前提本身是没有优先性差别的。在这个意义上说，我们没有充分的理由、更加不能先入为主地认定，罗尔斯的两个正义原则比霍布斯的"利维坦"——如果有必要的话，我们还可以列上洛克、卢梭、乃至更久远的古希腊的智者们的契约论——能够得到更多的理论辩护。在我看来，罗尔斯为他的两个正义原则所作的理论论证至多只能说更为符合现今时代的某些技术主义迷思者的特殊味口而已。

《正义论》中的"亚里士多德主义"

——对罗尔斯"合理生活计划的善"概念的批评性评论

廖申白

在《正义论》（1971 英文版初版、1999 修订版）第 3 编，罗尔斯以与契约论的政治理论适合的方式，以极大的综合性富有创造性地表述了一种理性善的目的概念与理论。这个概念与理论以罗尔斯《正义论》的契约论道德正当理论的那些基本论点为前提——在道德理论上正当优先于善；正当的标准取决于人们同意；这种同意仅仅需要假定相关各方具有基本善的观念；正当标准一经作为同意的原则确立，就在关于人们的善概念的更周详的理论说明中发挥作用。

我不可能在这篇短文里讨论这些前提。我将仅仅限于讨论罗尔斯的善的概念。诚如罗尔斯深刻认识到的，对善概念能够提出充分合理的说明关系到一种社会正义观念能否充分稳定地建立。通常意义的善概念是对于生活目的或目标的说明。罗尔斯认为，这种善概念由于只能根据对理性嵌入方式的日常经验来阐释一种实践性的标准，可以称为理性的善。在这篇短文里，我将主要借助文本而非解释，基于亚里士多德主义德性伦理学立场，梳理并批评地审视罗尔斯《正义论》第 3 编在这些假设背景下提出理性的善的概念。由于这仍然是一个过于巨大的工作，我将使自己的工作限制在罗尔斯理性的善概念的第二阶段——"合理生活计划"的善的概念范围之内。这个概念的形式方面包括关于"善"述说目标物的稳定性质的描述论理论和关于"合理生活计划"概念的阐释。它的实质的方面包括对相关事实的说明以及对合理生活计划倾向所鼓励的那些目标的说明。在相关事实方面，我将集中于罗尔斯把亚里士多德主义作为一个心理学事实加以吸纳的思想，并将尽可能集中于他在亚里士多德主义原理概念下吸纳亚里士多德学说的内容的方式。在这两个方面，我将以第二个方面作为重点。

　　我将表明，尽管合理生活的善的概念的形式方面具有一些重要优点，例如，它的确避开了分析伦理学的一些令人诟病的缺点，与古典讨论方式比较，它对我们的善概念的讨论是范围狭窄的。我还将表明，这个概念在实质内容方面可能存在更多困难，它事实上无法容纳亚里士多德学说的实质内容，并且正因为这一点，罗尔斯仅仅把亚里士多德主义原理作为一个补充性的说明来加以运用。我还将表明，在以这样的方式来阐释他的善概念时，罗尔斯在广泛的方面与环节上吸纳了亚里士多德的学说，但同时，由于他的契约论理论框架的约束，他的理论容纳不了亚里士多德学说对于人的善的许多合理健全的理解。

一　理性的善的两个阶段

1. 合理要求的性质的善

　　作为开端，我简要概述罗尔斯对理性的善概念的形式的表述。因为，罗尔斯明确地要求理性的善的概念具有稳定的意义[1]。

　　如人们熟知的，罗尔斯对理性的善概念的形式的表述分为三个阶段：

　　（1）当且仅当在已知人们使用 X 的目的、意图等等（以及无论何种其他恰当的附加因素）的条件下，A（在比普通的或标准的 X 更高程度上）具有人们合理地要求于一个 X 的那些性质时，A 是一个善 X；

　　（2）当且仅当在已知 K（在 K 是某个人的情况下）的境况、能力和生活计划（他的目的系统），因而考虑到他使用 X 的意图或无论什么的条件下，A 具有 K 合理地要求于一个 X 的那些性质时，A 对于 K 是一个善 X；

　　（3）同于（2），但补充一个条件，亦即，K 的生活计划或他的生活计划中与目前境况有关的那部分本身是合理的。[2]

　　在这三个阶段中，罗尔斯把前两个阶段合并起来讨论[3]，把它们看作对立性的善概念的弱意义的形式解释，把第三个阶段即引入合理生活计划概念

---

　　① 罗尔斯：《正义论》（2009），第319页。在本文以下部分，我对《正义论》文本的参照与引证，除专门说明的之外，都依据何怀宏等根据罗尔斯1999年英文修订版译出的《正义论》（中国社会科学出版社2009年版），所著页码，按照学术惯例，为该中译本页码。该译本在页边标明了原著页码。读者依据此编码可以很方便地找到原著的文本位置。

　　② 同上书，第314—318、321—328页。

　　③ 同上书，第315页。

的阶段单独加以讨论①，把它看作是强意义的形式解释。

按罗尔斯，善是相关于我们所追求的事物的一些性质的，但善的概念需要借理性概念来做一实践标准的解说。在弱意义阶段上，善是人们所追求的事物的这样一些性质：人们基于自身的利益、能力与环境，会合理地要求于一个那类事物具有那些性质。通常来说，一个事物具有这种性质超出其他同类事物，我们就认为它在那类事物中是善的②。

有一些事物通常具有这些性质。这些事物包括（1）较大的自由与机会，（2）较多的收入与财富，和（3）自尊③。较大的自由与机会是自由与机会中的一个好的自由与机会，较多收入与财富是好的收入与财富④。同样道理，我们似乎应当说，较大程度的自尊也是更好的一种自尊。这些善物是认为无论欲望获得何种别的善都会欲望获得，且如有可能就获得更多一点的，所以可称为基本善⑤。在这些基本善中，自由与机会、收入与财富是外部性的手段，自尊是内在于人的善⑥。自由与机会、收入与财富是以外在数量来确定是否更好，自尊却是要以内心状态来加以说明⑦。

在更广泛意义上，我们在说明一块"好表"、一座"好山"、一个好"夜晚"，在说到人的好"眼睛"、好"耳朵"，以及在从职业行为意义谈到一个好"医生"等等时，所说的好或善都是这种意义上的⑧。我们所说的是一个日常的事实，即那块表，那座山、那个医生等等具有我们基于自己的能力、需要和环境可以合理地要求于一个那类事物或一位医生的那些性质。

理性的概念在这层意义上以那些目标物具有"可以合理地要求的性质"的形式介入。我们因之可以"合理要求的性质的善"来指称罗尔斯的弱意义的善概念。

2. 合理生活计划的善

在强意义阶段上，善是人们所追求的事物的这样一些性质：一旦一个人基于自身的利益、能力与环境而制定并实现着一项合理生活计划，他将基于

---

① 罗尔斯：《正义论》，第 321—322 页。
② 同上书，第 314—316 页。
③ 同上书，第 342 页。
④ 同上书，第 342 页。
⑤ 同上书，第 71 页。
⑥ 同上书，第 314 页。
⑦ 同上书，第 347—348 页。
⑧ 同上书，第 316—317 页。

那项合理生活计划合理地要求一个那类事物具有那些性质。[①]

所以按照罗尔斯，"合理生活计划的善"是应用于一种"合理生活计划"的"合理要求的性质的善"概念。在这个概念中，"理性"概念两次介入界定，"合理要求的性质"和"合理生活计划的"。着眼于区分的观点，我们可以用"合理生活计划的善"称谓罗尔斯的强意义的善概念。在这里，"合理生活计划的"这个限定语的充分解释就是"具有一个人基于一种合理生活计划可以合理地要求的性质的"。

按照罗尔斯，合理生活计划的善包含着非常广泛的目标事物。

甲更大的自由与机会，更多的收入与财富，这些都是一个人无论追求别的什么都会通过制定并实现一个合理生活计划来追求的。

乙社会角色的与道德正当原则密切相关的那些表现形式：例如好法官、好父亲、好妻子、好朋友等等[②]。

丙属于人的善，这包括那些具有重要优点的活动及其业绩以及活动者所表现出的那些人格品性有点本身。在活动与业绩方面，有意义的工作与社会合作，伟大的事业，以及那些由于自身缘故而为人们喜爱的活动，例如对美的塑造与观照[③]。在品性方面，友谊与感情[④]，以及其他出色的人格品性，它们在总体上被看作人类美德[⑤]。但是其中一部分被看作人的自然特性方面的优点，例如力量与忍耐；另一部分被看作属于人通过努力而获得的美德，例如智慧或对知识的追求，美丽与优雅，想象与机智[⑥]。在这后者之中，又有些被看作与道德原则发挥重要作用这一点密切相关，因而被看作道德德性[⑦]、道德价值[⑧]，或者属于一个人的人格的道德的善[⑨]。

丁与属于人的美德与道德德性联系在一起的，还有自尊，"它包含一个人对他自己的价值的感觉"，以及"对自己实现自己的意图的能力的自

---

① 罗尔斯：《正义论》，第 314 页。
② 同上书，第 318 页。
③ 同上书，第 335 页。
④ 同上书，第 335 页。
⑤ 同上书，第 350 页。
⑥ 同上书，第 344 页。
⑦ 同上书，第 344 页。
⑧ 同上书，第 345 页。
⑨ 同上书，第 318 页。

信"①。自尊既是最重要的一种基本善②，又属于必然伴随我们追求美德与道德德性的努力的一种内在善③。

按照罗尔斯，所有这些都可能是人们通过形成一个合理生活计划而追求的目标。

3．善作为对目标物的一组稳定性质的标识

从这里可以看出，罗尔斯仅仅把善概念解释为标识出目标物相关于在实现着其合理生活计划的人的利益、能力与环境等等的一组性质的。罗尔斯认为，一个人基于其利益、能力与环境，制定并实施着一个合理生活计划。在这一实践中，他的理性向他标识出目标物的一组他会合理地要求于那类事物的性质。合理生活计划的善，合理要求的性质善也同样，是人们对这些目标事物做的一个描述说明，人们在对某些事物进行所谓推荐时就通常是在做这样一种说明，表明一个所说的事物具有当一个实现着一个合理生活计划的人可以合理地要求于一个那类事物的那些性质。人们基于一个正在付诸实现的合理生活计划而合理地要求于一个事物的那些性质是足够稳定的，并且也正因为具有这种稳定的意义，善概念得到恰当表达的描述意义才"被用于称赞与劝告"：当这个说明被听者出于信任地接受时，它就被看作是推荐或建议④。

在这里，罗尔斯比较充分地表达了与情感主义哲学家们在善概念上的三点重要不同。首先，情感主义者们强调善这个词只表达评价者的态度与情感，罗尔斯强调善描述着实现着一个合理生活计划的人可以合理要求于目标物的那些性质。其次，情感主义者强调人们用善这个词所表达的这些这类态度与情感的不确定性，罗尔斯则强调人们用善这个词所描述的目标物的那组性质的基本性与稳定性。第三，情感主义者因此坚持善的异质性，并坚持这种异质性在于善是因人而异的，就是说，对于同一事物，一个人与另一个人之间存在不同态度与情感，罗尔斯则坚持善的异质性是在于人们评价标准"因物不同"⑤，坚持对同一事物，人们基于日常经验事实，具有关于它的稳

---

① 罗尔斯：《正义论》，第 347 页。

② 同上书，第 347 页。

③ 同上书，第 314 页。

④ 同上书，第 319—320 页。关于罗尔斯的善的意义的观点，限于本文的目标，我将止于他的这种基本描述论立场，而不做进一步的讨论。

⑤ 同上书，第 319 页。

定性质的相同看法。

目标物的这种性质，如果见之于日常经验事实，对我们隐而不显，罗尔斯称为"根深蒂固的性质"①。这些性质人们如果在实现着一项合理生活计划通常都会合理地要求于一种对象物或目标物的。一种事物成为一个目标物，并被标识出一组这样的性质，是基于社会文化过程与传统的日常实践所塑造的②。日常实践塑造了人们的欲望系统，使一些事物被他们表象为目标或对象，使这些事物显现出一些"根深蒂固的性质"。

4. 合理生活计划的善概念的主要优点

罗尔斯对生活计划的善概念的"稳定性质"阐释具有四个主要优点。

首先，它隐含一个日常观念的"生活"概念，并把它作为基础。它具有这样的含义：一个人由于经历着生活而需要生活计划，由于需要好的生活计划而发生关于善的概念。这样，关于人的善概念的讨论就决不是与人的生活无关的。

其次，它非常明确地确定问题的范围是"现象经验"，这使合理生活计划的善概念获得一种简洁性质。因为，这个"呈现"或者目标物的"显得怎样"就是问题的全部重要范围。它使我们可以安全地在日常经验的限界之内观察与思索，无需要越过它去思索背后的问题。

如果我们深入地来探究从"下面"支持着目标或对象物具有那些稳定的性质的是什么，我们就离开了道德理论需要关切的问题范围。道德理论应当仅仅关心在我们的现象经验中的确显得如此的那些事情。日常实践经验也是一把"剃刀"。

第三，它使得我们能够说，在这个范围之内，善是基于人们的利益、能力、意图和他们的合理生活计划，他们对于一个事物的确具有一组我们合理要求于那类事物的性质的一种主观确信。人们确信他们通过那个计划所追求的那些目标物具有这些性质——这就是它们的确是善的根据。

第四，它的确如罗尔斯所期望的，容易说明善概念所关涉的一组性质必定是因物而异的：我们可以合理地要求于一块表的那些性质显然不同于我们可以合理地要求于一座山、一个夜晚以及一个医生的那些性质。

---

① 罗尔斯：《正义论》，第343—344页。

② 罗尔斯对塑造着人们关于合理的目标物或对象物及可以合理要求于这些事物的那些稳定性质的观念的文化发展、社会传统与基于这些背景的日常实践的讨论，参阅《正义论》第316、416、460页等处。

第五，这个概念使罗尔斯得以在善概念的解释中引入"合理生活计划"的观念，并通过这个概念展开关于人的生活的复杂的说明。为什么从"合理生活计划"来界定善？罗尔斯这样说道，

一个人的合理计划决定着他的善。这里我采取罗伊斯的如下思想，即一个人可以被看作是按照一种计划生活着的一种人生。对罗伊斯而言，一个人通过描述他的目的和事业，描述他在他的生活中力图去做的那些事情，讲述着他是谁。①

由于这些优点，罗尔斯的合理生活的善概念摆脱了情感主义的感觉论相对主义泥沼。

5. 对罗尔斯合理生活计划的善概念的评论

在上面，我以我的方式概述了罗尔斯的生活计划的善概念的一些核心之点。在此过程中，我不得不略过了许多联系环节，其中有些也非常重要。我将对罗尔斯合理生活的善概念做些评论。

罗尔斯的善概念富有理论创造性，尤其在其形式的方面。罗尔斯在严守日常经验的限界的哲学前提下，把亚里士多德、康德、西季威克等许多哲学家的思想熔于一炉，形成一个非常有统摄性和系统性的理论概念。

显然，如果我完全采取罗尔斯的道德理论假设，所提出的问题就比较容易进入细节。然而，如果我打算在更大程度上采纳亚里士多德主义，在提出问题方面就会遇到以怎样的方式对待那些相关内容的哲学前提的困难问题。因为显然，罗尔斯在处理所吸纳的那些亚里士多德主义方面采取着非常不同的哲学前提。

既然我现在不可能去澄清罗尔斯善概念的不同哲学前提处理方面的问题，我打算采取一种从所论问题做"有限回溯"的办法来引出一些评论。我从罗尔斯的合理生活的善概念"回溯"到生活的概念来开始，因为这在我看来是无论如何也回避不了的一个概念。这事实上涉及了第二部分的问题。

罗尔斯的前提非常清楚：一些生活着的人；对他们中每一个而言，他的善取决于他从现在开始考虑好他的面向未来的合理生活计划并使之付诸实现；为此他要尽可能清楚地了解他的需要、能力与环境；善就是他觉得好的那些事物所具有的稳定性质。道德理论要反思平衡地建立，但它的限界是人的日常经验事实；道德理论里没有什么是先验的。

---

① 罗尔斯：《正义论》，第 321 页。

首先，尽管我们作为人的生活需要合理计划这一点没有太多疑问，我却不敢说一项合理生活计划将通过形成一系列子计划而囊括了我的人生的全部内容。对罗尔斯所说的那些"从每一个人观点来看都是善"的善①，我们如何做生活计划的规划？而且，我们东方人尤其有一种直觉：人生与其说出于规划，不如说出于在生活实践中体会，我们生活着，我们也体会着我们的生活。这种体会在很大程度上是在体会我们基于人生实践而达到的性情融合的"自然"，我们的生活使我们体会到，我们能够在更大程度上感受到我们的生命活动处于这种"自然"。

其次，问题还在于，由于人们在过着各色各样的生活，要说明每一个人只要基于这各色各样的生活形成并遵循一项合理生活计划，所实现的任何东西都的确是适合他的善，困难就更加大。如果一个人碰巧没有做过任何合理生活计划同时又没有做过任何违反同意的正义观念的事情（你甚至可以假定他完全不知道有"同意的正义观念"这个东西），你就真的很难说清楚，与那个不幸仅仅实现了在公园草坪"数草叶"的人②相比，这个碰巧也存在的人在他的生活中实现的善是否的确更少。

再次，通过古典的讨论方式比较，我们可以注意到，罗尔斯合理生活计划的善概念显然把我们用善来述说的事物的范围大大缩小了："善"说的是对象物的确具有一些性质。我所说的古典的讨论主要是希腊哲学的，尤其是亚里士多德哲学的。亚里士多德认为善概念不仅述说性质，而且述说更基础的范畴："是〔所是〕"、数量、关系；我们可以说在"是〔所是〕"的意义上说努斯是善，在数量意义上说适度是善，在关系意义上说有用是善，在性质意义上说德性是善；实体的意义是根本的，基于实体意义，才发生数量、关系、性质意义上的述说③。

的确，这正是当代哲学家们所想要的改变。但是，尽管这种改变带给我们讨论的便利，我们似乎也不能否认，亚里士多德指出善可以在这些不同范畴上述说对象甚至同一个对象，以及这些述说都以实体意义的述说为基础，对善这个述说词似乎有眼界更为广阔的观察和理解，具有更加健全的性质。首先，像对于宇宙、太阳、地球、自然界这些事物，我们可以直接说它们由

---

① 罗尔斯：《正义论》，第350页。
② 同上书，第341页。
③ 亚里士多德：《尼各马可伦理学》，1096a20—26。

于是所说的那个事物就是善的，我们似乎无需归结出我们合理地要求它们的性质。而且，设想我们可以合理地要求于它们的那些性质是荒谬的，因为我们从未想到过把它们当作目标。除了在偶然情况下，人们也不大会评论说，今天的宇宙是一个好宇宙，昨天的不是。

其次，某些生活形式，人们仅仅因为它是那样的生活而把它们看作善的，而并非因为它与其他生活形式相比具有某些性质。正如罗尔斯与亚里士多德都同意的，我们可能由于先通过文化与教育的过程而把某些事物以及生活形式感受为目的或目标物，以后才在实践的生活把它们体会为善的，并且在实践理智随着生活而发展起来时才学习分析人们可以合理地要求于那种事物的一组性质，不论这组性质是否真的贴切地表象出它们被视为目的的那种重要性。

亚里士多德从生活活动概念发展出来的实现活动或实践概念是一个好的概念（当然也有用），他因此而引申的实践理智的概念也是如此。生活形式的复多性质并不能掩盖它们对我们作为人而言的实践意义的高低，正如罗尔斯在第3编后面部分所同意的，因为，它们在实现我们作为人的实践可能性方面差异极大。在把哪些事物以及生活形式感受为善的这件事上，以实践理智的方式分析地思索我们的目的物的适合我们的那一组性质，以及通过合理生活计划来协调对不同目的物的欲求，也无论如何都是后续才发展的能力。

所以，我们可能并不是在历数了它的那些性质之后而选择它，甚至在这样历数之后反而会打消一项不这样做就会做出的选择。亚里士多德的善概念使我们可以直接地，而不是借助它们的被分析出来的性质，也近乎自然地，谈论一些好的生活形式实践与活动。

二　合理生活计划、计算与慎思理智

1. 合理生活计划的欲望原理

在形式的方面，合理生活计划的善的概念的更为重要的意义是由对合理生活计划概念的阐释的引入我将从这里引向对罗尔斯合理生活计划，概念的意义的探讨。我在前面已经说明，通过合理生活计划概念，罗尔斯使理智概念嵌入善的概念，更重要的是，把对善概念的讨论引向对其理智限定条件的讨论。

合理生活计划在罗尔斯看来是我们对人生的一种规划，通过合理地制定并实施一项合理生活计划，罗尔斯认为，我们就在"根据基于我们现有的欲望而在未来的欲望之间"作一种规划或选择决定：

> 在任何一个给定的时间，有理性的人们都是根据他们的境况和信念在不同的思想能够为计划之间作决定，这些计划与他们现在的那些主要欲望以及那些合理选择原则相联系。[①]

罗尔斯认为我们对未来的欲望加以规划是可能的。首先，我们的欲望都是从一般的欲望生成为具体的欲望的[②]。没有什么欲望是永远不变的。规划欲望并不是去规划未来欲望所有细节，部分地是在做一种时间的安排[③]。

诚然，这些未来欲望将采取的具体形式通常不可预知，因为我们现在缺乏关于未来境况的细节情况，只能到了未来的时刻才能够确定[④]。但是，我们现在规划它们却十分重要。因为首先，这样才可能是将来获得其具体形式的那些欲望"能以一种有效的与和谐的方式得到满足"[⑤]。其次，我们这样做似乎也就在罗伊斯的意义上，或许也在康德的意义上，选择着我们将来的"所是"[⑥]。

第二，我们在安排一种生活计划的利益与目标时，就是安排我们的未来的欲望，这并不是另外的一件事情[⑦]。我们规划着我们所要实现的目标，这同时也就是在规划我们的利益、需要或欲望。

所以，如果我们能够，让我们基于我们现有欲望并面向将来，规划我们希望我们将来具有的一般欲望。我们通常是通过选择一种职业、一种社会角色而做出这样一个规划的，这种选择将决定我们未来将具有何种一般的需要和愿望，因而也决定着我们将有何种一般的缺乏[⑧]。举例来说，如果我选择去做一个流水线上的装配工或者超市的收银员，至少在我从事着这个职业的时间里，我可能通常会有下班后享受一顿丰盛佳肴的需要和愿望，而可能缺

---

① 罗尔斯：《正义论》，第 327—328 页。
② 同上书，第 323 页。
③ 同上书，第 323 页。
④ 同上书，第 323 页。
⑤ 同上书，第 323 页。
⑥ 同上书，第 321、328 页。
⑦ 同上书，第 323 页。
⑧ 同上书，第 328 页。

乏发展我的文学的、音乐的甚至哲学的爱好的需要和愿望，而假如我决定去上大学并最终做了一名教师，我将来就可能持有后一类需要和愿望。

一项合理生活计划对于我们的帮助就在于，它倾向于使我们形成一种基本观点，让我们来审视我们希望于未来的那些需要、愿望乃至缺乏是否相互一致①，并且适合我们的现在的需要与愿望。

可是，我怎样能够知道有能够发展文学的、音乐的甚至哲学的爱好的那些需要和愿望比仅仅有在下班后享受一段丰盛佳肴的需要和愿望对将来的我更好呢？罗尔斯认为，我们诚然不能说我们现在"知道"。但是首先，如果能够，"我们必须努力估价我们较远的将来的境况"②。其次，如果能够，我们应当努力让我们将来有一个包容内容更广泛些而不是更狭窄些的欲望系统。这后者也是人特有的一种欲望。这种欲望我们可视为一个目的，因为，它可以推动一个人去理性地思考这些问题③。

2. 正义的约束

我们还需要更深入地考察罗尔斯关于合理生活计划的概念。但是在此之前，我需要简略地谈谈我在开头的部分提到了罗尔斯的著名的"正义的约束"假设，即：由人们同意的正当标准观念对于人们基于合理生活计划形成的善概念具有一种"深层的影响"。因为，提到与这个假设的一些相关的方面似乎是接续下去的讨论的一种必要准备。

我想这样地概括罗尔斯的主要思想。首先，说同意的正当标准具有这种影响，是说根据契约论的道德理论和政治理论，正义的原则必须是在人们仅有关于基本善的一般观念的环境下来选择的，并且，正义原则一旦被选择，就对人们通过选择并实现一种生活计划而获得和发展的善概念具有约束力。

其次，说这种"影响"是"深层"的，是说这种正义观念将通过一个由它调节着的且持久存在的基本制度安排，对人们的目的或欲望系统发生着重要影响。在这方面，这种"深层"影响又有直接的与间接的两层。

在直接的影响方面，首先，这样的社会由于充分肯定亚里士多德所指出的"社会相互依存性"事实，鼓励人们发展公共善④，鼓励人们肯定社会联

---

① 罗尔斯：《正义论》，第416页。
② 同上书，第327页。
③ 同上书，第327页。
④ 同上书，第335页。

合的共有目的①，鼓励人们发展相应的欲望，但这并非对共有目的的共有欲望，而是那种类似于在博弈中的对于"好好做游戏"的愿望②，包括一种按正当原则去行动的欲望③和按合理的原则去制定和实现自己的生活计划的欲望④。这意味着，这样的社会将不仅要求一个人的生活计划是合理的，而且要求他的利益和目的也是合理的⑤。第二，以这样的方式，这样的社会支持和鼓励人们的合理的生活计划，不支持和鼓励不合理的计划⑥。第三，这样的社会还通过广泛的民间社团结构提供着人们展示他们的合理生活的善的舞台，使人们能够近乎自然地发展他们关于理性的善的观点与关于道德的观点，并且，这两种发展倾向于是相互协调一致的⑦。

其间接的影响，按照罗尔斯，表现在通过它所鼓励的合理生活的善，这样的社会也将倾向于鼓励人们去肯定基于人的正常的生活而发展那些人的善，那些合理生活计划所鼓励的更高的善。那些善，将是从每一个人的观点看来都是善的⑧，因此，对于获得那种善的欲望，仅仅从"能够"的观点说那也可以是"欺骗和教唆堕落的欲望"，从日常的观点来看，竟显得毫不相关⑨。

3. 生活计划 + 计算

我现在回到罗尔斯的合理生活计划概念。基于上面的讨论，马上显得明白的是，它们是人们的生活计划的一个部分，显然，按照罗尔斯的看法，存在着不合理的生活计划。

关于生活计划如何是合理的，利益与目标如何是合理的，罗尔斯这样界定：

> 一个人的生活计划是合理的，当且仅当（1）他的生活计划是和适用于他的境况的有关特点的那些合理选择原则相一致的诸项计划中的一

---

① 罗尔斯：《正义论》，第 416 页。
② 同上书，第 416 页。
③ 同上书，第 344 页。
④ 同上书，第 328 页。
⑤ 同上书，第 322 页。
⑥ 同上书，第 335 页。
⑦ 罗尔斯关于这个部分的充分讨论，参阅《正义论》第 8 章。
⑧ 罗尔斯：《正义论》，第 350 页。
⑨ 同上书，第 335—336 页。

项，并且（2）是满足这个条件的那些计划中的他根据充分慎思的理智，即在充分意识到有关事实并仔细考虑了种种后果之后会选择的那个计划。一个人的利益与目标是合理的，当且仅当它们是由对他来说是合理的计划所鼓励和设定的。①

罗尔斯坚持，可以识别并挑选出一组合理生活计划的是实践理智的那些合理选择原则，它们是一些实践性的程序，有助于建立一些必要的程序性的实践标准假设。在这些合理选择原则中，有一些是主要同短期生活计划有关，但也引申地用于长期生活计划的，另外一些则似乎仅仅适用于长期生活计划。

仅仅适用于长期生活计划的原则主要是推延原则：如果我们现在还不能决定我们将来在几件可能想做的事情会最后倾向于做哪一件，那么就让我们推延确定计划，使那些可能都对我们保持开放②。

在主要同短期生活计划有关，但也适用于长期生活计划的原则中，有效手段原则最为人们熟悉。就本身而言，既然没有一个时间安排考虑，并且只有一个当下目标是显得突出的，它就意味着选择最有效的手段，不论是什么手段③。但是它在用于长期计划时也自然地具有相同意义，因为由于一种目标是在这段时间之中突出的，采取哪些手段也仍然仅仅取决它们是否最有效④。

另一个这类原则是较大可能性原则。如果一个人不能断定哪一个手段最有效，而只能区别出一些手段可能更有效，他就需要采取这一原则来做选择⑤。在用于长期计划时这种含义也是相同的，例如，当一个人来考虑一个像考虑选择一种职业或行业时的情况⑥。

第三个也是更为重要的原则是较大蕴涵原则。如果在实现一个目标的两种方法中有一个唯一地只能实现这个目标，另一个则除了这个，还能附带地实现其他有益的目标，那么后一个就具有更大蕴涵性，就更值得选择⑦。如

① 罗尔斯：《正文论》，第321—322页。
② 同上书，第323页。
③ 同上书，第324页。
④ 同上书，第326页。
⑤ 同上书，第325页。
⑥ 同上书，第326页。
⑦ 同上书，第325页。

果用于长期计划，它的含义就更吸引人：一个能够实现另一个生活计划的全部目标，并且还能实现其他一些有价值的目标的生活就具有更大蕴涵性，就更可取①。

如果考虑到幸福就意味着实现最多的有益目标，在正常生活状态下人倾向于实现更多而不是更少有益目标，那么这种蕴涵原则就在合理生活计划的概念中具有更重要的地位②。

正因为如此，在考虑长期生活计划时，人们倾向于结合较大蕴涵原则来考虑有效手段原则和较大可能性原则③。

这三个原则，罗尔斯径直地称为一组计算原则：它们帮助我们计算目标的数目与实现目标的可能性④。它们不考虑欲望的变化，也不考虑欲望的相对强度⑤。所以，按照罗尔斯，它们仅仅是一些简单的合理选择原则⑥。

4. 生活计划 + 计算 + 慎思

罗尔斯把那些更健全因而也更复杂，因而应当在这些计算之后来运用的合理选择原则包容在慎思理智的概念之中。罗尔斯的这个概念直接来自西季威克⑦。但是，如人们所熟悉的，它的更深的来源是亚里士多德的好的考虑或慎思的概念⑧。

按照罗尔斯，慎思理智必须是在的基础上，即一个人正确运用了计算原则挑选出一批生活计划，并且这些生活计划没有误解需要的真实对象，进行反思活动⑨。基于错误的计算，或者对需要对象的误解，慎思理智的活动将没有意义。

具体地说，基于那些通过计算原则的初选的生活计划，我们需要反思我们的真实需要为何，以及我们需要它们到何种程度⑩。其次，我们还要反思我们的这些需要是从何而来，是否来源于过于抽象的观念，产生于偶然的社

---

① 罗尔斯：《正文论》，第 327 页。
② 同上书，第 327 页。
③ 同上书，第 326 页。
④ 同上书，第 327 页。
⑤ 同上书，第 327 页。
⑥ 同上书，第 328 页。
⑦ 同上书，第 328 页。
⑧ 亚里士多德在《尼各马可伦理学》第 3 卷第 3 章和第 6 卷第 9 章讨论了考虑或慎思的概念与问题。这个讨论应当是罗尔斯的，也是西季威克的讨论的更远的概念与思想背景。
⑨ 罗尔斯：《正义论》，第 329 页。
⑩ 同上书，第 328 页。

会环境，或者产生于严重匮乏。因为，产生于这些原因的需要可能是紊乱的，在许多方面不一致或不协调①。

这意味着，如果能够我们应当着眼于长期的观点来考虑对合理生活计划的选择。的确，选择一个合理生活计划意味着在一个相对长的时间内安排我们的需要与目标。所以，计算原则的那些初步计算结论现在要在长期计划的观点加以审视。正是由于这一观点的转换，在那三个计算原则之中，较大蕴涵原则似乎比其它两个原则更重要②。

在这个基础上，适合于考虑长期计划的推延原则成为合理生活计划上的法官或审视者。正象法官在审判中的审慎首先在于防止误判一样，推延原则在慎思方面的意义就是"拒绝时间偏爱理由"：防止让未来的目标"仅仅因为是未来的就被打折扣"③。还有另外两个相关的原则：连续性原则和提高期望原则。前一个意味着，我们应当把一项合理生活计划的选择看作确定一个"总计划"，每种需要与目标都要从这个总的观点来考虑④。后一个意味着，在一个目标最终实现之前，保持和提高对于实现它的期望也是一种重要的并且特别属于一种合理生活计划的善⑤。慎思大致上也就是基于这三个原则所作的思考。

通过这些反思，罗尔斯说，我们可以比较出一些生活计划比另一些更合理，因为它们包含和鼓励的目标更具有一致性和相互融洽性。这样，我们将缩小通过初选的较多生活计划的范围，挑选出一些合理生活计划。合理生活计划选择的恼人的问题是不可能最终消除的复多性。我们无法真正确定一项最好的合理生活计划⑥。

但是，罗尔斯认为，这仅仅意味着我们对合理生活计划的最后确定是主观上合理的。善究竟是什么，是一个无法解决的问题。合理生活计划在任何意义上都不是绝对意义上的好计划，即在无所不知的条件下确定的一项计划⑦。我们最终确定的仅仅是一项我们事后无论做什么都不会后悔的生活计划：即使我们最终被表明未能选择一项更好的计划，即使我们的选择使我们

---

① 罗尔斯：《正义论》，第 331 页。
② 同上书，第 326 页。
③ 同上书，第 331 页。
④ 同上书，第 332 页。
⑤ 同上书，第 332 页。
⑥ 同上书，第 322 页。
⑦ 同上书，第 333 页。

走向不利境况，都不致让我们责备自己通过选择这一合理生活计划而塑造的我们自己的人格与人生①。

　　而且，还有一点至少令人欣慰：只要我们确信我们的选择是理智的，对我们而言"真正善的"就与"显得善的"相互重合②。

　　5. 对罗尔斯合理生活计划概念的评论

　　我在此将引入对罗尔斯生活计划概念的一些评论。

　　罗尔斯所讨论的欲望原理与亚里士多德的欲求概念有密切的相关性。亚里士多德使用欲求概念说明人的活动的原因。这个概念意义比柏拉图的欲望概念更为广泛，包含欲望、感情与想望③三者。在这三者之中，关于欲望，亚里士多德认为有些欲望产生于正常的自然的过程，有些欲望产生于匮乏和偶然的社会联系。他把产生于匮乏和偶然社会联系的欲望看作不正常的欲望，认为这类欲望是多样的、变化不居的。所以，亚里士多德谈到人的欲求时，主要地是在谈论人的正常的欲望、感情与想望这三个层面的追求善物的动机。

　　罗尔斯在第 3 编中的思想的独特贡献，是他把亚里士多德的这些思想，尤其是实践理智与欲求相互作用的思想，具体化在合理生活计划的概念之内，并创造性地阐述了这个概念的实践程序内涵。

　　我在前面评论了罗尔斯关于人的生活的善的概念需要唯一地借助合理生活计划的概念来阐释的思想。我在这里将限制于合理生活计划的概念之内来做一些讨论。我在前面概述的罗尔斯关于实践理智慎思进入我们的需要（欲望）—目标意识的那些讨论都是非常出色的。这些讨论以非常具有说服力的方式向我们表明，在我们的欲望指向的那些外部性目标（这些目标我们常常可以通过生活计划来规划）方面，我们的考虑或慎思具有两个相互联系的阶段。在第一个阶段，我们初步地比较或计算我们现在欲望的那些目标，看看怎样的选择可以让我们实现多一些目标。在第二个阶段，我们进一步考虑或慎思我们的欲望，努力使我们计划实现的目标一致。

---

①　罗尔斯：《正义论》，第 333 页。

②　同上书，第 322 页。

③　亚里士多德《灵魂论》432b6－8："在思想活动的部分，有想望（βούλησις），在无思想活动的部分，有欲望（ἐπιθυμία）与感情（θυμός）。如果把灵魂分成三个部分，我们在每一个部分都可以找到欲求（ὄρεξις）"。在谈到亚里士多德时，需要把他的欲望概念与欲求概念加以区分。

在这里，引入对亚里士多德与柏拉图提出的有关问题的一些说明是有益的。柏拉图提出了这样的问题，欲望方面的主要问题是它本身出于人的非正常状态，当我们处于欲望状态下，欲望对目标物的呈现是成问题的：一种目标物当出现在眼前时对我们显得比它真实所是的更大，当出于严重匮乏时也由于我们要急于摆脱它对我们显得比它真实所是的更要紧①。对柏拉图来说，出路当然在回到正常状态寻求知识。不过依照亚里士多德，出路首先在于回到正常生活来感受那些真正善的事物，并把它们感受为善的，使我们欲求着好的事物或目标②。

我们可以看出罗尔斯从他的哲学前提引出的他与柏拉图和亚里士多德的区别。如果我们不知道有，或不可能通过好的活动来感受那些好的事物，如果我们只能假定存在众多相互竞争，不能相互涵摄，又不可以相互评比的目标，我们就只能凭据对可以计数的目标进行计算，看看何种相关的选择将包含更多一些这类目标。在目的退隐之后，我们就只有目标，即出现在我们面前显得像目的的对象物。对这些目标，既然不可能判断何种更好，就只能对它们作数目作计算。

罗尔斯的对目标计算的讨论是基于善概念从西方古典时代以来的漫长演变的。应当承认，罗尔斯阐释的理解方式更适合今天的西方人。但同时，正如一部分西方哲学家也倾向同意的，在道德哲学上，亚里士多德阐释的理解方面总是展示给我们更广阔、更健全的对人的理解。

6．对罗尔斯慎思概念的评论

接下来，我将在同样的范围之内，讨论罗尔斯对考虑或慎思概念的讨论。罗尔斯在这方面的讨论，我已经在前面做了一些必要概括，这些讨论同样非常出色。

在这里也许非常值得谈谈罗尔斯的讨论与亚里士多德的相关讨论之间的关联。罗尔斯非常深入地发展了亚里士多德的"考虑"的观点，他们的讨论也具有一个重要的相似之处：他们都同样坚持实践理智的发展与欲求系统的发展相互作用：随着一个人的生活阅历的积累，他的实践理智会逐步成熟，并帮助他考虑（反思、慎思）他获得现有欲望的环境，校正他的一些现有欲望的偶然性质，并帮助他发展一些与实践理智的考虑一致的欲求，在这些欲

① 参阅柏拉图《普罗泰格拉》355C，《斐力布》35A—36A。
② 参阅亚里士多德《尼各马可伦理学》第1卷第5、7章。

求中，也包括一种去做正义的事，使自己成为正义的人的欲求。随着生活阅历而发展的实践理智可以帮助做到这一点。

接下来，我试着来说明他们的观点上的一个重要差异。

在亚里士多德那里，问题比较复杂。考虑仅仅对于手段，因为，考虑是为着选择，选择是当我们已经通过培养好的感受事物的和行为的习惯而形成一个好的目的之后的活动。目的不是通过正确思考过程，不是通过选择，而是通过生活而确立起来的。①对罗尔斯来说，要考虑或慎思的是选择实现怎样的，即与哪些目标联系在一起的一项合理生活计划②，这些目标不是亚里士多德意义上的目的，上面已经说明，它们是一些多样的，每一个都显得不可替代的欲望对象物，仅仅在短期计划方面，如已经提到的，有效手段原则才是对于手段的选择的。

这个区别诚然是重要的。但这并不妨碍我们指出罗尔斯对亚里士多德的观点的两个重要发展。首先，罗尔斯以在有问题的欲望状态下的考虑与慎思补充了亚里士多德关于考虑的观点。对亚里士多德来说，对有问题的欲望状态的矫正是生活的、实践的，尽管坏习性已经形成就难改③。而对罗尔斯而言，通过慎思地选择一项合理生活计划，慎思理智就在对欲望获得方式进行反思，这种反思将有所助益，尽管现有欲望只能慢慢地改变④。

其次，罗尔斯从主观的方面引申了亚里士多德关于好的考虑是"理智的正确"的观点。好的考虑介于判断与意见之间。它所包含的正确既不是理论意义上的，也不是主观任意意义上的，而毋宁说是生活意义上的⑤。罗尔斯进一步阐发了这种理智正确的含义在于适度推延决定、考虑欲望—目标系统的一致性与不断充实，和考虑对长远目标保持并期望本身的善这些方面⑥。

第三，罗尔斯发展了亚里士多德关于好的考虑未必在于考虑的时间长和不断进行考虑的观点⑦。他引入关于考虑或慎思的代价的观念：

　　　形式的规则是，我们应当慎思直到这样一点：由改进计划带来的可

---

① 参阅亚里士多德《尼各马可伦理学》第1卷第5、7章，第6卷第9章。
② 罗尔斯：《正义论》，第332页。
③ 亚里士多德：《尼各马可伦理学》1111a22—1111b3，1151a30—32。
④ 罗尔斯：《正义论》，第331、450页。
⑤ 亚里士多德：《尼各马可伦理学》1142b16—26。
⑥ 罗尔斯：《正义论》，第331—332页。
⑦ 亚里士多德：《尼各马可伦理学》1142b26—29。

能利益对于反思所付出的时间与努力是值得的。一俟我们把慎思的代价考虑进来，我们就没有理由担心找不出最好的计划……。①

就我们为获得外部性的目标而言的那些理智活动而言，这种说明具有真实性。但同样的局限也同样存在于这里：如果把生活计划的善理解为主要地是由那些外部性的目标构成的，慎思就失去了在亚里士多德学说中的与善的生活的目的的联系，例如慎思如何，以及根据何种原理来审视我们的各种需要是否真实，各种目的是否协调一致等等问题，就得不到清楚的说明。

三　"亚里士多德主义"原理

1. "合理生活计划"所鼓励的善目标

现在，我们可以接下来讨论罗尔斯认为合理生活计划可以鼓励的那些实质目标了。我在前面曾概述这些目标，为方便起见，我把它们再次列在这里：

甲．更大的自由与机会，更多的收入与财富。

乙．与道德正当原则密切相关的那些社会角色形式：例如好法官、好父亲、好妻子、好朋友等等。

丙．属于人的善（human goods），这包括那些具有重要优点的活动及其业绩以及活动者所表现出的那些人格品性优点本身。在活动与业绩方面，有意义的工作与社会合作，伟大的事业，以及那些由于自身缘故而为人们喜爱的活动，例如对美的塑造与观照。在品性方面，友谊与感情，以及其他出色的人格品性，它们在总体上被看作人类美德②。其中属于人的自然特性方面的，力量与忍耐；属于人通过努力而获得的，智慧或对知识的追求，美丽与优雅，想像与机智；后者中与道德原则发挥重要作用这一点密切相关的——道德德性（moral virtues）、道德价值（moral worth），或者属于一个人的人格的道德的善（moral goods）。

丁．与属于人的美德与道德德性联系在一起的：自尊。

---

① 罗尔斯：《正义论》，第330页。
② 同上书，第350页。

　　按照罗尔斯，这些可能的善目标可以区分为两个层次。

　　首先，那些"对占有它们的人基本上是善的"① 目标，甲、乙类目标属于这一层。

　　它们是一些外部性的目标，是我们欲望因而需要的对象或目标：对每一个这样的目标，我们都由于需要而产生一些希望它具有的性质，一些属于那一类事物的稳定性质，我们都基于合理生活计划可以合理地要求它具有，并且具有得比其他同类事物更多。因为，按照罗尔斯，在我们欲望一个外部对象时，我们要求它具有一些这样的性质是自然而然的。

　　更大自由与机会、更多收入与财富属于之类目标是不言自明。我们不缺少对获得他们的欲望，尽管对于它们属于基本善只能用弱意义的善概念来解释②。一旦把它们作为合理生活计划鼓励的一部分善目标，我们将马上理解，它们是最重要、最具日常性的善目标。共同的正义观念对它具有的约束将明显地是在于要求一个人不以不正义的方式追求这些善目标。因为显然，一俟没有这种约束，不正义就将流行。所以，如我们所见证的，即使一个社会缺乏共同的正义观念，一种替代的观念也必须被置于那个位置，并且被宣称为是共有的。

　　关于罗尔斯为何不把收入与财富、自由与机会，或者至少把前两者，读作手段而不是读作外部性的善目标，我们或可推想，这可能是因为他观察到，今日社会中许多的人一生的主要目标便是这些。他们没有更高的善目标，但是，尤其是在一个民主社会中，这不妨碍他们承认共同的正义观念并接受其约束，如果我们说这些社会成员没有任何善目标，这将是不合理的，因为他们的确把某些事物看作对他们善的唯一一些事物。

　　为什么好法官等等社会角色也是外部性的目标？关于这些角色，有一个词有助于理解它们的外部性：人们习惯于说一个人"扮演"着一个角色。人们为何不说一个人是一个什么什么呢？因为一方面，人们没有把握说一个人"是什么"，而且，在公民政治社会中，人们相互间关心的就是一个担任着某某角色的人"看起来像"一个好角色。在泛义上，你可以说这种关切是一种欲望和要求。由此而来，当你做着什么什么的时候，你主要是要"扮演"好

---

① 罗尔斯：《正义论》，第 350 页。
② 同上书，第 342 页。

那个角色，就是说，要"看起来像"一个好的那种角色，在这种社会习惯之下，这种关切就逐步地成了那种社会角色的首要日常意义。一个好法官的确是具有我们基于合理生活计划合理地要求于一个法官的那些性质的，在这个例子，由于正义的约束，首先是司法公正。所以，如果我希望成为一个好法官，我是由于希望被他人评价为具有这样的性质而希望这样的。简单地说，基于合理生活计划的善概念，好法官等等也表现为外部性的目标，并且在这个意义上，我们也的确可以假定，对那些稳定性质的要求欲望的存在是广泛的事实①。

2. 人的善或美德作为高阶善及其论证困难

第二层次的善目标，丙与丁类目标属于这一层，在广义上包括人的善和美德，罗尔斯称为"我们的人格特性中对我们和其他人都是善的"②，因而"从每个人的观点来看…都是善"③ 的那些目标。

我们已经把合理生活计划的善的定义简化地解释为"具有人们基于合理生活计划可以合理地要求的那些稳定性质"的，这个罗尔斯式定义是否也适用于人的善或美德的概念呢？

罗尔斯坚持这个定义是适用的：

> 这类善构成美德：它们是所有人（包括我们自己）可以合理地要求我们具有的人的品性和能力。④

立即可以看出，这是一个意义很强的会带来很大困难的界定。首先，我们所要求的是我们看作善目标的事物所要具有的性质。这个界定难道是说，无论我事实上把何种事物当作我的合理生活计划的善目标，我都必须（抑或会？）把美德当作我的善目标？如果是这样，一旦一个人形成了一个合理生活计划，美德就或者已经是，或者由于某种人生自然或社会事实而必然地是，他的善目标之一。但是这样，美德岂不像基本善一样地具有基本优先地位？

但即使我们搁置这个根源性质的含义，我们仍然会面对很大困难。因

---

① 罗尔斯：《正义论》，第 350 页。
② 同上。
③ 同上书，第 336 页。
④ 同上书，第 350 页。

为，根据界定，不论我们自己把怎样一些其他善目标（继续假定它们与人的善或美德是并不相互涵摄，也不可相互评比）纳入自己的合理生活计划，其他人把怎样一些其他善目标（基于同样假定）纳入他们的合理生活计划，其他人都要求自己具有美德，并且我们也将要求他们具有美德；反之亦然，我们都要求我们自己具有美德，其他人也将要求我们具有美德。很显然，通过把合理生活计划的善概念应用于美德概念，把美德纳入合理生活计划鼓励的善目标的范围，罗尔斯面对着一件困难的工作。因为，罗尔斯的合理生活计划的善概念允许一个人仅仅把更多收入与财富作为他们的合理生活计划的唯一善目标。

罗尔斯的第一个支持性论据是这些善价值具有社会相互依赖性这个事实。他这样说明这个事实：

> 它们（美德）不仅对享有它们的人是善的，而且可能提高他人的善。在这个意义上，它们是互补的善，它们的这种性质是它们所得到人们的特别推荐的原因。①

罗尔斯没有直接提出这个困难：如果一个人仅仅满足于追求更多的收入与财富，更大的自由与机会，而不向往获得美德，就是说，如果他完全缺乏对于美德的欲望，他如何会合理地要求自己具有这些品性和能力，即使他知道其他人合理地这样要求他，他又如何会合理地要求其他人具有这些品性和能力？

这个困难无可避免，至少是在论证逻辑上无可避免。因为，无论见之于日常生活事实，还是按照哲人的观点，都有太多的事例表明，许多人仅仅满足于追求更多的收入与财富，更大的自由与机会，而不向往获得美德与德性。假如没有此类欲望，他们怎么会具有或成为人们可以合理要求的那些稳定的品性美德？又如何可能要求其他人们具有那些品性美德？

况且，纵使一个人可能变得能够欣赏其他人的出色活动和所表现出来的属人的善和美德，也不能说他就具有了那种欲望。追求获得人的善或美德的欲望，如果有的话，必定非常不同于追求更多收入与财富、更大自由与机会的欲望。

---

① 罗尔斯：《正义论》，第 336 页。

3. 作为心理学事实的亚里士多德主义原则

社会依赖性事实似乎没有给罗尔斯提供多少论证的力量。面对这个欲望动机上的鸿沟，罗尔斯显然感到了吸纳亚里士多德主义的需要：

> 我将假定一种基本的动机原则，我将把这个原理称为亚里士多德主义原则。①

亚里士多德的学说对罗尔斯来说具有过强的形而上学前提，这种形而上学在善概念上的影响，如已经谈到的，也是不可接受的。但是，在面对怎样说明一个仅仅满足追求更多收入和财富、更大自由与机会的人如何会合理地要求自己具有美德，并且，不仅别人可以合理地要求他，他也可以合理地要求别人具有美德的棘手问题时，罗尔斯诉诸亚里士多德。

按罗尔斯，"亚里士多德主义"是这样一个基本动机事实：它首先是一个关于人以运用更复杂的能力为快乐的倾向的——"如其他条件相同，人们以运用他们已经获得的能力为快乐，能力越是得到实现，或所实现的能力越是复杂，这种快乐就越增加"②。其次，它是或包含蕴涵原则的另一种形式：一种具有更大复杂性的活动"包含着另一种活动的全部技能和区分，并包含着另外一些更进一步的技能和区分"③。

这两点是对亚里士多德关于人的活动的观点的一种概括。在这样概括的两层意义中，亚里士多德将以第二层意义，即对人的活动的性质的说明为基础，以第一层意义为推论。罗尔斯在这点上是正确的：这里的第二层意义是隐含在第一层之中的。但是，这同时包含这样一个真实：在亚里士多德伦理学里，这第二层意义，即对人的活动的性质的说明，表达着他的伦理学的更根本的前提。

在这两层意义当中，罗尔斯则关注于第一层，对第二层意义置而不论④。罗尔斯希望通过他归纳的亚里士多德主义原则填补他所关切的那个欲望动机上的鸿沟。

---

① 罗尔斯：《正义论》，第 335 页。

② 同上书，第 336 页。

③ 同上书，第 337 页。

④ 罗尔斯：《正义论》，第 337 页："我不准备在这里讨论这个问题，相反，我将假定，我们对于复杂性的直觉概念将足以满足我们的目的"。

亚里士多德主义原则的这种基本含义使得我们可以把它作为一个动机原则①，一个自然事实②或心理学事实假设③来使用。并且，它倾向于与社会相互依赖性事实④以及其他事实，例如关于我们的利益本性的事实⑤，以及更为重要的日常生活事实⑥，结合起来构成解释，因为它得到那些事实的支持。

为加强亚里士多德主义作为动机原则的解释力，罗尔斯阐释了亚里士多德主义原则的伴随效果：

> 当我们目睹了他人运用他们的训练有素的技能时，这些表现使我们得到享受并唤起一种欲望，即我们自己应当能做同样的事情。⑦

这个解释有助于跨越从欣赏到实践的距离。

我将继续尝试以我的方式，依循罗尔斯的思考线索，来讨论这个可能性。

我们首先排除不正义的人、坏人和恶人⑧，对这个部分的讨论需要先确定一种适合的惩罚理论⑨。一个仅仅满足于追求更多收入与财富的人一定也伴随地追求更大自由与机会。他要支配他能够运用的越来越大的自由与机会，越来越多的收入与财富。由于他从更具复杂性的活动中获得更大快乐，他倾向于发展自己从事这些活动的能力。他将在众多的可能引导他学习掌握更具复杂性的活动链条中选择一条或少数几条向上发展⑩。这可能因为，在这些活动领域，他欣赏的他人的具有更完美技能的活动，当然基于他自身的能力与需要，唤起了他去学习做同样的事的欲望⑪。他在这一种或几种活动上由于活动所展示的更为复杂的性质赢得他人的尊重和敬爱。同时，基于这

---

① 罗尔斯：《正义论》，第335页："我不准备在这里讨论这个问题，相反，我将假定，我们对于复杂性的直觉概念将足以满足我们的目的"。
② 同上书，第338页。
③ 同上书，第341页。
④ 罗尔斯：《正义论》，第338页。
⑤ 同上书，第338页。
⑥ 同上书，第340页。
⑦ 同上书，第338页。
⑧ 同上书，第346—347页。
⑨ 同上书，第455—456页。
⑩ 同上书，第339页。
⑪ 同上书，第338页。

些活动，他能够去欣赏人类的其他出色活动，如美的塑造与观照①，以及那些活动所创造的美和善，如一些伟大的艺术品，以及那些创造者们通过那些出色的活动表现出来的那些卓越品性，如想象与机智，美丽与优雅②，智慧与力量等等③，尽管他只能限制自己在那几条活动链条方面继续向上发展④。在这种发展中，显然，他也不再是一个仅仅满足于追求更多收人与财富的人，他成为了一个以某些美德为自己的一部分善目标的人，他获得了新的欲望，他的合理生活计划将有所改变。

这种欲望——在这个部分我更愿意使用欲求或追求这个词——的发展，的确可能是真实的，它对一个人的确是一种可能的发展。罗尔斯对作为心理学事实的亚里士多德主义原则的讨论是杰出的。但是，他并没有阐释这个可能性原则。

4. 人的正常生活作为条件

当我们谈到一个人可能从并不向往美德以及后面将谈到的对德性到变得向往时，我们谈到的就是一个人在善观念上，或者，在对更高的善事物的动机上的可能发展。这种可能的发展是一种真实。但是，仅当一个人摆脱了偶然性的社会联系与生活状态，并寻求更有意义的生活，这种发展才有可能。

尽管没有正面讨论，罗尔斯坚持把亚里士多德主义原则的含义更为广泛含义的第二层意义所说明的人的活动的性质用作讨论的基础。与这个基础性的含义联系在一起的是柏拉图和亚里士多德关于人的善的"正常生活"限定。

亚里士多德接受柏拉图在《斐力布》篇的这个观点：欲望存在于人从不正常生活状态回复到正常生活状态的过程中，它根源于缺乏，缺乏是痛苦的，摆脱缺乏获得补足的欲望也是痛苦的；缺乏的逐步消除的过程又伴有快乐感。亚里士多德认为，这种回复性的快乐只是偶性上令人愉悦的，在正常状态下，我们不再以向正常品质回复过程中所喜爱的那些东西为快乐⑤。

前面已经提到，罗尔斯在考察慎思或考虑的概念时谈到对产生于偶然社会环境或者严重匮乏的那些需要进行反思的重要性，因为，不仅它们呈现给

---

① 罗尔斯：《正义论》，第 335 页。
② 同上书，第 350 页。
③ 同上书，第 344 页。
④ 同上书，第 419 页。
⑤ 亚里士多德：《尼各马可伦理学》，1153a3—5。

我们的需要的程度可能被扭曲，而且产生于这些原因的需要可能是紊乱的，在许多方面不一致或不协调①。

罗尔斯在第 3 编第 65 章的注释中明确地归纳了亚里士多德主义原理在这个问题上的两个主要含义：

> （1）享受和快乐并不总是返回一种健康或正常状态或补足某种匮乏的结果；毋宁说许多享受和快乐是从我们运用我们的才能中产生的；并且
>
> （2）我们的正常力量的运用是人们的一种主要的善。进一步说，
>
> （3）更值得向往的活动与快乐的产生是同具有更复杂的区分和更大能力的运用联系在一起的这个观念，不仅同亚里士多德的自然秩序观念相一致，而且是某种类似于这种观念的东西；……。②

对罗尔斯也和对亚里士多德一样，人的善是一个人处于正常生活状态下，能够运用他的生命的正常力量，而对他显得善的那些事物。但是罗尔斯显然没有亚里士多德那样乐观，他不认为有很多人（对亚里士多德来说当然是指自由公民）能够通过政治的生活成为好政治家，并在某种程度上参与沉思的生活。对罗尔斯来说，每个人在正常生活过程中可能发展的也仅仅是人的善的很小一部分③：在正常情况下，"合理生活计划在提供一个人的至少部分力量的发展"④，这使他能够获得按照那个合理计划看来是善的那种发展。

5．更具复杂性的技艺作为理由

"更具复杂性"的活动，罗尔斯认为，主要是指需要运用更高能力和掌握更复杂的技艺的那些活动：

> 直觉的观念是，人们做某些事情越熟练，从中获得的快乐就越大，在两件他们能做得同样好的活动中，他们更愿选择需要做更复杂、更微妙的区分的更大技能的活动。例如，下象棋比下跳棋更复杂和精细，代

---

① 罗尔斯：《正义论》，第 328、331 页。
② 罗尔斯：《正义论》，第 336 页注释。
③ 同上书，第 419 页。
④ 同上书，第 413 页。

数比普通算术更深奥。①

这并不是说，在不同活动之间我们可以做需要运用的技艺与能力的复杂性方面的比较，以致我们可以像亚里士多德那样乐观地说需要运用好的考虑与治理技艺的政治的生活比享乐的生活更好。亚里士多德主义原则，罗尔斯说道，

> 并不断言何种具体活动是更可取的。它仅仅说，如其他条件相同，我们倾向于选择需要更全面地运用所获得的能力的和更复杂的活动。②

按照罗尔斯，亚里士多德主义原则仅仅意味着，如果在一个活动链条上，第 n 项活动包含第 n - 1 项活动中的全部技能，并且包含一些进一步的技能，我们就应当选择第 n 项而不是第 n - 1 项活动③。

需要运用更复杂技能的活动所以更吸引我们，罗尔斯解释道，是因为它们"满足对多样的和新奇的经验的欲望"，也"引起期望和惊奇的快乐"，并且要求"表现个人风格和个人方式的可能性"④。

关于这些是不是亚里士多德的可能说明，罗尔斯悬而不语⑤。我认为，这些说明似乎是非常晚近时代的想法，它们很可能不是亚里士多德的。

问题在于，罗尔斯仅仅着眼于技艺来解说亚里士多德主义原则的第二层含义，这有些偏离亚里士多德的思想⑥。亚里士多德《尼各马可伦理学》第7 卷、第 10 卷论快乐的两个部分⑦的原理在于该书的第 1 卷第 1 章。亚里士多德在原理基础上是在说明人的活动的一般性质，而不是在专门说明技艺活动的性质。按照亚里士多德，人类活动的美德与优点诚然包含技艺上的精

---

① 罗尔斯：《正义论》，第 418—419 页。

② 罗尔斯：《正义论》（2009），第 339 页。

③ 同上书，第 339 页。

④ 同上书，第 337 页。

⑤ 同上书，第 337 页。

⑥ 我认为，罗尔斯的这一概括非常可能是根据《尼各马可伦理学》1094a6—16。亚里士多德在那里以主导性的技艺与从属性技艺的关系为例，来说明在"实践、技艺和科学"之中，那些更具蕴涵的活动的目的对于从属于它的活动的目的都具有主导性质。

⑦ 参阅罗尔斯《正义论》第 336 页注释，罗尔斯在那里提到了亚里士多德《尼各马可伦理学》的这两个部分。

致，但决不仅以此为标准。亚里士多德区分活动、技艺与实现活动、实践。依照他的看法，与活动和技艺不同，实现活动或实践的目的不在活动之外，不是在活动终结时才实现，而是在于活动自身，在于活动的进行的出色和完美。亚里士多德据此认为实现活动或实践在品质上高于活动与技艺①。按照亚里士多德，技艺也是制作活动内在的善。但是据他的看法，实现活动或实践即使也包含技艺这种内在善，也仍然包含特别属于那种活动的内在的善，前者就包含于后者之中。那种内在于活动的善，我们通过生活实践获得关于它的观念，实践智慧帮助我们判断出实现它的正确道路②。亚里士多德因此倾向于认为智慧是最高的善，技艺从属于智慧，智慧通过实践智慧引导人过充实、繁荣的生活，享有充实、繁荣的生命③。

罗尔斯在一个地方也接近于亚里士多德关于一种实践活动具有内在目的的思想，他在谈到一些生活形式具有共有的目的时，以博弈作为例子，

> 最后，共有的目的，即所有参加者的应当好好做游戏的共同愿望。只有当博弈按照规则公开地进行时，当博弈各方多少公正地竞赛时，并且当参加者们都感到他们做得好时，这个共有的目的才能实现。④

但是总体上，他摒弃亚里士多德关于具有内在目的的活动或实践的思想。所以，罗尔斯没有采取这样一种亚里士多德主义的观念，作为人类出色活动及其业绩的美德不仅仅是外部性的，在更基本的意义上，它们是人类活动的可能活动的内在善的展现。

6. 平等主义的"亚里士多德主义"

在第 3 编的总体思想上，罗尔斯是借助内涵技艺的复杂程度来理解亚里士多德主义关于人的活动性质的第二层意义的。而且，按照罗尔斯，内涵技艺的复杂性必须在"不同种的活动间的技艺复杂程度不可比较"这种民主主义的意义上来加以说明。

罗尔斯在这种意义上摒弃亚里士多德关于理智思考活动和这种活动的善

---

① 参阅，例如，亚里士多德《形而上学》第 9 卷第 6—9 章，《尼各马可伦理学》第 1 卷第 1、2、4 章。

② 参阅亚里士多德《尼各马可伦理学》第 6 卷第 4、5 章。

③ 参阅同上书第 6 卷第 7 章。

④ 罗尔斯：《正义论》，第 416 页。

不会过度的思想。每种活动所包含的技艺在复杂程度上的提高都意味着人的时间与精力的投入。智慧以及知识也只是理智活动的一种特别的技艺。如果是这样，我们在理智的活动的技艺的提高方面也决不是没有付出的。在寻求具有更复杂的技艺的活动方面，罗尔斯说道，

> 人类的创造性能够而且在正常情况下也必然为每项活动找到一个连续的、诱使人不断去发明技能和分辨力的链条。当在向上发展将用尽我们提高或保持在所选择的链条上的水平所需要的资源的时候，我们便停止上升。①

人类文明所创造的活动样式是无限多的。每个人，无论能力高低，都有一条适合的活动链条。在这条链条上，他可以根据自己的能力与需要，去寻求获得适合他的更具复杂性的技艺。但是，每一步这样的获得都将付出时间与精力。所以，关于获得一种技艺过程的训练的辛苦，人们事实上会在两者之间需求一种平衡：假如由于天赋的限制，无论在付出多大辛苦也不能再有意义地提高技艺，并从中获得快乐（既然这种快乐主要是与获得更高技艺联系在一起的），人们就会停止在那里②。

所以，我们不大会在系鞋带、打领结上花费太多时间与精力，因为投入时间与精力不大会给我们带来快乐③。除了投入的时间精力从所获得的快乐来看是否值得之外，还有另一个重要原因，我们投入的时间精力所做的事是否能够获得"他人的尊重"④ 或至少"得到他人的肯定"⑤。因为，在一个良序社会，这一点在正常情况下也总是能达到的：

> 对每一个人来说，总有一些他从属于其中的社会团体，在这些团体之内，对他说来是合理的那些行为得到他人的肯定。⑥

---

① 罗尔斯：《正义论》，第339—340页。
② 同上书，第338页。
③ 同上书，第340页。
④ 同上书，第339页。
⑤ 同上书，第348页。
⑥ 同上书，第348页。

因为，在那里

存在着各种社会团体，每一个团体的成员们都有他们自己的理想，这些理想符合于他们的期望与天分。①

罗尔斯反对基于完善主义意义来理解美德或至少是人的善，主张平等主义的亚里士多德主义。一个秧歌社团成员们的兴高采烈的舞秧歌的活动，一个民间扑克协会的一次扑克竞赛，让我这样地举例，都表现着他们作为人的善。这个思想是重要的，它有益于我们理解罗尔斯关于普通人的善，或者日常生活的善的观点。

但是，一俟我们问及这种善被我们看作是人的善的原因，我们便发现，这种亚里士多德主义变体的解释不及亚里士多德学说本身提供的解说有说服力。后者的说服力根源于它指出的这个事实：这些普通的、日常的活动的善被我们看作是善的，是因为在人类中间存在那些优秀的善或美德。

立足于平等主义的"亚里士多德主义"，罗尔斯将非常自然地把"亚里士多德主义"看作可以从合理生活的善的概念中拿掉的心理事实假设：以关于一个人的合理生活计划来说明他的善的定义的正确性"并不需要以亚里士多德主义原则是真实的这一点为要件"②。

罗尔斯举出这个著名的例子：某个人的唯一快乐就是在几何形状各异的公园草坪上数草叶。他的活动是理智的，因为计算活动就是理智的。但是，尽管他知道有其他的运用理智活动能力的活动链条，并且知道，循着那些链条发展他可能获得运用他的理智能力的新颖方式，他仍然可能拒绝改变，并且执著地做这样一种活动，所以，他的选择表明亚里士多德主义原则在他那里无效。在这个特例中，罗尔斯认为，亚里士多德主义心理学原则失效了，但"善的定义强制我们承认这个人的实际的善就是数草叶"③。

7. 对罗尔斯美德概念的补充评论

在前面，在梳理罗尔斯关于人的善或美德的概念的过程中，我已经间或地引出一些评论。在这里我将仅限于做两点补充性的评论。

---

① 罗尔斯：《正义论》，第349页。
② 同上书，第342页。
③ 同上书，第341页。

首先，我认为，人的善或美德在它的原本希腊意义上就是说明人的活动与品性的优点的。人类美德的观念具有两个根本之点。首先，它们是人类活动与品性展示出来的优点。其次，这些美德从根本道理上说对每个人都是可能达到的，从具体道理来说总是任何以个人都能至少在某个或某些方面去模仿因而能够以某种方式接近的。基于这样两点，我们可以说孔子的智慧、亚里士多德的智慧属于人的美德，从根本道理上是我可以努力获得的，从具体道理（按照罗尔斯的话来说，从我的需要、能力与环境）又仅仅是我可以从至少在某个或某些方面去模仿因而能够以某种方式接近的。正因为如此，我可以合理地说，其他人也可能同样合理地说，我在某种程度上有一些智慧。我认为，把美德座落于人类优点来说明它们对于我们每个人的可能性是重要的。

以这个观点，我认为罗尔斯要求美德坐落于平等主义的理论，把美德的本意扭曲了。平庸化了"美德"将不再是美德。这正如，如果将山峰削平，使之成为许多高低差不多的小山包，我们就将没有山峰而只有丘陵。

所以，美德不是相互要求的东西。我们对一个邻人要求他具有一些理性，做事比较正派，但是不要求他具有美德，因为，具有美德是不容易的、难得的。所以，当一个人在他的活动中表现出美德时，我们将非常愉快地赞美他。而且，我们在发现一个邻人偶尔做出一件远比他平时所做的好得多的事，或者制作了一个远比他平素所能做的更为精巧的器物时，我们也乐于称赞他，仿佛他表现出了美德。

其次，亚里士多德主义或者亚里士多德关于人类活动的说明是有道理的。但是，那是对于人类活动具有一种重要的可能性的性质的很好的说明。那个说明并不是说，其实并没有人类美德，所以无论一个人事实上把什么东西当作了他可以合理地去追求的善目标，那个事物就的确是他的真实的善。而是说，的确存在人类美德，尽管能够哪怕在某一方面达到它们的人都是罕见的。但是尽管那是高贵的，如果一个人能够从至少在某个或某些方面去模仿因而能够以某种方式接近某些美德时，他的生命就很充实，他就获得了对于他是可能的善。

第三，罗尔斯仅仅从是更具复杂性的技艺性活动方面解释美德是狭隘的。一个人也许能够从事越来越具有复杂技艺的工作，但我们似乎并不因此就认为他们具有了美德。罗斯福被认为具有美德，不仅因为他担任过一任美国总统，而且因为他在面对一场不义战争的时刻担任并出色履行了那个职务。卡恩先生担当了具有非常高复杂程度的世界金融管理工作，并做得很出色，但是从事那项了不起的事业的欲望遗憾地没有构成他的生活的全部甚至主要部分，因为他看来仍然在他的日常生活行为方面具有一些非常卑劣的欲望。

四　德性作为"适用于人（格）"的善

1. 界定德性概念的可能方法及其含义

我将接着考察罗尔斯关于道德德性（moral virtues，以下简称德性）的观点。按照罗尔斯的观点，道德德性像美德一样，是一类特殊的、涵义更复杂的善，也必须能够基于"合理生活计划的善"的概念，即用"基于合理生活计划可以合理地要求的"一组稳定性质来界定。

在从合理生活计划的善引申过来说明道德德性方面，罗尔斯认为可以采取三种方式。首先，我们可以从一个一般的社会角色的角度来引申。例如，我们可以说从公民这个普遍的社会角色的视角来说德性这种善，这样，我们会说到一个具有这种品性的人，可以说一个人是一个好人（a good person），因为他比一般公民更多地具有我们可以合理地要求于一个公民的那些性质①。其次，我们可以从社会的平均评价来说，一个在他的各种角色上，尤其是比较重要的那些社会角色上都干得不错的人是一个好人，当然也是由于上面同样的性质②。最后，或许有少数一些这样的性质，不论人们从事何种社会角色，他们都会相互要求具有这些性质③。罗尔斯说，这后一类性质如果有，我们就倾向于称之为"根深蒂固的"。他说他是从斯坎伦（T. M. Scanlon）那里吸收这个概念的④。

在这三种引申方式之中，罗尔斯认为将合理计划的善的概念以"根深蒂固的"性质的方式引申来说基本德性是最为恰当合理的⑤。在这个引申方式之中，我们需要记住"无论扮演何种社会角色都要具有的"这个基本的限定。

"根深蒂固的"性质，罗尔斯说，就好比我们听到一种工具的名字就能联想到的少数几种熟悉的性质，比如，我们听到斧子这个词，就会想到"锋

---

① 罗尔斯：《正义论》，第 343 页。
② 同上书，第 343 页。
③ 同上。
④ 同上书，第 343—344 页。
⑤ 同上书，第 344 页。

利""不生锈",这些性质为数不多,但是和那种事物已经自然地联系到了一起,以致我们甚至不会想到去问起"它们是否具有种类性质"①。同样,基本德性(the fundamental moral virtues)也是少数几种这样的性质,只要我们有人格(person),我们在想到"人"这个词的时候,从一个人的任何一种社会角色的角度来考虑,都会联想到这几种性质②。所以,罗尔斯认为,基本德性是我们每个人都可以相互地要求的;一个好人如果具有这些性质比一般的人多,我们就称赞他是一个"好人"③。与此对照,譬如我们在说一个人是一个"好医生"时,我们所指的就不是这样几种基本性质,而是属于一个医生的那些更复杂的性质,其中许多是技艺性的性质。那些性质,我们可以要求于一名医生,但他不能反过来要求我们,所以,不是可以"相互要求的"性质④。

我这样繁冗地解释罗尔斯在第3编第66章的这段话,是因为他的确通过这段话赋予了基本道德德性这个概念非常复杂的含义。让我再来归纳一下。罗尔斯认为,关于基本道德德性,我们必须理解它们是(1)为数不多的,(2)我们想到"人"这个字眼就会想到的,(3)因此我们每个人都可以相互要求的,(4)"根深蒂固的"性质。

2. 对德性作为"根深蒂固的"性质的初步说明

基于这些预备性的说明,罗尔斯这样初步地界定,

> 基本德性属于一个良序社会的成员们会合理地相互要求的那些根深蒂固的性质。⑤

他并且表明,在那些根深蒂固的性质之中,包括一些特殊的欲望——

> 我径直地指出,那些基本道德德性,即那些按照基本的正当原则去行动的强烈的、通常有效的欲望,…也属于那些根深蒂固的性质。⑥

---

① 罗尔斯:《正义论》,第344页。
② 同上。
③ 同上书,第343页。
④ 同上。
⑤ 同上。
⑥ 同上。

在另一个地方，罗尔斯做了这样的解释：

> 德性是一些引导我们按照一定的正当原则行为的情感和习惯态度。①

根据这个解释，那些性质包括一些特殊的情感和习惯态度。

在第 1 编结尾处，他还提出了一个相似的说法，这个说法有助于理解他对于德性的欲望与感情等等的相互关系的看法：

> 德性是一些情操，即由一个高阶欲望——在此处，即由一个按照相应道德原则行动的欲望——调节的相互联系的气质与倾向。②

这样，德性是由一种特别的欲望调节或引导的那些情操，或那些相互联系的情感、习惯态度，它们被称作气质与倾向，所具有的确定的、稳定的性质，或者就是这些相互联系的情感、习惯态度或气质与倾向本身，因为正是这些气质与倾向本身使一个人表现出一些稳定的品性。③

在这几处说明中，罗尔斯有时使用德性（virtues）这个词，有时使用基本德性（the fundamental virtues）这个词组。我们姑且假定他所说的基本德性是他所说的德性的一部分。如果把这几个说法加以综合，并采取尽可能简洁方式来表达，我们就得到这样一个表达：

> 基本德性是一个良序社会的成员们会合理地相互要求的那些根深蒂固的性质，也即由引导我们按照一定的正当原则行动的欲望调节的情感和习惯态度。

---

① 罗尔斯：《正义论》，第 343 页。
② 同上书，第 149 页。
③ 罗尔斯所说的德性就是道德德性。道德德性以"道德"来说和以"德性"来说，对罗尔斯来说没有严格的区别。道德与德性自身就是同义的：道德也就是做"自身就正当"的事的动机，德性是做正当的事的欲望或由这种欲望调节的习惯性的感情与气质的总称——

最高的道德动机是做那些自身就正当正义，且仅因其自身就正当正义的事的欲望，其他描述都不可能正确。
　　　　　　　　　　　　　　　　　　　　　　　（罗尔斯：《正义论》，第 377 页）

细微的区别仅仅在于在说"道德"是罗尔斯指的主要是那种动机，在说"德性"罗尔斯指的主要是由那种欲望所调节的感情与气质。

我暂且将这个表达看作更清楚地表达了罗尔斯赋予基本德性或许也在很大程度上赋予了德性的概念的涵义，并且暂且搁置在罗尔斯那里基本德性的概念与德性的概念在含义或内容上是否可能存在不同的问题。

我还没有谈到"一个良序社会的成员们会合理地相互要求的"这个重要限定语。为什么是"一个良序社会的成员们"？我们是否可以随时这样地，或者，以"一个良序社会的成员们"那样的方式，理解并相互要求德性？罗尔斯在基于关于德性的性质及其与美德的联系与区别的讨论来界定了"好人（good person）"的意义时，再次提到这个限定：一个好人，或一个有道德价值的人，

是一个具有超过常人程度的、原初状态的人们可以合理地相互要求的那些根深蒂固的道德特性的人，……具有一个良序社会的成员们可以合理地要求于他们的伙伴的那些道德品质。①

正如"原初状态"是我们作为一个具有人格的人可以通过理解以及想象进入的，一个良序社会也是如此。所以，这是一个具有人格的人，当然也是"我们"，可以观念地进入的。所以，罗尔斯使用这个相当长的限定语，是说基本德性所指的这些根深蒂固的性质是我们作为具有人格的人从观念上可以理解，可以合理地相互要求的。

以这种方式，罗尔斯认为他成功地把合理生活计划的善概念引申到对道德德性的说明上，通过合理生活计划的善的概念提供了对伦理学第三个主要概念——道德德性或道德价值的解释②。

3. 德性与美德的同与异

澄清德性的性质，按照罗尔斯，很重要的是说明德性与美德的联系与区别。按照罗尔斯，德性是美德的一部份，所以也同美德一样，无论我们自己的观点还是他人的观点来看，德性都是善的③。

虽然是其中的一部分，按照罗尔斯的看法，德性与美德又有不同，是美

---

① 罗尔斯：《正义论》，第 345 页。
② 同上。
③ 同上书，第 351 页。

德中比较特殊的一部分。首先，美德是人类通过出色活动及其实现的出色业绩，以及这些活动与业绩所展示的那些美与善，德性是通过行动实践表现出来的是由按正当原则来行动的欲望调节的情感、倾向的品性①。

其次，美德也是指通过从事那些活动的人通过他们所创造的业绩表现出来的那些出色的内在品性美德，例如智慧与想象、力量与忍耐等等。

所有这些性质，活动与业绩的美与善，创造者的品性美德，都具有更广泛的内涵，其中有些也是"根深蒂固的"。但即使那些"根深蒂固的"品性美德仍然与德性有别。其一，这些品性美德都因活动与业绩的种类而别，具有更广泛的涵义，德性只是其中为数不多的"根深蒂固的"性质，并具有引导出按照正当原则的行动这个突出特点②。其二，智慧等品性美德可能被不正义地运用。特别是，"如果智慧与力量得不到正义感或责任感的调节，它们就可能仅仅提高个人的能力以压倒他人的合理要求"③。与此对照，德性则由于它们自身的性质而不能。其三，智慧等等美德基于自然特性，是基于自然特性并通过教育和训练而发展的能力。天分在智慧与机智等品性美德的形成中起重要作用。另一方面，德性则是基于社会的和文化的环境而形成的品性，由一些主导性的做正当的事情的欲望调节着的情感、习惯、态度或倾向构成④。

美德与德性的最后这个区别，即美德是基于自然，德性基于习俗文化过程塑造，罗尔斯认为，也特别投射到我们的自尊感方面⑤。因为，我们这种特别的自身价值感与美德和德性具有微妙联系。

自尊是人的重要内在善，是最为重要的基本善⑥。它使我们感到自己的价值，感到自己的生活值得过⑦。自尊与美德和德性具有这样的联系：一个人尤其是当他确信自己具有美德或德性时，才具有充分的自尊感⑧。但同时，这也表明，一旦我们表现出我们并不具有我们认为自己已经具有的那些美德

---

① 罗尔斯：《正义论》，第 350 页。
② 同上书，第 344—345 页。
③ 同上书，第 345 页。
④ 同上。
⑤ 同上书，第 67 节。
⑥ 同上书，第 347 页。
⑦ 同上。
⑧ 同上书，第 348 页。按照罗尔斯，具有一个合理生活计划本身也支持我们的自尊。但是我们的自尊尤其是在我们的人格和行为受到同样受尊重和欢迎的人们赞扬和肯定时，才更为充分。

或德性，我们的这种自尊就将遭受挫折。这是，我们产生羞耻这种特别的感情。如果这种挫折是与我们确信自己已经具有的美德相联系的，我们会产生自然的羞耻感。如果这种挫折是与我们确信自己已经具有的德性相联系的，我们就会产生道德的羞耻感。自然的羞耻与道德的羞耻是我们的与美德和德性具有微妙联系的自尊的两种特别的负向形式①。

4. 对康德式表达的亚里士多德式解释

在"德性是……由引导我们按照一定的正当原则行动的欲望调节的……情感和习惯态度"这个界定中，正当概念，以及它伴随的约束性，通过道德德性概念进入美德善的概念。德性是一个按正当原则的欲望调节情感与倾向，是一个动机。这个动机中包含着一个观点②，一个道德的观点，这个观点就是正当的观点，康德的观点。

康德的观点是作为对欲望的一个限定引入的。按照罗尔斯，共同的正当观念作为一个限定的观点，嵌入我们的合理生活计划所鼓励的欲望—目标系统，塑造了我们的这个新的、"高阶的"③ 欲望。康德的观点带给德性概念的最重要之点，是在"原初状态"或在一个"良序社会"里，一个人"做正当的和正义的事情"是表现他"作为自由平等的存在物的本性"的主要方式④。因为，

> 人具有一种表现他们作为自由平等的道德人的本性的欲望，而他们按照他们在原初状态会承认的原则去做就最充分地表现了这种本性。⑤

这个限定的观点，按罗尔斯，却成为德性概念的根本的或本质的东西。因为，正是这个观点确定了，我们"有理由选择那些根深蒂固的性质"，并把它们看作德性⑥。

康德意义上的"人"将始终是自由的、自主的。康德式解释使我们可以说，一个有人格的人在做正义的事时是自由、自主的。但是，另一方向的说

---

① 罗尔斯：《正义论》，第349—351页。
② 同上书，第344页。
③ 同上书，第167页。
④ 同上书，第351页。
⑤ 同上书，第417页。
⑥ 同上书，第344页。

明，即说明做正当和正义的事对一个具有人格的人也是善，并且与他的合理
生活计划一致，则显得困难得多。罗尔斯注意到，如果恰当地解释，康德式
解释本身就提供着某种形式的自证：

> 康德式解释使我们能够说，每个人坚持正义制度的行为是为着所有
> 的人善的。……一旦所有的人努力按照这些原则去做并且都做到了，那
> 么他们的道德人的本性就个别地或集体地最充分地实现了，他们的个人
> 的和集体的善也就随之实现。①

但是，这个自证似乎不很有力量：它似乎是以其他人也已经这样做了为
条件的，至少是当这样地解释康德时事情显得是这样的。罗尔斯或许也感到
这一点，他认为我们仍然需要根据亚里士多德主义来表明，人们"对本性的
这种表达是他们的善的一个基本因素"②。

罗尔斯援引亚里士多德主义所作的说明事实上分为两个方面。第一方面
的说明具有非常迂回的性质。罗尔斯说明，德性作为由做正当或正义的事的
欲望调节的品性，我们最好把它看作我们需要时时去努力而尚未充分实现的
东西。因为，一个人如果认为自己已经具有这种品性，又在行动上表明自己
缺乏它们，他就会感到一种道德的羞耻③。道德羞耻是一种与道德负罪感非
常相似的道德感情。负罪感发生于我们对其他人做了不正义的事情之时，羞
耻感则发生于我们没有去做一件正义的事情之时，这时我们感觉我们自己并
不具有我们认为自己已经具有的做正当或正义的事的品性，或者没有表现出
我们自己是具有这种本性的，我们为这些而感到羞耻④。道德负罪感与德性
没有积极联系，但是道德羞耻感则是与德性的观点（去"做正义的事"）联
系在一起。所以，按照罗尔斯，亚里士多德主义似乎在一种曲折的意义
上，即在有一种与之密切联系的道德感情来警示我们去实现我们的道德本性
的意义上，支持我们把康德意义上的有人格的人对自己的本性的表达看作他
们的善的一个因素的。

在第二方面的说明中，罗尔斯尝试将亚里士多德主义用于解释人类活动

---

① 罗尔斯：《正义论》，第 417 页。
② 同上书，第 351 页。
③ 同上。
④ 同上书，第 352 页。

的制度结构。按照亚里士多德主义，罗尔斯这样解释，

> 一种正义的宪法秩序在和日常生活中的较小社会联合相结合时，就为这许多交往提供一个框架，并产生出所有人类活动中最复杂、最富于变化的活动。……这种集体活动（collective activity），假如亚里士多德主义原则是合理的，必然被体验为一种善。①

而且，亚里士多德主义原则的伴随效果也同时肯定这种"正义的集体活动"：

> 在这些特性通过人们肯定正义的制度的合作表现出来时，人们相互欣赏这些特性，并从中得到快乐。②

当一个良序社会被那些具有人格的人们从社会合作的观点看作一个社会联合，一个能够容纳最复杂、最丰富的人类活动，罗尔斯说，这个社会就将在亚里士多德主义原则及其伴随效果原理的意义上被表明对我们每一个人都是善的。因为，我们每个人仅仅可能成为"人的某个部分"，而从这个人类的复杂丰富的活动总体中，我们所获得的善"远远地超出了从我们的工作获得的"③。

5. 基本德性与更充分发展的德性之间

罗尔斯同时使用"道德德性"和"基本道德德性"这两个术语似乎表明他想在它们之间做出某种区分。

何谓基本德性？在古代希腊人那里我们清楚地知道它的所指——智慧、勇敢、节制、正义。它们是苏格拉底谈论德性时的主题，是亚里士多德谈论德性时的重要题材。亚里士多德讨论了希腊人的基本德性，还讨论了其他一些德性。

罗尔斯指的是不是希腊人所说的那些基本德性？如果不是，他指的是什么？与这些基本德性相对的其他（也许也更充分的）德性又是什么？

罗尔斯没有明确地回答这些问题。他的有些讨论或许有些关联。首先，罗尔斯强调基本德性是我们作为具有人格的人可以合理地相互要求具有的少

---

① 罗尔斯：《正义论》，第 418 页。
② 同上书，第 418 页。
③ 同上书，第 419 页。

数"根深蒂固的"性质①。这些品质我们可以合理地相互要求具有，但这绝不意味着人们可以广泛地确信多数其他人都的确具有，也不能有把握地确信自己具有②。因为，对于我们的合理生活计划鼓励的许多目标，我们可能以不正义的方式去追求③。甚至美德与种种属人的善，我们都可能在引诱之下以不正义的方式去追求④。我们所称为"好人"的人，被我们看作是在这些基本德性方面具有得比常人更多一些的人⑤。

其次，上小节中提到关于道德羞耻感与道德负罪感的区别的讨论也提供一个观察。罗尔斯在那里关心的是，一个具有人格但并不认为自己已经具备道德德性的人在做了对他人不正义的事之后的感情被看作道德悔恨，仅当一个具有人格并认为自己已经具备道德德性的人在未能去做一件正义的事之后，他感受的那种感情才被同样具有人格的人们看作道德羞耻⑥。

在这些有关的讨论中，罗尔斯并没有在"基本德性"与"德性"之间进行有关的比较。他使用的"德性"一词在绝大多数地方都是与"基本德性"等义的。

但是，这不等于罗尔斯没有关于更充分发展的德性的概念。罗尔斯认为在德性之中的确有两种更为充分发展的德性——人类之爱与自主⑦。在讨论"原则的道德"的第 72 章结尾处罗尔斯谈到了这两种"分外的道德"也即"分外的"德性，"分外的"也就是超出正常道德范围的。人类之爱，也即仁爱，"表现为以远远超出我们的自然义务和职责的种种方式来提高人们的

---

① 罗尔斯：《正义论》，第 344 页。

② 依据罗尔斯《正义论》第 351—352 页，我们刚才提到了这个部分，我们可以引出这个推论。

③ 参阅罗尔斯：《正义论》第 359 页。罗尔斯在那里谈到"一个正义观念"可能比另一个正义观念"更强烈，更能制服破坏性倾向，并且它所容许的制度产生更弱的做不正义的事的冲动和诱惑"。

④ 罗尔斯：《正义论》第 335 页：既然在善的强理论中合理计划必须与正义原则相一致，人的善也同样是约束的。例如，人的情感和友谊，有意义的工作和社会合作，对知识的追求和对美的对象的塑造和观照，所有这些人们所熟悉的价值，不仅在我们的合理计划中是突出的，而且在大多数情况下能够以正义所允许的方式来发展。众所周知，为获得和保持这些价值，我们常常受到引诱而做出不正义的事；但是获得这些目的并不包含内在的不正义。与欺骗和教唆他人堕落的欲望形成对照，在对人的善的描述中做不正义的事被排除了。

⑤ 同上书，第 345 页。

⑥ 同上书，第 352 页。

⑦ self - command，参阅罗尔斯：《正义论》（2009），第 378 - 379 页。我在那个部分将 self - command 译为"自制"，但是我在这里修改为"自主"。

共同善"的感情；自主则"表现为完全轻松优雅地实现正当和正义的要求"，具体体现为勇敢、高尚和自制（self‐control）等等德性①。

我们可以合理地引出两点结论。首先，罗尔斯在第3编所讨论的与道德等义的德性或基本德性都是在一个良序社会里一个人会正常发展起来的那些德性，那些德性体现为从"权威的道德""社团的道德"到"原则的道德"三个主要阶段的种种形式。这些德性是具有人格的人们可以合理地相互要求的"根深蒂固的"性质，就是说，是人们作为这样的人—想到"人"这个字眼就会联想到的那些基本性质。

其次，在亚里士多德所讨论的那些广泛得多的德性中，罗尔斯把除正义之外的其他大多数结论都归于"分外的"德性，即不属于通常的、具有人格的人们可以合理地相互要求的性质的德性，"圣者或英雄的道德"②。

6. 对罗尔斯德性或人格善概念的补充评论

通过在合理生活计划的善概念的框架内引入对德性的讨论，罗尔斯的善概念与亚里士多德主义的德性概念产生了一些有意义的关联。由于我在本小节的分疏中已经间或地做了一些评论，并且，一些有关问题的评论已在前面几小节中给出，我在这里事实上只需要对罗尔斯的德性或人格善的概念做几点补充评论。我将分为几个小的题目来谈。

（1）关于德性作为人们可以合理地"相互要求的"最基本的性质。罗尔斯把道德德性界定为生活实践方面的人格善，界定为实践人格的某些稳定性质，是正确的。与善概念比较，德性概念的范围较为狭窄，通常只限于说事物的内在性质优点，在人身上即人格优点。通过在合理生活计划的善的概念中补充了人格善的概念，罗尔斯加强了合理生活计划的善的概念的合理性。但同时，罗尔斯把德性仅仅界定为由做正当的事的欲望调节的感情与气质方面的稳定性质，极大地窄化了亚里士多德的具有奠基性质的古典德性概念。

我已经指出，在罗尔斯的德性或基本德性的概念范围之内，罗尔斯仅仅讨论了亚里士多德的正义德性，并把这种德性概括为一种特殊的做正当的事的欲望，把正义感界定为与之相契合的感情。亚里士多德所讨论的绝大多数其他德性——温和、勇敢、节制、慷慨、诚实、大度、大方、明智，都在罗尔斯的视野之外。与亚里士多德相比，罗尔斯的德性概念显得眼界狭小。由

---

① 罗尔斯：《正义论》，第 379 页。
② 同上书，第 379 页。

于要说明基本德性是我们可以合理地"相互要求的"最基本的性质，罗尔斯没有充分地展示一个人正当地生活还能够实现哪些属人的内心的品性善，以及努力地去获得那些善对我们是否也重要。

（2）关于把"善"分析为"性质"。与这种狭隘方式联系在一起的还有我在评论罗尔斯合理生活的善的概念时提到的仅仅局限于"性质"来谈论善的方式。从这种讨论方式发生两个主要的问题。（一）在这种讨论方式下，对善的性质的说明显得与生活的目的无关。人的善的观念是基于他理解和体会为生活的目的的观念而形成的。人总是把他追求的某种或某些具有最终性质的事物看作生活目的。在这些被我们感受为善的和值得追求的事物中，亚里士多德认为那种总体上好的生活，或者，一个"过得好且做得好"的人生，具有最大的蕴涵性，这是有道理的。在一定意义上，罗尔斯是在以"一项合理生活计划的"最终实现的思想解说亚里士多德所阐释的"好生活"目的。但是，在罗尔斯对善概念的讨论方式下，对善的说明不再是对我们的生活所追求的那些具有最终性质的目的事物的追求，因为，善被分析成为一个个被看作目的的外部事物的性质。（二）基于这种讨论，我们是否需要德性的概念将变得非常可疑。因为，合理生活计划直接地描述着人可以合理追求的外部善物，作为善的一种或一个特别部分，德性则仅仅是属于人自身的一些性质。既然具有一种善的概念主要地意味着我们通过理性的计算与慎思在行动上获得那些善物，我们是否能够向往德性，是否能够获得德性这种高阶欲望，以及是否能够具有关于德性的概念，就非常可疑。因为，与德性比较，对于实现构成我们的合理生活计划的那些具体计划，敏锐精确的计算与冷酷的慎思要比德性直接得多、重要得多；相比较而言，德性显得没有什么帮助。

罗尔斯试图从我们倾向于要求这些"根深蒂固的性质"这一点来支持"我们需要一种关于德性的概念"的论题。但一旦我们深入思索在人类中为何会有这种同样"根深蒂固的"倾向，我们就会被引导来思索德性究竟发生于何种生活观念的问题。德性是与我们的过一种好生活的目的，与我们把何种事物感受为善的和值得追求的，以及在何种方式和程度上这样感受的生活，联系在一起的。一当善目的的这种总体性质被分析地取消，德性与它的这种联系便被拆离，在行动的方面，计算与慎思就成为王冠上的宝石。在这种拆离了与好生活的目的的关联的讨论方式下，如果讨论德性，它就将仅仅与我们计算与慎思得是否正确或正当有关。在西方思想历史上，正是伴随好生活的目的概念被析分，以及德性与那个概念的联系的被拆离，近代以降，缓慢地发生了把正当单独看作与善无干的另一个概念的观点。这种缓慢发展起来并变得强有力的观点，使得对于德性的讨论成为"无根"的概念讨论。

（3）关于对充分发展的德性的说明。罗尔斯分别使用"德性"和"基本德性"两个术语，或许含有"基本德性是德性的一个部分"，在基本德性的基础上，还有一些更充分发展的德性这样一个有启发意义的暗示。首先，我们的确可以说，正义是一个最基本的德性。其他的德性，都要在正义德性的基础上才能发展。罗尔斯是正确的，在一个良序社会，正义是具有正常人格的人们可以相互要求要求的。但是我们的确不适合说，除了正义之外再没有其他的德性。德性涉及人类生活的广泛范围，在那些广泛的生活领域，人能够（作为一种可能性）拥有那些更充分发展的德性，例如高尚、仁爱、温和、节制、慷慨、大度等等。

其次，即使一种德性，也可以从低到高呈现程度差别极大的情况。例如，诚实在最低的意义上是不欺骗，在较高的意义上意味着内心的诚实无欺，这就是孟子所说的"诚"。在最基本的层次上，德性在种类上很少，要求也较低。这很像罗尔斯在界定德性是"根深蒂固的"性质时的想法。在那些很高的层次上，德性的状态被看作是"高明""澄明"的境界，被感受为内心的自由。勇敢也是一样，在最基本的层次，勇敢的确是具有人格的人们可以相互要求的。所以古代雅典人可以相互要求在战场上不丢弃武器，坚持战斗。在那些很高的层次上，勇敢的涵义就远为丰富了，一个人所获得的理解与体会就只有与另一个具有相同德性状态的人才能相互沟通。显然，这些性质正如罗尔斯所认识到，不是一个有德性的人可以要求于在德性发展上处于较低水准的人的。

第三，我们似乎还可以说，在那些层次上，德性的含义还在继续充实。所以，就那些充分发展的德性而言，人类既不可能有尺度，也不可能有相互要求的东西。"相互要求的"性质这个术语本身表明了人的政治层面的生活的性质。我假设，充分发展的德性是在政治的目标之上的，在那些状态中，"相互要求的"这样一种属性消失了。因为，让我继续假设，在两个或更多具有充分发展的德性的人们之中，德性将是他们"相互欣赏"的品性优点，"相互欣赏"令他们感到愉悦并唤起他们相互仿效那些优点的愿望，但是他们在彼此的品性方面已无需提出"相互要求"。

罗尔斯在他关于人的善目的和德性的讨论中没有展开对这些的充分说明。在他作为"分外的"德性而提及的那部分更充分发展的德性当中，他事实上仅仅谈到了亚里士多德的"自制"。这种品性，如我们所知道的，亚里士多德并不是作为德性来讨论的。罗尔斯把他与康德的自律概念结合而成为一个"自主（self - command）"德性的概念。但是，就它仍然包含自制（self - control）作为它的基本内涵而言，这个概念不是亚里士多德主义意义上的恰当的德性概念。

（4）关于更充分发展的德性作为人的可能性的原理。我在第三部分第7小节的评论中谈到，可能性原理是善概念的一个需要阐明的原理。我认为，那些更充分发展的德性作为一种特殊的善，也同样包含这种重要原理，也同样需要阐明。德性的可能性原理的一个基本涵义也许就是，不仅获得最基本层次的德性，而且那些充分发展的德性，对任何人都是可能的。荀子说的"涂之人可以为禹"这句话就非常好地表达了这个道理。

所以，即使在学习按照德性的方式去做事这方面，亚里士多德也强调德性绝不只在于行为具有某种外表，而且要出于一定的心灵状态①。亚里士多德还认为，在那些具有更充分发展的德性的心灵中，事物的真实才呈现得更真实②。在那些更充分发展的层次上，德性就如康德所看到的，表现着我们内心的自由力量。正因为德性在实践的内心体验中具有这样的自由性质。希腊人、孔子和孟子、康德、黑格尔、新儒学家们，都提示着这一方向：我们通过生活可以达到这样的境界，我们感受、体会到一种发于我们的生命自然而又与之有别的感情与精神、意志，我们可以把它们叫做心灵，看作与感性或自然的经验不同的另一个原理。由于没有把德性概念座落于那些可能充分发展的德性来说明，罗尔斯缺少这样一个可能性原理。

（5）关于座落于平等主义的德性概念。罗尔斯讨论的德性是基本层次的。在他的德性概念中，心灵的自由力量没有适当的位置。罗尔斯之所以把德性概念落在正义这种基本德性来说明，是为着使德性概念座落于平等主义。而且，与他在美德概念上的坚持相比，通过"可以合理地相互要求的根深蒂固的性质"这个表述，罗尔斯似乎在更强的意义上强调德性概念的平等主义性质。我认为这是不适当的。因为，这将使我们失去对人类德性的基本的理解。由于我在前面对罗尔斯的平等主义的美德观点的批评性评论也适用于这里，我就无需再多做说明了。

---

① 亚里士多德《尼各马可伦理学》1105b2。
② 亚里士多德《尼各马可伦理学》1144a34，1176a14 - 15。

论康德与罗尔斯的两种道德建构主义

赵祥禄

康德与罗尔斯的道德理论属于两种相似但又不同的建构主义。罗尔斯指出，"康德道德建构主义的一个本质特点是，赋予正义职责和道义职责以内容的特殊绝对命令被看作是由一个建构程序（绝对命令程序）规定的，其形式和结构既反映了我们的实践理性的两种能力，也反映了我们作为自由而平等的道德的人的境况。"① 罗尔斯认为，他的两个正义原则同康德的绝对命令一样，是通过原初状态的建构程序制定出来的，"这种观点（指建构主义——笔者注）建立了一个满足一定理性条件要求的建构程序，在该程序中，具有建构合理代理人特征的人们通过他们的协议来规定正义的第一原则。"② 那么，康德与罗尔斯的建构主义有哪些相似之处？又存在着什么不同？本文将对这些问题进行研究，并作一些评价。

一 两种道德建构主义的相似之处

康德与罗尔斯的道德建构主义在道德建构主义的目的、绝对命令和正义原则的证明标准、以及绝对命令和正义原则的特征等方面存在着许多相似之处。

1. 两种道德建构主义的目的并不是为人类获取幸福提供智慧，而是为人类的幸福追求设定道德界限

人总要追求幸福，但人对幸福的追求不能无限度，他（她）要考虑到他

---

① ［美］约翰·罗尔斯：《道德哲学史讲义》，张国清译，上海三联书店 2003 年版，第 322 页。
② John Rawls, *Colleted Papers*, Cambridge: Harvard University Press, 1999, p.304.

人的正当权益，要受到某种道德规范的限制。基于此，有些人认为，伦理学并不是谋求幸福的学问，而是配享幸福的学问，康德与罗尔斯都坚持这种观点。

(1) 康德的观点

康德认为，拉丁语用"善"（bonum）和"恶"（malum）这些词所指称的东西具有含混的意义，使人们不能很好地区别"善"与"福"、"恶"与"祸"，而德语却可以很好地将它们区别开来。他说："相应于善（bonum），德语有善（das Gute）和福（das Wohl），相应于恶（malum），德语有恶（das Böse）和祸害（das übel 或 das Weh［灾难］）。这样，如果我们对于意见行为考虑其善恶，或者考虑其灾难（祸害），就有两种极为不同的判断。"① 康德的这种区分具有非常重要的意义，它可以使我们认识到"善"与"福"、"恶"与"祸"是两组性质不同的概念，并且对这些概念孰为优先的不同理解会导致不同的伦理学派别。如果是"福"优先于"善"，那么凡是有助于福实现的东西就是善的，凡是不利于福实现的东西就是恶的，这样的伦理学便是一门如何谋求幸福的学问；相反，如果是"善"优先于"福"，那么我们判断善恶的根据就不是福，相反福要受到某种道德规范的限制。按照西方传统伦理学的划分，如果坚持前一种观点，那就是目的论（teleological theory）或后果论（consequentialism），如果坚持后一种观点，那就是义务论（deontological theory）或非后果论（non-consequentialism）。康德明确指出了这两种不同路向："或者理性的原则已经自在地被思想为意志的决定根据，而不顾及欲求能力的可能客体（因而仅仅通过准则的法则形式）；于是，实践法则的那个原则是先天的，纯粹理性被认定是自为地实践的。法则于是直接决定意志，符合法则的行为是自在地善的，一个其准则始终符合这个法则的意志，是绝对地善的，在一切方面善的，并且是一切善的无上条件。或者欲求能力的决定根据先行于意志的准则，这种根据以快乐或不快的客体为先决条件，从而以某种使人愉快或痛苦的东西为先决条件，而趋乐避苦的理性准则决定那些与我们的禀好相关因而仅仅间接地（着眼于另外一个目的而为其手段）善的行为；……在后一种情形下，目的本身，即我们寻求的愉悦，不是善，而是福，不是一个理性的概念，而是感受对象的一

① ［德］伊曼努尔·康德：《实践理性批判》，韩水法译，商务印书馆 1999 年版，第 64 页。

个经验概念。"① 以幸福、快乐为目的，有利于幸福、快乐实现的行为就是善，这就是目的论的思路，康德不赞同这种观点；不以幸福、快乐为目的来确定行为的善恶，而是以某种独立于幸福、快乐的普遍形式法则为根据来确定行为的善恶，这就是义务论的思路，康德主张的是这后一种观点。

为什么康德要坚持义务论的观点而不是目的论的观点？难道有助于幸福、快乐实现的东西就不好吗？在康德看来，并非有助于幸福、快乐实现的东西就不好，它们在许多情况下是好的，但是在有些情况下并不如此，它们有可能是非常邪恶的，这就是目的论存在的问题。康德说："无条件服从自由意愿的绝对发号施令的法则（那就是义务）而根本不考虑任何成为其基础的目的，与作为某种行为方式的动机而去追求大自然本身为我们奠定的目的（那一般地就叫做幸福）；这两条准则在本质上，也就是按性质来说，是不同的。因为前一条准则，其本身就是美好的；后一条准则却根本不是的，它在与义务相冲突的情况下还可能成为非常之邪恶的。"② 按照目的论的思路来说，凡是有助于幸福实现的行为都是好的，那么为了个人幸福而采取欺骗、恐吓、受贿、绑架等行为也可以称得上善的了，但显而易见这是非常荒谬的，所以康德说某种行为在它与义务相冲突的情况下可能会成为非常邪恶的。基于此，我们必须要找到某种道德原则来限制对幸福和快乐的追求，这就是康德所说的"善"优先于"福"。康德说："……我在自己的某些目的与义务的道德法则相冲突的情形下，却仍然有意识地要使后者优先的那一状态，就不仅是一种更好的状态而且是其本身美好的唯一状态；那是全然属于另一个领域的美好，在它那里，可能向我提供的目的（因而也包括它们的总和，即幸福）是根本不予考虑的，而且在它那里，构成其规定原因的并不是意愿的内容（一种给它奠定基础的对象），而是它那准则的普遍合法则性的纯形式"③ 康德呼吁人们不能仅仅关切个人的幸福，而且也需要照顾到绝对命令的要求，并且要自觉地在绝对命令所允许的范围内追求自己的幸福，因为只有这样才能体现出自己作为理智世界成员的本质特征。他说："人属于感觉世界；人的理性当然有一个无可否定的感性层面的使命，即照顾感性的关切，并且为今生的幸福起见，以及可能的话为来生的幸福起见，制定实践

---

① ［德］伊曼努尔·康德：《实践理性批判》，韩水法译，商务印书馆 1999 年版，第 67 页。

② ［德］伊曼努尔·康德：《历史理性批判文集》，何兆武译，商务印书馆 1990 年版，第 172—173 页。

③ 同上书，第 173—174 页。

的准则，在这两点而言，他乃是一个有需求的存在者。但是，人毕竟不是那种彻头彻尾的动物，以致对于理性向自身所说的一切也都漠不关心，而把理性只是用为满足他作为感觉存在者的需要的工具。因为，人虽然具备理性，然而倘若理性仅仅有利于人达到本能在动物那里所达到的目的，那么在价值方面就完全没有使人升华到纯粹的动物性之上；……他还将理性用于一个更高的目的，也就是不仅用于思考系自在善或自在恶的东西，而对此唯有纯粹的、绝无感性关切的理性才能判断，而且把这种判断与前一种判断完全区别开来，使它成为前一种判断的无上条件。"①

（2）罗尔斯的观点

罗尔斯的建构主义继承了康德的这种路向，提出了"正当优先于善"。其基本观点在于：人们对功利、福利、或者人的优越性等方面的追求不能无限度，它们必须受到某种限制，这种限制就是不得侵犯他人的自由和权利。下面我们就看看罗尔斯是怎样通过对功利主义和至善主义的批判来确立这种立场的。

第一，对功利主义的批判。罗尔斯指出，按照功利主义的观点，任何欲望的满足本身都具有某种价值，必须在决定什么是正当时加以考虑。我们要把制度安排得能得到最大限度的满足，这样，如果人们在相互歧视或者在损害别人自由以提高自己尊严的行为中得到快乐，那么，对这些欲望的满足，我们也必须根据它们的强度或别的什么因素，把它们和别的欲望放到一起来加以审议和衡量。如果社会决定拒绝实行它们，或压制它们，这是因为它们对社会具有破坏性的倾向，以及能通过别的什么途径达到一种较大的福利，而不是因为这些快乐本身就是性质恶劣的。但是，罗尔斯指出，相对于功利，自由、权利更为重要，为了最大功利而牺牲一些人的正当自由与权利是不道德的。他说："自由与权利的要求和对社会福利的总的增长的欲望之间是有原则区别的。我们把前者如果不是看得绝对重要的话，也是看得更为优先的。社会的每一成员都被认为是具有一种基于正义、或者说基于自然权利的不可侵犯性，这种不可侵犯性甚至是任何别人的福利都不可逾越的。正义否认为使一些人享受较大利益而剥夺另一些人的自由是正当的……因此，在一个正义的社会里，基本的自由被看作是理所当然的。由正义保障的权利不

---

① ［德］伊曼努尔·康德：《实践理性批判》，韩水法译，商务印书馆1999年版，第66—67页。

受制于政治的交易或社会利益的权衡。"①

在罗尔斯来看，快乐、幸福的追求并不是绝对的、唯一的，某些快乐本身就违反了正义的要求，并不具有价值，因此，我们对快乐幸福的追求要受到某些正义原则的限制。他说："在作为公平的正义中，我们并不把人们的倾向和癖好看作既定的（无论它们是什么），然后再寻求满足它们的最好方式。相反，他们的欲望和志向从一开始就要受到正义原则的限制，这些原则指定了人们的目标体系必须尊重的界限。我们可以这样说，在作为公平的正义中，正当的概念是优先于善的概念的。一个正义的社会体系确定了一个范围，个人必须在这一范围内确定他们的目标。"② 这种观点显然和康德的观点相似。

第二，对至善主义的批判。至善主义也属于目的论，不过与功利主义不同的地方在于，功利主义实现的目标是最大功利，而至善主义实现的目标是使人的优越性得到充分发挥，比如最大限度地达到人类在艺术、科学、文化等方面的优越性，尼采推崇苏格拉底、歌德等伟人，主张人类必须不断地努力去创造伟大的个体。罗尔斯对至善主义的批判在于：如果强行规定一个至善标准，也有可能导致一种专断主义。他认为，在西方社会存在着多种宗教观、世界观和哲学观，而且这些不同学说之间并不能在短时期内融合，归于一统，承认至善标准就是接受一个可能导致一种较少的信仰自由或其他自由的原则。这样看来，处在原初状态中的人所能达到的惟一相互理解就是：每个人都应当具有与其他人的同样自由一致的最大的平等的自由，他们不可能通过赋予一个至善标准以某种权威地位而使他们的自由处于危险之中。

总之，康德与罗尔斯的道德建构主义的目标是要确定人们行为的界限，人们应该在这个界限范围内追求自己的理想和目标，追求自己的幸福生活。如果说康德与罗尔斯反对以幸福、快乐为标准来判断行为的善恶，那么，善恶判断的标准是什么呢？这就是"普遍同意"和"有效性"。下面，我们就讨论这个问题。

2. 康德与罗尔斯都运用了"普遍同意"和"有效性"标准来证明绝对命令和正义原则的正当性

（1）普遍同意标准

康德对普遍同意标准的运用主要是以普遍法则的形式出现的，即，你据

① ［美］约翰·罗尔斯：《正义论》，何怀宏等译，中国社会科学出版社1988年版，第27页。
② 同上书，第30—31页。

以行动所依据的行为准则应该同时成为一个普遍的道德法则。道德法则与道德准则的区别，就在于道德准则可能只对据以行动的个人有效，但是并不一定对所有的人有效；而道德法则则对所有的理性存在物都有效。所以，康德对绝对命令的证明标准就在于它的普遍性，也即你据以行动的准则应该得到大家的一致认可，只有大家普遍认可的行为才是绝对的善。康德的道德原则主要以三个不同的绝对命令公式予以表达，刚才我们说的是第一个公式，其他的两个公式也是运用了普遍同意的标准来予以证明的。康德在他的第二个道德命令公式中提出了人是目的的命题："每个有理性的东西都必须服从这样的规律，不论是谁在任何时候都不应该把自己和他人仅仅当作工具，而应该永远看作自身就是目的。"① 康德在此并不是说我们决不应该把他人当作手段来对待，而是说，我们不应该把他人仅仅当作手段来对待。康德并不绝对和毫无保留地禁止使用人，而且在现实中我们也做不到。因为每个人既是手段又是目的，只有这样我们才能存在。康德的要求是：我们要以每个人在任何时候都应该享有的全部尊敬和道德尊严对待每个人，包括把他们用作达到他人目的之手段时也应该这样。我们在使用别人时，要充分地尊重对方的意愿，要经过对方的同意，只利用对方而不尊重对方的人格，不考虑他们的思想、利益和需要，这才是违背了康德的绝对命令，才是把他人仅仅当作手段来对待。在第三个公式中，康德提出了目的王国的概念，每个有理性的东西既是目的王国的成员，又是目的王国的首脑的命题。在其中，目的王国成立与否，与理性存在者的立法活动密不可分，因为只有通过立法活动，才能制定出法律和道德，只有制定出了法律和道德，目的王国才能得以运转。而若使这种普遍的立法活动得以开展，就要赋予每一个理性存在者都有立法能力，就要使道德法则和法律出于每一个理性存在者的自由意志，他们在立法时必须是不服从异己意志的。目的王国的道德和法律必须是由目的王国的成员运用各自的自由意志而达成普遍同意的结果，而且也只有这种经过普遍同意的道德和法律才能称得上是目的王国的道德和法律。康德说过，他的三个不同的绝对命令虽然形式不同，但其实是一个公式，表达了同一个意思。如果我们从普遍同意的标准来看待这三个公式，或许我们就会增加对康德这句话的理解。

---

① ［德］伊曼努尔·康德：《道德形而上学原理》，苗力田译，上海人民出版社 2005 年版，第 53 页。

　　罗尔斯也同样运用了普遍同意的标准来证明正义原则。罗尔斯认为，"证明是对那些不同意我们意见的人们或当我们犹疑不定时对我们自己所作的论证。它假定在人们之间或一个人自身的不同观点之间存在一种冲突，并寻求说服别人或我们自己相信作为我们的要求和判断基础的那些原则的合理性。证明是被设计来用推理使分歧意见达到一致的。"① 基于此，罗尔斯认为，证明首先要从讨论中所有各方所共有的见解开始，向一个人证明一种正义观念的正当性，合乎理想的是提供给他一个对于从我们都承认的前提中得出的原则的论据。他认为，一旦出发点是共同承认的，结论又是如此具有综合性和如此诱人，以至说服我们同意了它们的前提所表达的观念的合理性，那么这就是一种证明。按照这种思路，罗尔斯首先设计出一种人们普遍接受的原初状态，从这种假设的原初状态出发，让人们从一种包括了所有代表性的正义理论的列表中进行选择，如果人们普遍地选择某种正义观念而不是其他的正义观念，这就证明了这种被选择的正义观念的合理性。罗尔斯通过一系列的演绎，论证了在原初状态的前提下人们都会毫无例外地选择他的两个正义原则，而不是其他的正义原则，这就证明他的正义原则是合理的。在罗尔斯的这种证明过程中，我们可以看出他遵循的就是普遍同意的标准。

　　普遍同意的标准则将善恶判断的根据奠定在人的自由意愿、尊严上，更为强调了对人的尊重，而这恰恰是功利主义理论所容易忽视的地方，这也是功利主义的主要缺陷。造成这个缺陷的主要原因在于它将人类社会的调节原则等同于个人选择的原则。功利主义是从一个公平观察者的视角来研究整个社会的调节原则，这个公平的观察者被赋予同情和想象的能力，能够体验别人的欲望，能够清楚地了解这些欲望的强度，并能够恰当地估价它们，仿佛这些欲望是他自己的一样，然后通过调整社会体系的规范来最大限度地满足它们。这就类似于一个企业家考虑怎样通过生产这种或那种产品来获取最大利润，类似于一个消费者如何通过购买这些或那些商品来得到最大满足，正确的决定本质上是一个有效管理的问题，功利主义并不在人与人之间做出严格的区分。罗尔斯认为，功利主义的这种研究逻辑是有问题的，因为它完全忽略了人与人之间的差别，没有考虑到每个人都有不同的目标和追求。罗尔斯说："无论如何，从契约论的观点来看，我们不能仅仅通过把合理慎思的

_____

① ［美］约翰·罗尔斯：《正义论》，何怀宏等译，中国社会科学出版社 1988 年版，第 584 页。

原则扩大到用于由公平的观察者建立的欲望体系来达到一种社会选择原则。这样做没有严格地考虑个体的众多和区别，没有把人们将一致同意的东西看作正义的基础。"① 罗尔斯的这种批评具有一定的道理。对于一个人而言，由于他熟悉自己的需求、兴趣和爱好，当然可以根据自己的这些需求和爱好在不同的行为之间进行选择，以便达到自己的最大功利；但是，这并不意味着一个社会可以依据这样的逻辑来推理最大的功利，因为社会中的每个人都存在着差异，人与人之间的兴趣、爱好和需求是不同的，一个社会怎么能替别人做决定呢？如果我们不熟悉别人的兴趣、爱好和需求，不经他人的同意，将自己自认为的合理东西强加给别人，这样做难道不显得有些武断吗？如果不经他人同意，我们以最大功利的名义来要求他人放弃一些自己的正当权益，这难道不显得有些专制吗？所以，社会正义的基础并不在于最大功利，而在于一致同意，在于对他人的尊重。

（2）有效性标准

绝对命令和正义原则都要求人们要在尊重他人利益、他人意愿的前提下追求个人的幸福和理想，到此为止，这种证明还不能结束。因为道德原则主要是用来指导实践的，我们还要证明这些原则能不能对人类产生影响，这就运用到了有效性标准。这种证明是至关重要的，因为假如你的道德原则不能被人们接受并产生作用，那么不论你的道德原则的理论论证多么完美，多么严密，那都是纸上谈兵，隔靴搔痒。康德就面临着这样一个问题：纯粹实践理性是不是有效的？人们能不能在排除外在功利的影响下根据绝对命令行动呢？康德主要通过理性的事实（fact of reason）来证明绝对命令的有效性。所谓理性事实主要是指人们对于绝对命令的一种意识，康德一旦证明了这种意识的普遍存在，那么也就证明了绝对命令的有效性。康德认为，我们对绝对命令的意识是客观存在的，"道德法则仿佛是作为一个我们先天地意识到而又必定确实的纯粹理性的事实被给予的，即使我们承认，人们不能够在经验中找到任何完全遵守道德法则的实例。"② 康德说，虽然有些人怀疑道德法则是否行得通，但仍毫不犹豫地接受理性的规定。例如，即使到如今世上还没有一个真诚的朋友，我们仍然不折不扣地要求每一个人在友谊上纯洁真

---

① ［美］约翰·罗尔斯：《正义论》，何怀宏等译，中国社会科学出版社 1988 年版，第 28—29 页。

② ［德］伊曼努尔·康德：《实践理性批判》，韩水法译，商务印书馆 1999 年版，第 50 页。

诚。虽然一个人可以尽力把他的一件违反法则的事情粉饰为无意之举，粉饰为人们决不可能完全避免的过失，因此把自己解释为清白无辜的。不过，如果他意识到他在犯下那过错的时候是清醒的，是正在使用他的自由的，那么他就会发现，他并不能免于他施于自己的责备和警告，实践理性的声音甚至使胆大绝伦的罪人战栗恐惧，不得不闻而逃匿。康德对绝对命令的这种有效性大发感叹："职责呵！好一个崇高伟大的名称。你丝毫不取悦于人，丝毫不奉承人，而要求人们服从，但也决不以任何令人自然生厌的东西来行威胁，以促动人的意志，而只是树立一条法则，这条法则自动进入心灵，甚至还赢得不情愿的尊重，在这条法则面前，一切禀好尽管暗事抵制，却也无话可说：你尊贵的渊源是什么呢？人们又在何处找到你那与禀好傲然断绝一切亲缘关系的高贵谱系的根源呢？"① 虽然康德对于绝对命令有效性的证明并不是看它是否能够转化为人们的实际行动，他甚至不考虑在现实生活中是否有按照道德法则来行动的实例，但是他对于人们能否形成道德法则的意识却是十分看重的，这一点已经足够说明康德对于有效性标准的注重。因为能否形成道德法则的意识是人们转化为行动的前提，没有这种意识，按照道德法则来行动如果说不是不可能的，那也是非常偶然的。完全按照道德律令来行动对于人们来说是很困难的，但是这样做并不是不可能的，而且恰恰因为这种困难性，这种行为才显得弥足珍贵，才能显示出人的那种能够脱离动物式的自然欲望的高贵的、自尊的本性来。

罗尔斯也注重正义原则的有效性。罗尔斯在《正义论》的最后两章主要是来证明正义原则的有效性。罗尔斯在通过原初状态得出两个正义原则后，他追问，在由这两个正义原则指导的秩序良好的社会里，人们能够形成相应的正义感（sense of justice）以及有愿望去坚持这样的正义原则吗？罗尔斯通过一系列的证据说明了他的正义原则具有"正当理由的稳定性"（stability for the right reasons），这种理由就是：按照这种原则去行动表达了我们作为自由和理性的道德人的本性。罗尔斯说："……表达我们作为自由平等的理性存在物的本性这一欲望，只能通过按照具有优先性的正当和正义原则去行动才能满足……按照这种次序上的优先性做出的行为，表达着我们的区别于偶然性和巧合事件的自由。因此，为实现我们的本性，我们除准备保持我们的正

---

① ［德］伊曼努尔·康德：《实践理性批判》，韩水法译，商务印书馆 1999 年版，第 94 页。

义感使之调节我们的其他目标之外别无选择。"① 罗尔斯对于该理由的阐述非常相似于康德。康德在追问道德法则的尊贵渊源时指出："这（指按照道德律令进行的行为——笔者注）正好就是使人超越自己（作为感觉世界的一部分）的东西，……它不是任何别的东西，只是人格而已，……于是，属于感觉世界的个人在同时属于理智世界的情况下，委质于他自己的人格。"② 虽然罗尔斯不像康德那样，将人的世界分为二重世界，但其精神实质是一样的，即都是为了某种法则或原则而放弃对于感性欲望的满足，都主张人的人格和尊严体现在对道德法则或正义原则的尊重上。

3. 罗尔斯的正义原则与康德的绝对命令的相似性

康德的绝对命令与罗尔斯的正义原则也存在着许多相似之处。

（1）罗尔斯的正义原则是康德意义上的绝对命令

罗尔斯说："正义原则也是康德意义上的绝对命令。因为康德把一个绝对命令理解为一个行动原则，这个行动原则是根据一个人作为自由的、平等的理性存在物的本质而被运用到他身上的。这个原则的有效性并不以假设人有一种特殊的愿望或目的为先决条件。相反，一个假言命令却的确假设了这样一点：它指示我们采取某些步骤作为有效的手段来达到某种特殊目的。不管愿望是为了某种特殊的还是较一般的事物（像某些令人愉悦的情感或快乐），相应的命令总是假言性质的。它的可用性依赖于人有一个目标，而这个目标是他作为一个理性的人类个体不必有的。"③ 在不管我们的具体目的是什么，正义原则都适用于我们的意义上，按照正义原则行动也就是按照绝对命令行动。不管绝对命令会给我们造成什么样的影响，我们都要去遵守去做，这体现了人作为理性存在物的本质，体现了一种自我约束，一种自律。就这一点而言，罗尔斯的正义原则也属于康德式的绝对命令。

（2）罗尔斯的正义原则体现了康德的关于"人是目的"的要求

康德非常强调对人的尊重，其第二个绝对命令公式就提出了"人是目的"的命题。罗尔斯认为，他的正义理论也体现了"人是目的"的要求。在原初状态中，将被接受的正义原则表达了每个人的利益要求，而且恰恰因为正义原则体现了每个人的利益，它才体现出了将人作为目的的特征。罗尔

---

① ［美］约翰·罗尔斯：《正义论》，何怀宏等译，中国社会科学出版社1988年版，第578页。
② ［德］伊曼努尔·康德：《实践理性批判》，韩水法译，商务印书馆1999年版，第94页。
③ ［美］约翰·罗尔斯：《正义论》，何怀宏等译，中国社会科学出版社1988年版，第252页。

斯说："按照契约论的解释，把人作为自在的目的对待意味着至少要按照他们将在一个平等的原初状态中同意的原则来对待他们。因为，在这种状态中，人们作为把自己视为目的的道德人有着平等的代表权，他们接受的原则将被合理地设计以保护他们的要求。这样的契约论确定了一种人们将被作为目的而不仅作为手段对待的意义。"① 这恰恰就是功利主义的一个较大缺陷，功利原则可能会要求某些人为了别人放弃他们自己的较高生活前景，在某种意义上并不把人看作目的本身。罗尔斯说："如果各方接受功利标准，他们就缺少对他们的自尊的支持，……在一个公开的功利主义社会里，人们将发现较难信任自己的价值。"②

（3）绝对命令与正义原则都体现了公平性

康德的绝对命令要求使行为的准则能够成为普遍的道德法则，也就是使行为准则能够被人们普遍接受。行为准则不能仅仅被你一个人接受，不能仅仅符合你个人的利益、爱好和需要，它也要被其他人接受，这就充分体现了绝对命令的公平性。罗尔斯的正义原则也是公平的正义（justice as fairness），这一点体现在他对无知之幕的设计上。无知之幕屏蔽了订约各方的许多信息，比如他们的社会地位、阶级出身、天生资质、自然能力、善观念和所追求的生活计划，甚至不知道其所处社会的经济政治状况，这样就使他们在制定原则时不可能辨认自身，不知道怎样把原则剪裁得适合于他们自己的利益，订约的各方在此环境中是公平的。显而易见，在公平环境下达成的原则更能照顾到人们的普遍利益，更能体现出平等。

（4）绝对命令与正义原则都要求公开性

罗尔斯说，公开性条件的目的是使各方把各种正义观作为公开承认的和充分有效的社会生活道德法典来评价它们，如果人们接受了某些原则作为他们契约的结果的话，那么每个人都将会知道他们所愿意知道的有关这些原则的一切，包括这些原则将会带来怎样的积极后果和消极后果。康德认为，公开性是每一项权利要求中都包含的，因为没有它就不会有正义，因而也就不会有权利，康德的目的王国是一个由普遍道德法则和法律约束起来的，由不同的有理性的东西构成的体系，这些普遍道德法则和法律的制定必须要求公开性。罗尔斯正义原则的制定也要求具有公开性，因为正义原则的对象是社

① ［美］约翰·罗尔斯：《正义论》，何怀宏等译，中国社会科学出版社1988年版，第178页。
② 同上书，第179页。

会制度，而社会制度主要用来规定权利和义务、财富和利益的分配，这些都严重影响着人们的生活前景，正义原则的制定只有具有公开性才能促进公平性。

二　两种道德建构主义的不同

虽然康德与罗尔斯的建构主义存在着许多相似之处，但它们也存在着许多不同。罗尔斯的建构主义与康德的建构主义的不同缘起于理性多元论的事实（the fact of reasonable pluralism）。我们在前面说过，罗尔斯在证明他的正义原则的有效性时，运用了这样的理由：按照这种原则去行动表达了我们作为自由和理性的道德人的本性。但是，罗尔斯后来认识到这种论证并不适合于理性多元论的事实。这种事实就是：现代民主社会不仅具有一种完备性宗教学说、哲学学说和道德学说之多元化特征，而且具有一种互不相容、然而却又合乎理性的诸完备性学说之多元化的特征，这些学说中的任何一种都不能得到公民的普遍赞同，任何人也不能期待在可预见的将来，它们中的某一种学说或某些其他合乎理性的学说，将会得到全体公民或几乎所有公民的赞同。基于这个理性多元论的事实，罗尔斯认为以前所陈述的人们之所以坚持他的两个正义原则的理由就不充分，也即按照这种原则去行动表达了我们作为自由和理性的道德人的本性的理由，并不一定符合每个人所坚持的完备性学说。罗尔斯在《政治自由主义》导论中说："我内心以为严重的问题，关涉到《正义论》中秩序良好之社会的不现实的理念。与公平正义相联系的秩序良好之社会的本质特征是，它的所有公民都是在我现在称之为完备性哲学学说的基础上来认可这一观念的。他们对正义两原则的接受是以这种学说为根基的。"① 基于此，罗尔斯就另辟蹊径来证明正义原则的有效性或者说稳定性，这就是公共理性。公共理性作为一种公共的探究方法，要求我们在讨论正义原则问题时，不会诉求于完备性的宗教学说和哲学学说，我们在证明正义原则所运用的知识和推理方式，都已为公民普遍接受。罗尔斯认为，如果不诉求于这种普遍接受的知识和推理方式，就不能为政治的正义观念提供一种公共的证明基础，重叠共识也不会达成。从这里我们可以看出，面对着理性多元论的社会现实，罗尔斯不得不修正建构主义的方法，提出他的建构主义是政治的，而非形而上学的，以此来回避政治哲学的形而上学基础问题，

---

① ［美］约翰·罗尔斯：《政治自由主义》，万俊人译，译林出版社 2000 年版，第3—4页。

从而使得他的正义原则能够获得不同学说的理解与支持。下面我们就基于罗尔斯的这一转变来考察罗尔斯的建构主义与康德的建构主义的区别。罗尔斯认为，这两种建构主义的不同体现在以下几点：

1. 康德的建构主体隶属于其完备性的学说；罗尔斯的建构主体并不隶属于任何完备性的学说。我们知道，康德划分了两个世界，即感觉世界和理智世界，康德的建构主体——自我，属于两个世界的人，"于是，一个有理性的东西，就从两个角度来观察自己和认识自身力量运用的规律，认识他的全部行为。第一，他是感觉世界的成员，服从自然规律，是他律的；第二，他是理智世界的成员，只服从理性规律，而不受自然和经验的影响。"① 所以，就康德断言人属于理智世界而言，他显然认为人属于自在之物，而这些都属于一种形而上学的证明。罗尔斯对他的建构主体——公民，不作这种"康德式"的断言，只是指出它属于隐含在公共政治文化中人们所共享的根本理念，是从蕴含在现代西方公共政治文化中的直觉性信念得出的，只是作为组织性的理念来使用，而不寻求一种形而上学的证明。

2. 康德的学说是构成性自律；罗尔斯的是学说的自律。康德认为，就道德价值秩序和政治价值秩序的存在本性和构成本身而言，它们必须通过实践理性的原则和观念才得以建立，罗尔斯称其为构成性自律。康德的这一观点与合理直觉主义截然不同，因为，合理直觉主义认为，价值秩序是独立给定的，而不是人们建构的。直觉主义所坚持的独立给定的价值秩序正是康德的建构主义所反对的一部分。罗尔斯意识到了这一对立。为了获得重叠共识，为了使其正义原则获得所有合理完备性学说的认可，罗尔斯并不在反对合理直觉主义的基础上，也即在反对独立给定的价值秩序的基础上，宣称价值秩序必须要通过人们的建构才得以建立。对于价值秩序的存在本性和构成而言，政治自由主义保持沉默，罗尔斯称其为学说的自律。其实，所谓学说的自律，就是指它并不跨越自己的界限去宣称某种价值秩序到底是人们建构的，还是独立给定的，只要大家都认可这种价值秩序即可。

3. 各自原则的适用范围不同。虽然罗尔斯认为其正义原则具有普遍性的特征，但是罗尔斯的这种普遍性与康德绝对命令的普遍性是有差别的。这种差别体现在康德的道德原则是世界主义的，而罗尔斯的正义原则是国家主

① ［德］伊曼努尔·康德：《道德形而上学原理》，苗力田译，上海人民出版社 2005 年版，第 76 页。

义的。康德在《道德形而上学原理》前言中明确指出，他的主要目的是找出并确定道德的最高原则。换言之，也就是要确定评价行为善与恶的最高标准，很明显，康德所确定的绝对命令具有总的指导意义，是总纲，也是超时代的，并不局限于某个时期，同样也不限于现代民主社会的基本结构。但是，罗尔斯的正义原则不仅有明确的应用对象的限制（罗尔斯认为正义的主要问题是社会的基本结构，或更准确地说，是社会主要制度分配基本权利和义务，决定由社会合作产生的利益之划分的方式），而且也有时空范围的限制（罗尔斯承认它只适用于现代西方民主社会，否定其能够适用于一切社会和一切时代）。奥尼尔在比较二人的理论时指出："康德的公共性不同于罗尔斯的公共性，罗尔斯的公共性只是在一个有界限的，自由民主社会中的公民所组成；康德的公共性是无限制的。因此，康德的伦理方法采取了一种世界主义的观念，而不是一种伦理关切范围内的国家主义的观点。"① 也就是说，康德的道德原则是适用于全人类的，这里面没有国家与民族之分，而罗尔斯的正义原则是具有限制的，罗尔斯认为它们只适合于西方发达国家，而对于发展中国家则未必适合。这里面确实具有一定道理。因为罗尔斯坚持了政治权利等方面的优先性，而在一些发展中国家生存问题可能比政治权利的问题更为紧迫，人们更多关注的可能是吃饭、温饱问题。

总之，作为一种道德形而上学的观点，它必须对不同的世界观、道德学说提出自己的意见，对于罗尔斯来说，这个问题是无法解决的。在多元化的社会，不能就道德宗教和世界观达成一致，而能够达成一致的只能是政治自由主义思想。这就是公共理性的逻辑推论。

三　一些评价

如前所述，罗尔斯为了使其正义理论摆脱康德式的完备性学说的色彩，指出了自己的政治建构主义与康德的道德建构主义区别。那么，我们该怎样评价罗尔斯的这一转变呢？

1. 罗尔斯的这种转变削弱了正义原则的证明力。罗蒂认为，如果说《正义论》是想把正义建立在康德式的个人观念之基础上的话，那么《政治

---

① Samuel Freeman （ed.）, *The Cambridge Company to Rawls*, Cambridge：Cambridge University Press, 2003, p. 362.

自由主义》似乎不再承诺一种关于人类自我的哲学解释，而仅仅承诺对我们现在的生活方式作一种历史描述和社会学描述。因为寻求西方公共政治文化中的直觉性信念，只是反映了西方某个时期的观念，它们并不具有超历史的和普遍的特点。因此，这已经表明罗尔斯已经放弃了正义理论的一种哲学基础，放弃了正义原则的一种形而上学的证明，这样一种做法体现了罗尔斯的正义理论的历史主义和非普遍主义的观点。桑德尔也有相同的观点。他指出，"对于隐含在我们政治文化之中的公民观念的诉求，可能可以解释政治自由主义怎样才能在今天反对奴隶制，毕竟，我们现在的政治文化在很大程度上是由内战时期所塑造的，……但是，这并不能解释政治自由主义的这些观点怎样才能在 1858 年的时候用来反对奴隶制。隐含在 19 世纪中叶美国政治文化中的平等公民身份的观念，对奴隶制度曾是宽容的。《独立宣言》宣告：'所有人生来平等……生来就由他们的创始者赋予了某些不可剥夺的权利。'但……《宣言》的签署者只是断言，殖民主义者拥有自由接受大英帝国统治的权利，而没有断言他们的黑奴也享有平等公民身份的权利。"① 由此可见，如果罗尔斯为了获得一种重叠共识，而放弃了正义原则的形而上学证明，那就削弱他的正义原则的证明力。但是，在后形而上学的条件下，在理性多元论的情况下，又很难对正义原则进行形而上学的证明，在这样的情况下，我们如何证明正义原则呢？我们认为，哈贝马斯的观点可以为解决这一问题提供思路。

2. 要转变对道德真理的认识。罗尔斯为了寻求一种重叠共识，为了避免在不同的完备性学说之间造成不必要的争论，而放弃了关于正义原则的真理性的断言。他指出："我建议将建构……一种我们认为是客观道德真理的想法放到一边。既然道德哲学的历史表明道德真理的概念是有争议的，我们可以停止对于它的考虑直到我们对于道德观念有一个更深的理解。但是有一件事情是确定的：人们公开承认着道德观念以及好像受到道德观念的影响。这些观念本身可以作为研究的中心；因此我们可以暂时不管道德真理的问题而转向道德理论：我们研究在适当定义的条件下，人们实质性地坚持的，或者将会坚持的道德观念"② 只要人们能够就正义观念达成重叠共识即可，至

---

① ［美］迈克尔·J. 桑德尔，《自由主义与正义的局限》，万俊人等译，译林出版 2001 年版，第 246—247 页。

② John Rawls, *Colleted Papers*, Cambridge: Harvard University Press, 1999, p. 288.

于各个不同的哲学学说、宗教学说和道德学说怎样看待正义观念，或者将其当作道德真理，或者不当作道德真理，这都已经无关紧要了。罗尔斯为什么拒绝承认正义原则的真理性呢？哈贝马斯认为，原因在于，罗尔斯将一种真理性谓词赋予了完备性学说的世界观。罗尔斯通过原初状态建构正义原则的目的，本来是想在反对道德实在论和道德怀疑论的基础上强调正义原则的客观性和主体性的统一①，但是哈贝马斯认为，由于罗尔斯将一种真理性谓词赋予了完备性学说的世界观，所以他始终没能赋予这种正义原则以认知的意义。他指出，按照罗尔斯的观念，形而上学和宗教世界观可能是真的，也可能是假的，因此，一种政治正义概念要想具有真理性，就必须满足这样的前提：即它不仅可以与形而上学或宗教世界观兼容，而且还可以从中推导出来。但是，既然关于形而上学真理和宗教真理的争论在持久的多元主义条件下无法得到解决，我们暂时也就只能放弃宣称这种重叠共识的真理性。哈贝马斯反对罗尔斯的这种观点。他认为，形而上学世界观或宗教世界观是对基本伦理问题的回应，伦理问题涉及到的是：对我或我们来说，什么是长久的善，它们集中反映了集体的生活方式和认同。因此，衡量世界观，更多地要依靠生活方式的本真性，而不是命题的真理性。因此，它们不像理论一样，仅仅被理解为一系列的描述命题，它们不能被分解为具有真理性的命题，也不构成一个或真或假的符号系统，至少在后形而上学思想条件下是这样。而作为公平的正义则不同，因为从一种理想的视角来看，正义问题涉及到的是所有人的利益，可以用有根据的抉择来加以把握，所谓有根据的抉择，就是能够被合理接受的抉择。这样一来，我们就不能使正义概念的真理性依赖于一个世界观或完备性学说。哈贝马斯认为，正义原则的真实有效性，牵涉到的是一种理性的公共运用，是在公平的商谈条件下人们的一种普遍接受，而不是宗教世界观和形而上学世界观。基于此，哈贝马斯认为，观念总是一定的人在一定的历史环境下提出的，但从一定历史条件下产生的观念并不意味着该观念一定不具有客观普遍，只要该观念获得了人们的普遍赞同，我们就可以宣称该观念具有客观真实性。因此，在这样的情况下我们完全可以宣称正义原则的真实客观性，而不必回避道德真理的问题。

---

① 可参见笔者的论文《罗尔斯的建构主义解读》，《道德与文明》2006年第3期。

第二编　罗尔斯、政治哲学与中国

正义在中国

——一个初步的思路

何怀宏

　　"正义在中国"本就是个大题，而且还何其长远——"历史的与现实的"，此何能为一己力所能及？不过这里只是画定一个范围，提出一些问题，考虑一个初步的思路，也是一个依据我过去的研究、或者还想重新解释和汇合这些研究的一个提纲式概观。我想，一种长远的总体观或还是有用的。而我对正义理论的主要兴趣也不在单纯研讨西方的学理，而在落实到思考和研究中国的问题。但需要说明的是，我这里所讨论的"历史的正义"将侧重于中国古代制度事实上所包含的伦理含义；而"现实的正义"则侧重于仅仅观察一些新的正义观念形成的可能途径，或者说当代中国社会正义观念的构建方式。

一　罗尔斯正义理论的有限性

　　罗尔斯正义理论已成为现代正义理论的一个基本范型。我们今天探讨正义的理论问题往往要从它出发或至少很难绕过。但我们也应当注意它的有限性：即它不仅不完全涵盖传统社会正义理论的主要问题，也不是对西方之外的其他现代文明正义观念的全面阐述。

　　罗尔斯区分"正义概念"（the concept of justice）与"正义观念"（conceptions of justice），前者在罗尔斯那里是一个单数，或被希望是一种共识。后者是复数，自然具有多种可能性。罗尔斯《正义论》的英文书名"*A The-*

ory of Justice" 如果严格直译过来应该是《一种正义论》，①这不仅是作者的谦虚，同时也表明了一种实质观点的限制和开放（自我限制即对他人开放）：亦即除了作者提出的一种"公平的正义"理论，别人自然也可以提出其他的正义理论或观念。

的确，"正义"也是"争议"，其涵义有太多的分歧。即如罗尔斯"公平的正义"观所提出的两个正义原则，第一个保障平等的基本自由和政治权利的正义原则在现代西方学界理论上不太会成为问题，第二个偏爱最不利者的正义原则则出现了比较多的争议。但假如将这一正义理论放到古代，第一正义原则却可能会比第二正义原则更成问题，更容易引起争议，因为传统社会在政治上并不是权利平等的，甚至还可能是严格或松散的政教合一的；但它同时可能也是民本主义或服膺"贵人行为理应高尚"的。而即便在今天世界的其他文明，第一正义原则也可能会比第二正义原则更成问题（或因此而更值得重视）。

但不仅作为"正义观念"的罗尔斯的"公平正义"理论，罗尔斯视作某种前提共识的"正义概念"也还是现代的痕迹甚浓，在古代也还会引起争议。罗尔斯对"正义概念"的基本理解是：划分基本的权利和义务，决定社会合作的利益和负担的适当分配。他认为："那些抱有不同的正义观的人就可能还是会一致同意：在某些制度中，当对基本权利和义务的分配没有在个人之间作出任何任意的区分时，当规范使各种对社会生活利益的冲突要求之间有一恰当的平衡时，这些制度就是正义的。"②

显然，这一"正义概念"是以权利和利益的分配为中心的。它预示着一个有力的总的分配者，意味着可供其分配的东西是既定或现成的，且包含的

---

① 《正义论》的几个中译本均未将"一种"译出，我想主要是因为中英两种语言的差异，在汉语中加上"一种"就显得有些累赘甚至陌生，或者说不够简明扼要或醒目，另外，也是因为对今天说汉语的人们来说，即便就说"正义论"大概也不会产生这是唯一的、或唯一正确的正义理论的误解。这还不像北京奥运会口号中英文的差异，英文是"One World, One Dream"，中文则是"同一个世界，同一个梦想"，中文则显强化了"同"的含义。上海世博会口号的中英文差距也耐人寻味（英文是"Better City, Better Life"，中文则是"城市，让生活更美好"）。这差异是否反映了中国人在中文中希望强调或比较熟悉的东西？再谈谈"陌生"的例证，就像将"Good"译为"好"比译为"善"应该说是更贴切，将"Right"译为"对"而非"正当"也不是不可以，但由于"好"和"对"虽然是我们日常生活中很流行的词，过去却很少是哲学思想处理的概念，这样的译名自然也就给我们带来一种"陌生感"。当然，在翻译史中也多有渐渐将"陌生"化为"熟悉"的情况。这样，翻译者就常常遇到译名选择的困难：是宁求其准而不管其"生"呢，还是宁求其"熟"而损其准。

② （美）罗尔斯：《正义论（修订版）》，何怀宏、何包钢、廖申白译，中国社会科学出版社2009年版，第5页。

内容相当广泛。它强调"平等"而不再考虑"应得"的观念。它基本上可以说是一种"分的正义"。

但这样的正义概念在古代肯定要成为问题。我们可以来稍稍察看一下古代西方的传统正义概念,比如毕达哥拉斯说:正义基本上就是对等。这种"对等"既有"平等互利"的意思,又有"以牙还牙"进行同等报复的意思。柏拉图在其《理想国》中认为正义就是各得其所、各自做好自己的事情而不兼做别人的事情。亚里士多德在其《政治学》及《尼各马可伦理学》卷五中谈到:正义分为两类,一类是分配财富和荣誉,即分配的正义,是几何平等(或对等、它是允许等级差别的);一类是在交往中提供是非的标准,即纠正的正义。正义是中道、平衡、均等和相称,正义就是把各人应得的给各人。

西方古代的"正义概念"看来更强调各得其所,或各得其所应得、各做其所应做。它强调"各"、"报"、"应得",更强调"对等"而不是"均等",注意人与人的差别。这样,在一般利益的分配中国家的重要性并不彰显,或者说,许多现代国家正义的功能是在社会交往中处理和解决的,国家只是维护其交往的一般规则而非直接进行分配。在某种意义上,古代的"正义概念"或可简略理解为一种"报的正义",这里的"报"可以理解为两个方面:不仅是同等复仇、罪刑相等的报复,还有利益的回报、报酬等等。在古代国家的"正义概念"中,对纠正的正义比对分配的正义更为重视。它和现代"分的正义"有着显著的差别。

自然,对"分"或也可以做扩大的理解,不仅可以包括"正面"的权利和利益,也包括"负面"的东西(负担、义务也可理解为与正面的权利相对的东西),甚至也可以理解为"分配"刑罚。罗尔斯没有太多涉及纠正的正义,在他那里,这种正义比起分配正义来说是次要的。其正义概念主要是讲基本权利或基本善的分配,并将"反对偶然和任意性"纳入"正义的概念"。

有关罗尔斯正义理论的有限性,我这里还想提出一个"生存原则"的问题。罗尔斯的"公平的正义"理论提出的两个正义原则是:第一原则是要在政治领域内保障所有公民的平等自由,第二原则是要在社会和经济领域内实现机会的公正平等,以及即便说有些差别不可避免的话,也要使这种差别最有利于最不利者。我们或可用一个简化的说法,说第一原则是"洛克原则",第二原则是"卢梭原则"。罗尔斯在承续和复兴契约论方面的思想资源也主要是来自这两位近代社会契约论的主要代表,以及康德。然而,在我看来,如果从整个现代世界——且不说人类历史——来看,还应当提出一个"霍布斯原则"，即在一个更早的社会契约论主要代表霍布斯那里提出的"保存生命"的原则。这个原则应当是更优先的，或者说更有力的（虽然有时是潜在的，被包容的）。它也更适合构成政治哲学的一般起点。[①]

　　然而，以上所述并不构成对罗尔斯正义理论的批评，本文主旨也不在这种批评。致力于不断限制自己的论题和范围甚至可以说恰恰正是罗尔斯建构其正义理论方法论的一个鲜明特色。这种限制在"原初状态"的论证范围内，主要是指罗尔斯认为其正义理论仅仅适用于"良序社会"；而在"反省的平衡"的更大范围内，是指罗尔斯认为其正义理论正是要凝聚美国民主社会的共识，为其提供一个道德的基础或者说描述他所处社会主流的正义感、道德感。而在这样一个社会里，本来应该处在第一位的生命保障或基本生计问题似乎并不彰显。我理解"生命保存原则"主要是包含两方面的含义：一是任何人的人身都应受到保护，不受任何任意或非法的侵犯、伤害和杀戮；二是任何人都应得到必要的、可供生存的物质生活资料。而在罗尔斯那里，人身不受侵犯或可解释说已经包含在"平等自由"或"基本权利"的第一原则之中，必要的生活资料或也可解释说已经包含在"公正的机会平等"和"最关怀最不利者"的第二原则之中，而且都是更高程度的包含。

　　但是，我以为，如果在一个更大的世界范围内考虑正义问题，甚至也考虑到发达社会可能发生的危机，还是有必要单独提出"生命保存"的正义原则，因为生存原则是有可能和政治自由及经济平等原则发生冲突的。而三者的理由也还是有所不同，需要有所区分而不混淆，这种理由和论证的区分对我们确定优先性以解决冲突将特别需要。

二　中国历史上的差序正义

　　罗尔斯正义理论对这二十年中国伦理学发展的一个很重要的影响是：使我们特别关注制度伦理。古代中国"外王"不够独立，道德理论重视人而不够重视制度，二十世纪的革命年代也是相当重视"新人"的培养，并将制度本应有的独立道德评判"政治化"、"路线化"。而罗尔斯使我们注意到制度伦理或社会结构的正义不仅应当有一种独立性，而且应当有一种优先性。

---

　　① 详请参见拙著《良心与正义的探求》中的《正义原则的逻辑与根据》一文，黑龙江人民出版社 2004 年版。

　　但正如上述，当我们考虑正义理论在中国的发展和应用、尤其是考虑解释中国的历史正义的时候，罗尔斯的正义理论和概念是有限的。有没有更广泛的可以涵盖"古代正义"与"现代正义"的正义概念？是否可以、甚或需要最广义地理解一种"分配正义"（比如将刑罚也理解为一种"分配"，而"权利"也包括一切机会、利益等），以此来分析不仅现代，也包括古代的制度正义？这样做大概是有些勉强的，但如果为了适应现代人的表述方式而一定要这样做的话，也可就从"分的正义"着眼。但我们或许需要扩展罗尔斯的分配概念，在分配什么的问题上，不取罗尔斯过于现代的"权利"概念，而至少在考察社会的结构时，还是采用韦伯的看来可更广泛地贯通古代与现代的三种主要社会资源的简明说法，这三种主要的社会资源就是政治权力、经济财富、社会地位和名声（简单的说法是"权钱名"）。如果是着眼于社会的层次结构，尤其是古代社会的等级结构，那么，这种"权钱名"还特指高出于基本的生计、高出于一般的权益和社会承认的东西。于是，这种分配就意味着统治阶级的不断再生产。当然，它又不是纯政治的，它还意味着社会的主要渴望和追求。另外，"正义"也必须包括对广大的下层、包括对底层的政策和态度。

　　这样，借用费孝通"差序格局"的提法，我们或许可以将中国传统的正义称之为是一种"差序的正义"，甚至是一种"两分的正义"。这种正义观念在古代描述美好社会方面最著名、也是对近代最有影响的《礼记·礼运》篇里有关"大同"的论述中，有一个很好的展现。我们将特别注意其对两端的描述。一端是"天下为公、选贤与能"，另一端则是："鳏寡孤独废疾者皆有所养。"前者关注高层，包括最高层；后者关注低层，尤其是最底层。前者主要是政治的，后者主要是经济的。

　　"天下为公"按东汉郑玄注的解释是："公，犹共也。禅位授圣，不家之。"唐代孔颖达的疏进一步解释说：这是说的"五帝之时"的事，"天下为公谓天子位也，为公谓揖让而授圣德，不私传子孙"。直至晚清以前，像在著有《礼记训纂》的朱彬、著有《礼记集解》的孙希旦等学者那里，这大致都还是所有注疏者的共识。也就是说，"天下为公"是指最高统治者应由"选举"产生而不能"世及"。但我们知道，"选举"也可以有多种方式：有一人选，如有些古罗马帝国的皇帝选择自己的继任者；有少数选，如通过元老院或贵族院选择继任者；也有众人选，这就像是现代民主的投票选举总统、总理一类国家元首了。甚至也还有"不用选"，这或者是像古代雅典城邦那样，不是通过选举，而是通过抽签而达到"轮番为治"的直接民主；或者是不用政府，无需治理，也就是一种无政府状态。

但是，《礼运》中的"大同"世界还不是描述这样一种否定政治秩序的无政府状态，而只是说最高统治者的接续不宜"天下为家"，而是应当"选贤与能"，尤其是要选择有"圣德"的人。而且，这里的选看来也还不是民主的选，众人的选，而是一人的选（禅让），或至多是也参考少数人意见的选，而且最后还是选出一个人来担任"民之主"。至于这一个最高统治者之下的官员阶层，则更是要遵循"选贤与能"的原则了。"大同"世界中的权力并不是平等的，但对可居高位者的选择应当是根据某种"应得"的标准而一视同仁的，也就是说不能"独亲其亲"的。

的确，这种对最高统治者的选择在传统社会的后世并没有在制度上实现。像六朝时期的所谓"禅让"其实都是一种"逼宫"或对权力已经转移的事后承认。但是，在官员阶层的"选贤与能"却在相当程度上变为现实了。在战国打破封建世袭，秦代建立统一的官僚制度之后，通过从西汉开始的察举制度的发展，以及后来从唐朝开始的科举制度的发展，中国政治社会中统治阶级再生产从"血而优则仕"转到了"学而优则仕"，故此，我将西周至春秋的社会形态称之为"世袭社会"（hereditary society），而将秦汉至晚清的社会形态称之为传统意义上的"选举社会"（selection society 而非 election society）。[①]

我们可以再注意另一端，即不是社会的高层，而是低层，尤其是社会上那些最困难、最弱势的人们所处的底层。这就是"鳏寡孤独废疾者皆有所养"。绝不能让他们任何一个人哀苦无告，必须给他们保证一种"皆有所养"的生活。这后一方面在传统社会的后世，历代历朝的政府还是做了相当努力的。不止是在当代，历史上的中国也曾多次解决过民众的温饱问题，只是后来因人口剧增等种种原因往往又再次陷入困境。重视民生、关注贫民、救济饥荒、抚恤孤寡被认为是政府的应分，甚至也有更积极意义上的国不专利、让民制产、轻征薄赋、反对兼并等种种举措。

总的说，《礼运》中的"大同世界"还是一个容有众多差别的世界，是一个尽力让人"各得其所，各尽所能"的社会。这个世界还是承认年龄、性

---

① 详请参见即将由北京大学出版社出版的拙著《世袭社会》和《选举社会》的修订版，其初版是《世袭社会及其解体》与《选举社会及其终结》，分别由生活·读书·新知三联书店在 1996 年和 1998 年出版。

别乃至政治地位、经济财富和社会名望等种种差别，而它主张的也还不是一切平等的大同，而是一种既承认差异、又承认所有人平等的生命和发展权利的"各得其所"，就像其中所说的"老有所终，壮有所用，幼有所长"，"男有分，女有归"。而高端的"选贤与能"和低端的"皆有所养"，也同样可以说是属于"各得其所"。而且，这两者既是有别的，又是打通的，给予"鳏寡孤独废疾"的并非是权力职位的资源，而主要是生养的资源；但只要有才能，尤其是他们的后代，是照样可以被列入"选贤与能"的对象的。传统社会的确是一个官民两分的等级社会，但也是一个政治入仕机会平等的社会，一种初期主要是荐选、后期主要是考选的选官机制使上层和下层始终保持了一条稳定的通道，上层人士"多出草野"。而为了达到一个真正从上到下、从外到内都衷心认同、牢固凝结的共同体，为此也还要"讲信修睦"，实行道德教化，使人们"不独亲其亲，不独子其子"。（注意还不是"不亲其亲"、"不子其子"）；使人们共享财富，各尽所能。既利己又为公："货，恶其弃于地也，不必藏于己；力，恶其不出于身也，不必为己。"（注意也还不是"不能藏于己"和"不能为己"）。也就是说，《礼运》中所描写的"大同世界"还不是取消家庭和私产，也还不是一种没有政府的状态，而更像是一种统治者清静无为的政治状态，一种主要通过道德教化实施的统治，而且是教化已成的社会状态。这不仅是儒家的思想，甚至更是老子等道家的思想，也在相当程度上是先秦其他各家的共识。

所以，《礼运》所述的"大同"和其后描述的"小康"其实又有许多相通的地方，只是后者更重视人们之间的差别，更强调政府的功能，包括强化军队和刑罚制度，强调礼义，也接受最高统治者的家族世袭。但是在其他许多方面，尤其是上述官员的"选贤与能"和贫民的"皆有所养"的两端，"大同"和"小康"两个世界基本上还是一致的。相反，古人所述的"大同说"和康有为深受近代西方空想社会主义思想影响的《大同书》倒是有更多的不同，其间的差别甚至可以说超过了古代"大同说"和"小康说"之间的差别。①

---

① 《礼运》全篇主要是谈适用于小康社会的"礼的运作"而不是论述"大同世界"，"大同"只是一个引子，其中的讲述者"孔子"虽然一开篇就谈到"大同"，但是是在一种"感叹"现实状况中谈起的，这一理想可以视作是他主要用来反省和批判现实的一种武器。而且，如果说它是一种"乌托邦"的话，也是一种"逆溯的乌托邦"，并没有现代那种直接通向未来的"历史必然性"。孔子之志看来主要还是在礼治，在小康，在仿效周公等三代人物而非尧舜等五帝，他或许抱有一个希望，希望通过礼治、小康最后能够达到大同，但并非以"大同"作为自己的行动纲领。

有关沟通上层与下层、沟通政治与社会的中国古代选举制度的发展，及其最后渐渐形成的社会形态，我就不在此赘述了。这里我只举传统中国在另一端，即关怀最弱势者、救济贫困和灾荒方面的作为。以法兰西学院院士魏丕信的研究为例，他在《18世纪中国的官僚制度与荒政》一书中，以清朝在1743—1744年的直隶救灾为主要例证，对中国历史上、尤其是晚期帝国的荒政进行了精心的考察，他得出的结论是：当时的政府在救灾方面具有高度的组织能力、权威性和效率性，"全活无数"并非虚语。那时虽然没有现代的交通工具和救援手段，官员的数量也相当之少，但是，立足于对传统国家功能和使命的认识，也借助于乡绅和民间组织的力量，政府在勘察灾情、调动资源、组织救援、发放粮食、安排生活和生产，使人民幸免灾荒和匮缺所带来的恶劣影响方面发挥了巨大的积极作用，而绝非近世一些史家所认为的是"有名无实"、"纸上谈兵"。[①]

简略地说，像古人在《礼运》等篇章中提出的"美好社会与善治政府"的构想，并不简单地就是一些思想观念，而也是随后两千多年中的制度实践，甚至可以说是在有些方面已基本实现了的正义观念。当然不是说实现了"大同"，而更多的是实现过"小康社会"，或者说实现过"大同"和"小康"中一些共同的东西。历朝大都有它们的"盛世"，像西汉的"文景之治"、唐朝的"贞观之治"、清代"康乾之世"的一些年间。但是，中国在历史上虽然的确多次达到或接近过"小康"，但是又多次重新陷入危机。在传统中国的历史中，还有着一种日益君尊臣卑、权力集中的倾向，社会上的"官本位"也变得越来越根深蒂固。君主的"选贤与能"没有做到，亦即还是"天下为家"，没有实现"天下为公"，传统的国家还是"家国"，是"家天下"。官员的"选举"倒是做到了，但因为是以文章为主要的标准，最终国力趋弱，尤其近代碰到强劲的西方就更显得力不从心，乃至最后政治与社会的基本体制均告崩溃。

三　建构当代中国正义观的多种经验

当代中国比较稳定、趋同的正义观或许还在路上，还在形成的过程中，即今天的社会还很难说已经形成了一种比较明确一贯的正义共识。这和中国

① 见魏丕信《18世纪中国的官僚制度与荒政》，徐建青译，江苏人民出版社2003年版。

在 20 世纪的命运有关。中国在 20 世纪经历了亘古未有的巨变，经历了摧毁旧的社会政治经济体制和观念体系、重建新的社会政治经济体制和观念体系的艰难过程，而在急风暴雨之后重新开始的社会和道德重建的过程现在也还远未结束。

　　张之洞 19 世纪末发表的《劝学篇》或可视作是在西潮冲击之下应变、但仍保留传统社会基本体制和观念体系的最后的纲领性文献，这一"中体西用"的努力从上个"短的二十世纪"的历史看来似乎是失败了。在 20 世纪的主干年代，中国经历了一个激烈的"反传统"的过程，我这里特指的是否定中国"千年历史文化传统"的社会文化和政治军事革命，而它自身又形成了一个新的"百年启蒙和革命的传统"。"千年传统"的主导观念是强调尊尊、亲亲、贤贤、应得、学优、卓越、劳心、和解，最后达到的是政治入仕的机会平等和政治权利和社会地位的不平等并存，一人统治和少数治理并存。而"百年传统"的主导观念是强调平等、自由、博爱、救亡、国家、斗争、革命、专政，最后达到的是社会的相当均平和政治上的一人统治。而在"文革"结束后的最近三十多年，伴随着中国的改革开放、"拨乱反正"，又涌现出一种至今方兴未艾的"十年全球化下的市场经济发展传统"，这一快速变化的"传统"的主导观念是强调经济、市场、民生、科技、法制、改革、开放、全球等等。这样，中国大陆的任何观念和体制的形成和构建大致可以说是都处在这三种主要"传统"的影响之下，但这三种"传统"又并非是贯通和统一的，而是差别甚大，甚至在许多方面是相当冲突和对立的（这也就埋下了分裂的种子，而寻求共识也就愈加有一种必要）。虽然社会的确已不像"20 世纪的主干期"那样对峙和激荡，这一百多年也可以说经历了某种思想和体制"正、反、合"的过程，但在不仅一般的价值观方面，在道德和正义观念还是可以说相当歧异。而近二十年人们的价值和道德观念似乎比 20 世纪 80 年代的人们表现得更为多元和歧异。

　　这样，要凝聚有关正义的新的社会共识，看来就需要分别地从以上三种"传统"的经验教训中吸取思想成分。下面仅就"千年传统"与这种新正义观之可能的具有中国特色的关系略作陈述。

　　孔子所代表的先秦儒家最为明确地提出了"学而优则仕"和"有教无类"的政治与文化主张，那么，后世两千多年的社会制度的发展基本上实现了这一主张，可以说展现了一个从观念到制度、从理想到实践的一个近乎完美的例证。这种广大和持久的"学而优则仕"自然也有它的问题和困境，但它的确是世界文明史上一个非常独特的现象，是一个社会政治的奇观，也对迄今一直是西方思想占主流的正义理论、政治哲学、社会理论和历史理论构成了一个巨大的异类或挑战。我认为，当今世界的主流（西方）政治哲学和社会理论还没有很好地重视、更勿论解释和消化这一重要而独特的现象，而国人所习的政治哲学的理论、基本概念主要还是从西方发展起来的。

那么，通过古代选举制度表现出来的中国传统正义主要有那些特点呢？它和现代正义观念又可能有什么重要关联呢？古代中国最后的确是达到了非常大的政治入仕机会平等，但也还存在森严的政治权利和社会地位不平等。它作为一个流动、开放的等级制社会，上下的流动甚至超过了现代社会的垂直流动率，统治阶层的人员多直接来自民间。科举的制度非常严格和客观（如糊名、誊录、锁院、惩罚等措施所表现的）；而其应试文体竟然能把一种人文能力相当客观化、标准化也是非常奇特的。但是，这种政治机会的平等虽然加强了某种下层也认可的合法性，但也强化了政治权利的不平等，强化了等级社会。不过，无论如何，它毕竟在某种程度上实现了"贤贤"的理想，使尊尊与贤贤相结合，世袭君主制与开放官僚制相结合。那么，在现代的条件下，有无可能从"君主下的贤贤"转成"民主下的贤贤"？注重平等与鼓励卓越能否兼顾？这是值得我们探讨的课题。

又比如，从古代中国到现代中国，政治权力一直是最重要、最主导的资源；政治权力优先乃至弥漫到一切领域和官本位一直在我们的社会根深蒂固的存在。近代以来激烈反传统的过渡时代也没有打破这种极其突出政治和官本位的情况，甚至在某些方面还变本加厉了。到了"文革"时期，更是政治无所不包、政治决定一切、甚至管理一切。且权力以及名望和对财富的处置权越来越集中于一人。当然，在古代中国的有些时代，君主和官员的权力是受到削弱的，且不说西周到春秋，在魏晋时期也有这样的情况：从"权钱名"三种主要社会资源来说，权力固然是姓"政"，主要是属于政府，但世家也有相当大的权力；财富经常有一种非政治的性质，而名望有时甚至表现出一种反政治的性质。在现代中国的有些时期，比如在1919和1989之间的一些年，政治也有过一些淡化的迹象。但是，近二十多年，官僚体制和行政主导又有加强的倾向，政治权力有了以前从未有过的巨大经济力量可供支配，政治对非政治的其他领域的僭越似乎更有诱惑性和可能性。那么，在现代的条件下，我们是否能使这三种主要社会资源（以及还有其他的资源）的结合不那么紧密，甚至实现较高程度上的分流，尤其是减少导致大量腐败的权钱交易？如此，或可避免"赢者通吃"，尤其政治上的"赢者通吃"（甚至实力、暴力上的"赢者通吃"、"强者通吃"），而为有各种不同才能、不同追求的人们提供一个各扬其长、各有所尊、各尽所能、各得其所的社会平台。

传统的中国没有民主的选举，也缺乏强烈的民族主义，但它的确是相当注重民生的。但这种注重民生并不是要国家去直接管理社会上所有人的经济活动，或垄断牟利，而主要是在提供一种对人们正常的经济活动、弱势群体以及天灾人祸的制度保障。在某种意义上，传统政府是比任何现代类型的政府、包括自由放任主义的政府都更小的政府。古代社会中人们的活动——比如说经济活动、迁徙自由——享有颇大的自由空间，但是，这种自由也没有明确的法律保障，没有在法律上与权力分界、甚至对峙地体现为"权利"的制度保障，所以，他们享有的自由也容易被限制甚至取消。所以，在新的正义观中引入"百年启蒙传统"中平等的基本自由和公民权利等方面的价值要素，民主、宪政和法治等方面的制度要素，乃至政府更关怀和尊重劳力者、关怀和尊重弱势者和边缘人的博爱精神，也不仅是适应现代社会和人类发展的要求，也是从传统的人格平等和恻隐之心的必要引申。而在某种意义上成为"千年传统"与"百年传统"之"合"的"十年传统"，自然也可以为新的正义观念贡献诸多因素——比如自主观念、人类情怀、地球意识、生命一体的观念等等，即为新的正义观提供一种新的世界眼光。

以上"三种传统"主要是就大陆而言，主要是中国"纵的经验"，而我以为，构建中国人新的正义观还应当把中国"横的经验"也考虑进来，即还应当将香港和台湾等地区的经验考虑进来。当然，这些经验也可以说是港、台的"百年传统"，但是是和大陆的"百年传统"有所区别、甚至迥然有别的"百年传统"。

大略地说，在对新的正义观念或政治哲学可以提供启发或借鉴的方面，香港的经验可能主要是一种"蕴含自由的法治"。法治初看起来是限制自由的，但它限制的其实是不平等的所谓"自由"，是僭夺他人的或者任意妄为的所谓"自由"。法治的精神是"一切以法律为准绳"和"法律面前人人平等"，实际上没有比法治能提供的对所有人的平等自由更切实的保障的了。香港与大陆隔绝百年，在港英当局治理时期，基本没有实施民主但法制严密，而这种严密的法制是包含有一种自由精神的，尤其是有对人身、财产、精神信仰和经济活动方面的保障。

　　而台湾的经验可能大致是一种"蕴含传统的民主"。从中国传统的政治思想和制度传统来看，是直接引申不出民主的，但其后面隐藏的价值思想却看来和民主可以有一种相容甚或支持的关系。中国的文化传统在台湾社会其实比在大陆社会保存得要多得多，但看来并没有构成对台湾民主转型的严重障碍。而台湾的政治由于族群和统独问题的撕裂，虽然在政治上一度有一些"乱象"，但从社会的治理和公民的素质的培养来说可以说还是相当顺利的，使台湾不仅走向一个兼顾权利与义务的公民社会，也还始终是一个比较温文有礼的社会。而且，如果说香港更多是外来移植的经验，台湾则更多是本土生发的经验，且其实现转型的执政党也曾是一个"革命党"，一度共有过大陆的"百年传统"，自然，它是以孙中山的思想为其纲领的，这一思想似乎也有更多的中国特色，后来也表现得较能适应从一个威权社会向一个民主社会的转型。

　　就从大陆目前最激动人们的正义感的两件事情来说，港台的经验也可以给我们一些有益的启发。这两件事情一是如何遏制权力腐败而使政治比较清廉；二是如何缩小贫富差距而使社会比较平等。香港看来主要是通过法治、通过适时和恰当的法律的制定和执行，通过廉政公署的建立和独立运作，从而造成了"官不敢不忌惮法"的状况，比较有力地清除和遏制了权力的腐败。而台湾不仅通过司法，也通过民主的选举而有力地监督和限制官员的权力，包括罢免和惩罚贪腐的官员，乃至曾经的最高领导人，从而造成某种程度上的"官不得不忌惮民"的情况，触及了容易造成权力腐败的"官本位"这一社会根本。

　　在经济平等方面，耐人寻味的是，港台尽管不实行或流行一种激进主义的平等理论，但社会经济平等的状况看来却超过或好过今天的大陆，且同时还一直保持了一种相当高的经济发展效率，这就值得我们思考像"平等正义的思想资源"这样的问题：在促进平等正义方面是否只有一种"左派的"或"革命的"思想资源可用，只有一条"激进的"路可走？为什么似乎最强调平等理念的理论或意识形态反而不容易达致平等，且已经在实行中造成社会的激烈动荡，乃至伤害到许多无辜者？

　　另外，即便就大陆而言，我们也还要考虑不同民族和地区的不同经验，比如说西藏和新疆的经验。尤其对于中国这样一个多民族、多文化差异的大国来说，全面的正义观将无法回避族群的正义问题，不可能没有族群正义的地位。而且，如何处理族群的问题，对中国的民主转型是否能够成功将至为关键。在这方面，我暂时只提出一个有关精神或宗教信仰的问题。现代的正义观的确是与一种固定的宗教信仰趋于分离的，要想寻求足够广泛的社会共识也不能不如此。但信仰与正义之间又毕竟存在着某些复杂的关系，在现实生活中两者更是难分难解。这些关系是什么或应当怎样处理？如何看待西方人的某种或许有将精神生活乌托邦化倾向的"东方主义神话"，又如何看待我们自己或是从苏联传承过来的将社会理想乌托邦化的"阶级神话"？如何正视而又不强化族群差异？如何既尊重各族群的信仰和文化差异，同时又坚持某些基本的平等正义原则？总之，近年来民族方面出现的问题给我们的一个教训是：完全不懂得信仰，不懂得超越的精神生活，也就不可能完全地理解和恰当地实行正义。

　　以上所述多是强调中国经验的多样性和多种来源，但是，未来新的正义观念的构建并非就不需要或并非没有可能形成某种共识。即便将"正义"仍然视作一种价值（而不是作为从价值分出甚至对称的基本道德规范），那么，和一般的、广泛的、高端的价值不同，正义应该说是一种有限的但却基本的、底线的但却优先的价值，是最有必要、也最有可能形成某种核心共识、从而也具有普遍意义的价值。也许未来的正义观念仍然是一个复数（这是很有可能的，尤其是作为正义理论提出来的观念），但即便如此，我相信还是会有某种"核心共识"或"重叠共识"在其间存在。中国社会要进入一个长治久安、稳定发展的社会，一种能够凝聚大多数人共识的、比较成形和稳定的社会正义观（它可能表现为一些不同的理论形式）是必不可少的。

现代性政治哲学的问题意识与中国语境

刘　莘

一

人是自我理解的存在者。作为运行着的精神，自我既能回溯到不复存在的过去，也能先行于尚不存在的未来。这个意义上的自我不是切片式的经验研究的对象，而是连接过去与未来，连接存在与不存在的整体。从自我理解的内在视野看，使自我成为整体的，正是在这个整体中来回运行的自我对于自身的理解。自我并非一个封闭的整体。自我唯有在与他者的相互渗透、区别或认同中才成为自己。自我理解内在地包含着对与他者的关系的理解，从而内在地包含着对他者的理解。互为彼此的自我理解将互为彼此的他者构造成被称作"我们"、"你们"与"他们"的更大的整体，自我理解特别包含着对各个层面的"我们"的理解。就像哲学的其他分支，政治哲学也致力于对我们——人这种存在者——的自我理解。政治哲学的根本问题可以这样表达：我们要在怎样的社会结构中才得以成为合宜的我们？第一个"我们"是现实状态下的我们，"合宜的我们"则是现实状态下的我们对于自身的理想。

自我理解唯有在自我的理想中才得以展开。理想自我与现实自我在自我的内在结构中互为他者，他们之间的紧张或冲突是自我发展的必要前提。只要自我不满足于他的现实，他就会向着理想的应然要求走向自我实现的道路，通过理想的实现去消灭非理想的现实。类似地，在现实的社会结构中交往互动的我们若不满足于自己的现实，就会向着某种理想去呼吁新现实的诞生和旧现实的消亡。但在为作为整体的我们确立应然理想时，面临的情况却非常不同于个人对自己的理想的设定。个人的理想不外于他的生活偏好，个人最终是自己的理想的裁决者和责任人。包含着绝对不能相互替代的丰富个人的我们在确立自己的类的理想时，却不能奠基于任何个人的偏好或理想，也不能将我们这个类的理想还原成个人理想之总和。不能奠基于前者是因为个体的不可替代性，是因为类的理想内在地要求支撑和发展丰富的个体性。以某一种个人理想去不公平地限制或扼杀其他可能的个人理想，是类的理想首先要排除的可能性。正是因为类的理想内在地包含着互为彼此的公平理想，类的理想才不能还原成个人理想之总和——毕竟，有容纳或超越、也有误解或漠视类的公平理想的个人理想。类的理想是这样一种集体理想，它既不能向彼此差异的个人理想进行还原，又要致力于通达个体心灵从而规范个人理想在差异化中的形成和实现。类的理想唯有在不外于自身的多样性中才能守护自己的整体性。

　　类的自我理解内在地要求从现实中建构理想，再把理想照进现实。致力于类的自我理解的政治哲学的首要任务，就是通过恰当的方法描述这个理想。这样的方法必须满足客观性要求，因为类的理想不允许表达成个人的主观偏好。这样的客观性不同于社会统计的客观性，因为无论吻合还是偏离类的理想都能够产生出可被统计的客观事实。这样的客观性也不同于自然规律的客观性。假设自然规律不以人的意志为转移，是科学探究和发现的方法论前提。与之相反，类的理想是类的自我实现的内在要求，它只可能诞生于以自我实现为目的的自我理解。自我实现的目的与通达这个目的的理想的建构是一种内在关系，因此理想的客观有效性从本质上不外于致力于自我实现的主体。主体要有目的地将内于它的理想的客观性实现出来，就必须游走于现实和理想之间。主体必须寄居于自己的理想方能返回自己的现实，必须扎根于自己的现实方能认清自己的理想。主体必须在审视、质疑、批判、想象、选择的思想活动中直面现实与理想的张力，才有可能确立和实现自己的客观性。自由存在者就是具有这种思想、选择和活动能力的自我意识的主体。正如个体的自我理解只有在个体自由中才不至于虚假，类的理想和自我理解只有在类的自由中才可能真实。致力于自我理解的政治哲学必然致力于理解和呼唤类的自由。

　　自由是一种结构。结构的理解者只能是在现实或想象中寄居于自由结构的自由和理性的存在者。承认人是理性存在者并不否定人的非理性存在，但理性若不能规范和整合非理性存在就可能陷入非理性的疯狂。否定非理性存在其实是理性对于自身的不合理否定，正像否定理性存在只不过是理性对于自身的不合理肯定。政治哲学是在类的自我意识中的自我理解的理性事业，探讨和寻求的是作为结构的自由的合理性及其内容。政治哲学不否定人的非理性存在，但却悬置非理性存在的存在论意义。类的理想无论多么值得追求，都不能漠视作为个体的自由者的存在论现实——生存与死亡、喜乐与悲苦、希望与绝望、信仰与不信仰、意义与无意义以及作为整体的意识与作为碎片的无意识之间的对立、互补或转换。政治哲学致力于类的自我理解，建构类的理想不是为了取消个体生命的存在论现实。政治哲学的真正主张只是，要深刻理解个体生命的存在论现实，离不开类的自我理解的视域。这个视域就是合理的自由结构的视域。政治哲学希望凭借这个视域透视和规避我们作为类存在而造成的现实的恶——当然也包括曲解理性所产生的冷酷之恶。

承认每个理性存在者都有资格通达类的自我理解，就是承认自由结构为一种平等结构。这里的平等不是平均，而是特指对互为彼此的自由的平等承认和对基于自由的人格的平等尊重。无论怎样呈现作为复合结构的自由平等，呈现方式必然受制于这个复合结构并成为它的一个内在环节。以这样的视野返回前述的政治哲学的根本问题，能进一步揭示它的丰富内容。首先，自由平等的复合结构必须体现在包含着政治、法律、经济和教育等核心系统的社会结构之中。这就意味着，作为理念的自由平等必须具化成能够在统一的社会结构中规范和协调各个系统的理性原则方有可能赢得自身的现实化。政治哲学必须详尽说明这些原则的内容，它们之间的关系，它们与社会科学各分支所揭示的相关规律或法则之间的关系，以及它们对于社会结构的具体要求。政治哲学必须能够证明这些原则的合理性，就意味着必须证明这些原则的运行和在社会结构中的外化何以不会造成系统之间的隔阂、社会的分裂和人的异化。与之同时，通过从事这种证明而致力于类的自我理解的政治哲学，无论它的实质内容能否最终赢得理性的共识，它的不同于自然科学和社会科学的证明方式理应成为主体间性的合理言说的典范。这样的政治哲学不会因为神圣文本的微言大义和圣人言教的高远立意而放弃对互为彼此的合理性的诉求，从而它所呈现的言说结构必然类似于在自由平等真正实现的社会结构中人与人之间的交往互动的结构。

二

以自由平等的合理结构为关注核心的政治哲学诞生于现代性的母体。现代文明脱胎于古希腊文明与基督教文明的融和与紧张，诞生于文艺复兴、教会分裂、王权兴起、地理大发现等一系列历史事件的相互作用。这个新文明的母体凝聚着人类各大古典文明都不曾孕育出的现代产业革命、现代商业模式、现代社会的劳动分工、基于政教分离原则的现代民主政治和法治、现代科学技术以及以反思形态呈现的现代思想等诸多丰富的内容。这些内容的相互渗透规定着现代性的特征及其后果。时至今日，随着经济全球化的形成和互联网时代的到来，无论怎样评价现代性，已经没有任何民族或国家能够再以宗教、道德或文化的名义故步自封于笼罩着整个人类的现代文明之外。那些深处柏拉图洞穴且执着于古典政治哲学的前现代真理的现代学术家们，很可能是在无意识的恐惧中防御性地否认这样一个根本事实——现代性是人的共在结构的历史母体。那些认为现代文明完全走错方向的复古主义者，想必很难理解 1807 年处于现代性的过渡期的黑格尔于《精神现象学》序言中的预言式描述：

> 成长着的精神也是慢慢地静悄悄地向着它新的形态发展，一块一块地拆除了它旧有的世界结构。只有通过个别的征象才预示着旧世界行将倒塌。现存世界充满了的那种粗率和无聊，以及对某种未知的东西的那种模模糊糊若有所感，都在预示着有什么别的东西正在到来。可是这种逐渐的、并未改变整个面貌的颓毁败坏，突然为日出所中断，升起的太阳就如闪电般一下子建立起了新世界的形相。①

现代性的历史母体孕育着现代性之恶。随着现代理性主体的诞生，神人感应或天人合一的世界遭遇了现代性的天命。基于现代思想方式的科学决定性地摧毁了目的论和道德论的宇宙观。人类以自己的科学理性"祛魅"了自然世界的秘密并将之作为规律而予以了合理化的解释。包围我们生活世界的自然世界不再能够唤起我们的神秘情感，而架构和渗透进我们生活世界的被

---

① 黑格尔：《精神现象学》上卷，贺麟、王玖兴译，商务印书馆 1987 年版，第 7 页。

合理化的自然世界必然挤压或削弱我们的道德情感。人们发现对自然世界的解释越是精深，越是能够得到重复检验和预见未来，这套科学体系就越是不能容纳诸如"自由"、"平等"、"尊严"、"善"、"正义"等道德概念。现在，即使是最极端或狂妄的道德学家，也没有资格去谴责不再使用道德概念的自然科学家。天文学家不会用"恶"去描述吞噬光明的黑洞，正如物理学家不会用"自由"去刻画测不准原理，生物学家不会用"不正义"去描述"自私的"基因，精神分析学家不会用"不道德"去刻画无意识的性压抑。简言之，"祛魅"和"去道德化"是判断现代性的科学时代是否到来的基本标准。但是，正因为价值中立是现代科学的发展前提，固守科学理性才无法呈现现代性的诸多恶果——极权国家的压迫之恶，资本主义的贪婪之恶，人与自然的对立之恶，人与人的疏离之恶，神圣维度的消解之恶，玩世不恭的猖狂之恶。精神在现代性条件下无家可归，只好从恶的此岸挣扎着游向恶的彼岸。这就是为什么反对现代技术文明的海德格尔会投向在现代性中扮演"拯救者"的纳粹并在第三帝国垮台后会宣称："［现代］农业是一个机械化的食品工业，其本质上与毒气室和灭绝集中营中的尸体制造别无二致，与许多国家的封锁和饥荒别无二致，与原子弹的制造别无二致。"①无论现代技术文明制造或解决了多少问题，下述评论在现代性共识中颇为中肯：

> 海德格尔心安理得地把机械化农业等同于纳粹有计划地残害人类的政治，这在历史思考中不仅仅是一种罕见的不合逻辑的推论，它也表明了他在道德和理论辨别力上的根本无能。……海德格尔的见解尤其令人震惊，因为它显然有意落后于 20 世纪人们所公认的道德标准，这在与大屠杀那无法言说的罪恶的关系中"凸显"出来。似乎海德格尔以一种特有的哲学上的傲慢姿态，通过这一蓄意的挑衅，故意从"理性"的共同体中退却出来——进而也就是从与其他人类存在者的共处中退出来②。

然而，正如古典时期的文明母体可能产生古典的恶，现代性的母体也能孕育现代性的善。现代宪政结构中的公民不再因为自由表达而遭受"文字

---

① 参见理查德·沃林《存在的政治——海德格尔的政治思想》，周宪、王志宏译，商务印书馆 2000 年版，第 211 页。

② 同上。

狱"的祸害，不再因为心灵自由而遭受以"道德纯洁"或"信仰纯粹"之名而实施的迫害。现代性的自由之善一方面为前现代视野中的某些"恶"留有余地，另一方面又坚决杜绝前现代视野中的某些"善"对自由之善的僭越。无论"自由"、"平等"、"博爱"、"理性"、"权利"等启蒙理念在现代性历史进程中遭遇过怎样的曲解并因此而导致了多少恶果，放弃或否定这些理念必将导致无从曲解的恶。如果看不到现代性历史进程在善恶冲突中对它们的丰富和提升，就始终无法理解为何这些结构性价值在现代文明的母体中具有类的层面上的普适性。当然，这些价值是否具有普适性，在什么意义上具有普适性，普适性的内容及其外化方式究竟是什么，正是致力于捍卫或批判这些理念的各种政治哲学理论必然要思考和解决的问题。深刻理解现代性特征离不开"前现代"与"后现代"的思想视域，但要在类的历史进程中推进自我理解就离不开在现代性的母体中由内向外地展现这些理念。

　　1959 年，致力于古典政治哲学研究的斯特劳施在《什么是政治哲学?》一书中宣称："我们可以毫不夸张地说，政治哲学在今天已经不复存在，有的只是具有葬礼意义的历史研究，或者只是软弱和没有说服力的抗议的主题。"① 没有证据表明，斯特劳施研读过时年 38 岁的罗尔斯于此前一年发表的名为《作为公平的正义》② 的经典论文。当时更没有证据表明，罗尔斯奠基于此前数篇论文及这篇论文的思想经过二十年③的发展和丰富，能够在 1971 年凝结成被后来的哈贝马斯称为"标志着实践哲学的轴心式转折"④ 的恢宏巨著——《正义论》⑤从某种意义上讲，罗尔斯之所以能够成为政治哲学在当代复兴和发展的关键人物，正是因为他没有仅仅去从事"只是具有葬礼意义的"政治哲学的历史研究，更没有放弃一个现代思想家在现代性条件下为古典政治哲学的永恒问题继续"寻找答案的责任"（斯特劳施语）。在施特劳施看来，那些永恒问题就是关于"什么是善?"、"什么是正义?"、"什么是优良生活?"和"什么是优良社会?"等问题的不懈思考和追索。面

---

　　① Leo Strauss, *What is Political Philosophy*?, the Free Press, 1959, p. 17.

　　② Rawls, "Justice as Fairness", in *Collected Papers*, edited by Samuel Freeman, Harvard University Press, 1999.

　　③ 从罗尔斯于 1951 年发表 "Two Concepts of Rules"（出处同上）到 1971 年出版《正义论》，历经二十年。

　　④ Jurgen Habermas, "Reconciliation through the Public Use of Reason: Remarks on John Rawls's Political Liberalism", *Journal of Philosophy*, 92 (3), 1995, pp. 109 – 131.

　　⑤ John Rawls, *A Theory of Justice*, Harvard University Press, 1971.

对诞生于现代性母体的科学实证主义对于这些问题的漠视和僭越，面对可以
实证的无情的历史事实，曾是海德格尔学生的斯特劳施在纳粹帝国覆灭之后
的第十四年后警示道："如果历史证明是必要的话，那么，1933 年的极端历
史事件就正好证明了，人不能放弃对'什么是优良社会?'的问题的追问，
不能通过投靠'历史'或异于人类理性的其他力量而推卸为该问题寻找答案
的责任。"①

罗尔斯是现代性政治哲学在当代发展的基本坐标。在长达半个世纪的思
想生涯中，罗尔斯激发了政治哲学的种种理论，深刻地影响和塑造了他的捍
卫者和批判者。作为当代政治哲学的奠基人，罗尔斯从不同角度批判地继承
了霍布斯、洛克、休谟、卢梭、康德、黑格尔、马克思、密尔等思想家在发
展变化的现代性的母体中对于类的自我理解和自我实现的展望。罗尔斯以
《正义论》中的开篇宣言传递了他的核心关注：

> 正义是社会制度的首要价值，正像真理是思想体系的首要价值。一
> 种理论，无论多么精致和简洁，只要它不真，就必须加以拒绝或修正；
> 同样，无论法律和制度如何有效率和有条理，只要它们不正义，就必须
> 加以改造或废除。每个人都拥有一种基于正义的不可侵犯性，这种不可
> 侵犯性即使以社会整体利益之名也不能逾越。因此，正义否认为了一些
> 人共享更大利益而剥夺另一些人的自由是正当的，不承认许多人享受的
> 较大利益能盖过强加于少数人的牺牲。所以，在一个正义的社会里，平
> 等的公民自由是确定不移的，由正义所保障的权利决不受制于政治的交
> 易或社会利益的权衡。允许我们默认一种有错误的理论的唯一前提是尚
> 无一种较好的理论，同样，使我们忍受一种不正义只能是在需要它用来
> 避免另一种更大的不正义的情况下才有可能。作为人类活动的首要价
> 值，真理和正义是决不妥协的。②

狭义地讲，"正义"是罗尔斯终其一生的思考主题。但罗尔斯的正义主

---

① 同上注 2，第 27 页。

② John Rawls, *A Theory of Justice*, revised edition, Cambridge, MA: Harvard University Press,
1999, pp. 3 - 4. 参见罗尔斯《正义论》，何怀宏等译，中国社会科学出版社 1988 年版，译文有改
动。请参见我的《对罗尔斯宣言的一种解读》(《四川大学学报》2007 年第 2 期) 一文对该段引文的
详尽阐释。

题首先是规范和塑造人际互动的社会基本结构，而不是不能脱离类的存在和类的自我理解的个人的德性或道德情感。在这个主题的范围内，罗尔斯思考和回答了内在关联的四组问题：（一）社会要按照哪些原则运行才是正义的？这些原则在自由、平等、博爱等维度上有怎样的内容？这些原则对社会的政治、法律、经济和教育等核心系统有怎样的要求？（二）按照正义原则的要求而运行的系统有怎样的制度内容？制度的正义要求与制度的效率要求具有怎样的内在关联？这样的社会制度是否以及如何具有自我维系的稳定性？能够维系自身的正义社会在什么意义上是优良社会？（三）被正义制度塑造的人有怎样的特征？被正义制度塑造的正义感具有怎样的心理结构，并且，正义感的生成与在正义制度中交往互动的人际模式具有怎样的关系？被塑造的正义感如何起到支撑和维系正义制度的作用，并且，这样的正义感为何不能被视为附属于特定制度的虚假意识？（四）要怎样辩护正义原则及由正义原则架构的社会才具有普遍有效性？有效辩护必须要尊重的主体间性的原则在什么意义上既是自由原则又是理性原则？这些原则要如何表达进规范社会基本结构的正义原则才是对人的自由、平等和尊严的真正表达？这些问题以及对它们的回答构成了以《正义论》为代表的罗尔斯前期思想的主题。

　　广义地讲，罗尔斯关注的是现代性条件下的类的自我理解和自我实现。正义视域只不过彰显了类的现实与类的理想之间的紧张，从而为类的自我理解提供了方向和动力。对于个体生命而言，自我理解就是在自我实现的过程中对现实自我与理想自我的紧张冲突的理解。就此而论，自我理解是自我实现的一部分，自我必然在自我实现的过程中方能实现他的自我理解。被实现的自我理解虽不等同于被实现的自我，但包含在其中的理想自我已经是尚未实现的自我的预先实现。自我能否将作为预先实现的理想自我彻底现实化，既要取决于自我的内因和外因，还要取决于内外因的复杂互动对于自我理解的再反馈。类似地，类的自我理解是在类的历史进程中通过先行于尚未到达的历史对类的现实与类的理想的紧张冲突的理解，从而同时是类的自我实现的结果和原因。作为结果，类的自我理解不可能在构造类的理想时置身于类的现实历史之外，作为原因，类的自我理解不可能委身于类的现实历史而不去构造超越旧现实并塑造新现实的理想。如果这样的理想的确是能够实现的理想，就要求刻画者像罗尔斯那样阐明它所内含的理念为何外化成相应的理性原则和社会制度后能够通过对多元化的类成员的支撑和塑造而以自我实现的方式返回自身。

　　如果对类的理想的刻画的确具有不外于现实的内在合理性，就反过来证明了，正是现代性条件使这样的理想得以可能和必要。现代性条件使这样的理想成为可能，是因为现代性的历史进程通过现代性之善恶与前现代性之善恶的交叉冲突向类的自我理解呈现了这些理想——同时呈现在无意识形成的互动结构里和被结构滋养的个体心灵中。现代性条件使这样的理想成为必要，是因为现代性的历史进程既带出了异于前现代性之善的现代性之善，也带出了异于前现代性之恶的现代性之恶。由于现代性的母体不仅是现代性之善的母体也是现代性之恶的母体，罗尔斯的正义理想就不是妄图摆脱这个母体的乌托邦。罗尔斯称这样的理想为"现实主义的乌托邦"，它不是妄图否定现代性的复古主义者在自己的想象中所追忆的乌托邦，也不是妄图颠覆现代性的后现代主义者在碎片式体验中所幻想的乌托邦。但是，仅当自由平等的存在者生活在自由平等的共在结构中，他们才能够自由地成为现代性理念的捍卫者、批判者或颠覆者。只要现代性的各种层面的捍卫者和批判者能够在被正义原则架构的自由平等的社会结构中合理地互动，他们就都是现代性之善的受益者和继承者，而他们对现代性之善的挑战或对现代性之恶的揭示，如果足够深刻的话，都将在正义原则的支持和规范下作为合理的他者而贡献于现代性条件下的类的自我理解。

　　对类的自我理解包含着对致力于自我理解的理论冲突的理解。就算所有的理论都致力于优良社会和人的自我实现，它们在什么是优良社会和人的自我实现以及如何从现实中实现这些理想的问题上也必然存在着差异、冲突和竞争。理论之间的冲突和竞争作为一个社会事实，不仅反映着现代性条件下的社会的多元现实而且会反过来助长和强化后者并成为后者的一部分。政治哲学理论如果不能够理解和解释理论多元与现实多元之间的相互支撑和生长，就会趋向于用一元论的线性思维方式来看待自己的理想与社会现实的关系。持线性思维方式的一元论者趋向于认为，社会和理论的多元现实是不应当的，因为它违背了自己的理论所揭示的一元论的类的理想或真理。之所以会得出这样的结论，是因为这种意义上的一元论内在地包含着对合理的多元现实的不应当的否定。有趣的是，正因为彼此冲突的一元论在自己的理论和类的自我理解中不能为他者留下空间，一元性就总会从自身中产生无法与之和解的多元性。如何在现代性条件下通过诉求以普遍公民身份来承担的公共理性去论证多元性的合理性及内容和边界，如何在承认和支撑合理多元性的前提下让多元性返回一元性，就是以《政治自由主义》①为代表的罗尔斯后期思想致力于回答的问题。这个问题也就是政治哲学的根本问题在现代性条件下的另一种表述：我们要在怎样的社会结构中才不至于因为多元性而分裂并因为多元性而成为合宜的我们？

罗尔斯在现代性语境下对政治哲学的根本问题的深刻追问和回答，激发了包括自由主义、自由至上主义、社群主义、分析的马克思主义、女权主义、文化多元主义等当代政治哲学理论的诞生和发展②，使它们"要么必须在罗尔斯的理论框架内思考，要么必须解释为什么不这样思考"③。理论的多样佐证了思想的自由。对合理多元有着深刻理解的政治哲学理论必然致力于合理多元的实现。这样的理论坚决批判一元论理论对多元性的正当权利的否定，但又坚决按照诞生了合理多元的自由思想原则去捍卫一元论理论在自由结构中所拥有的话语权。在这样一个自反性的多元性图式中，理论冲突正是支持和捍卫合理多元的理论所欢迎的合理多元的基本事实。此外，对合理多元的现代性条件有着深刻理解的政治哲学理论必然视包含各种理论的政治哲学本身为社会多元结构中的一个环节，正如致力于理解人和存在的各种哲学思想只是复杂的社会历史变迁中的一个环节。从这个视角来看，政治哲学就像哲学的其他分支，既非历史进程的奠基者，也非现代性条件下的非线性社会结构的阿基米得点。

就此而论，政治哲学或一般意义上的哲学必然在现代性的广义的社会劳动分工中走向思想和学术活动的职业化。现代性条件下的思想者必须深刻认识到职业化事实的政治哲学含义，才不会妄称以自己信奉的理论特别是以自己信奉的一元论理论去奠基这个非线性展开的世界。那种妄称是一种严重的自欺，特别是，如果自欺者同时是善或正义的追求者，就很可能在道德的崇高光环中把自己"提升"为一名唯我其谁的道德唯我论者：在这个一无是处的现代性世界里，唯一正确的是我和我的道德信仰。在现代性条件下以追求社会正义为己任的罗尔斯清楚地意识到在这种追求中可能存在的道德陷阱，才会因其思想的张力吸引了一大批职业思想家去阐释、捍卫、拓展或批判他对于政治哲学的根本问题的思考和回答。所谓的"罗尔斯产业"既是对罗尔

---

① John Rawls, *Political Liberalism*, Columbia University Press, 1996。罗尔斯：《政治自由主义》，万俊人译，译林出版社 2000 年版。

② 威尔·金里卡：《当代政治哲学》，刘莘译，上海三联书店 2004 年版。各章对这些"主义"有详尽的论述。

③ Robert Nozick, *Anarchy, State and Utopia*, Basic Books, 1974, p. 183.

斯的影响力的刻画，也是对现代性条件下必然职业化的政治哲学和政治哲学家的反讽。但唯有能够承受和容纳反讽的思想，才是敢于承担自我理解的思想。

三

时至今日，中国社会在现代性的转型过程中已经取得了怎样夸张也不过分的历史成就。继皇权崩溃和独立统一的主权国家建立以来，始于 20 世纪下半叶的改革开放和经济发展促成了中国社会最深刻的变化。从最直接的因果关联看，与其说这是从前现代体制向现代体制的转型，不如说是从失败了的现代性的计划体制向较为成功的现代性的市场体制的转型。这个事实佐证了现代性的技术文明作为价值中立的背景条件，既能大规模地助长现代性之恶，也能大规模地实现现代性之善。现代性之善内在地要求解决温饱和走向富裕，但却不局限于此。因为善是精神的理念，它还要求将自由、平等、博爱、法治、民主、正义等现代性理想贯穿和实现在制度结构、公共文化和公民意识中。从这个视野来看，增强国力和脱贫致富虽然是经济改革的直接目标和后果，但它的真正的深远意义却远非最初的动力和意愿可以涵盖。经济改革特别是市场经济地位的确立，引发了当代中国社会结构的根本性变化：以国家意志为绝对出发点和归宿的单极社会结构已经演变成了国家意志不再拥有绝对主宰地位的多极社会结构。

在这个多极社会结构中，伴随着越来越复杂的劳动分工和越来越紧张的社会分化，与国家意志因为利益关联而同台博弈的有各种市场行动者，包括资源垄断型的国有企业、市场话语权不等的民营企业、合资企业和外资企业，以及各种非市场行动者，包括各级政府及部门、新闻传媒、教育机构、研究机构、医疗机构、宗教组织、民族组织、各种非政府组织，以及还未充分组织起来但利益趋同的界定清晰或界线模糊的各种职业或非职业群体。这些社会单元因其被国家意志的控制程度和对国家垄断资源的分享程度以及控制与分享的内在转换或相互排斥的性质和程度，而在当代中国社会结构中占有不同的位置。一些社会单元作为市场行动者可能无法介入市场，一些社会单元作为非市场行动者可能享有或左右市场。一些被国家意志控制的社会单元在分享国家垄断资源的同时成为国家意志的现实的或潜在的挑战者，一些较少受国家意志控制的社会单元在反对国家意志干涉的同时反而成为新的国家意志的提议者或推动者。与单极社会结构中有清晰形态和边界的国家意志相比，当代中国多极社会结构中的国家意志的形成和演变受到角色各异的社会单元的交叉影响和渗透，而这些社会单元的社会和政治功能也会因受其影响的国家意志对整个社会互动的再影响和再塑造而发生不确定性的变化。在这种不确定性中，国家意志的具体内容和表达方式也会因为社会单元之间以及社会单元与国家意志之间的充满不确定性的博弈而具有不确定性。这种复合的不确定性既是当代中国社会转型和发展的结果，也是继续演化的中国社会必然面临的问题。

经济高速稳定的持续增长既反映着被释放出来的多极社会的活力，也体现着经济改革以来在所有制问题上去意识形态化之后的国家治理和决策能力的不断提升。由于这个范围内的去意识形态化是以国家权力对意识形态的控制为前提，支撑和架构国家意志的意识形态就以局部的否定而守住了自己。局部去意识形态化之后的意识形态一方面要以与经济高速发展和社会急剧变迁相适应的新内容去灵活地取代旧内容，一方面又要设法与之前的意识形态保持相当程度的统一。这种统一是国家权力对意识形态的持续控制的结果，而这种控制又是新旧两种意识形态的根本共识。这种共识意味着，控制意识形态的国家权力的政治合法性必须反过来通过诉诸新旧意识形态的统一才能得到说明或证明。当然，能否以及如何在快速演变的多极社会中对单极社会的意识形态与多极社会的意识形态的统一做出说明和论证，正是当代中国多极社会结构中的意识形态自身必然面临的问题。但由于意识形态不仅有为政治权力和制度结构进行合法性说明或论证的理论功能，还有塑造公共文化和培养公民意识的实践功能，这个问题就并非意识形态的内部问题，而是与社会整合密切相关的全局问题。

社会整合在利益分化和分配严重不均的多极社会结构中面临越来越大的挑战。经济改革之初，由于计划体制的失败，单极结构的中国社会对帕累托最优的偏离已经到了这样一个程度，以至于对旧有的社会组织形式的任何突破都会导致经济效率的提升。但后来以"效率优先，兼顾公平"为代表的国家意志突破的不仅是计划经济的低效率，还有意识形态所宣扬的能够揭示资本主义弊端的公平理念。公平仿佛成了外于效率的东西而仅仅需要被"兼顾"。既然如此，当公平与更快的发展冲突时，一切都应该而且必须为更快的发展和更高的效率让路。在这条路上，以行政能力控制国家资源的非市场行动者摇身一变成了市场竞争的不公平参与者，而没有行政能力的市场行动者则想方设法寻租公共资源以获取不公平的有利地位。或许，在僵化的单极社会向更有活力的多极社会的转型过程中，公共权力的寻租的确有助于提升效率和打破旧有的格局，但认为腐败是提升效率的必要条件则是逻辑混乱的结果。或许，公共资源的寻租之门在社会转型时期的潜规则中已向所有市场行动者打开，但认为这也是"公平"并且无力踏入此门的市场行动者必须接受随之而来的"公平"结果则无异于指鹿为马。一些寻租者毫不张扬地将本应被全民共享的社会财富据为己有，另一些寻租者则凭借公共权力的支持而大张旗鼓地以"开发"之名剥夺第三方资源。幸好有发展这个硬道理支撑之下的真实的发展，公平问题才在相当一个发展时期"没有"成为问题。直到某一天，当意识形态终于在社会现实的逼迫下容纳"公平、公开、公正"的理念的时候，公共权力的寻租已经在系统化的潜规则中利益集团化。而当最能代表社会良知的学术与本来特指公共权力的腐败奇迹般地构成一个固定词组的时候，狭义的公共权力的腐败就在不知不觉中扩展成了广义的社会腐败。在这样的社会氛围中，人们怨恨的甚至不再是腐败者而是没有成为腐败者的"公平"机会。这样的社会氛围既是缺乏公平的社会互动的结果，也是使社会整合面临挑战的进一步社会分化的原因。

这样的社会氛围固然是转型时期社会变迁的消极结果，但它也颇为矛盾地揭示着怎么也无法否认的经济发展的积极意义。处于这种社会氛围里的社会成员在适者生存的真实社会里必然迸发出对于财富的不可遏制的欲望，而一个欲望涌动的社会当然不会是没有经济活力的社会。与之同时，对于财富和由财富带来的美好生活的追求标志着真实社会已经摆脱了大公无私的意识形态说教，标志着有别于公共生活的非公共生活的逐渐确立。不受制于公共权力的任意干涉的非公共生活的确立，的确是伴随着经济发展的多极社会的巨大成就，因为人们终于能够在事实上的消极自由中筹划和享有由普遍但未必公平的财富增长带来的专属于自己的生活空间。与单极社会的国家意志对社会的每一个角落的控制和渗透相比，免于国家意志干涉的非公共生活弥足珍贵，而多极社会结构中的国家意志对非公共生活的默认为转型时期的经济和社会发展注入了非凡的活力。一旦私人意志代替国家意志成为了美好生活的最终裁决者，一旦市场机制代替计划体制成为了美好生活所需的商品和服务的供给者，即使是凭借寻租公共权力和公共资源而获得了不公平的有利竞争地位的市场行动者，也会为着自己利益的最大化向美好生活的追求者提供能够得到认同的商品和服务。为了在竞争市场中稳固自己的优势地位，市场行动者还必然通过自己的资源优势开发用于进一步提升生活品质的商品和服务，从而反过来成为基于财富增长的美好生活的界定者。就这样，需求者与供给者在一种天然的联盟关系中刺激着对于财富和美好生活的共同渴求，促进着经济的高速发展和社会的持续繁荣，并以谁以无法预料的方式启示了非公共生活的公共意义。

非公共生活的正式确立标志着现代公民社会的初步诞生。曾经被国家意志恩准的非公共生活必将反过来制约以公共权力支撑的国家意志并否认其有无端介入的资格。这种要求以法权形式出现：国家意志止步于非公共生活不是出于自上而下的恩准而是出于自下而上的权利。公民社会的权利意识要求国家意志以法的形式被重新架构从而为消极自由画出有法可依的明确范围。多极社会的这种法权要求必然冲突于单极社会的旧意识形态，也当然冲突于吸收了旧意识形态的新意识形态所架构的国家意志的非法权的表达方式。事实上，由于法治建设已经成为多极社会的国家意志的不完全目标，这种冲突也可以看作是对国家意志的法权表达与非法权表达的内在矛盾的反映。矛盾的这一方允许甚至鼓励公民社会推动法治建设，矛盾的那一方则试图阻挠或瓦解这种推动。所以，当代中国的法治建设相比单极社会的非法权状态有了巨大的成就，而相比公民社会的法权要求则仍然任重道远。尽管如此，只要公民社会的消极自由得到了事实上或法权上的部分承认，消极自由就会酝酿更积极的内容。消极自由既是经济发展引发的社会转型的结果，也是支撑人的全面发展的科学、艺术、宗教和思想繁荣的原因。由于非公共生活绝非单纯的私人生活或者家庭生活，而是偏好、志趣、思想或信仰投合者能够自由结合的社会生活，消极自由就内在地蕴涵着对自由结社的积极自由的要求。免于干涉的消极自由越是能够得到法的维护，积极的结社自由就越是能够为非公共生活创造新的形式和内容。新的非公共生活和它们由之产生的结社自由往往是以非法权形式表达的国家意志任意干涉的对象。但正是在这种干涉与反干涉的冲突中，具有生命力的非公共生活不仅会以各种灵活的方式为自己赢得空间，还可能会反过来通过诉诸法权主张和捍卫结社自由，从而要求把以非法权形式表达的国家意志转换成以法权形式表达的国家意志。这种转换必定相当艰难，直到今天，国家意志还不能以法权的形式容纳结社自由，更不用说以之为自己的目标了。正因为如此，非公共生活的公共意义才特别凸显于转型时期的当代中国。

非公共生活争取以法权形式来保护自己就是对具有公共意义的法权本身

的保护。就像已经赢得了私有财产权的非公共生活，一方面要据此限制公共权力对私有财产权的侵犯，另一方面又要求公共权力对之进行保护。但私有财产权仅仅是具有法权形式的非公共生活的条件之一，若没有其他自由和权利的支撑，非公共生活就还不具备完全的法权形式。转型时期的中国社会的非公共生活虽然异常活跃，但由于还不具有完全的法权形式，就时时面临以非法权形式表达的国家意志的任意干涉。在这种情况下，那些能够助长多极社会的公共生活的非公共生活，就特别会受到单极社会残留下来的国家意志的阻挠，因为以法权实现和法权表达为内涵的公共生活必然冲突于转型时期的非法权的国家意志。作为公民社会的两个不可分割的部分，公共生活与非公共生活共同构成公民精神的诞生和发展的母体。在缺乏非公共生活的单极社会结构中，完全被国家意志架构起来的公共生活不可能以法权的实现和表达为指向从而不可能是现代公民精神的诞生地。在缺乏公共生活的多极社会结构中，一方面非公共生活不能展现其应有的多样性，特别是，不能衍生出有助于公共生活的非公共生活，从而会抑制公共生活所需的社会批判力和想象力。另一方面，仅仅被赋予财产权的非公共生活由于缺乏有益于社会整合的公共生活，会不断加深转型时期的社会分化并削弱相互认同，以至于志在维护社会稳定的国家意志的成本将越来越高从而会增加非法权的国家意志向法权的国家意志转变的难度和不确定性。所以健全的公民精神既要向内维护非公共生活的法权和基于其上的多样性，又要向外推动基于法权的公共生活的发展和丰富。

以法权的实现和表达为目标的公民精神肯定会追问什么是奠基于法权的制度结构，从而要求改革非法权的制度，包括使公共权力和资源的寻租得以普遍可能的制度。具有这种指向的公民精神既会遭到被意识形态架构的非法权的国家意志的阻挠，也会遭到凭借公共权力和资源形成的利益集团的阻挠，还会遭到被各种利益集团需求被国家意志默许的物欲化和缺乏社会批判能力和想象力的社会氛围的阻挠。面对共同的威胁者，利益集团完全能够凭借自己的优势资源使非法权的国家意志成为自己的代言人，而处于不支持反思能力的社会氛围中的绝大多数民众由于只关心物欲的非公共生活和私人生活而事实上成为了反对公民精神的利益集团和非法权的国家意志的受害者和同盟者。由于强势的阻挠者掌管着公共权力、教育资源、传媒资源和经济资源，由于弱势的民众以其庞大的数量支撑着被这些资源共同塑造的社会氛围，就不难理解为何公民精神的形成和发展相比经济的发展会面临更大的看不见的困难。与之同时，伴随着单极社会向多极社会转型而不断发生转变的意识形态却深知自己所担负的社会整合功能，从不放松以强大的公共权力和公共资源去贯彻被自己批准的"德育"、"政治教育"或"公民教育"。意识形态教育作为一种强制教育，贯穿于被其严加控制的教育系统的各个层面，渗透于由公共权力和公共资源架构的各种类型的社会单元。与单极社会时期僵化的意识形态相比，转型时期的意识形态在显露出相当大的灵活性的同时又面临着由这种灵活性导致的矛盾：一方面要在抛弃和传承单极社会的意识形态的旧内容之间求取平衡，一方面要在引入、拒绝和禁止适应多极社会特征的新内容之间求取平衡。从根本上讲，这种矛盾既是强求统一的意识形态对单极社会结构与多极社会结构的彼此排斥的本性缺乏理解的结果，也是公共权力的掌管集团在多极社会的迅速演变中被迫放权与主动放权、被迫放权与被迫不放权的冲突的结果。这种矛盾当然也是上述两种因素相互作用以及它们与特别是在意识形态看来可能威胁到政权稳定或社会稳定的其他政治社会因素相互作用的结果。

　　在社会转型时期因于公权腐败、贫富差距、价值失范、利益对立、认同削弱、信仰差异、民族冲突、分裂活动以及这些因素的相互作用的越来越严重的社会分化和局部动荡中，社会稳定顺理成章地成为了国家治理的头等大事并凸显为经济和社会继续发展的基本前提。由于政权稳定是社会稳定的当然前提并且意识形态又是政权稳定的必要支持，强化已经具有内在矛盾的意识形态及其教育就与以"解放思想"之名行使的并被从根本上讲支撑社会稳定的社会经济活力所需的进一步去意识形态化要求构成了另一种矛盾。如果说前一种矛盾只是意识形态的内部矛盾，与之关联的后一种矛盾则进一步彰显和激发了矛盾的意识形态与冲突的社会现实之间的交叉冲突和矛盾。但意识形态正是要在多极社会结构中的复杂的社会互动和复合的矛盾中去担当不堪重负的全方位责任：意识形态既要成为统一思想的紧箍咒，又要成为思想解放的吹鼓手；既要成为实现社会和谐的关键支点，又要成为化解社会矛盾的不二法门；既要成为理解近现代中国社会历史变迁的唯一标准，又要成为引领经济持续发展和社会继续进步的精神动力；既要成为国民或未来国民的道德修养和健康人生的完全指南，又要成为正确的世界观、历史观甚至宇宙观的至高担保；既要成为具有优越性的社会主义制度和已经高度资本化的现实制度的辩护者，又要成为具有局限性的资本主义制度的批判者；既要承担捍卫政权合法性和解释社会现实的理论功能，又要承担塑造国民意识的教育功能和维系社会稳定与抵消社会分化的实践功能。简言之，意识形态既要成为制造真理的万能车间又要成为医治百病的灵丹妙药。

带有如此全方位功能的意识形态必然具有这样的理想目标：随着由公共权力控制的教育资源和传媒资源向社会各个角落的渗透，意识形态要通过对国民意识的塑造而赢取观念、行动和言语上的内在认同而返回自身。然而，在由现代传媒工具特别是互联网助长的多极社会结构中，意识形态就像被其塑造的国家意志一样仅仅是诸多博弈单元中的一个。国家意志的形式和内容要受到其他博弈单元及整个博弈过程的影响，从而一场复杂博弈前后的国家意志很可能不具有完全的同一性。这就是为什么非法权的国家意志与法权的国家意志的内在冲突及其具有不确定性的相互转化必然受制于与多极社会结构中的其他博弈单元的不确定博弈，而博弈的阶段性结果既可能是对各博弈单元的同一性的动态维系，也可能是对包括国家意志在内的各博弈单元同一性的程度不等的再界定。对比国家意志的同一性维系，试图向社会渗透并塑造国民意识的意识形态只有在通过这种塑造并成功返回自身之后，才算是维系住了自己的同一性。然而意识形态的同一性回归之路甚至比国家意志的同一性维系之路更加艰难，因为被意识形态架构的国家意志尚能凭借公共权力的强制力去界定或参与博弈，而依靠公共权力形成和传播的具有内在矛盾的意识形态却没有办法在多极社会结构中凭借公共权力去控制或消灭有能力异化自己的他者。

欲以奠基、架构或规范整个多极社会的意识形态并不知道自己只是非线性展开的多极社会结构中的一极，所以意识形态在运行和传播过程中必然遭遇无法统摄的他者。在当代中国社会，意识形态的最无可奈何的他者并非承载于少量学术文献中的思想深刻因而不便于传播的高度系统化的政治哲学理论或一般意义上的哲学或人文社会科学理论，而恰恰是被其批准并欲加规范的只具有消极公共意义的非公共生活所孕育的物欲意识。与意识形态形成对比，物欲意识不带有任何矛盾，因为它的全部关注就是如何挣钱如何消费以及如何实现生活的快乐。物欲意识以自己的方式信奉和解读由意识形态传达的物质决定意识、经济基础决定上层建筑的理论，它深信不断增长的经济购买力是实现美好生活的充要条件，因为美好生活就是不断占有和享受美好商品和服务的生活，就是有类似消费能力的人按照共同的偏好或兴趣自发组织和参与的非公共生活。这种意识的持有者只关心财富的增长而不关心财产权的根据，只关心财富增长对于自己生活的特殊意义而不关心伴随财富增长的普遍的分配问题。与之关联的消费主义世界观使他们崇拜简单易行的购买力，崇拜可与这种购买力实行等价交换的公共权力和传媒影响力。在这样的世界观里，一切事物的价值都要根据兑换成硬通货的能力来予以判定，所有职业和一切个人的意义或尊严都取决于他们的直接或间接的货币能力。由于科学、艺术、宗教和更广阔的思想的价值仅仅在于它们的市场化价值，人类的这些精神就其本身而言自然引不起他们的兴趣。他们当然要消费快餐化的文化产品，但那不过小资情调的内在需要或社会交际的必要谈资。在他们的世界里，追求购买力最大化的生活已经足够沉重，而生活本应是一场欢快的游戏，所以欲望与满足才是生活的主旋律，而调侃和搞笑则是生活的伴奏曲。这样的社会氛围既容不下关于社会问题的自由思考也容不下意识形态的标准答案。所以每当欲以规范物欲意识及其他社会意识的意识形态与被规范者发生遭遇时，就范者总是被迅速传播的手机段子和无厘头小品支持的一方的对立方。物欲意识并不会以颠覆意识形态为目的并把自己看作胜利者，因为它既不关心意识形态也不关心意识形态欲以实现的社会整合。这样的物欲意识是一切严肃意识的调侃者或解构者，所以它既是意识形态的他者也是与意识形态冲突的公民精神的他者。

　　从某种意义上讲，作为意识形态对立面且不关心社会整合的物欲意识正是意识形态实施国民教育和社会整合的结果。意识形态通过对教育系统的控制向未来的国民颁布正确的人生观和世界观以及解释和改造世界的标准理论。然而意识形态的矛盾正在于它一方面要解释现实世界另一方面又无法解释新旧意识形态的统一所导致的内在矛盾以及与现实世界的矛盾。既然矛盾是世界变化和发展的根本原因，所以意识形态以真理的名义所颁布的正确人生观和世界观在到处与之矛盾的现实社会氛围的包围下所显现出来的甚至不是错误而是虚假。意识形态通过年复一年的标准教科书和各级考试从形式上维系住了自己，却以牺牲培养可能会反过来以自己为对象的国民批判意识和反思能力为代价，以扼杀勇于直面自己和社会的真诚人格为代价。身处强大的社会现实与意识形态之间的未来国民是绝对的弱势群体，他们受到约束批判思维的意识形态的塑造，一有机会就会逃向也不承受批判思维但却没有内在矛盾看起来真实无虚的物欲意识。在成熟的物欲意识的透视下，意识形态既不是错误也不虚假，它只是意识形态自己所说的统治阶级实施社会统治的思想武器。既然如此，既然只有成为统治阶级的一员才有机会向能够使利益最大化的公共权力和资源靠拢，被意识形态塑造的国民就很可能在最彻底的去意识形态化的过程中成为逻辑一致的意识形态的搭便车者：以信奉意识形态的名义加入意识形态的核心组织不过是为了获取利益和机会最大化的手段，而这已经成了心照不宣且彼此谅解的公开的秘密。就这样，在彻底去意识形态化的社会氛围中，世界终于还原成了它的真实形象：一面是被包括意识形态在内的各种虚假价值粉饰起来的冷漠竞争的社会现实，另一面则是以层出不穷的调侃搞笑来安抚和迎合这种社会现实的物欲意识。

转型时期的当代中国社会异常丰富和复杂，立足于任何视野的刻画都可能顾此失彼。特别是，由于社会整合并非仅仅是社会意识的整合，仅从意识形态与物欲意识的分析视野来研判整个当代中国社会的发展、问题与活力则难免以偏概全。尽管如此，社会意识的整合对于急剧变迁的当代中国社会却至关重要，因为社会分化相当有限的单极社会尚可能凭借国家意志的塑造和强制去维系社会稳定，而要在分化程度越来越大的多极社会中实现具有内在认同的社会稳定则不可能倒回去诉诸非法权的国家意志。如果具有内在矛盾且无法通过对现实社会的影响而返回自身的意识形态确实不能在日益分化的中国社会维系各阶层和群体对于彼此的内在认同以及对于意识形态和被其架构的社会结构的内在认同，甚至，如果在相当程度上冲突或矛盾于社会现实的意识形态在公共权力的支撑下的运行和传播本身就是制造矛盾和削弱认同的原因，就更凸显了社会意识的整合对于当代中国的社会整合的重要性。如果既不关心社会整合也无法理解其重要性的物欲意识在异于意识形态的描述和意愿的真实社会中居然成了取代意识形态并助长社会冷漠的主流意识，如果被物欲意识生成的非公共生活反而阻碍了孕育公民精神的公共生活和非公共生活的发展，更严重的社会分化甚或社会分裂的可能性就会在经济发展所需的物欲意识的笼罩下转变为现实性。单极社会的非法权的国家意志保障社会稳定的前提是扼杀物欲意识以及与之相伴的非公共生活，而转型时期的多极社会的社会稳定却正要靠着由物欲意识和非公共生活的活力刺激的经济发展来予以保障。然而将社会稳定的全部希望寄托于持续的经济增长不仅是高估了经济增长对于社会转型的积极意义，而且也低估了使经济持续增长得以可能的那些原因发生变化的可能性。

过去三十余年中国社会的高速经济发展首先是社会结构的变化的结果，但也是大的国际环境和国际市场予以支持的结果。如今以廉价劳动力和自然资源的大量消耗为基础的经济模式正在面临挑战，所以国家意志以各种方式激励粗放型经济向创新型经济的转型。然而创新型经济不可能大规模地实现于不支持创新的社会土壤。使公共权力和资源的普遍寻租得以可能的制度结构迫使市场行动者在创新的成本与收益和寻租的成本与收益之间进行理性计算并选择后者——除非制度改革能够大大增加寻租成本和创新收益，除非那些凭借国家垄断资源或寻租公共权力而享有优势竞争地位的市场行动者也被迫因为制度改革而参与全方位的创新竞争。然而这个方向的制度改革必然要求以普遍可靠的法权而非以不具有普遍确定性的道德自律去制约公共权力和架构国家意志，就必然要求深入彻底的司法改革和政治体制改革与之配套。此外，创新经济离不开创新人才和合作精神，而在意识形态及其所需的一元化的应试教育的作用下，在普遍缺乏批判思维能力和反思意识的社会氛围中虽易于形成被物欲意识架构的自我中心主义者却难以大规模地发展出承载创新精神和合作精神的独立人格。可是独立人格的大规模实现既要求对制约其实现的意识形态进行反思和批判，也要求对由意识形态控制的教育制度、科学研究和学术管理制度及资源分配模式实施改革。这些可从根本上推进创新意识并抑制学术腐败的改革既能促进更普遍的政治体制改革也以对后者的预期和意愿为前提，而政治体制的改革却离不开对架构政治体制的意识形态的批判和扬弃为前提。不难看出，这些改革是相互支撑的社会稳定和社会发展的内在需要，也是意识形态的最新内容所强调的政治文明、人的全面发展和经济社会可持续发展的内在要求。这当然也从另一个角度印证了意识形态的内在矛盾：意识形态对创新经济和创新型社会的展望和强调逻辑一致地要求对制约了创新意识的意识形态及被其架构的社会基本结构的反思和批判，然而意识形态却要在自身的逻辑不一致中通过禁止这种反思和批判去解放思想和开拓创新。

当然，历史的进程并非逻辑的演绎，从总体上取得极大成功的中国经济改革和发展并非理论争论的结果而是淡化或压制理论争论的结果。然而把从单极社会结构向多极社会结构的转型之初的政治智慧无限延伸至已经多极化和正在法权化的社会结构中，则很可能是在刻历史变迁之舟而求政权统一之剑。已经转型为多极社会结构的当代中国还没有实现从局部法权化向全面法权化的现代性转型，但能否以及如何在具有不确定性的经济发展、社会变迁和国际环境中实现这个意义深远的转型，确实是对中国社会乃至中华民族的巨大考验。要最终实现比社会结构的事实转型更深刻的法权转型必须首先捍卫已经取得的巨大的经济、社会和政治成就，包括被物欲意识刺激的经济发展和因之而诞生的越来越丰富的非公共生活以及一定范围内的去意识形态化的意识形态改革、司法改革和政治改革。但社会基本结构若一直停留在局部的法权状态，不仅会继续腐蚀已经具有相当投机色彩的社会氛围和加深转型时期的社会阵痛特别是弱势群体的苦难，还会因为无法从根本上实施具有内在认同的社会整合而维系唯有基于法权才得以真正可能的社会稳定。一旦社会稳定这个最基本的公共利益受到了威胁或破坏，非法权的国家意志就更有理由要求维系自己的非法权地位从而抗拒向法权国家意志的转变。在这种情况下，同时架构非法权国家意志和法权国家意志的具有内在矛盾的意识形态就可能倒向要求更多控制的保守方而远离支持放松管制的开明方，而被意识形态的保守内容及相应的制度抑制以及因为这种抑制而演变的社会意识将无法全方位孕育创新经济所需的创新意识从而延缓经济模式的升级步伐。不能实现创新升级的经济模式很可能无法在新的世界经济格局中保持改革开放以来的持续增长，而完全寄希望于经济发展来实现的社会稳定就将受到更大的威胁。要是社会稳定成了非法权国家意志的压倒一切的优先目标，这个目标及其带有非法权特征的实施过程和手段必将威胁到已经取得的转型成就，并为已经无法回到单极社会的正在法权化的多极社会的更深层面的不稳定打下伏笔。要打破这个可能的恶性循环并解决现实的经济、社会和政治问题，确实只有诉诸发展这个硬道理。但这个硬道理绝不仅仅是一代政治伟人在某个特殊历史时期的远见卓识。这个硬道理如今在多极社会结构中已经显现出了社会转型之初和现代公民社会诞生之前无法显现的法权内核，而能够使这个内核开花结果并成为经济发展的根本支撑和社会转型的最终归宿的，则只能是以之为实践目标、追问对象和规范源泉的公民精神。

公民精神在极权主义的单极社会中是一种崇高的殉道精神，因为任何提倡和坚持公民精神的个体都会面临由国家意志予以批准的对于肉体和精神的双重折磨。与之对比，具有社会生命力的公民精神的诞生场所是既不神圣也不崇高的市场经济和随之而起的各种非公共生活。公民精神捍卫市场经济助长和被其所需的物欲意识的法权，但却因为对普遍法权的关注而从根本上异于只关心特殊利益的物欲意识。就公民精神对基本价值或真理的强调而论，它更疏远在法权上被自己捍卫的物欲意识而更接近于被自己批判的、试图规范但却间接助长了物欲意识的意识形态——因为公民精神推广自己认可的普适价值而意识形态高举自己宣传的普遍真理。然而公民精神与意识形态的根本区别比它与物欲意识的区别要丰富得多：前者基于自由，后者基于对自由的限制；前者鼓励自我批判并欢迎他者的批判，后者限制自我批判并排斥他者的批判；前者认为普遍法权高于任何主义，后者认为某某主义高于普遍法权；前者追问社会结构的合理性根据及内容，后者规定政治权力的合法性来源及基础；前者通过追求社会基本结构的全面法权化而实现自身，后者通过维系新旧内容的统一而捆绑自身。尽管有这些根本区别，公民精神却不必然是意识形态的所有内容的反对者，因为公民精神反对的是意识形态的非法权维系和传播而不是非法权表达的意识形态已经吸纳的法权内容。正像意识形态容纳着现代公民精神的民主与法治的核心理念，公民精神也以意识形态所倡导的人的全面发展和社会经济的可持续发展为关注的重点。就此而论，公民精神既是作为整体且内在矛盾的意识形态的批判者，又是这个矛盾体中的开明方或法权方的支持者。

在转型时期，作为公民精神母体的公共生活与非公共生活受到了由意识形态架构的非法权国家意志的制约。非公共生活在物欲维度的极大丰富与精神维度的相对贫乏所形成的鲜明对比，在相当程度上确证了塑造社会氛围的物欲意识对欲以规范和主宰多极社会的精神生活的意识形态的成功解构。在这种社会氛围中，具有公共意义的非公共生活难以大规模形成，而有助于重新整合非公共生活的公共生活还不具有结构上的现实性。尽管如此，市场经济和私有财产权的先后确定催生了公民社会并为孕育于其中的公民意识注入了活力。在转型时期，非法权国家意志和各种利益集团以经济发展之名对缺乏实在法或健全司法体制保护的法权的恣意侵犯与正在形成中的公民社会的法权要求之间的剧烈矛盾激发了大量的维权行动和案例。绝大多数维权行动欲以保护的是维权者本人或所代表的特殊群体的特殊权益，而少量维权行为已经提升到推进和保护普遍法权的层面。由于单个法权总是在作为系统化的法权整体中才能获得清晰深刻的界定和理解，发生意义上先行于理论的法权实践所具有的活力和困难必然激发出逻辑上先行于实践而又能从整体上推进和提升法权实践的理论关怀。对于法权的实践关怀与理论关怀共同支撑着以法权为核心基点的公民意识，但在从局部法权化的多极社会向全面法权化的多极社会继续转型的当代中国，一般意义上的公民意识在缺乏结构性的公共生活和具有公共意义的非公共生活的架构下主要以与财产权相关的消极法权为内容，因此正在形成中的以之为支点的公民意识还难以转化和提升为积极运行的公民精神。积极运行的公民精神既要捍卫消极法权更要追问消极法权的更深依据和内容，在这种追问下很可能会发现经济领域的局部去意识形态化不过是暗中吻合了以私有财产权为代表的消极法权对于资本主义和社会主义两种经济结构同时具有的普遍有效性。积极运行的公民精神不会停留于此，它不仅要继续追问现代性的法权系统包含着怎样的积极法权以及与消极法权具有怎样的内在统一，还要追问积极法权对于社会基本结构的普遍要求以及与由之架构的公共生活的内在关联。当然，积极运行的公民精神不仅要追问还要通过与之共生的实践去实现自己，实现在从局部法权化向全面法权化的多极社会结构的更深刻的转型过程中。

在当代中国这个特殊的社会历史语境里，现代性政治哲学所关注的正是可望形成的公民精神和由之外化的法权社会结构以及它们的互为因果的内在关联。政治哲学针对公民精神、制度结构及它们的内在关联必然要提出如下问题：作为公共精神的公民精神与在历史上出现过的作为非公民精神的公共精神有怎样的本质区别？公民精神必须以什么原则为目标并受其架构？内于公民精神且将其架构起来的那些法权原则与公民精神指向的自由、平等、正义理想具有怎样的关系？公民精神在什么意义上是自由精神、平等精神和正义精神，架构公民精神的原则在什么意义上是自由原则、平等原则和正义原则？这些原则是不同的原则还是对同一种原则的不同称谓？如果是前者，这些原则之间具有怎样的关系？如果是后者，如果公民精神的正义原则内在地包含着对平等的自由法权的要求和尊重，这样的原则有怎样的实质内容？正义原则的实质内容对社会基本结构有怎样的要求？被正义原则要求和架构的社会基本结构必然不外于宪政民主吗？如果宪政民主确实是以法权的实现和表达为目标的公民精神的外化，它会禁止哪些制度设计和制度运行以免腐蚀公民精神？作为公民精神的外化成果的宪政民主仅仅是狭义的政治权力的架构形式吗？如果不是，如果同时是民主精神的公民精神对于包括政治制度、法律制度、经济制度、教育制度在内的社会核心制度有相当深刻的积极要求，它本身是一种意识形态吗？如果仍然是一种意识形态，这种意识形态与历史上出现过的所有的意识形态是否有本质的区别？公民精神作为一种意识形态能否在其自由运行中通过外化的制度结构塑造的公民人格而返回自身，特别是，能否通过容纳公民精神的他者并捍卫他者的法权而返回自身？以公民精神的原则架构的公民社会是否是优良社会，这样的社会是有助于人的创造性的提升及人的自我理解和自我实现的和谐社会吗？以法权的形式完全实现的公民社会必然是支持多元价值的多极社会吗？这样的多极社会在什么意义上是不同于被一元论意识形态、道德立论或宗教信仰架构起来的单极社会？在作为公民社会的多极社会里，公共生活或公民生活具有怎样的形式和内容，它们对于积极的公民精神具有怎样的支撑和滋养？公民社会的公共生活与形态各异的非公共生活有怎样的内在关联？那些被物欲意识架构或被一元论的道德立论或宗教信仰架构的非公共生活是否会侵蚀欲以实施社会整合并诉诸差异性中的内在认同去保障社会稳定的公共生活？通过公共生活表达自身且尊重差异性而又具有强烈批判意识的公民精神在什么意义上是一种道德精神，但又会在什么意义上反对制约自由精神的不当道德要求？公民精神及其中包含的公共理性具有怎样的内容？以公共理性为支点的公民精神一定冲突于以信仰作为支撑的宗教吗？公民精神本身能够揭示它在人类精神的复杂演变和丰富运行中究竟处于怎样的地位或有怎样的局限吗？

　　除了上述那些普遍问题，当代中国社会历史语境中的政治哲学必然涉及与那些普遍问题相关但又介于自己语境之内的特殊问题，而对这些问题的探讨和回答在这个伟大转型的时代正当其时：包含各个民族的广义的中华民族在现代性条件下的民族认同需要怎样的历史、文化与社会条件，这些条件会因为跨民族的公民精神的形成和实现而增强吗？或者，具有普遍性的公民精神所承载的公共制度和公共文化反而会冲突于各民族的文化从而会削弱民族认同吗？如果民族认同在现代性条件下离不开公民精神的形成和实现，因为各种现实原因而延迟向全面法权化的多极社会结构的进一步转型会在多大程度上削弱民族认同？如果民族认同的程度与经济发展的速度没有正相关，甚至，如果民族认同的程度反而会因为缺乏公民精神内含的公平原则支撑的经济发展而削弱，强调民族大团结的意识形态是否会在非法权的维系和传播过程中因遭到物欲意识或其他社会意识或民族意识的解构而加深这种削弱？如果意识形态更多地吸收公民精神的内容并改革被其架构的志在维护民族统一的国家意志的表达方式才能有助于基于内在认同的民族统一，部分去意识形态化的意识形态会通过这种吸收而向着公民精神的方向发生演化吗？考虑到意识形态的内在矛盾和由其架构的国家意志在多极社会结构中与其他社会单元的复杂博弈，意识形态向着那个方向发生演化的边界在哪里？如果经济继续保持稳定的增长，意识形态会在多极社会的活力和要求下自然地抵达甚至突破那个尚未展现自身的边界吗？或者，这个边界要由被经济发展带动但却更深远的政治和社会改革方能揭示并要通过意识形态和国家意志之外的社会力量与它们的复杂互动和整合方能突破？更进一步，一个全面法权化的社会基本结构真是经济改革意料不到的归宿并确实应当成为中国社会的发展方向吗？这个发展方向上的哪些内容不能还原成经济发展以至于具有不当模式的经济发展反而会破坏使这些内容得以可能且已经相当脆弱的社会条件？在现代性的世界进程中，中国这个泱泱大国会是例外吗？如果是例外，是指路径和时间节奏的例外还是指归宿的例外？如果是前者，在多大程度上承受非法权的国家意志反而是使国家意志向着彻底法权化方向的转化得以可能的前提呢？如果是后者，已经部分承载于国家意志的法权和已经部分被意识形态承认的公民精神的内涵、地位和意义又是什么呢？如果中国至少不是世界现代性历史进程的归宿意义上的例外，从亲疏有别因而易于滋长公权腐败的传统熟人社会向基于公共理性的一视同仁的公民社会的转型会在多大程度上和什么意义上受制于沉淀于文化传统中的并与意识形态的维系和运行混为一体但却与公民精神格格不入的心理定式和社会潜规则呢？反过来讲，公民精神的实现或部分实现会在多大程度上抑制这些心理定式和社会潜规则从而改变特别具有生命力但却未必经得起辩护的文化传统呢？与之同时，通过公共制度和公民人格而实现和返回自身的中国公民精神会烙上不同于其他国家和文化的经得起辩护的特殊印迹吗？如果这些特殊印迹就是中国传统文化和思想的优秀内容的印迹，未来中国的公民精神可能会有怎样的特殊形态并且这种特殊性能否或将如何贡献于跨越国界且具有普遍世界意义的公民精神呢？具有这种特殊性的公民精神如何促进中华民族这个特殊"我们"的自我理解和自我实现，又将如何促进作为整体的人类这个普遍"我们"的自我理解和自我实现呢？

四

　　文本的书写语言是文本的广义语境，这份文本也不例外。这份文本的书写语言是现代汉语，而将其作为结构性社会事实催生出来的"白话文运动"，本身不过是现代性的社会历史进程的结果。在这个进程中有能力感受数千年未有之巨变的先行者们一定有特别的历史敏感性方能看出历史正如何从历史的母体中断裂。先行者们的历史敏感性内在地蕴涵着对新生事物的敏感，他们感受到了新世界的地平线上传来的各种图像、声音、符号、意向和生命气息，但却无法整合进旧有的经验、思想和语言。唯有真正懂得"日新之谓盛德，生生之谓易"①的先行者们才有胆识直面新旧世界的冲突，才有勇气承

---

① 《易经·系辞传上》。

受与之相伴的存在焦虑。他们不再以防御性的姿态通过返回历史的母体去寻求道德和精神的庇护，既因为他们在现实中看到了从防御到失败再到防御的恶性循环，更因为他们懂得民族精神在新世界格局中的自我理解和自我实现必须始于对他者的容纳和向他者的学习。

持这样的开放心态固然便于接纳从四面八方渗透进来的新事物和新经验，但除非有与之匹配的新思想和新语言，先行者将无法描述自己的遭遇，也无法表达自己与这个新世界相互席卷之后的情绪、认知和意义。就像新经验和新事物会不断突破旧有的世界结构，如影随形的新语用与新语义也会促成语言的新的共时性结构对旧的共时性结构的渐进替换。新共时性结构一旦确立，文字符号必须遵循的语用规则和语义标准就赢得了相对独立于旧共时性结构的语言地位。自此，旧符号在新语用和新语义两个维度上的结构性再生，将不必首先通过诉求旧共时性结构才能得到确认和说明，因为符号已经携带着旧母体的血肉潜入了新的母体。新母体为旧符号的语用和语义规定开启了前所未有的自由域，总是被语言架构的思想也因此展现出无从预料的自由的可能性。新语言与新思想在自由的边界内相互支撑和生长，它们不仅反映着促成了语言演变的社会历史母体，它们还必将通过自己的自由运行反过来影响和塑造作为新语言母体的社会历史母体。只要新语言和新思想的自由的可能性没有被耗尽，只要新的共时性结构还能容纳、内化、架构和催生日新月异的语用、语义和与之共生的存在经验的渐变或跃迁，作为语言共同体和社会历史共同体的类的自我理解和实现就必将在新的语言结构和存在结构的交互渗透中摸索前行。

中华文明在分久必合合久必分的封闭的历史逻辑中实现着自身，直到在政治轮回的又一次低谷与作为他者的现代性浪潮不期而遇。不同于曾经作为局部的他者但早已被吸收的佛教，现代性浪潮对古老的中华文明的结构性冲击和渗透是如此的根本，以至于不可能在体用二分的概念框架中一方面采用现代文明的成果另一方面又维系文明母体的同一性。中华文明在文明的冲突中由表及里地经历了新的科学技术、新的社会组织形式、新的语言表达、新的思想观念和新的存在样态的冲击或渗透，肢解或重构。与其说这是中华文明与西方文明的冲突，不如说是具有同质性和扩张性的现代文明与彼此异质的各种前现代文明相冲突的一个实例。如果说这一具体实例有何特殊性的话，那就是，中华民族因其历史的悠久和文明的坚固反而在这场同一性危机中经历了特别深重的屈辱与痛苦——既包括源于无知、狂妄和积弱的屈辱，也包括再造文明的崇高追求所诱发的灾难和痛苦。普遍人性的恶的可能性在现代性之恶的特殊结构和内容的滋长下以泛道德主义完全无法理解的方式贡献于这场危机，正像普遍人性的善的可能性在现代性之善的特殊结构和内容的支撑下以历史进步主义完全无法预料的方式加深了这场危机。

中华文明的同一性危机在各种内外因的交叉作用下终于抵达了历史的临界点，即既不可能通过驱逐已经内化了的现代文明的诸多核心要素而回归历史的同一性，又不可能抛弃使同一性危机得以可能的所有的同一性支点。最终，内外交困的同一性危机在这个临界点上就只有通过内外交迭的动荡、战争和灾难来予以缓解。之后，能否赢得中华文明的充满精神活力的同一性在历史、现实与未来之间的再生，则取决于已经无法摆脱现代性并已经受其肢解、渗透和重构的中华文明能否在现代性的劫难下以自我实现的方式返回已不再是那一个自己的这一个自己。摧毁那个自己的现代性劫难也是诞生这个自己的现代性母体。正如内含未来向度的自我理解和自我实现不可能总是诉诸已经成为过去的自我及其母体，中华文明也不得不在已经塑造了过去且面向未来的现代性母体中赢得同一性的再造。就像旧符号的新语义只有在新共时性结构中通过自由的新语用规则才能获得多样性的统一，中华文明也只有在使这个再造得以必要和可能的现代性母体中通过创生多样性的自由而重建自己的同一性。被重新实现的这个自己当然不是被曾经实现的那个自己，但由于那个自己毕竟只是这个自己的"那个"，中华文明要在现代性母体中真正重建自己的同一性，就必须有选择地将构成那个自己并曾经在历史现实或观念现实中实现的同一性内容再次实现为这个自己的同一性内容。具有这种双重意义的同一性的重构和实现必定是一个漫长的历史过程，但却既拒绝无限进步的历史主义也拒绝无限还原的历史主义，因为前者无法把握非线性演变的历史事实而后者无法理解历史断裂的历史意义。

从某种意义上讲，当代中国社会的活力和问题正是文明同一性危机的持续后果。自我的同一性危机往往伴随着混乱、冲突甚至分裂，但却是更深层次的自我理解和实现以及具有更丰厚内容的同一性重构的前提。但自我除非能够在同一性危机中找到精神的新的归宿并以之为目标，否则作为前提的同一性危机并不会自动变成作为结果的同一性重构。由文明同一性危机引发的社会转型也是如此：除非社会转型能够通过孕育于其中的种种矛盾启示出社会基本结构及渗透其中并起架构作用的精神理念的新方向，否则使文明同一性重构得以可能的社会重构就不可能完成。文明不过是历史长河中社会存在与社会意识的相互作用的内容，而历史不过是对文明在同一性中延续或同一性危机中解体或重构的全部过程的总称。就此而论，当代中国社会的结构转型的方向或成败不仅具有对于生活于或将要生活于其中的每个个体的微观现实意义，而且具有对于中华文明的同一性重构甚至整个人类文明发展的宏观历史意义。中华文明的同一性危机确实肇始于与经历了数个世纪的同一性危机并在危机中重构和发展的西方文明及由其所代表的现代文明的冲突，但中华文明的同一性重构却离不开对由这场冲突导致的种种灾难性后果的超越。

狭隘的民族主义正好是这种冲突的后果之一，它在冲突的这一边与那一边划了一条刚性界线并为此赋予了非此即彼的价值判断和情感立场。幸好有改革开放的英明决策及由之而来的经济发展和对外交往，狭隘民族主义才被迫退守或提升至民族主义的意识形态高度。在这个高度上，彼此冲突的文化保守主义和主流意识形态才得以携手漠视或否认现代性历史进程孕育出来的公民精神及其外化形式可能具有的超越国家和民族的普遍意义。这不难理解，因为与现代主权国家体制连为一体的民族主义恰好也是现代公民精神的生长点，而现代民族主义与公民精神从其发源来看又确实是现代性历史进程在西方文明中的特殊产物。但是，具有普遍历史意义的现代性进程既然能够让民族主义在中国繁荣也可能让公民精神在中国生根，既然能够让公民精神在民族主义中发展也可能让公民精神突破助其发展的民族主义。如果蕴含于公民精神中的那些理想确实代表着中国社会转型的必要方向，如果民族精神只有在超越狭隘民族主义的公民精神的整合下才能提升到新的高度，中华文明的同一性重构的历史进程就不可能外于公民精神在这个古老文明中实现自身的历史进程。尽管"文明"是比"精神"更宽泛的概念并且作为文明重要支撑和结果的物质技术成就不会——对应于文明的精神成就，仍然不能否认民族的精神样态和外化方式是其文明结构、内容和程度的核心决定因素。

欲以实现伟大复兴的中华民族早已在现代性历史过程中被卷入了人类文明一体的全球化。与现代性历史进程同步发生但后来却加速运行且难以逆转的全球化进程不仅碾碎了回归历史的保守主义希望，也突破了被现代性催生的主权至上的民族主义理论。全球化就像现代性历史进程一样，一方面带出了无法想象的文化交流或融合以及文明提升的空间，另一方面又导致了前所未有的挑战。特别是滞后一步被逼入现代性历史进程中的弱势人民，在还没有消化现代性的冲击和抵达现代性的民族精神高峰的时候就再一次被拖入由强势人民主宰的全球秩序。虽然遵循宪政民主的强势人民在一国之内欲以维系和发展内含自由、平等和正义理念的公民精神，但将公民精神未经辩护地约束在主权国家的边界之内就矛盾于那些理念的普遍性。这样看来，唯有突破主权国家边界的世界公民精神才可能真实不虚地实现这些理念。但是，就像一国之内的公民精神难以在缺乏这些理念支撑的制度架构中得到发展，世界公民精神也不可能在不承载这些理念的世界秩序中实现自身。尽管全球化在经济运行和信息传播上已经打破了主权至上的封闭国家体制，但不仅全球化的经济结构不受制于使全球公民精神的运行得以可能的分配正义的制约，而且支撑和保护全球经济秩序的世界政治秩序更没有从本质上超越已经持续了数个世纪之久的主权至上的威斯伐利亚体制。这样的全球政治经济秩序由于缺乏已经在宪政民主的国家内部多少予以实现的旨在平等保护公民自由的公平理念的支撑而持续产生着全球层面上的不正义[①]。弱势人民在不正义的全球秩序中遭受着双重的不幸：他们在直接受害于不正义的全球秩序的同时还可能因为不正义的全球秩序的逼迫而不断丧失改造国内社会结构和公共文化的综合资源能力。全球正义的历史缺失就这样造就了一系列"正义悖论"：

> 强势人民越是利用自己的优势地位来塑造和维系全球秩序而不正义地伤害着弱势人民，弱势人民就越会在不相信全球正义的意义上与强势人民站在一起；强势人民越是在伤害弱势人民的全球化进程中通过文化比较强调自己的国内正义，弱势人民就越可能漠视甚或嘲笑强势人民在国内正义上取得的制度和精神成就；弱势人民越是漠视或嘲笑强势人民在正义历程上的成就，就越有可能固步自封地捍卫自己的文化和传统，就越不可能在他者的参照系中理解自己的局限，就越不可能通过呈现自己的文化可能对于全球正义的特殊贡献从而在人类一体的大视野中发扬自己的文化。[②]

---

① 仅以全球贫困为例，"在目前的全球制度下，大约 8 亿 3000 万人有慢性营养不良，11 亿人无法获得安全的饮用水，26 亿人无法获得基本卫生条件；大约 20 亿人无法获得基本药品，大约 10 亿人没有适当住所，大约 20 亿人没有得到电力供应；大约 7 亿 9900 万成年人是文盲，2 亿 5000 万年纪从 5 岁到 14 岁的儿童被迫在极端恶劣的条件下做工；每年大约有 1800 万人死于与贫困相关的原因，其中有色人种、女性和儿童占有极大比重，譬如，5 岁以下因贫困而死亡的儿童占到了 60%，即 1060 万"。——《国际法对全球贫困者人权的承认与违反》，载于涛慕思·博格《康德、罗尔斯与全球正义》，刘莘、徐向东等译，上海译文出版社 2010 年版。

② 刘莘：《康德，罗尔斯与全球正义》，载于《哲学研究》2008 年第 11 期。

　　经过现代性洗礼的中华民族要想重构自己的民族精神并使之堪称伟大，就必须基于主权统一和改革开放的巨大成就而从文明冲突引发的丧权辱国、社会动荡和持续积弱的历史阴影中超越出来。国家强盛和民族自豪感的满足固然是实现超越的基本前提和应有之义，但若没有公民精神及内含于其中而又不外于法权的自由、平等和正义等现代性理念去架构塑造民族精神的社会基本结构，这种超越所需的前提就不稳固而这种超越也不可能实现。这种超越意味着承认这些理念所具有的跨越民族和文化的普遍性，意味着通过与中华文明的他者的和解而打开文明提升的通道和在更高的层面重构中华文明同一性的可能性。但这个更高的层面只有在世界公民精神的普遍视野中才得以真正展现，而这也意味着中华民族的精神重构和提升内在地要求容纳世界公民精神并以促进它在全球政治经济秩序中的实现为最高目标。正是在这种可能性中，中华民族才得以从过去的苦难经由未来重建历史的辉煌。尽管被世界公民精神所要求的全球正义支撑和架构的全球社会结构的具体内容、实现于其中的全球公民人格的特征、全球公共文化的内涵和形态以及与各国文化的复杂关系还有待展现，曾经孕育了中华民族精神最优秀方面的"民吾同胞"的天下一体的思想观念，就正有可能在历史断裂之后的新的历史语境中通过助长、丰富和提升世界公民精神而证明其永恒而普遍的历史意义。由于中华民族的优秀思想只有在不外于世界公民精神的历史进程中才可能担负起"天下为公"的责任，这些思想要想不流于空疏就必须在现代性的人类文明一体化的地平线上被充实新的内容。当然，将现代性的精神理念的新内容充实于其中必然会在相当程度上冲突于其固有的形态、内涵甚至语言表达，但就像文明的冲突可能为文明的提升和丰富带来契机，思想的冲突正是思想丰厚自身的必由之路。如果因为经过这种充实、演变和丰富的思想不再是"正统"的中国传统思想而将其拒斥，就类似于要在现代生活已经架构了存在经验的今天硬要称现代汉语、手机和互联网不是"正统"而将其拒斥。

　　如果不能拒斥传统思想的现代演变，就必须直面如下问题：中国传统思想中哪些部分能够容纳、支撑或补充现代性历史进程中展现出来的公民精神的理念及外化形式，哪些部分特别能够助长或提升世界公民精神并丰富其内容？中华民族的精神重构必须在什么意义上通过现代公民精神的洗礼来完成，又能够在什么意义上和何种程度上通过这种洗礼而回归？中华文明的同一性重构在何种意义上以历史的断裂和同一性危机为前提，经过现代性冲突而重建的文明在什么意义上维系着同一性？如果这种同一性仍然在人类文明一体化的背景中带有中华文明的特质，这些特质存在于具有普遍性的公民精神及制度结构之内还是之外？如果是之内，这些特质在何种程度上是文明的延续，会在何种意义上拓展对普遍公民精神及制度结构的异于其他文明的理解？如果是之外，这些特质如何与普遍性的公民精神及制度结构嫁接在一起，又如何受到后者的支撑从而贡献于人类文明一体化过程中的文明多样性？经历了民族精神的提升性回归和文明同一性重构的中华民族在何种意义上将成为自我理解和自我实现的我们，在何种意义上将贡献于作为整体的人类——最大意义上的我们——的自我理解和自我实现？这样的追问早该进行而对它们的回答还有待来者。

<h1 style="text-align:center">五</h1>

　　如果本文第三部分的那些普遍问题的确不外于当代中国的社会历史语境，它们的普遍性就得到了这个特殊语境的确证。这些问题与第二部分描述的罗尔斯问题隶属同一个类型，由此可知以这些普遍问题为思考对象的现代性政治哲学并不专属西方。就此而论，政治哲学就像哲学的其他分支，总以揭示"人同此心，心同此理"的普遍真理为己任，虽然政治哲学的真理特指共在结构的主体间性的合理性。第三部分末尾的那些特殊问题确实内于当代中国的社会历史语境，但对这些问题的架构和对该语境的描述却离不开政治哲学的普遍问题意识。此外，对这些特殊问题的理解和回答既有对于中国社会的普遍意义，也可以检验政治哲学的普遍问题意识是否具有启发特殊性的普遍价值。第四部分的那些特殊问题面向的是全球化时代的更高层面的政治哲学普遍问题，但也是对第三部分的那些特殊问题的延续和提升，而对它们的理解和回答能够印证第一部分所界定的政治哲学根本问题的普遍意义和对于我们这个国家、民族、文化或文明的特殊意义。

　　"哲学家们只是用不同的方式解释世界，而问题在于改变世界。"作为实践哲学的政治哲学确有改变世界的意向。政治哲学理解解释世界与改变世界的辩证关系，从事的是以解释影响改变的理论工作。政治哲学所从事的解释不是对既定事实的因果解释，而是对尚不存在的经验事实为何应该存在以及已经存在的经验事实为何不应该存在的解释。从事这种解释的政治哲学首先要通过比解释更本源的描述去揭示应然之理，但却不会将应然与实然断然分离以至于只有在退守应然而藐视实然与投靠实然而抛弃应然之间作虚假的选择。政治哲学对应然之理的揭示已经包含着对使之实现或不实现的实然的解释，也蕴涵着对使应然得以如此应然的实然之理的洞见。具有这种辩证性的政治哲学当然会为改变世界提出具有实践指向的要求，但却不会无视具有多极结构的现代性世界发生改变的非线性特征。所以致力于促进类的自我理解和自我实现的政治哲学首先要改变对于世界的解释，并基于自己的解释去号召、拒斥或迎接世界的改变。

冲突、合作与和谐的博弈哲学

赵汀阳

一 初始状态作为政治起点

在解决冲突的研究中，政治学家往往不太喜欢哲学家对道德意义的夸大。道德行为必须同时是优势的生存行为，否则是可疑的。正如宾默尔指出的，哲学家喜欢研究对生活问题的道德解决，并且把道德想象成康德式的理性先验绝对命令，但道德游戏终究必须同时是生存游戏，否则根本行不通①。如果道德原则在生存博弈中是没有效率的，那么就是坏的原则。以现实主义态度去解释道德的思路并不新。荀子早就对"礼起于何也"的问题给出了在今天看来属于政治学和经济学的解释：礼这种伦理/政治制度是为了克服无节制的"争"所引起的乱和穷。② 这与后来以"一切人对一切人的战争"而闻名的霍布斯"丛林"的思路几乎完全一致。荀子和霍布斯的分析都是从一种假设的初始状态去分析合作的条件以及合作规则的生成。初始状态问题后来由于罗尔斯在《正义论》中的杰出工作而成为当代政治哲学和伦理学的一个热点问题。初始状态是一个尚未存在共同承认的游戏规则的特殊游戏，人们在自由选择中形成游戏规则，可以说，初始游戏是在无限制的策略选择中进行的，没有什么是非法的或不允许的。既然每个博弈方都享有最大化的自由选择，就必定暴露出"前道德的"真面目，在充分自由的条件下去做他最想做的事情，而任何一个人的唯一限制就是他人的选择，任何人的选择不得不受到他人选择的制约，这是分析人与他人关系最彻底的理论环境，而所有

①　[美]肯·宾默尔：《博弈论与社会契约》第一卷，王小卫、钱勇译，上海财经大学出版社2003年版，第一章、第二章、第四章。
②　荀子："人生而有欲，欲而不得，则不能无求，求而无度量分界，则不能不争，争则乱，乱则穷，先王恶其乱也，故制礼义以分之。"参见《荀子·礼论》。

规则和制度都将在人与他人的互相制约关系中产生。由于规则和制度必须是稳定的，至少是比较稳定的，因此人们关心的是，什么样的人际关系能够导致稳定的规则和制度。

初始状态虽是理论虚构，但它对于说明真实生活仍然必须是有效的。这里的"有效性"至少包括两个要求：（1）虚构的初始游戏与真实的生活游戏之间必须是可通达的或可过渡的，大致能够反映真实生活的思维方式和策略选择模式；（2）作为思想实验的初始游戏所发现的普遍原理表达了比真实情况更正确的博弈选择，因为真实博弈有许多偶然因素，也就可能使人们做出冲动的错误选择。不过，纯粹理论追求比真实更正确的理想多少有些荒谬：理论或许更正确，但人们在生活中所追求的未必是最正确的事情，因为没有充分理由能够证明"正确的"就是"更好的"。错误的行为往往创造了丰富多彩的生活和历史，许多人宁愿要"错误的"生活，这就像真实世界中并没有严格的直线，人们也未必就认为严格的直线比不太直的线更好。但理论上的直线对真实的不太直的直线仍然具有说明力。作为理论实验的游戏就是试图发现比真实更正确的选择以便建立对生活的普遍理解。

霍布斯的"自然状态"可能是最知名的初始状态。比霍布斯更古老的荀子假设有着基本相同的设想。《礼记·礼运》则相信早期社会是充分合作的"大同"社会，后来才变成私心压倒公心的"小康"社会。马克思主义的想象与《礼记》有某些相似，也相信在导致私心和冲突之前有过原始共产主义。卢梭的"自然状态"版本也很有名，他相信自然状态中人们虽有着自然的不平等（体力和智力），但远不足以导致霍布斯想象的普遍残酷冲突，因为那时还没有什么值得争夺乃至拼命的东西，直到后来出现万恶的私产才有了可抢可盗的物品。这些设想都非常有趣，但恐怕都不很真实，历史上真实的初始状态更可能是群体之间的残酷冲突与集团内部的高度合作两种情况并存。为什么不选择真实的初始状态作为理论分析对象？因为真实状态不够极端，没有触及社会可能变化的最好和最差状态的极限，因此没有充分说明力。

可以发现，无论是设想一开始就是冲突，还是先有合作后来变成冲突，都同样把所要解决的问题落实在"冲突"上，因此，人们所关心的就是在冲突条件下如何能够产生合作，就是说，给定人人绝对自私，合作是如何可能的？什么才是众望所归的合作原则？初始游戏并不需要真实的历史起点，但必须是有效的理论起点。这个有效的理论起点只能是"人人都只为自己着想"这一利益冲突状态，只有这样才能够清楚地表达出需要解决的社会问题。假如"人人为别人着想"，人们所烦恼的绝大多数问题就不复存在了。因此，任何一个实验性的初始状态所要分析的都是在私心主导的环境中如何形成合作的问题。荀子/霍布斯方案最为简洁：不仅人人自私，而且还可以不择手段。"不择手段"是个真正严峻的挑战，可是当代理论家们往往回避这一经典困难，而选择了比较温和的罗尔斯方案。这一避重就轻、掩盖问题的做法是错误的。

二 罗尔斯方案的疑问

社会契约难免有着特定的社会和时代背景，在特殊背景下形成的社会契约未必是公正的。罗尔斯引入"无知之幕"这一人为博弈条件试图制造平等处境，由此考察人们所能够做出的真正公平的选择。罗尔斯的初始状态中的博弈各方都是自私的，完全无视别人的利益；又都是充分理性的，尤其还处于"无知之幕"这一完全公平的博弈环境中，人人对自身状况一无所知，不知道自己与他人在各方面的差异，甚至不知道自己的价值观点以及所处的社会和时代。① 这相当于既不知己又不知彼，甚至不知"魏晋"。罗尔斯设计虽然新奇，但有许多疑点。

在博弈条件的设计上，博弈方被假定为只有思维（mind）而没有心（heart），这种理解在单纯经济学中或许合适，但对于解释社会和生活则是严重缺陷。社会中许多根本性的冲突是心的冲突而远不仅是利益冲突，而且没有理由证明物质利益比精神价值更重要。罗尔斯在规定"人人都需要的"基本物品时就忽视了精神需要，这对于人和生活都是歪曲，因为生活根本不是那样的活法。仅仅从理性和物质利益去理解的社会太过单调，以至于无法由此辨认出任何一个实际上可能的社会。这是现代学术的流行错误。

"无知之幕"虽然独具匠心，但无知状态的博弈与有知状态的博弈之间有着无法过渡或无法兑换的鸿沟，因为它们已经是本质不同的世界，不能互相兑换或转换。任何真实的社会博弈都是某种程度的有知状态，人们必须知道自己有什么需要保护的、有什么值得争夺的以及是否有条件争取自己想要

---

① John Rawls, *A Theory of Justice*, Cambridge, Mass.：Harvard University Press, 1971, p. 137.

的东西，否则这个游戏是无意义的。人们不可能不知道一个游戏是什么样的就盲目同意参加游戏。当然，罗尔斯需要一个充分公平的博弈环境，而自然差异无法改变，弱者对于强者无力以抗，于是罗尔斯用"无知之幕"来让自然差异暂时失效，这样人们在黑暗中就只好选择一个公平的社会契约，以免自己万一吃大亏。这是个很让人佩服的想象，可惜存在着一些严重的困难。

其中有一个难以自圆其说的规定："无知之幕"规定人们甚至不知道"关于好东西的理解（conception of the good）"以及自己的"生活计划（plan of life）"，这样人就不知道他想要的是什么了，可是人必须知道想要的是什么才会做出选择，否则又能够选择什么呢？这不仅行动不可能，在思想上也是不可能的，其错误相当于说有个"我思（cogito）"却没有"所思（cogitatum）"，或者相当于及物动词没有宾语，仅仅"我要……"是说不通的。罗尔斯知道这个麻烦，为了自圆其说，他假定，虽然人们不知道他们的特殊偏好，但仍然知道那些"对任何人生计划"都必需的"基本必需品（primary goods）"。可这是个更大的麻烦，它涉及一个从来也没有得到解决的"价值排序"问题：哪些东西算是"基本必需品"？在这个问题上人们并没有一致意见，而所以没有统一意见，是因为人心各异。把人看成有思无心显然是在回避困难，而如果把所有博弈者看做是同心同好的特殊人群（比如说一群葛朗台或者一群弗洛伊德），那倒是说得通了，可是罗尔斯理论就缩水为特殊有效理论而不是普遍有效理论了（罗尔斯不会满意的）。

就罗尔斯强调的"基本必需品"来看（个人权利、个人自由、机会和财富），他想象的大概是个自由主义群体。但人是多种多样的，事实上非常多的人会首推"权力"（尼采会同意），很多人会首推"家庭利益"（孔子会同意），如此等等。也许罗尔斯可以把"基本必需品"看做是显而易见的，以避免与无知约定互相矛盾，但即使这样还是有困难。比如说，权利的好处恐怕就没有权力的好处那样明显，权利、自由和机会甚至财富不见得能够换来权力，而权力却能够换来一切，这才是更加显而易见的。即使局限于罗尔斯所罗列的那些"基本必需品"，人们也必定有不同意见，哪些权利是基本的？哪些权利更应该优先？各种权利之间的冲突如何解决？这些都是未决的问题。在这样的情况下，罗尔斯隐去了对价值的理解（conception of the good）而又承认关于"基本必需品"的知识，此间矛盾恐怕难以避免，因为后者依赖着前者。对尚未确定的知识的非法透支是一种很隐蔽但不可接受的学术赤字。

　　罗尔斯的初始状态背叛了霍布斯思路并且回避了霍布斯问题。荀子/霍布斯问题才是必须克服的真困难,而且它把各种可能的困难都考虑在内。而罗尔斯问题在规模上要小得多,基本上局限于如何理性地形成社会契约。实际上,即使有了社会契约,合作的难题也并没有因此被真正缓解,契约并不能限制人们以合法手段互相坑害并且在必要时撕毁契约。社会始终存在着这样一个悖论性的局面:在大多数情况下,尤其从长远考虑,合作对于博弈各方(无论强弱)明明都有利可图,但合作却总是非常困难,人们总是难以超越个人的眼前利益。罗尔斯的"无知之幕"削弱了这个博弈问题的难度,它使得人们在黑暗中人人自危,只好——几乎必然地——选择了罗尔斯预先准备好了的合作方式。这个事先安排好的圈套不能代表人们真正自愿的选择。"无知之幕"下的选择是对初始博弈这一严重问题的一个轻浮解决。

　　即使按照罗尔斯的游戏条件而就事论事,"无知之幕"也并非必然地产生罗尔斯式契约,特别是其中最有名的"差异原则"。"差异原则"声称,如果社会不得不出现某些不平等的制度安排,那么这些不平等的制度安排必须为了最弱势群体的利益最大化。很多人赞赏这一劫富济贫倾向的制度安排(也有许多人坚决反对,例如诺齐克等)。但问题是,它虽是个广得人心的道德要求,却不见得是一个必然的博弈结果,即罗尔斯契约并不是罗尔斯条件的唯一必然结果,而只是多种并列的可能结果之一,甚至不是最为可能的结果。如果罗尔斯契约只是或然结果的话,罗尔斯方案的意义又将有进一步的损失,即罗尔斯原则不但并非普遍有效,而且并非人们的必然选择。

　　罗尔斯以"无知之幕"得出其公正原则的过程中存在着博弈论上的技术性疑点。他应用博弈论的"最大最小值原理"(maximin in principle)去分析"无知之幕"条件下的理性解。给定人人自私而无视他人利益,人们将理性地避免对自己最不利的情况而选择风险最小的结果。"无知之幕"让人们人人自危,无法知道揭开"无知之幕"之后自己的资本和地位,因此人们宁愿选择一种最保险的社会契约,以免处于不利地位时完全成为失败者。罗尔斯相信,出于风险规避的考虑,人们将必然选择一个保证每个人同等自由权利、机会均等然后又保证照顾弱者的制度安排。问题在于,罗尔斯方案未必是唯一的理性解,而只是多个可能解中的一个,而且未必是最可能的解。可以这样分析:

　　1. 罗尔斯以一个自由主义偏好去猜想人人必然优先考虑个人自由,这已经可疑。事实上,人类经过无数残酷经历之后才认识到个人自由的好处,人们不可能先验地拥有"个人自由比别的事情更重要"这一经过长期实践才产生的知识，何况这也不是普遍必然的知识。在某些社会和自然条件下，个人自由未必优于集体利益，比如说资源非常匮乏的情况下，共产很可能就是大家勉强存活的条件。按照"无知之幕"，人们并不知道社会、时代和资源的情况，因此在"自由"、"平等"、"平均"、"共产"等选择之间，并没有根据和理由去证明哪一种能够避免最坏结果。缺乏清楚的语境，一切都是未知数。假如一定要做出选择，在"无知之幕"的压力下，人们恐怕更容易接受保险系数最大的集体主义契约，因为"有难同当，有福共享"的集体主义契约比自由主义更符合风险规避原则。罗尔斯似乎算错了自己出的题。"差异原则"虽有平等主义倾向，但自由主义要求的制约使它不能成为真正的平等主义，只是比较保险的而绝非最保险的策略。相比之下，利益均分的平均主义就比罗尔斯的选择更符合理性要求了。

平均主义策略可以这样分析：由于"无知之幕"，每人落在任何一种地位的概率是同样的，类似于抓阄，根据博弈理性，利益均分是风险最低的策略，它保证每个人获得至少不少于任何人的收益。在自己没有权利去挑选较大利益的情况下，利益均分就是优选策略，平均利益才是逻辑上无懈可击的均衡。我们可以参考"公平分蛋糕"的例子（尽管情况并不完全一样）：A切蛋糕而 B 先挑。A 没有权利去挑选（相当于不知道自己将要得到什么），他的最好策略就是把蛋糕尽量切成一样大。[①] 可见在"无知之幕"条件下，平均利益才真正是极大极小值，同时它又是极小极大值，是真正的鞍点。平均利益显然好过罗尔斯扶贫式的有限平等。石元康先生有过类似而更有趣的论证，[②] 他说平均主义还有一个额外的优势：人们"不会忌妒"，因此是个更稳定的策略。不过，在真实社会里，平均主义并不公正，甚至是反公正的，而罗尔斯的差异原则也同样不公正。

更有趣的是，即使给定罗尔斯原则，不许选择别的，还是拯救不了罗尔斯方案，因为平等终将演变成平均。其演变过程是：根据"差异原则"，如果社会需要某些不平等的制度安排，这些不平等的制度安排应该使在社会和

---

①　类似的智慧可以参考宋朝张咏公断"兄弟分家产"的故事：兄弟分家，哥哥主持分家，弟弟认为少分了，哥哥不承认。张咏说，其实解决方法很简单，哥哥的财产和弟弟的全部对换就可以了。

②　石元康：《罗尔斯》，广西师范大学出版社 2004 年版，第 91—97 页。

经济方面处于最不利的人们的利益得到改善,① 那么假设 "最不利人们的收益" 为 X, 而 X 有理由获得改善而变成 X + 1, 假定 X + 1 仍然还是 "最不利人们的收益", 就又必须改善为 (X + 1) + 1, 如此不断改善, 只要还存在相对的 "最不利群体", 就有理由不断 "损有余而补不足", 这一过程不会停车 (除非引入保护富人的条款), 直到所有人的收益都成为平均数。由平等主义到平均主义的演变显然是罗尔斯不能接受的, 因为它会破坏 "更优先的" 自由原则。可是, 除非有额外理由对这一演变进行刹车, 否则 "差异原则" 必然无法止步地演变成平均原则。而要增加额外理由是非常危险的, 如果有某个理由可以使 "损有余而补不足" 在某一点上停车, 那么就有任何理由在任何点上制造停车, 那样就将是诺齐克的凯旋了。罗尔斯试图在自由和平等之间制造调和, 这一努力虽然令人赞叹, 但可惜自由和平等天然就是矛盾 (在真实社会中, 自由和平等有可能出现某种动态平衡, 但与公正原则无关, 而是获利人群需要为社会秩序、安全和稳定而 "购买" 不利人群犯上作乱的动力)。

2. 如果在平均主义策略之外还存在着另一个博弈均衡的话, 恐怕还是轮不上罗尔斯方案。人们愿意自己的劳动能够得到成比例的收益, 这一 "多劳多得, 少劳少得" 的对称意识是理性先验直观。人们天然会承认这一古典的对称性公正 (这是唯一严格的公正)。于是在 "无知之幕" 下, 假如人们不选择平均主义而选择了古典公正, 也同样合乎情理。平分利益显然满足风险规避原则, 而支出与收益的对称也同样没有违反风险规避原则, 即使某人在 "无知之幕" 消失后发现自己能力较小, 只能获得较小收益, 这样也没吃亏, 毕竟得到了该得份额, 并没有得到小于成本的回报。人们没有理由对此不满意。因此, 在 "无知之幕" 下, 人们非常可能会选择平分利益的平均制度, 也很可能选择一个古典公正制度, 这两者都是充分理性的策略选择, 中选的可能性恐怕都优先于罗尔斯的现代公正策略。但这并不意味着它们比罗尔斯方案更好。罗尔斯方案是相当优秀的社会制度, 大概相当于平均主义和古典公正的中间道路, 问题在于它在实践方面很不可靠。

3. 罗尔斯方案还有一个最致命的漏洞: 它没有考虑到当 "无知之幕" 消失之后的后继博弈的破坏性情况。罗尔斯知道 "无知之幕" 总要消失, 他所想象的消失过程有四个步骤 (完成立宪和立法任务)。这些步骤都属于第

---

① John Rawls, *A Theory of Justice*, p. 302.

一轮博弈。初始状态只是第一轮博弈的条件，而博弈总是连续多回合的。权且假定罗尔斯方案在初始状态里中选（尽管并非如此），当"无知之幕"消失，博弈条件完全改变了，博弈各方的优选策略也就发生根本的变化，一切真相大白，相当于进入了真实生活，人们各就各位，有了明确的各自利益，肯定有许多人将重新考虑并调整自己的策略，因为他们在第一轮博弈中的选择已不再是优选策略了，而变成了专门让自己吃亏的策略，新的选择则必定导致在第一轮博弈中所建立的"制度"土崩瓦解或者在具体实践中被偷偷解构。人们很可能不承认在初始状态下所签订的糊涂契约，而将在新的形势中重新讨价还价、重新协商、重新斗争甚至革命，即使人们没有实力发动革命，也总会在契约下去钻各种空子和漏洞，使契约实际上无法执行或无法正确兑现。总之是从"合作"回到"背叛"状态，直到某种符合现实形势的新制度在多轮博弈之后达到某种稳定策略均衡而得以建立。既然"无知之幕"下所签订的社会契约在后继博弈中是坚持不住的，游戏终将重新玩过，因此它无论具有什么优点都终成画饼，这就是罗尔斯方案的根本困难。

三　回到荀子/霍布斯思路

罗尔斯方案虽然引人入胜，可惜不是有效出路，转了一圈还是回到了老问题上，我们还是不得不回来面对如何在冲突中形成合作这一初始问题。"无知之幕"是个多余的假设（当然它可以是个智力游戏），它改变了真问题的存在条件，因此对于解决真正的问题并没有很大的帮助。虽然我们需要理论模型，但归根结底要解决的是真实问题。理论不能忘记生活，从生活中来还要能够回到生活中去，因此理论模型必须能够容纳复杂变量以便对付真实问题。许多理论方案（例如罗尔斯方案）却选择了变量最小化的极简主义模型，生活变量的极简化等于篡改了生活，所以不能说明真实问题。荀子/霍布斯的初始状态假设仍然理论上较优，它表现了可能社会状态中最坏的那一种状态。显然，好的可能状态无须考虑，在各种可能状态中，只需考虑最坏的，就已经代表了所有困难。没有把最坏可能性考虑在内的社会分析模型都是无效的。罗尔斯所设想的情况实在不够坏，这是需要回到荀子/霍布斯问题的理由。

有趣的是，荀子和霍布斯对于从冲突到合作的解决也很相似：（1）强人们意识到冲突对任何人都不利，包括对强人自己也不利；（2）只有集权政府能通过权威而造成社会合作。不过，集权虽然能够导致社会合作（许多历史事实已证明这一点），可它也非常可能导致与冲突同样有害甚至更加有害的结果（比如说个人自由的严重损失），因此人们需要寻找比集权更合适的合作途径。正如艾克斯罗德所指出的，人们对"在什么条件下才能从没有集权的利己主义者中产生合作"这个问题更感兴趣。① 在没有集权的条件下如何产生合作，这不仅是更有趣的问题，而且也是学理上更重要的问题，它不仅可以是一个国家内部的社会问题，而且还是国际社会的问题。

四　艾克斯罗德实验

罗尔斯实验老谋深算却无助于解决问题，而艾克斯罗德实验很天真却令人鼓舞——有趣的是，艾克斯罗德实验中也正好是天真胜过老谋深算。艾克斯罗德1980年做过一个试图理解合作出现的必要条件的计算机实验。② 艾克斯罗德的初始状态不需要诸如"无知之幕"这样的不正常条件，当然，它仍然不够真实，比如，博弈各方被假定为能力相等，而且不可能消灭对手而只能在得分上胜过对手。不过艾克斯罗德实验是比较仿真的，它不要求博弈者是理性的，甚至不一定是"利益最大化者"。仿真性使艾克斯罗德实验具有明显的吸引力。

艾克斯罗德设想了这样的博弈环境：（1）博弈者是多样的，理性或不理性、谨慎或投机、善良或邪恶，一切动机和心态都是可能的；（2）博弈回合相当多；（3）参赛博弈者也相当多；（4）博弈几乎可以不择手段，可以不断变招。它比较接近真实的"人性人"游戏而不是经济学家们喜欢的"理性人"游戏。

实验是全体混战的循环赛，参赛的14个策略由"足够精明的"各种专家分别设计。可以选择"合作"或者选择"背叛"，双方合作则各得3分，双方背叛各得1分，一方背叛而另一方合作则背叛5分而合作0分。背叛的回报相当大，与真实生活的情况类似。比赛结果出人意料，一个具有善良、宽容和公正等优良品质的"一报还一报（TFT）"策略以明显优势胜出。

---

① ［美］艾克斯罗德：《合作的进化》吴坚忠译，上海人民出版社1996年版，第3页。
② R. Axelrod, "Effective Choice in the Prisoners Dilemma", *Journal of Conflict Resolution*, Vol. 124, 1980, pp. 3—25.

TFT 策略非常简单：第一步选择合作，从第二步开始就模仿对方上一步的选择。这意味着：首先是善良，从不先背叛；其次是公正，如果对方背叛就进行回击；然后是宽容，一旦对方改正错误，就马上重新合作。而那些不成功的策略都太想占便宜了，总是主动背叛。在比较成功的策略群与比较不成功的策略群之间存在着明显的得分差异鸿沟，比较成功的前 8 名策略都是善良的，所有不成功的策略都是与人为敌的。艾克斯罗德对这个太过美丽的结果不放心，第二次实验使参赛策略增加到 62 个。第一实验的结果事先公开，第二实验的策略设计者们都知道 TFT 的优势，可是大多数人还是宁可设计更复杂的敌意策略，可见大多数人多么希望多占便宜而不惜伤害他人。第二实验的结果仍然是 TFT 等善意策略胜出。这个实验被认为或多或少证明了"好心有好报"。

这虽是人们的梦想，但经验事实并非如此。当理论与实际不符，肯定是理论出了问题。艾克斯罗德实验所以能够证明"好人笑到最后"，其中一个原因是其"杀不死"假定：每个博弈者可能失败（得分低），但不可能被消灭（杀死）。这个与真实世界不符的规定不能正确表达人生命运。这是现代学术司空见惯的失误：人们为了实验效率，总是把实验设计成一个容易计算但不真实的可能世界。这虽是理论允许的，但理论世界至少应该对于真实世界是一个可通达的可能世界，否则原理不能通用。艾克斯罗德实验与罗尔斯实验都存在这个困难，都改变了某些必要的存在论条件而使实验世界与真实世界不相通。采取了"杀不死"假定，生死游戏弱化成输赢游戏，博弈不再严重，命运不再严肃。"杀不死"等于永远还有机会卷土重来，这就限制了不择手段竞争的威力，所谓背叛就只能占到小便宜，从而造成善良策略具有博弈优势的假象。

假如取消"杀不死"假定，重新规定为，当博弈者由于选择合作而遭受 n 次背叛（n 次 0 分）就算被"杀死"，情况就会更接近真实世界。可以推想，在这个生死博弈中还是会有一些善良合作者最后获得胜利，但也有一些合作者被吃掉。这是个危险的信息，当一些合作者发现这个问题，就会选择"不出头"、"搭便车"甚至蜕变成背叛者。"坏人"占便宜的信息会使"好人"退化，这是一个真实难题。在艾克斯罗德的实验中，博弈者之间不能交流经验，即使可以交流，博弈策略也不会因此改变（因为程序是设计好了的），好人即使总是吃亏也将坚持只做好人，因此好像回避了这个困难，可是真实生活并不能回避这个困难。可以看出，艾克斯罗德的实验结果并不能充分有效地应用到真实世界中。

艾克斯罗德的实验结果尽管有些疑问，但很值得分析：

第一，那些专门占别人便宜的博弈者在遇到同样的小人时，就会两败俱伤，这大概证明了"恶人自有恶人磨"。而且，如果坏人很多，坏人就反而占不到很多便宜。从进化角度看，开始时坏人会迅速繁殖，但坏人增多又使得坏人更多地遇到坏人，这样又导致无利可图，迫不得已就只好选择合作。而合作策略更能发展成稳定策略（由稳定回报所保证）。不过，合作策略的稳定性到底有多大仍然是个疑问。好人增多又会导致坏人获利，社会状况的循环反复是经常性的，事实上社会总是保持好坏因素混合存在的状况，这表明合作与背叛各有各的优势。

第二，一个总是背叛的小人世界能够阻止任何其他策略的侵入，如果新来者是单个人的话。但如果新来者是一个合作性的群体，哪怕是很小的群体，却一定能够成功侵入并且发展壮大。与此相反，小人群体却不可能成功侵入合作群体，因为合作群体能够形成集体力量而胜过只顾自己的小人。这似乎证明了团结就是力量。如果按照这个规律，小人总是要失败的，而既然社会历史已经很长，现在应该没有小人了（小人们只好改过自新变成合作者）。这显然不可信。就像有数学家证明说，假如存在吸血鬼，哪怕开始只有一个，到今天也不可能有人存在了，因为吸血鬼不断壮大，而人迟早被吃完，所以不可能有吸血鬼。同样，假如好人总能够胜利，到今天就不可能有小人存在了——小人都只好变成好人。这里无疑隐藏着一个深刻的错误。真实的情况是，好人和小人都没有能够获得全面胜利。

第三，艾克斯罗德还试图证明，合作的基础与其说是信任和友谊，还不如说是关系的可持续性，只有当人们有着值得重视的未来，才能保证稳定持续的合作，也就是说，长远的未来使得持续关系具有价值，不存在未来就很难合作。这个发现虽深刻但并非没有疑惑。一方面，也许信任和友谊并非合作的必要条件，但仍然可以是充分条件；另一方面，可持续未来是否就是合作的必要条件或是合作的充分条件？这并无十分把握，事实上一意孤行不顾未来的大有人在，有人宁可自取灭亡也故意不与人合作。而没有未来也不一定导致背叛，有时反而会是合作，比如"人之将死其言也善"的现象。这是因为，虽然"没有未来"注定了不再有利益回报，可同时也没什么可再损失的了。因此，"没有未来"是否导致背叛要取决于具体情景和人品。未来的权重和持续关系未必比信任和友谊更能够促成合作。不过，信任、友谊和高尚人品并不普遍存在，而与利益密切相关的未来权重和关系持续性却无处不在，在这个意义上，艾克斯罗德是对的。但同时我们必须意识到，未来和关系的持续性并非可以完全放心的合作条件。

在艾克斯罗德实验中，博弈者之间没有语言交流，只能根据对方的策略来做出回应。这是个有争议的设计。语言能够把本来需要在时间中一步一步做出来的事情化做语言空间里的"可能事实"来讨论和交流，这一化时间为空间的功能使得人类能够事先演习各种策略，从而避免大量实践失误。有声的博弈与无声的博弈有着根本差异。可以说，无声的艾克斯罗德实验不能充分说明真实博弈。尽管艾克斯罗德相信，成功的合作并不需要语言交流（他钟爱的例子是第一次世界大战时英法部队与德国部队之间没有通过语言而达成"都给对方留活路"的策略），但默契合作肯定不是主要的合作方式。通常人们无法在无语状态下充分知道对方的要求和策略，必须通过语言交流才能公开问题、摆明情况甚至亮出底牌。如果知己知彼，博弈情况将完全不同。关于他人的知识在博弈中无比重要，如果省略这个因素就会错误理解形势，例如对于未来的估计。艾克斯罗德在强调未来的重要性时，却没有把关于未来的知识考虑在内。博弈者自己估计的未来有可能完全错误，比如说，自以为是的博弈者虽然知道与他人会有长期关系，但他相信他人在未来仍然将一直是愚蠢的，于是决定不断进行欺骗和背叛，这有可能给他自己带来灭顶之灾。可见仅仅考虑到"未来"并不能保证选择正确的合作策略，而正确的关于未来的知识才是真正起作用的因素。语言的重要性就在于此，只有语言才能预告未来，提前说出来而把未来变成预先可见的。仅仅通过经验去理解未来是不可靠的，正如休谟定理所指出的，从有限经验推知未来永远是个幻想。

五　哈贝马斯对理性对话的厚望

"正确的"语言活动是否能够化敌为友？是否能够促成由背叛到合作的进化？这是个更为复杂的问题。这里需要讨论一个与罗尔斯和艾克斯罗德都不同的哈贝马斯问题。罗尔斯和艾克斯罗德也非常不同，但有一点相同，他们设想的都是实验室里的游戏，都是由不真实的博弈条件和不真实的人所构成的，都分别省略了一些不能省略的条件。语言活动就是一项决不应该被省略的条件。

罗尔斯游戏没有明文规定不许进行语言活动，但"无知之幕"使大家都非常缺乏信息，于是对话没有什么意义，因为根本没有什么可说的。艾克斯罗德游戏里的策略是预先设计好的程序，即使可以交流也不能更改，而且他相信没有语言交流也同样能够达成合作。忽略语言活动正是使实验游戏与真实世界难以相通的一个重要原因。因此，忽略语言活动就不是好的游戏设计。哈贝马斯发现罗尔斯的一个缺陷就是他想象的人都是在"独白"，这不是有效的语言活动，独白的反思并不能代表别人的观点，更不能代表所有可能的观点，因此，罗尔斯原则必须通得过"对话检验"才能被证明，否则就只是一相情愿。

说话的内容能够表达利益和价值冲突，因此，话语的世界必定是个政治的世界，甚至语言本身就是一种政治，当使用"这样而不是那样"的语言去命名、定义和描述世界，就同时是在重新创造事物（福柯指出语言安排了事物的秩序）。比如说，当谈论某种神怪就是创造了这种神怪。把某种事物定义和描述成这样而不是那样，创造这样而不是那样的事物，赋予事物这样而不是那样的价值，这是支配心灵的最有力的政治，语言规定的思想空间、思想方式以及思想对象变成最大的政治问题，甚至可以说，没有语言活动就没有政治。在这个意义上，哈贝马斯设想的以语言活动为核心的游戏是更值得分析的模型。哈贝马斯游戏不必是初始游戏，而是任何阶段都可能出现的一个游戏状态，它实际上是哈贝马斯推荐的一个据说能够保证形成合作的理想化游戏状态。对于哈贝马斯来说，初始游戏是什么样的状态并不重要，只要能够进入"交往对话"游戏，就有望消除冲突。由于拒绝各种人为条件（如"无知之幕"等），哈贝马斯游戏具有高仿真性，但却是一个难以成真的理想化乌托邦。

哈贝马斯游戏模型是"理想说话环境（ISS）"。这一想象源于古希腊城邦政治的公共领域传统，相当于想象了一个"最好的公共领域"。公共领域虽好，却并非必然成为人们的集体选择，因为没有理由证明公共领域游戏必然对每个人都更有利，也不能证明这个游戏将是每个人自由选择的共同结果（独裁者、宗教狂、偏执狂、强人、官僚主义者、暴力倾向的人等就不见得选择这一游戏）。如果不允许自由选择，就不可能证明什么样的规则、契约和制度将是人们真正的集体选择。自由选择蕴含着任何可能性，那么人们为什么将放弃冲突而改为对话，还是个未决问题。可见一个缺乏初始性的游戏终究是不彻底的。

　　权且假设人们都愿意进入对话游戏。ISS 要求所有人平等地、理性地公开对话，最后达成同意。对话规则为：（1）任何人都有资格参加对话；（2）任何人都有资格提出自己的任何观点和质疑任何观点，都有资格表达其欲望、需要和态度；（3）任何妨害前两项规则的行为都被禁止。① 另外，对话沟通的有效性标准是：（1）所说的话必须是"能懂的（comprehensible）"；（2）所说的话必须是"真的（true）"；（3）所说的话必须是"真心的（truthful）"；（4）所说的话以及说话方式必须是"正当的（right）"，即论辩必须合乎理性标准，观点必须有正当理由。②

　　这些平淡无奇的要求其实是很难被满足的。哈贝马斯观点与其说平庸还不如说幼稚。越是最起码的道德规则就越不可能落实为普遍必然的实践，比如，说谎就无法避免，有些谎言甚至有助于拯救和正义；虚情假意也不可避免，许多时候需要给人面子；说话永远正当和正确恐怕歪曲人性，没有激情、偏心、任性和愤怒，只有干巴理性，一切正确，生活却不值得一过了。当然，哈贝马斯可能会说，ISS 只适合专门时刻，平时就不用那样。这多少是个辩护，但还是说不太通，因为大多数共识、契约和制度都是在平常生活中经过长期博弈和磨合而形成的，是在日常谈话中逐步形成的，而不是在会议桌上谈判而成的。平常生活的长期实践是绝对必需的，因为生活的丰富性超出我们的想象力和理性能力，各种事情只能慢慢发生，不可能一切未雨绸缪、百无一漏而胸有成竹，那是典型的德国唯心主义妄想。维特根斯坦关于"遵循规则"的研究早已分析了具体实践是如何把好像明确的规则做得面目皆非的。"说"了不算"做"了算，这是生活的最终道理。制度和规则是长期博弈所形成的均衡，是"做"出来的，而不是"说"出来的，除非"说"成为一种"做"（日常语言学派就研究"说话就是行事"的问题）。这意味着，"说"必须足够丰富以至于能够反映"做"的丰富性。

　　ISS 是个"说"跟不上"做"的典型情况。ISS 并不是充分的说话而仅仅是谈判，是个过分修改而失去丰富性的公共领域。当生活对话在 ISS 中被限制为贫乏的正确对话，通过对话达成协议的能力虽然提高了，但所能够达成的协议却恐怕文不对题。删掉"不正确"和"不真实"的话语等于删节

　　① Jurgen Habermas, *Moral Consciousness and Communicative Action*, Cambridge：Polity Press, 1990, p. 89.

　　② ［德］尤尔根·哈贝马斯：《交往行为理论》第一卷，曹卫东译，上海人民出版社 2004 年版，第 99—100 页。

了生活，这样削足适履就不能回应足够多的生活问题。语言中的问题至少必须与生活问题等价，语言可以大于生活，但不能小于生活。因此，我们有理由担心，ISS 虽然提高了对话达成协议的能力，却只能达成一些不太重要的协议，生活的重大难题还是没有被解决，甚至没有被触及。

哈贝马斯忽视了 ISS 的一些技术性困难。首先，"真"的概念是一直争论而未决的问题，如果说要追求真理，当然没有问题，但把"真"作为标准或规则，就难免有些混乱。逻辑真与经验真就非常不同，许多诡辩在逻辑上是真的；即使把真理限定为经验真理，其标准也有争论；最成问题的是，人类需要说的话大部分都不符合真理要求，比如关于未来的谈论、关于历史的讨论、关于政治的分析、涉及道德和审美价值的评论以及关于趣味、偏好和主观态度的议论，甚至关于当下事实的描述，都不是真的或很难是真的。因此，"说真话"这条标准的有效范围非常小。其次，ISS 的话语有效标准之间也有矛盾。比如，"真心话"与"正当话"就有可能形成矛盾，有些真心话说出来会很吓人、很恶心，在政治或伦理上很不正确，至少不礼貌。因此，"真心"与"正当"往往不能同时满足，这正是为什么需要礼貌、花言巧语和虚情假意的原因。另外，"真心"与"真"、"真"与"正当"也都会有矛盾。

假定把哈贝马斯说话游戏缩水为一个谈判游戏来分析。哈贝马斯把康德的实践理性发展为"交往理性"，把"独白式"理性变成了"对话式"理性，由此"他人"才真正具有了意义。在"独白式"理性那里，无论多少人都被认为心同此理，在思维上也就等于一个人，而承认对话就是承认人心各异。但哈贝马斯仍然继承了理性主义的一个顽固错误。理性主义所理解的"人"只是理性人，理性被认为能够解决一切问题。这一崇思贬心的理性主义埋下了严重困难。

哈贝马斯的成功对话需要这样的过程：理性沟通（满足 ISS 标准）→互相理解→一致同意。这个过程很理性化，但不够人性化，它对于电脑之间的合作是足够的，但对于人之间的合作就不够了。问题出在"互相理解"与"一致同意"之间漏掉了一个关键环节——互相接受。"互相理解"无法确保"一致同意"，① 理解至多是同意的必要条件而绝非充分条件。在许多情

① 笔者关于"理解不能保证同意"这个命题的论证参见 Zhao Tingyang, "Understanding and Acceptance", *les Assises de la conna issance reciproque*, Le Robert, 2003。

况下，对话双方完全互相理解，非常同情对方的处境，但决不接受对方的主张，因为与自己的主张水火不容。因此，"互相接受"绝不能省略，而且比互相理解重要得多。完美的成功对话过程应该是：理性沟通，互相理解，互相接受，一致同意。哈贝马斯曾经在回答笔者的这个挑战时辩解说，如果正确对话的时间足够长，各种冲突可以在互相理解中慢慢消磨掉，理性加上时间就总能够消除各种无理要求导致的冲突。这倒是个有趣的问题。时间确实可以消解许多冲突，可是时间并无偏心，正如时间可以消除冲突，也同样可以积累冲突，可以消除旧矛盾也可以产生新矛盾。哈贝马斯似乎没有注意到时间是两面派。理性主义所以不愿意考虑"接受问题"，大概因为如果承认"接受问题"，就不得不承认心（heart）的问题与思（mind）的问题的并列地位，也就等于承认思不可能解决一切问题，这对于理性主义是个釜底抽薪的挑战。心的问题终究回避不了，心是所有冲突的根源，根据"解铃还需系铃人"原理，心的和解也是化敌为友的唯一解法，只有通过心才能接受他者。如果不知道"接受问题"的症结在哪里，无论多么充分的理性对话都将徒劳。

　　接受问题的难点在于价值排序。大多数人在价值观的项目上大概有着相似甚至相同理解（所谓人同此心），但在各项价值项目的排序上却各有偏好（所谓其心必异）。假定所有人都选择了价值 A、B、C、D、E，比如说自由、平等、公正、美德和财富，其中有些人承认价值排序 {B，C，A，E，D}，比如以平等为首的价值观，而另一些人则承认价值排序 {E，C，A，D，B}，比如以财富为首的价值观。尽管这两种价值观所承认的价值项目别无二致，但不同的价值排序使其价值观南辕北辙，甚至不共戴天。这就像碳元素由于分子结构排列不同而形成钻石与石墨。价值排序问题说明，所谓"在许多事情上有着共识"其实距离"达成同意"还有万里之遥。价值排序问题可以解释许多事情，比如说文化差异、文明冲突、制度对立、社会选择的困难以及国际合作之艰难等。

　　对话虽是避免暴力冲突的理性之路，但不能避免非暴力冲突，它仍然是个艰难无比的博弈，其难度并不亚于行动博弈。对话游戏的优势在于能够以纸上谈兵的方式把各种问题和底牌提前亮出来，它是一个信息更加充分的游戏。虽然在对话游戏中各种问题变得清楚起来，但所有困难的实质并没有改变，因此还需要进一步寻找真正能够解决问题的途径。

六　和谐的条件与孔子改进

我们讨论了关于从冲突到合作的三种声望卓著的研究，还没有发现这个难题的真正有效解法。根据前面对三种理论实验的分析，我们可以得知，要形成从冲突到合作的进化至少需要这样一些博弈条件：（1）每个人的自由选择权利；（2）长时间的未来；（3）可以畅所欲言而理性对话的公共领域。但我们又知道仅仅有这些条件是不够的，那么到底漏掉了什么条件呢？许多人寄希望于信任，① 可是"信任如何可能"与"合作如何可能"是等价的（尽管不等同），因此不能把信任看做是合作之前就已经存在的条件（在许多时候，合作是信任的条件而不是相反）。有信任就可以有合作，反过来，有合作就可以有信任。我们需要的不是信任和合作之间的循环解释，以信任去解释合作等于废话。人们苦恼的是在没有信任的情况下怎样才能形成信任，或者如何从不合作形成合作。显然，如果有信任就不可能有"囚徒困境"了。人们还知道公正的制度能够维持合作，但公正制度更加不是在合作之前能够出现的条件，而是合作的成果。由此发现，公共领域既然是一个话语制度，也是在合作之后的产物。于是，前面总结的三个条件又必须修改为：（1）每个人都拥有自由选择的能力；（2）长时间的未来；（3）语言交流。

这是一组弱化了的条件，在第一个条件中，"自由"不再是作为权利的政治自由（liberty）而只是作为能力的自由（freedom），因为权利体系也是一个制度；在第三个条件中，作为制度存在的公共领域也被弱化为自然状态的语言活动，它无须是理想的对话，人们可以说谎，可以说不正当的话，但这仍然能提供大量信息，能进行谈判。这样的博弈环境几乎回到了荀子·霍布斯的初始状态。如果说对荀子·霍布斯的初始状态有什么修改的话，仅仅强调了语言活动。在语言中进行博弈可以象征性地代替许多实际冲突。既然语言活动是代价最小的博弈方式，就应该是博弈的首选方式。从维特根斯坦到哈贝马斯对语言游戏的强调是正确的。

---

① 从齐美尔、卢曼到福山等人有关信任的研究，许多关于信任的解释其实只是解释了信任的积极作用，例如卢曼发现，信任是对社会事务复杂性的简化机制。同样，许多经济学家也认为信任可以降低交易成本。

　　给定修改版的荀子/霍布斯初始状态，从冲突到合作的进化是否可能并且如何可能？冲突使人们只能获得最差收益，因此，从利益上考虑，人们有合作动机。唯一缺少的是克服"囚徒困境"的决定性条件，或者说，必然导致由冲突向合作进化的充分条件。艾克斯罗德实验似乎证明了合作进化的条件是"好人帮好人"，它使好人集团拥有胜过坏人的集体力量，可是任何一个好人都没有赢过任何一个回合，最后的胜利只是累计高分。这并没有解决"囚徒困境"问题，因为游戏中存在着太多的善良策略，因此才形成好人力量大的局面，而我们显然不能寄希望于好人多多。荀子和霍布斯所见略同地假定人们会选择有能力建立公道秩序的强人作为代理人，把属于自己的部分权利委托给代理人，代理人因此拥有了权力。那么接下来的问题是：（1）人们到底是因为什么而选择了代理人或代理制度？（2）什么样的制度才能使人们都满意，因而把对制度的反叛降到最低程度？这两个问题的答案非常可能是同一个，即人们发现策略 S 对所有人都有好处，并且没有人会因为选择了 S 而被欺骗并蒙受损失。

　　艾克斯罗德证明，当 TFT 在长期博弈中获得明显优势，人们不会视而不见而会被诱惑去模仿这一拥有最好收益的选择。TFT 所以成功是因为游戏的特殊规则对它有利，这与真实世界有差距。因此，TFT 还不是我们所寻找的答案 S。但艾克斯罗德实验还是给出了一个重要启示：既然模仿最好收益的策略是挡不住的诱惑，那么优越的合作关系总会被普遍接受而变成制度。现在问题进一步明确为：什么可能是比 TFT 更有优势而且更具真实性的策略？

　　根据真实世界，我们必须考虑人生的有限性。它限定了"未来"的实在意义。假如人寿千年，未来的分量变得如此之重，人们就更容易合作，但事实上人生苦短，偶然机遇稍纵即逝，背叛总是巨大诱惑。那么什么样的关系才能抵制背叛的诱惑？我们不能寄希望于伦理规范，对于大多数人来说，伦理规范从来只能抵抗微不足道的诱惑。因此，我们需要寻找的是一个即使在充分自由的情况下仍然能够形成合作的策略。于是，唯一的可能性是，如果 S 是最优策略，它就必须形成一种同步对称的利益互相依存关系（SS），即一种连锁的即时现报关系：如果 X 或 Y 中任何一方获得正面回报，另一方也必定同时获得正面回报；如果 X 或 Y 中任一方获得负面回报，另一方也必定同时获得负面回报。SS 是唯一绝对保险的策略，无论在什么样的可能世界中都是保险的，尤其能够避免"最后的背叛"这种没有机会报复的致命一击。在 SS 中，没有人能够通过背叛获得任何利益。为了使 SS 顺利形成，就需要有效的对话。人们需要确定在哪些具体事情上可以形成 SS，于是需要有效的试探和协商活动来确定别人也同意如此这般的策略，人们需要达成 SS 的足够信息。于是，事先的对话就成了唯一可以利用的试探性行为。哈贝马斯的对话游戏包含许多错误，因此，我们放弃哈贝马斯式的"理想对话环境"而寻找一种要求比较低的"有效对话环境"，只要对话双方各自提出明确要求就足够了。至于"真实性"、"真心"和"正当"，都是过分或多余的要求。事实上，明确的信息正是博弈者真正需要的，有了明确的信息就足以在其范围内查明是否存在 SS 合作的可能性。

什么样的条件能使人们决心形成双方利益绝对挂钩的关系 SS？对于这个问题，目前的最好答案应该是中国的一个传统观点，即"和"策略（现在称为"和谐"）。春秋时有过关于"和"的一个至今仍富有学术意义的争论，按照当代学术语言可以表达为：给定世界的差异状态，差异可能形成冲突，于是至少有两种解决方案：一是"同"，就是消灭差异成一统，这个方案不可取，因为"同则不继"；另一种是"和"，就是在差异中寻找并且建立互相利益最大化的协作关系。其中的关键论证包括两方面：第一，事物之间的和谐是其中任一事物能够生存的必要条件。一种东西单靠它自身不可能生存，任何一种东西都不得不与另一种东西互相依靠而共存，于是，共存（co-existence）成了存在（existence）的先决条件。这是一个深刻的存在论观点。第二，各种事物只有互相配合才能使其中任一事物发挥其最大价值和意义，事物之间或人之间的互惠关系将使其中任何一方的利益都获得改善，并且这种改善可能大于任何其他的可能改善。经典表述是："和乃生，不和不生"；[1] "夫和实生物，同则不继。以他平他谓之和，故能丰长而物生之，若以同裨同，尽乃弃矣……声一无听，物一无文，味一无果，物一不讲"。[2]

我们可以把 SS 策略进一步修改为"和策略"：（1）对于任意两个博弈方 X、Y，和谐是一个互惠均衡，它使得 X 能够获得属于 X 的利益 x，当且仅当 Y 能够获得属于 Y 的利益 y，同时，X 如果受损，当且仅当 Y 也受损；并且（2）X 获得利益改进 x +，当且仅当 Y 获得利益改进 y +，反之亦然。于是，促成 x + 出现是 Y 的优选策略，因为 Y 为了达到 y + 就不得不承认并促成 x +，反之亦然。在"和策略"的互惠均衡中所能达到的各自利益改进

① 《管子》。
② 《国语·郑语》。

均优于各自独立所能达到的利益改进。从逻辑结构上看，"和策略"是一个互相依存、互为条件的关系，大概相当于逻辑的互蕴关系。

"和策略"的要求比较苛刻，它需要存在着各方都满意的利益改进，这样就比帕累托改进的要求更高。问题是，帕累托改进远不足以保证社会幸福。帕累托改进与经济学喜欢说的"把馅饼做大"的观点是一致的。毫无疑问，当财富"馅饼"做得足够大，对大家都有好处，至少没有坏处，但物质上的好处未必能够消除所有问题。可以考虑笔者另文讨论过的一个"心理学馅饼"问题：当帕累托改进仅仅改善了某些人的利益而维持其他人的利益没有受损，或者所有人利益都获得改善，但某些人的利益改善程度不如其他人那样大，那些利益改善比较小的人们未必感激变大了的"经济学馅饼"，因为人们还需要"心理学馅饼"，而在"心理学馅饼"上之所失可能大于在"经济学馅饼"上之所得。经济学仅仅考虑生存所需要的物质利益而忽略心灵所需要的精神世界，这样恐怕不能解释冲突与合作的问题。只有"和策略"才能达到人人同样满意，不仅在"经济学馅饼"上人人满意，而且在"心理学馅饼"上人人满意。假如与艾克斯罗德的合作原则"自己活也让他人活（live – and – let – live）"做比较，"和策略"则是一个强化的合作原则，表现为"自己活当且仅当他人活（live – if – let – live）"而且"自己发达当且仅当他人也发达（improved – if – let – improved）"。[①]　表现为"和策略"的利益改进可以称为"孔子改进"。

关于"和策略"，最后的问题是：第一，"和策略"是否能成为解决任何冲突问题普遍适用的模式？这一点还没有充分理由来证明。第二，保证"和策略"得以成立的客观条件是存在着某些巨大可分享的公共利益，而且各人所能分享的公共利益大于或重于各人所能独占的私人利益。这一点并非普遍现象，很难想象任何一个游戏总能有足够大的公共利益。第三，另外一个足够诱导人们选择"和策略"的客观条件是存在着互补性利益。但是，是否存在着互补性利益的判断以及对互补性利益的评估显然需要理性对话，有效的理性对话需要人们对各种形势、各种事情有着正确认识，而"正确的认识"是很难达到的——正如苏格拉底指出的，如果人们真的有了正确知识就不会犯错误了，可问题就是人们总是没有正确知识。

---

① 孔子的原始表述是："己欲立而立人，己欲达而达人。"见《论语·雍也》。

重建公共伦理规范基础的不同途径

——论罗尔斯与哈贝马斯之争

包利民

现代社会中公共领域与私人领域的区分使得私人领域获得了独立。而私人领域的独立必然导向它的多元化。多样化的价值观使得社会的共同的公共权力的建立——不是简单的现状认可，而是基于规范基础之上的心悦诚服——成为问题。社会中拥有强制力量的公共领域是政治即社会的基本制度的安排。所以，基本制度的伦理合法性的基础能否确立、如何确立，就成为现代公共伦理的中心问题。

麦金太尔的著名批判强化了这一问题的存在。他在《德性之后》开首对于现代社会中公共伦理的"二律背反"现象的揭示类似于一种对于整个现代性制度伦理的"合法性危机"的质疑。在他看来，由于现代性中永失共同的公共伦理价值基础，不同立场之间不存在任何可比性或共通性，公共领域中的分歧靠"理性讨论"无法解决，因为讨论必然总是退化为私人性的、"情感主义"的、无法沟通的利益—情绪的发泄。利己的欲望加工具理性（管理专家和心理治疗师）是现代社会所能指望的一切。二十世纪以来的伦理学主流之所以都是存在主义的、博弈论的、经济自由主义的、现实主义的、冷讽热嘲的、强权即正义的，毫不奇怪，因为它们确实准确地表达了时代精神。一切重建现代性公共伦理的努力必然失败。一切道德，特别是公共道德，都不对人具有内在的约束力。

与这种悲观主义对立的，有对现代性欢呼的现实主义—自由主义的伦理学，它们认为私己权利必须保护，这恰恰反映着历史的进步，因为这并非出于"自私自利"，而是有规范基础的："公共利益"如果不落实到个体之上，是十分危险的；况且，没有任何合乎法理—道德的根据可以让一个人的权利为其他人的利益牺牲。进一步讲，从经验中观察，利用市场的自然机制，这种私己的利益追求总是会最终促进各个人的利益。然而，这种"规范性论证"说到底是把"社会"视为工具性的。

罗尔斯与哈贝马斯广义地都属于自由主义阵营。但是，无论是历史悲观主义还是市场现实主义，无论是"相对主义"还是"现实主义"，都是他们不能接受的。他们主张一种肯定公共性或社会性的自身内在价值的理想主义。他们都对几乎是万众臣服的"市场模式"，尤其是用市场模式解释公共的、社会的伦理规范的基础，保持怀疑。他们二人的思想背后都有一种信念：现代性的发展值得规范地肯定的成果主要是广义的政治原则如民主、自由；经济领域则远远没有跟上，是不民主、不平等、不自由的领域，本身需要学习政治领域中所达到的高水平以达到诸如"经济民主"（可比较：不少其他学者认为政治等非经济领域有待学习采用经济的—市场的模式），更不允许经济—市场的原则侵入其他领域。对于罗尔斯来说，让人际基本关系由功利主义、效率（帕累托最优）以及"自然"来决定，决不是"正义"的，必须靠社会合作的平等自由人的公共理性来确定正义的合作条件。民主的基础不是临时协定，而是道德的①。而哈贝马斯的整个理论思路建立在经济理性或工具理性不是唯一的"理性"这一思想之上。人与自然的关系中使用单向的、主体征服式的工具理性无可厚非，但是在人与人的关系中，只能使用交往理性——这是一种"主体间性"的理性或公共理性。

虽然罗尔斯与哈贝马斯都属于理想主义，但是二人在建构理想型的公共伦理规范基础的内容与方式上又有差异，这就最终导致了著名的"哈贝马斯与罗尔斯之争"。哈贝马斯对于罗尔斯的批评集中体现在发表于美国《哲学杂志》上的"评论罗尔斯"一文中。哈贝马斯首先肯定自己与罗尔斯同属一个阵营。然后批评罗尔斯的理论还是向"对方阵营"做了不应该做的太多让步，从而把自己的理论特点搞得模糊不清，使自己的论证力量大为削弱。哈贝马斯的批评主要是理性论、证明论和自律论三点：

首先，哈贝马斯认为，罗尔斯的体系虽然以公民的两种基本能力为预设，但是在制定正义原则的关键的社会契约阶段，即无知之幕之后的选择中，却并不启用公民的道德能力，而是只诉诸各人的私己理性，并把理想

---

① 罗尔斯：《政治自由主义》，万俊人译，译林出版社2000年版，导论第25～31页，正文第18、38、41页；第3编第9讲；第17、78页。

的或道德的成分放入到"环境限制"即无知之幕上——这岂不是"他律"？
岂不是向"现实主义"让步太多？其次，哈贝马斯认为罗尔斯没有区别
"证明"与"接受"。"多元之间的交叉共识"本应当被赋予证明道德真理
的作用；但是在罗尔斯那里，它的作用只在于表明社会上持不同立场的人
对于已经得出的正义观能够从自己的角度认可，从而社会具有稳定性。罗
尔斯作为理想主义者，本来是反对"妥协"式契约的。可是他的这种看
法，导致的却正是否定道德真理的可能性，是承认政治中唯有无原则的妥
协。最后，罗尔斯虽然说过他要不偏不倚地兼顾"两种自由"。但是他的
预先设置正义原则的方式使得人民的"积极自由"或政治自由的实质性意
义大打折扣。既然正义原则乃至基本宪法制度已经确定好了，那就用不着
人民来"自己立法"；于是公民使用自己的道德能力自治或自律的可能被
又一次否决。在哈贝马斯看来，这样一个否认自治的公共伦理不能不说是
在贯彻作者所宣称的康德理想上的失败，一个推许和企图为民主自由奠定
基础的理论却不以民主的方式推导出民主的有效性，只能说是逻辑上缺乏
一贯性①。

　　罗尔斯对于哈贝马斯的批评进行了针锋相对的回应，后来收入《政治自
由主义》作为压卷篇章。他的回答的要旨是：首先，哈贝马斯的思想体系是
完备性的，而罗尔斯的正义论是政治的，不是从完备性学说所推导出来的，
因此也并不依赖统一的或特别的理性论。正因为此，罗尔斯所用的"理性"
具有相当的宽容性。比如，罗尔斯不在宗教基础上建立政治原则，但是这并
不使他一定要否认宗教，它可以设想许多宗教能够交叉认同它的政治原则。
而哈贝马斯的无所不包的理性学说却一定要否认宗教。其次，罗尔斯区分了
正义观的"证明"的不同阶段。"原始状态"与哈贝马斯的"理想商谈"并
非一回事。毋宁说，"原初状态"讲的是第一阶段的证明。"交叉共识"虽
然是后面阶段的，但并不就是"妥协"，它自有其意义，它显示出独立证明
的正义观具有深刻的、合理性的社会统一基础。最后，"自律"并不一定非
要每一代人民都推翻以前的宪法，自己重新订立一次。每一代人对于基本上
正义的宪政原则的理解认同与修正，就是自律。最后，罗尔斯指出他的理论
与哈贝马斯的重要分歧在于他是实质性的，而哈贝马斯坚持自己只是程序性

---

　　① 参看 Habermas, "Reconciliation through the Public Use of Reason: Remarks on John Rawls's Political Liberalism", *The Journal of Philosophy*, Vol. XCⅡ, Number 3, March 1995, pp. 109 – 131.

的。罗尔斯认为自由主义必须是实质性的。一个完全的程序性学说，即使是"民主、程序、自由商谈"学说，也是相当危险的，不能确保它得出的结果一定是正义的[①]。

正如罗尔斯在回答哈贝马斯的批评时所说的，这种批评以及回应可以帮助自己（我们可以说：以及哈贝马斯）更好地反思与厘清各自理论的论证规范基础的方式的特点。这至少对于帮助人们理解这两种决不能称为简单易懂的庞大哲学体系颇有益处。我们先考察一下他们各自的规范基础论证的方法论思路。然后再揭示为什么他们会有分歧。

罗尔斯虽然反对目的论，但是他的分析框架是按照对于人的行动的目的论模式建立起来的。亦即：生活的必需条件（"好"）——各人的生活计划——幸福（计划的实现）。一般目的论是首先确定什么是"幸福"，然后由此安排（统一的）人生计划，再由此安排相应条件物品的分配。但是作为道义论的自由主义，罗尔斯反对从"目的"开始论证：不能在一个宽容的、多元的社会中统一地确定什么是"幸福"。终极目的必须开放，生活计划必须多样化，不能强求一致。剩下能够统一地谈的，只能是对任何生活计划都同样必不可少的条件性"好"的公正分配。从每个人都最终追求自己的生活—幸福来讲，C 是最高价值；或者说，政治制度的任务正是要维护每个人都能自由地追求自己选择的目的。但是从政治只能涉及条件性好的分配来讲，A 是最高价值（最重要的政治价值）。

什么是制度伦理中的首要价值"公正"？罗尔斯的回答是：以平等为核心的"二原则"，这已经为人们所熟知。它的特点是既非"大公无私"，也不是完全私己，而是介于二者之间的"交互性"[②]。关键是，这如何论证？罗尔斯的论证构成了他的正义论庞大体系。归纳起来，其论证似乎可以主要地分成二种。一种是著名的"无知之幕"的程序正义证明法。这种原则之"被无知之幕后面的所有人选择"就等值于它规范地得到了"证明"。即由于预设了人是平等自由的，就设计出"无知之幕"以去掉"不应当的"（"偶然的"）不平等的信息，所有人（的代表）都被设置在某种幕障之后，对于自己在将进入的社会中的地位和禀赋一无所知，来进行未来社会基本制

---

① 罗尔斯：《政治自由主义》，万俊人译，万俊人译，译林出版社 2000 年版，导论第 25～31页，正文第 18、38、41 页；第 3 编第 9 讲；第 17、78 页。

② 同上。

度安排的原则的选择。如此，则由于这一选择所涉及的对于人的一生至关重要，人们为了避免自己落入最差状态，必然采取"最大最小值"的策略，主张对于"条件好"的尽可能平等的分配方案，尤其是尽量保证地位最差者。罗尔斯的另外一种证明办法是"合作中的应得"。这实际上不需要"幕"，不需要排除信息，可以摊开来谈。其论证法是一般的法学权利观：分配应当按照贡献。每个人在合作体系中都做出了不可缺少的贡献，所以都应当得到相当的份额。

哈贝马斯为什么要质疑罗尔斯呢？因为他有自己的"规范基础论证"法。哈贝马斯反对"自然主义谬误"，认为一般"进化论"如帕森斯的理论都缺乏可信的规范价值基础论证①。哈贝马斯自己的哲学工作大部分围绕着这一问题进行。哈贝马斯的论证方法有许多种。我们可以把它们分成三种。第一种是发生学的。这主要是借助皮亚杰—科尔伯格的认知能力和道德意识发生学，米德的自我形成阶段学，帕森斯的社会结构—功能及社会进化论。这种理论的基础是个体的理性能力的发展。韦伯曾主张"一元"合理性发展学说，不无忧虑地指出社会的发展是日益按照合理性原则行动，随着现代性的发展，这种冷冰冰的合理性将覆盖整个人类社会。哈贝马斯则区分了生产领域与人际互动的领域。从而认为历史的发展并非只意味着一种合理性在发展。韦伯所说的这种合理性不过是适合于人与自然的关系的工具—目的合理性。但是除了生产在发展，除了工具理性在发生，人类社会还有其他的领域在发展，还有其他类型的理性——交往理性——在发生。在现代，证明水平提升到了反思的阶段。理想的、高阶段的、应当成为规范原则的是一种程序原则：不是任何实质性的内容或传统信念，而是理性共识的程序与预设自身成为合法性的证明原则。

用发生学证明规范基础，有它特有的长处与不足，这在科尔伯格那里就已经得到充分的讨论。它的长处是既有经验性，又有"先验性"或结构性。它的特有问题是如何说明"从是到应是"，从事实如此得出规范或价值也应该如此的结论。也许与这一问题有关，哈贝马斯又提出了"一般语用学"的论证模式。其基本思路是：语言是社会交往中的基本现象，是人性的、主体间性的中介。在语言交往中必然已经存在主体间性式的共识，否则无法相互

---

① Habermas, *Communication and the Evolution of Society*, trans. McCarthy, Beacon Press, 1979, pp. 177, 93—94, 199.

理解对方的语言。因此，对于公共伦理来说，语言中的交互性相当于某种"仁端"，基于此之上，可以建立道德交往的交互性。最后，在哈贝马斯的规范基础论证中，还有马克思主义的理论背景。这是一切"批判哲学"的特点。马克思的基本规范理想是主体的—交互主体的合作生活，无中介的直接的社会性的实现。因此它反对压迫、压抑，号召解放。

在勾勒了罗尔斯与哈贝马斯两人各自的规范基础论证方式之后，我们就可以进一步探讨他们二人之间为什么会存在分歧从而产生争论了。

首先，从终极目的上看，哈贝马斯是直接谈论终极目的或好或幸福的。也就是说，无论他自己是否承认，哈贝马斯的思想中有强烈的目的论倾向。这是哈贝马斯的发生学的规范论证模式必然导向的结果。虽然他喜欢说，他同意近代以来的基本信念，只能在程序中寻找合法性，不能规定任何实质性的东西。但是他对终极目的是有所规定的，而这一终极目的就是他的"程序"合理性（的生活）：交互主体性。交互主体性并非仅仅是帮助得出其他东西的工具。与工具理性不同，交互理性（生活）除了可以帮助"得出共识"等外在目的之外，它本身就是一种目的，一种有其优秀（德性）的、自足（不依赖 techne）的 praxis。所以，它是内在性工具，是目的性工具。在哈贝马斯看来，罗尔斯讲"正义"，花费了那么大力气讲"保护'基本好'的分配"，广而言之，整个现代公共伦理中的"分配正义"争吵，都体现出在哲学反思与批判能力上的不足。对于所追求的东西本身缺乏反思，不欲再问一个为什么①。说到底，一个环绕着物利追求的生活有何大价值？"好"的另一个表述即"利益"。哈贝马斯相信人有多种的、异质的利益。人应当拥有超出物利之好的利益②。令哈贝马斯失望的是，罗尔斯虽然提出了"高阶利益"的思想③，但却并没有怎么实质性地使用这一思想。全社会一起生活时，只是在分配条件性之好；而到了后面的实质性生活阶段，却各自退入自己的小团体中，那么，大社会岂不仅仅是一个工具？

前面我们提到，罗尔斯是反对目的论思维的。作为道义论的自由主义，他拒斥任何统一地规定什么是最佳生活的思维方式，拒绝评判不同生活方式

---

① Habermas, *Communication and the Evolution of Society*, trans. McCarthy, Beacon Press, 1979, pp. 177, 93—94, 199.

② Ibid..

③ 罗尔斯：《政治自由主义》，万俊人译译林出版社 2000 年版，导论第 25~31 页，正文第 18、38、41 页；第 3 编第 9 讲；第 17、78 页。

的价值高下，只把论域限制在保证广适于各种生活方式的条件好的基本政治制度上。在这样一个正义的大背景下，可以容忍多种多样的生活方式、次级社团、终极目的追求。哈贝马斯所主张的那种生活，可以称为"公民共和主义"的生活理想。罗尔斯显然也有强烈的公民共和主义色彩，比如他在论证言论自由的意义时，就不是像古典自由主义那样把它当成一种"消极自由"，而是与哈贝马斯在为"无压抑对话"张目时所强调的一样，主要是从"积极自由"即政治言论的自由角度考虑的。但是罗尔斯也毫不含糊地讲，他虽然对公民共和主义十分认肯，但他的中心理论"政治的正义"并不断言唯有这种生活才是真正的、"人的"生活。

其次，与发生学的目的论思维有关，哈贝马斯之所以相信他把握住了最佳的生活方式（社会共存方式）是因为他相信可以证明这是社会"进化"的（目的论发展的）结果，而其更深根据又在于人的认知能力—解题能力经历了由低到高的发展或"进化"，从而在其最后阶段发展出了最高的"道德状态"。这样的极高境界的特点是交互性，互相为对方考虑等等。哈贝马斯对罗尔斯不满的一个原因是，他在得出正义原则时借助的是工具理性，一种惧怕自己吃亏的私己中心式的思维模式，不存在各方的"交互主体性"商谈，因为在"无知之幕"后面没有发生过什么协商讨论。能在罗尔斯体系中找到的"商谈"的最大对应物是"交叉共识"。但是哈贝马斯发现，罗尔斯实际上并没有用各方的交叉共识来论证规范基础，而只是给予交叉共识一个"事后认可"式的、仅仅是帮助维系稳定性的非实质性角色①。

然而罗尔斯这么做也是有自己的考虑的，这就引向他们二人的分歧原因的第三点。尽管二人所主张的内容有许多是相同的或交叉的，但他们达到这些内容的思考路径是不同的。说到底，罗尔斯是一位自由主义者。自由主义者，特别是道义论自由主义者，着重的是"限度"思维。这一限度应当由可靠而确定的制度加以保证。在罗尔斯看来，"基本好"的平等分配或至少各方都能得到起码的（维系人的尊严的）一份，是必须由社会基本制度保障的、不容逾越的限度。程序不过是设计出来保证它的。用罗尔斯的话说，就是用来"表达"自由主义的那些基本信念——平等、自由人的合作。所以，原则上我们可以设想罗尔斯不取"社会契约论"的程序，

---

① 参看 Habermas, "Reconciliation through the Public Use of Reason: Remarks on John Rawls's Political Liberalism", *The Journal of Philosophy*, Vol. XCⅡ, No. 3, March 1995, pp. 109 – 131.

而采取由专家代为计算。然后，再由各种完备性学说各自独立地去"交叉共识"它（对于哈贝马斯，程序是本质性的，人们的商谈—民主过程是至关重要的、不可或缺的）。如果从罗尔斯的这一角度看，则哈贝马斯主张的那种"只讲程序（商谈），结果开放"的思路潜伏着危险：大众民主在集体商谈中凭什么可以先验地保证不会得出侵犯上述限度的结果？而根据"商谈伦理学"，只要这样的结果是经过充分的、无压抑的商谈后得出的，就是合法的。

　　我们几乎可以猜想到，罗尔斯的思想在哈贝马斯那儿可能会被看作是"精英"倾向或"反民主"，近于哲学王思想。哈贝马斯确实对罗尔斯提出了这样的批判。他认为罗尔斯这么做危害了"自主"（自律）。也许与哈贝马斯的批判哲学背景有关，哈贝马斯关心的更多的是权力源的归属问题而非限度问题，关心主权者自己掌握权力（自由、自治、自律），从压迫、统治、限制、支配之下争取"解放"，而非对于权力设立限制。说到底，哈贝马斯的关心超出了一般意义上的体制化"政治"，因为即使是福利国家，也体现出"系统"的对于生活世界的日益严密的控制一面。哈贝马斯在拥戴"公共领域"时所要强调的，更多的是从（政治）系统中夺回本属于生活世界的公共意志形成方式——自由交往①。对于哈贝马斯来说，在社会中存在着一个自主讨论、共同地解决社会问题的领域是最为重要的。因此他十分反对"技术专家合理化"或由国家—专家的决策来替代、缩小、取消这一领域。

　　我们也许可以说，哈贝马斯比罗尔斯更为"理想主义"，或更具乌托邦色彩。首先，如果说罗尔斯的把所有人的禀赋作为集体财富放在一起进行"社会合作"并据以分配的观念中有直接性社会的倾向的话，那么哈贝马斯的"交往型社会关系"就更加直截了当地是反对物化媒介的直接性社会的理念了。其次，在人性论上，用一个不太恰当的比喻可以说，哈贝马斯的政治哲学建立在一种"人性善"的观点基础上。人的认知—道德资质或交往潜能经历了那么多社会形态的发展变迁，都发展到现代性了，还不够"善"？但是罗尔斯却体现出尽量地回避自己的理论对于任何人性或人的道德资质的学说的依赖。政治伦理与个人伦理不同之一就是它必须确保能够实施，它是日常生活得以持续进行所须臾不可缺者，所以不能留待人的"自愿选择"来定

---

　　① 　哈贝马斯：《公共领域的结构转型》，曹卫东译，学林出版社1999年版，导论第27页。

夺取舍。与罗尔斯关心现实政治的规范性理解相比,哈贝马斯更关心的是理想的社会,是探索人类社会组合方式的最大可能发展空间的极限,并据以批判现实中的社会。所以"可行性"并非他十分关心的一个价值指标。

制度、正义与共同体

徐向东

一　引言

贫富悬殊问题是整个世界面临的一个共同问题。在这点上，我们经常问：如果有些人并非因为自己的过错而在生活上无助地变得越来越差，那么谁应该对他们的处境负责？对这个问题的回答通常交织着一种复杂情感。一方面，人们通常认为，政府应该对那些人提供某种基本的生活保障，以便让其基本需要得到满足。但是，许多贫穷的人们尚未如此幸运地拥有这样一个生活保障。另一方面，人们也期待着，富裕起来的人们应该对贫穷的人们伸出援助之手。但是，甚至在纽约这种巨富聚集的地方，那种期望看来也很暗淡。这就提出了一个问题：如果我们相信正义和平等，那么，我们应该如何行动，我们应该做什么？我们应该支持公正的社会制度，指望那种改革将有助于改进那些过得越来越差的人的生活前景呢？抑或，我们只是在我们的个人选择中诉诸一个平等主义的意识，以便把正义主要视为一个"慈善"问题？

这些问题以及其他类似的问题，在吉拉尔德·科恩近来对罗尔斯的批评中占据中心地位。科恩的批评主要是针对罗尔斯对不平等的"激励论证"（the incentive argument）提出来的。[①]如果我们像科恩那样问，"如果你是一

---

① 这个批评体现在科恩近来的三篇文章中：G. A. Cohen（1992），"Incentives，Inequality and Community"，reprinted in *Equal Freedom：Selected Tanner Lectures on Human Values*（ed. Stephen Darwall，Ann Arbor：The University of Michigan Press，1995），pp. 311 – 397；G. A. Cohen（1995），"The Pareto Argument for Inequality"，*Social Philosophy and Policy* 12，pp. 160 – 180；G. A. Cohen（1998），"Where the Action Is：On the Site of Distributive Justice"，*Philosophy and Publics Affairs* 26（1），pp. 3 – 30。在本文中，我对科恩的批评主要集中在他的第一篇和第三篇文章，尽管我也偶然参考和商榷科恩的近著：*If You're an Egalitarian，How Come You're So Rich*（Harvard University Press，2000）。Liam Murphy 沿着类似的思路发展了科恩对罗尔斯的批评，参见 Liam Murphy（1999），"Institutions and the Demands of Justice"，*Philosophy and Public Affairs* 27（4），pp. 251 – 291。

位平等主义者，你怎么可能如此富有？"那么，科恩按照其批评提出的主张看来就是合理的。不过，科恩提出的问题似乎有两个方面。首先，富人或许问"为什么我应该是一个平等主义者？"其次，如果我们实际上信奉平等主义，我们也需要问"如何成为一个平等主义者？"在科恩和罗尔斯之间的分歧，在我看来，并不是体现在第一个问题上，而是体现在第二个问题上。尽管如此，鉴于科恩对罗尔斯的批评旨在表明，罗尔斯的理论存在着某些不一致性，在这个意义上，那个批评不完全是内在的批评。而是涉及到对分配式正义的本质和场域（sites）的某种实质性理解。

本文旨在表明，罗尔斯有充分的理由把社会的基本结构设想为正义的主要题材。而且，我将进一步表明，罗尔斯实际上有思想资源回应科恩的批评和挑战。我的主要理由是，在提出这个批评时，科恩，就像罗尔斯的一些其他批评者那样，尚未充分注意到罗尔斯对正义的构造的本质特点。① 因此，尽管科恩的批评旨在表明罗尔斯关于责任的社会分工的观点是错误的，但他用来支持其论点的论证并不像他所认为的那样充分有力。

二　动机、平等与共同体

科恩的批评的理论起点和理论基础乃是对罗尔斯的差别原则的一个解释。按照这个解释，与实施一个平等的分配相比，如果实施一个不平等的分配对于改善原来处于不利地位的那些人的生活水平是必要的，那么这样一个不平等的分配就可以得到辩护。在这里，直观的思想是，在不平等的社会安排下，如果一些有才能的人们通过社会合作所产生的利益（advantages），首先让那些在社会上处于最不利地位的人们受益，那么不平等就得到了辩护。按照罗尔斯原来的观点，这种不平等的分配对于激励有才能的人们对社会合作做出更大贡献是必要的。于是，科恩就对罗尔斯的论证提出了这样一种解释：

　　　　若不向有才能的人们支付比通常支付的工资更高的工资，他们就不

① 这些特点早在《正义论》中就已经被表达出来，并在《政治自由主义》中得到进一步的修改和发展。参见 John Rawls, *A Theory of Justice*（Harvard University Press, 1971）, and John Rawls, *Political Liberalism*（Columbia University Press, second edition, 1996）。

会付出更大的努力，因而把更多的东西生产出来。另一方面，如果给予他们额外的奖励，那么，在这种情况下，在他们额外产生的东西中，就可以提取出一部分，用来帮助那些在生活上变得越来越差的人。①

这是罗尔斯的差别原则的应用的一个例子。按照科恩的说法，罗尔斯对这个应用的辩护乃是立足于对激励的考虑。科恩进一步认为，罗尔斯对不平等的辩护也是立足于这个考虑。现在，假设科恩正确地认为，对罗尔斯来说，产生不平等的激励得到辩护，是因为只有在这种激励下，有才能的人们才能努力工作，因此才有助于改善原来处于不利地位的人们的生活水平。那么，隐含在这个论证中的思想就是：如果那种激励被取消了，有才能的人们就不会加倍努力工作。然而，科恩认为，按照这个解释，对差别原则的激励论证会让罗尔斯陷入了一个困境。一方面，如果有才能的人们自己确认这个原则，也就是说，如果他们自己相信，只有当不平等能够改善原来处于不利地位的那些人的生活水平时，不平等才能得到辩护，那么，他们就不需要这种激励了。由此推出，罗尔斯按照差别原则对激励的论证，不仅是多余的，而且也是令人误解的。另一方面，如果有才能的人们并不相信对差别原则的认可表达了正义的要求，那么在如下这个罗尔斯式的意义上，他们的社会就是不公正的：一个社会是公正的，只有当其社会成员确认和维护正确的正义原则。在一个社会中，在把差别原则应用于社会的基本结构时，如果一些社会成员实际上并不确认那个原则，那么在一个公正的社会和一个公正的政府之间就会产生差距：一个公正的政府有可能会允许一个不公正的社会。这个结论看起来确实很古怪。因为正如科恩所说，如果正义要求我们以这样一种方式来设计一个社会的基本结构，以便可以通过这个结构来最大限度地促进某个指定目标，那么正义同样要求社会的伦理风尚以及公民的个人选择必须最大限度地促进这个目标。

让我具体说明这一点。激励论证之所以特别容易受到科恩的攻击，主要是因为罗尔斯强调说，有关"个人应得"（personal desert）和"应得权利"（entitlement）的主张在分配式正义的考虑中没有地位。毫无疑问，正如科恩自己所承认的，如果人们辛勤工作，承受了额外的负担，他们就应该得到高报酬：

① G. A. Cohen, "Where the Action Is: On the Site of Distributive Justice", p. 6.

在援引特殊负担时，我们得到的不是对激励所产生的不平等的辩护，而是对"激励的确产生不平等"这个事实的否认。因为当我们比较人们的实际状况时，我们不仅需要考虑他们得到的收入，也需要考虑为了得到那个收入他们必须做的事情。因此，既然有才能的富人承受了特殊负担，那么，为了激励他们更辛勤地工作，他们就可以合理地要求降低他们的收入税。这也是平等的一个要求：在工作特别辛苦，或者充满压力的地方，更高的报酬，按照一个合理的平等概念，就是一种弥补平等的工具。①

在这个意义上说，补偿性的激励并不产生道德上相关的不平等。科恩提出的问题之所以产生，只是因为对差别原则的确认与要求授予高报酬的那种激励本来就是不相容的。假若一方面我已经做出了这个承诺：为了改善处境不好的人们的生活状况，我应该辛勤工作；另一方面我又认为，如果社会或者有关制度不给我高工资，我就不工作了。那么，在这种情况下，事情看起来就有些古怪了。不过，高工资的必要性可以在两个意义上得到理解。这两个意义大概对应于科恩自己对差别原则的两种解释的区分：

在这里我们面临对差别原则的两种读解：按照严格的读解，差别原则把不平等看作是必要的，这就是说，与人们选择的意图无关。按照松散的读解，它也支持这个观点：我们需要按照意图来理解人们的选择。在自由的市场经济中，完全受自我利益驱使的人们总是努力最大化自己的利益。因此，如果只有在这种条件下，有才能的生产者才能运转起来，才需要一个不平等来使得本来过得不好的人们开始过得好起来，那么那种不平等就得到了后一个解释而不是前一个解释的认可。②

---

① G. A. Cohen, "Incentives, Inequality and Community", p. 364。值得注意的是，罗尔斯或许实际上持有同样的思想，例如，参见 Rawls, *A Theory of Justice*, p. 315。

② G. A. Cohen, "Incentives, Inequality and Community", p. 379。但是我不明白为什么严格的读解必定排除按照意图来理解行为和选择的必要性。这个区分显然不是取决于是否一个人在应用差异原则上有一个意图，而是取决于一个人在应用差异原则上有什么意图。

首先，我们可以认为，高工资是客观上必要的，也就是说，对于补偿特殊负担或辛勤劳动来说是必要的。在这种情况下，从第三者的观点来看，我们没有理由认为，向有才能的人支付高工资就会导致道德上不可辩护的不平等。其次，我们可以认为，高工资是主观上必要的，也就是说，对于刺激有才能的人们努力工作是必要的，不管他们那样做是否旨在改进处境不好的人们的生活状况。如果有才能的人们强调他们应该领取高工资，但又不认为他们之所以辛勤劳动，是为了改进处境不好的人们的生活状况，那么不平等就会产生。在这种情况下，不平等出现，是因为有才能的人们并不选择按照一个平等主义的伦理风尚（ethos）来行动。①

按照罗尔斯的观点，如果通过利用这种激励机制，一种不平等的分配就可以受益于在生活上过得越来越差的那些人，那么这种分配就得到了辩护。但科恩认为，"这个思想比罗尔斯主义者所假设的更成问题"②。然而，只是在差别原则的"赤裸裸的"形式上，对它的那种应用才是成问题的。回想一下，罗尔斯拒绝按照个人应得和应得权利的思想来辩护不平等，从而致使科恩认为，当罗尔斯采用差别原则来辩护不平等时，他是在其赤裸裸的形式来运用那个原则。这意味着：如果罗尔斯必须为一种不平等的分配作辩护，那么他就只能按照一个不平等的、补偿性的激励动机来提出这样一个辩护。另一方面，在那种情况下，如果差别原则不是在严格的意义上被使用的，那么，"只是在人际关系缺乏某种共同体特征的一个社会"中，③罗尔斯对差别原则的运用所提供的激励论证，才有可能为不平等提供一个辩护。面对一个穷人，一个有才能的富人可能会说，"如果税收比现在提高60%，我一定不会像以往那样辛勤工作"。在提出这个主张时，他显然认为他自己与那个穷人并不属于同一个共同体。所以，科恩认为，当罗尔斯按照激励论证对差别原则的应用提供一个辩护时，那种辩护就不得不以牺牲一个具有辩护作用的共同体（a justificatory community）为代价。

然而，也许有人会问，"为什么有才能的人们应该与穷人分享一个共

① 按照亚里士多德原来的说法，"*ethos*"指的是一个作者在其读者或者听众面前确立起来的那种可信性。因此，*ethos* 就与 *logos* 和 *pathos* 一起成为修辞学家所使用的三种说服方式。在修辞学的语境中，*ethos* 用来指称具有伦理感染力的东西，"伦理学"（ethics）这个词就是从其词根中引申出来的。当科恩在这里使用这个词的时候，他主要是指在社会中流行的一种伦理风尚。
② G. A. Cohen，"Incentives，Inequality and Community"，p. 336.
③ Ibid.，p. 353.

同体呢？"唯一的答案是："如果他们尚未承诺要实现一个平等的理想，他们就不会享有一个共同体。"尽管这个回答是直观上可理解的，但它会使科恩的论证丧失其价值和意义。因为不平等是否得到辩护的问题，按照假设，在一个平等的社会中并不出现。如果差别原则必须在其赤裸裸的形式上得到运用，那么唯一有意义的问题就是：在以上指定的意义上，激励性的报酬是否是客观上必要的？①为了论证起见，我暂时不考虑这个问题，而是把注意力转向另一个问题："一个具有辩护作用的共同体"这个概念，是否确实与科恩对罗尔斯的批评有关？按照科恩的说法，"如果在某些人当中流行着一个全面的辩护规范（即便这个规范无需总是得到满足），那么由那些人组成的一个社会群体就是一个具有辩护作用的共同体"。②进一步，假若一个行为或政策通过了科恩所谓的"人际检验"，那么它就得到了全面的辩护。在一个重要的意义上，我们可以认为，科恩的"一个具有辩护作用的共同体"这个说法，实际上反映了罗尔斯的公共辩护的思想。③如果罗尔斯允许关于个人应得和应得权利的主张出现在分配正义的考虑中，那么，当那些既富裕又有才能的人要求得到更高的工资时，他们就可以得到辩护。然而，恰恰是因为这种主张在罗尔斯的平等主义的共同体中没有地位，既富裕又有才能的人，在要求激励性的报酬时，也就得不到辩护了。因此，假若他们确实要求激励性的报酬，那就表明他们根本上缺乏一种共同体意识。其实，我们可以有趣地注意到，这恰好就是背景制度为什么应该成为社会正义的首要主体的一个理由。如果有才能的人们承诺了差别原则，那么，正如科恩所强调的，他们就没有理由面对面地要求激励性的报酬。另一方面，如果他们要求得到高工资，乃是因为他们所从事的工作的本质，那么从背景正义（由社会的基本结构来表达）的观点来看，他们那样做就是有道理的。

所以，科恩似乎给我们制造了一个困境。不过，在我看来，我们至少有两种办法逃避这个困境。首先，我们可以否认共同体具有科恩赋予它的那种重要性。其实，共同体意识的丧失，就像科恩不加论证地认为的那样，削弱

---

① 一个相关的问题是：在一个合理的平等概念下，激励性的报酬应该是多少？当然，科恩并未继续讨论这些实质性的问题。

② G. A. Cohen, "Incentives, Inequality and Community", p. 350.

③ 科恩自己承认了这一点，参见 G. A. Cohen, "Incentives, Inequality and Community", pp. 351 -352。

了一个社会的民主特征，因为这种丧失意味着我们不是在一起制定政策。但有可能的是，富人实际上并不希望与穷人一道分享某个共同体。现代社会的一个本质特征毕竟就是权力和阶级的分化，这是一个不容置疑的事实，即使是否应当如此是一个可争议的问题。不过，罗尔斯可以论证说，共同体意识对社会制度是重要的，因为在最广泛意义上，社会制度本身就构成了一种形式的共同体，即一个社会。正如我们即将看到的，罗尔斯其实并不否认某种类型的共同体的重要性，因为"一个具有辩护作用的共同体"的观念在罗尔斯那里是可以得到满足的。这暗示了逃避上述困境的第二种方式，即通过表明在一定的限制性条件下，某些不平等是客观上必要的。罗尔斯对个人应得和应得权利的拒斥已经妨碍他承认如下这一点：对市场效益和特殊负担的考虑，在分配正义中确实具有某些重要性。就差别原则的应用而论，科恩对罗尔斯的批评其实是立足于他对那个原则的一种模棱两可的解释。但很有可能的是，罗尔斯自己所接受的是那种严格的解释。然而，一旦这种可能性出现，它就会使科恩对刺激论证的批评显得很含糊。在我看来，罗尔斯确实认为，为了能够利用差别原则来改善过得越来越差的人们的生活条件，激励和补偿都是必要的。激励有时是必要的，是因为人们在职业选择上能够有自己的偏爱。而且，激励可以在人们那里形成一种心理期望，而这种期望很难把自己与对差别原则的某种更为"客观化"的运用区分开来。在选择来从事要求艰苦努力的职业时，如果人们已经习惯于期望得到高的报酬，那么激励就与对补偿的期望无法区分开来。因此，问题并不是：既富裕又有才能的人们是否要求激励性的报酬？问题是：他们那样做是否符合正义的要求？

当然，科恩正确地看到，这种解释要求利用一种平等主义的道德风尚来通告人们的选择。因此问题就在于：科恩现在论证说，这个要求与罗尔斯就社会正义问题所提出的责任的社会分工的观点是内在不相容的。因为科恩认为，责任的社会分工导致了如下悖论性的结果：一种公正的分配也许不会导致一个公正的社会。现在就让我转到这个关键的批评。

三　基本结构与背景正义

科恩争辩说，对不平等的激励论证是对差别原则的一种歪曲应用。他提出这个观点，目的是要表明"一个社会的正义不完全取决于它的立法结构，取决于它的法律强制规则，而且也取决于人们在那些规则中所做出的选择"。①在罗尔斯看来，差别原则本来就是应用于一个社会的基本结构。然而，科恩认为，甚至当一个社会的基本结构是按照这个原则来发挥作用时，那个社会仍然可以是不公正的。例如，如果一个社会以一种强烈的新教伦理作为其道德风尚，那么它可能就是一个不公正的社会。因为在那个社会中盛行的伦理风尚只是碰巧获得了差别原则所规定的那种正义，即使在那个社会中，没有任何一个社会成员是在差别原则的激发下开始行动的。科恩据此断言，既然分配正义关系到对个人应该得到的利益和应该承受的负担的分配，它就不仅应该考虑结构性的手段，而且也应该考虑个人选择。事实上，科恩认为，"仅靠纯粹结构性的手段是无法获得分配正义的"，因为"一个公正的结构还是会为相应的正义和不义留下余地"。②一旦"物质利益上的不平等不是反映不同的人们在艰苦劳动上的差异，或者不是反映人们在收入和悠闲上的不同偏好和选择，而是反映数不清的幸运的和不幸运的情况"③，那么上述可能性就会出现。

当然，罗尔斯肯定会同意科恩在这里提出的主要观点，因为至少他对个人应得和应得权利的拒斥本身就是立足于这一思想：那些东西是道德上任意的。但罗尔斯也明确认为，尽管需要的主张在分配正义中可以得到考虑，"欲望和需要，不论有多强，本身并不成为在正义问题上的理由"。④对罗尔斯来说，并不是分配正义不应该考虑个人选择，而是，就分配正义而论，若不恰当地制定正义的目的，我们也就无法回答这个问题：在个人选择中什么东西应该得到考虑？不管怎样，没有理由认为，任何一种个人偏好在正义的情景中都应该得到满足。但是，为了决定什么样的偏好是合法的，我们就必须首先指定分配正义被假设要实现的目的。在罗尔斯的理论框架中，平等无

---

① G. A. Cohen, "Where the Action Is: On the Site of Distributive Justice", p. 9.

② Ibid., p. 13.

③ Ibid., p. 12.

④ John Rawls (1982), "Social Unity and Primary Goods," reprinted in John Rawls (1999), *Collected Papers* (ed., Samuel Freeman, Harvard University Press), p. 372. 罗尔斯的这篇文章目的就在于回答原先由 Kenneth Arrow 提出的一个异议（Amartya Sen 也提出了类似的异议），即：罗尔斯的"基本的善"这个概念没能反映出在个人偏好上的变化。参见 K. J. Arrow (1973), "Some Ordinalist – Utilitarian Notes on Rawls's Theory of Justice," *Journal of Philosophy* 70 (9), pp. 253 – 254. 科恩自己对这个争论发表了某些看法，参见 G. A. Cohen (1989), "On the Currency of Egalitarian Justice," *Ethics* 99, pp. 906 – 994.

疑是正义的首要目标，不过，对他来说，一些其他因素，例如社会稳定和社会统一，对于设计和建构一个合理的正义体制也有很大的重要性。我将表明，这些考虑有力地削弱了科恩用来挑战罗尔斯的那种批评的力量。[①]不过，在论证这一点之前，考察一下科恩自己对他的批评所设想的一个非议，既是方便的又是有益的。

科恩把这个非议称为"基本结构异议"，它可以被简单地阐明如下。按照他对激励论证的批评，科恩推断说，分配正义既要考虑结构性的手段又要考虑个人选择。对此，那些赞同罗尔斯观点的人能够回答说，尽管罗尔斯可以相信个人的正义行为和不义行为也出现在个人选择中，但它们不是罗尔斯的差别原则打算谴责的对象。因为罗尔斯本来就假设，差别原则只是应用于一个社会的基本结构（即它的社会、政治和经济制度），而不是应用于个人选择。换言之，差别原则所要制约的是对社会制度的设计、选择和评价，而不是个人在那些结构中可以作出的选择。因此，倘若有人按照激励论证来批评罗尔斯，那么他其实就误解了罗尔斯，因为在罗尔斯看来，在考虑分配正义时，我们并不需要考虑如下问题：有才能的人们是否确实是因为差别原则的公正性，才被那个原则激发起来行动？这个问题出现，是因为罗尔斯认为，差别原则"是应用于公布的公共法律体系，而不是应用于特殊的交易或分配；是应用于那些交易和决定得以发生的制度背景，而不是应用于各个人和各种协会的决定"。[②]

基本上说，这个回答是充分的，尽管为了看到这一点，我们需要进一步阐明罗尔斯的正义理论的目的。不过，科恩可以反驳说，这个回答错失了他的批评的要旨。回想一下，科恩的批评乃是旨在传递这个思想：罗尔斯对分配正义的研究是以制度为基础的，而在科恩看来，这种探讨具有内在的缺陷，因为即便是在一个不公正的社会中，也有可能得到罗尔斯意义上的一种公正分配。用科恩的话说，他与罗尔斯的主要分歧，乃是体现在分配正义的"场域"上。他们两人都可以同意：一个社会是公正的，只有当社会成员确认正确的正义原则，并按照那个原则来行动。一方面，罗尔斯提出了这样一

---

①　事实上，我相信一旦我们已经弄清楚这些考虑，那么罗尔斯的观点与科恩的观点的差距，正如德沃金已经向科恩指出的那样（尽管科恩仍然不愿意承认），就会有意义地缩小。参见 G. A. Cohen, "Where the Action Is: On the Site of Distributive Justice", p. 13。

②　Rawls, *Political Liberalism*, p. 283, 也见 Cohen, "Where the Action Is: On the Site of Distributive Justice", p. 10, note 14。

个限制：正义的原则只是对社会的基本结构才有制约作用。另一方面，科恩论证说，在提出这个限制性条件时，罗尔斯"表述了三个不利于那个限制的观点"。[①]首先，罗尔斯说，在差别原则得到满足的情况下，社会成员并不希望"占有更大的利益（除非这样做可以让那些过得不太好的人们受益）"[②]，在这个意义上，社会就展现出一种友爱精神。其次，罗尔斯说，在一个社会中，既然过得越来越差的人们知道他们的生活条件无法得到改善，这样，就他们受到差别原则的制约而论，他们也可以怀着尊严来忍受他们的经济状况。第三，罗尔斯说，在一个公正社会中，人们在日常生活中是怀有一种尊严感，并按照正义的原则来行动的——他们努力在自己的个人选择中运用那些原则。现在，科恩认为，罗尔斯的这些说法表明，罗尔斯其实相信一个公正的社会应该有某种伦理风尚，以便人们可以在日常生活中按照这种风尚来思考和选择他们的生活目标。在这一点上，我相信科恩对罗尔斯的解释是正确的，因为罗尔斯自己确实持有科恩提到的这些思想。然而，罗尔斯的这些说法，正如我将说明的，其实并没有暗中破坏他的核心主张：我们必须把基本结构视为正义的首要对象和主体。这样，我们就进入了科恩对"基本结构异议"提出的第二个回答。

　　科恩认为，罗尔斯的"基本结构"概念隐含着一个"致命的模糊性"。因此，他对基本结构异议提出的第二个回答，就直接指向那个"模糊性"。罗尔斯声称，在公正的社会制度中，既然人们自觉遵守那些制度的规则，正义的原则就不对他们的行为提出任何判断。但科恩指责说，我们根本就不清楚哪些制度应当成为基本制度的一部分。在大多数情况下，罗尔斯是按照社会制度对人们的生活造成了影响的程度，来界定他称为"社会的基本结构"的那种东西。一般来说，各种强制性的社会结构（尤其是法律上具有强制性的制度）对人们生活所产生的影响既很深远又很持久，因此罗尔斯就把基本制度界定为那些强制性结构的总体。不过，一些不太正式的制度（例如家庭）似乎也满足这个条件，因为它们似乎也具有深远的和持久的影响，尽管似乎并不具有法律上的可强制性。倘若如此，我们就必须放弃这个观点：基本结构就是完全具有法律强制性的制度的总体。科恩据此断言，罗尔斯对基本结构的界定完全是任意的，因为基本结构实际上包含"那些在社会上具有

---

① G. A. Cohen, "Where the Action Is: On the Site of Distributive Justice", p. 15.

② John Rawls, *A Theory of Justice*, p. 105.

强制性的制度，以及那些只是由公认的社会实践的规则和约定来制约的非强迫性的制度"。然而，"一旦跨过这个界限，正义的范围就不再可以把人们的选择排除出去，因为至少在某些情形中，构成非正式结构的那些规定与人们习惯做出的选择密不可分"。①由此推出，基本结构的某个非正式的部分也适宜于按照差别原则来加以评价。所以，"如果说我们关心强迫性的结构，是因为它与我们的利益和负担休戚相关，那么我们也必须同样关心那些对性别不平等和不平等的激励加以维护的伦理风尚"。②于是，在科恩看来，罗尔斯对社会正义的探讨简直就是误入歧途，因为这种探讨把强制性地定义的基本制度视为正义的首要对象。这样，罗尔斯对社会正义的探讨就面临一个主要问题："如果人们关心强制性的结构，主要是因为他们关心那种制度对他们的生活造成的影响，而那个理由其实也就是他们关心非正式的结构、关心各种各样的个人选择的一个理由，既然如此，为什么我们对强制性结构的关心与我们对非强制性结构的关心竟然如此不成比例?"③

如前所述，罗尔斯对社会正义的探讨是以制度为基础的，科恩的批评直指这种探讨的恰当性。现在我希望表明，面对科恩的挑战，罗尔斯有充分有力的理由捍卫他所采取的那种探讨，或者更一般地说，捍卫"责任的社会分工"的观点。然而，值得注意的是，即使罗尔斯接受和采纳了社会分工的观点，那并不意味着他会否认这一点：一个公正的社会也必须把一个平等主义的伦理风尚建构进入其中，以便向人们的选择提供根据，并制约着他们的行动。事实上，正如我将表明的，如果说罗尔斯的探讨存在一个问题，那么，这个问题并不是"是否一个公正的社会需要一个平等主义的伦理风尚"的问题，因为在这一点上罗尔斯是非常确定的；而是：在正义原则应该得到人们的普遍服从（至少在某些条件下）的一个社会中，什么样的一个伦理风尚是恰当的？为了阐明这一点，我们首先必须简要地考察一下罗尔斯对正义的建构，尤其是，我们需要审视他对正义的目的的论述。

正如科恩自己所承认的，④罗尔斯其实并不否认，从某个其他的观点（如

---

①　G. A. Cohen, "Where the Action Is: On the Site of Distributive Justice", p. 20.

②　Ibid., p. 23.

③　Ibid., p. 23. 墨菲对罗尔斯的探讨提出了类似的批评："但如果平等或福利就是产生一个正义理论的那种基本关注，为什么人们不去直接关心那些东西呢？如果人们有责任促进公正的社会机构，那为什么他们没有责任促进那些机构目的所在的那些东西呢?"（L. Murphy, "Institutions and the Demands of Justice", p. 280）。

④　参见 G. A. Cohen, "Where the Action Is: On the Site of Distributive Justice", p. 11.

果说不是从罗尔斯的两个正义原则希望传达的那个观点）来看，人们的选择可以被评价为公正的或不公正的。这一点不仅在一个多元主义的现代社会中是真的，而且对这样一个社会来说还显得尤为重要。因为在这样一个社会中，在"什么东西是好的"或者甚至"什么东西是正确的"这个问题上，甚至理性的个体也很难达到某种全体一致的看法。如果我们希望设计正义体制，这种体制至少在某些情形中允许使用法律强迫，那么它至少就得满足罗尔斯所说的"公共性条件"。罗尔斯提出这个条件，是为了"使人们能够把正义的观念评价为在社会生活中得到公共承认并充分有效的道德章程"。① 从某个局部的观点来看，我们确实可以对某些行为方式进行规范性的评价，但这种评价也许不满足公共性条件的要求。罗尔斯把基本制度设想为正义的首要对象，其主要理由就是："基本结构的影响从一开始就很深远，并且当时就可以体现出来。"②其实，诸如纳税制度、财产制度、福利制度、市场调节、货币规章等社会制度，确实对人们的日常生活产生了深远的影响。罗尔斯声称这种制度就是正义的首要对象；在提出这个主张时，他的意思是说，这些制度结合在一起，就形成了一个对社会成员的运气能够产生重大影响的系统，而这种影响无法归结到任何一个人的选择行为。因此，社会正义就是要寻求制约那些制度并满足公共性条件的原则，而后面这个要求的思想基础就是罗尔斯对平等的理解。

罗尔斯试图通过建造一个契约论的程序来解决这个问题，以便通过这样一个程序把正确的正义原则选择出来。在这里我们无需详述罗尔斯对其正义原则的构造，因为我们假设这是大家都熟悉的东西。不过，鉴于他对原初状态的构造和解释对于我们正确地理解他的正义观念特别重要，因此就特别需要引起我们的注意。首先我们必须记住，对罗尔斯来说，原初状态的选择状况是一个纯粹假设的设施，其目的是要帮助我们"发现自由与平等、理想的社会合作以及个人的概念"。③进一步，我们不要把罗尔斯的原初状态和社会契约本身视为某种历史假定，或者甚至视为某种根本的辩护设施。这一点很重要，因为它往往受到罗尔斯的一些批评者的忽视，并进而导致了对罗尔斯的观点的一些严重误解。例如，利亚姆·墨菲批评罗尔斯对社会正义的探

---

①　John Rawls, *A Theory of Justice*, p. 133.

②　Ibid., p. 7.

③　John Rawls（1980），"Kantian Constructivism in Moral Theory"，*Journal of Philosophy* 77，p. 519，Reprinted in Rawls, *Collected Papers*, pp. 303 – 358.

讨，并把他的批评与如下主张联系起来：罗尔斯的正义理论基本上是一种理想的、程序性的理论。然而，正如我即将表明的，罗尔斯的理论的那种特征其实与他对社会正义的目的的理解具有非常紧密的联系。

其次，罗尔斯对原初状态的解释与他对"自由平等的理性行动者"的概念所提出的一种康德式的理解特别相关。原初状态被特意设计来把握和反映这个康德式的观念：为了在道德立法上达到一致，就需要把人理解为自由平等的理性行动者。作为自由平等的理性行动者，人们的行动原则"并不取决于各种偶然的社会条件或自然条件，也不反映人们在生活计划上或者激发他们行动的那些抱负上的特殊偏见"。①于是罗尔斯就提出了如下假设：应该把在原初状态中签订契约的各方置于一个"无知之幕"背后，以便把他们的实际的和全面的身份"过滤掉"，这样，从原初状态中选择出来的原则就可以把"自由平等的道德行动者"这个康德式的概念反映出来。结果，按照罗尔斯的第一个正义原则，每个人都有同等的权利享受一切平等的自由，只要这样做不违背所有其他人的类似自由。平等的自由"意味着某些基本的自由和机会是平等的，意味着应该按照某些合适的原则来调整社会和经济的不平等，以便维护那些自由的公平价值"。②因此，这个康德式的平等自由的概念表明，所有社会上基本的善都应该平等地加以分配，除非"现存的不平等有利于改进那些处境最差的人的利益，而这种做法是以平等的划分作为依据的"。③

现在，既然罗尔斯强调基本结构就是正义的首要对象，我们就可以问：这个康德式的平等自由概念与他的那个主张是如何联系起来的？在回答这个问题时，我们必须首先注意，对罗尔斯来说，那个主张意味着，有一些因素，例如社会运气以及偶然的自然条件和历史条件，对社会－经济不平等的形成产生了重大影响，而这些因素一般来说是道德上任意的。因此，当理论家们假设人们通过社会契约加入公民社会时，他们就必须把那些因素排除掉，以便保证社会合作的公正和公平。不过，这并不意味着：在决定什么是公平的分配份额时，与个人选择、个人能力和个人努力相关的某些东西毫无地位，因为罗尔斯其实承认："我们有权享受我们的自然能力，有权享受我

---

① John Rawls, *A Theory of Justice*, p. 252.

② Ibid., p. 280.

③ Ibid., p. 284.

们通过参与一个公平的社会过程而有资格得到的东西。"① 所以，罗尔斯对个人应得和应得权利的拒斥就只能具有这个含义：在开始社会合作、探究它如何公平之前，我们首先需要纠正由自然运气所产生的不义。也就是说，既然不义在很大程度上是由某些同样制度化的方式产生出来的，那么我们首先就必须采纳结构性的手段来保证背景的公正。这样，罗尔斯就把基本结构定义为："主要的社会制度互相嵌合成为一个系统，对基本的权利和责任进行分派，并形成从社会合作中产生出来的利益划分的那种方式。"②

对罗尔斯来说，基本制度主要应该对背景的公正与不公正负责。罗尔斯提出三个主要理由来支持这个论断。第一个理由就是刚才指出的那个理由：不公正往往是由制度化或者结构化的手段产生出来的。第二个理由则与如下事实有关：我们需要通过基本制度来校正原始的不公正。确实，只有当人们已经按照某个假设的契约进入社会，并开始参与社会合作时，公平分配的问题才会出现。但如果初始的不公正尚未得到纠正，那么我们也就无法解决"什么是一个公平分配"这个问题。第三个理由是：甚至在社会合作已经开始，并且已经存在着某些其他原则（例如与自由市场经济相关的原则），以便至少可以部分地利用它们来决定如何进行分配时，背景制度仍然是必要的。罗尔斯原先注意到，如果人们严格服从所有合理的实践规则（包括那些本来只是用来评价制度的规则），那么社会过程的某些正在发展的累积效应，对某些人来说仍然是不公正的。自由市场经济显然允许一些特别有才能的人得到比平均报酬更高的报酬。③许多"新右翼"的理论家已经论证说，平等主义者首先关心的是维持一个基本的社会生活标准，但是，不受那种关心约束的自由市场经济，与在所有情况下都依靠国家干预来关注处于不利地位的社会群体的经济体制相比，会更加繁荣昌盛。然而，罗尔斯并不相信一个基本的社会生活标准就足以维护社会正义。而且，他认为，因为两个理由，我们需要把差别原则应用于背景制度。首先，即使国家决定采纳一个有关基本生活标准的政策，我们仍然需要使用差别原则来决定什么是一个合理的基本

---

① John Rawls, *Political Liberalism*, p. 284.

② Ibid. , p. 258.

③ 罗尔斯自己解释了为什么他偏爱差异原则，而不是偏爱一个有关最小生活标准的政策，参见 John Rawls, *A Theory of Justice*, pp. 285 – 286, 316 – 317. 有关"新右翼"观点的典型文献，参见 F. A. Hayek, *The Road to Serfdom* (Routledge, 1944), F. A. Hayek, *The Constitution of Liberty* (Routledge, 1960); M. Friedman, *Capitalism and Freedom* (The University of Chicago Press, 1962).

生活标准。其次，我们甚至无法合理地把这样一个政策看作一个正义原则。不过，尽管上面提到的那种不平等在某种意义上是可理解的，但它也有可能变得很极端，以至于（比如说）会对社会稳定和社会统一构成严重威胁。因此，背景制度的必要性就在于：通过调整和校正人们之间日常的市场交易的结果，它们就可以维护社会正义。总之，"那些属于基本结构的社会制度要求发挥的作用，就是为公正的背景条件提供保障，而个人和协会的行为是在那些背景条件下发生的"。①

由此可见，罗尔斯非常明确：对于调整和校正日常的自由交易的结果来说，背景制度是绝对必要的。当然，这种必要性不一定意味着个人选择在社会正义的维护中没有任何作用。但问题是，单靠孤立的个人来维护正义和校正不公正既不现实又很昂贵。② 即便在一个公正的社会中，人们普遍按照一个平等主义的伦理风尚来进行选择，但他们往往并不完全了解背景正义的实现必须满足的条件。例如，为了决定一个特定的分配是否公正，或者某个人对某些需要的要求是否已经合适地得到满足，我们不仅需要立即考察个人和协会的行为，而且也需要审视背景结构的特点。但这种做法往往会对人们施加过度的负担（如果说不是根本上难以忍受的负担），因为这种做法意味着，为了维护整个正义体制，人们在任何时候都需要考虑这个问题：如何行动才是正当的？然而，我们需要理解注意，这个问题有别于如下问题：一个人在日常生活中是否应该公正地行动？假若一个人已经承诺要支持和采纳一个平等主义的理想，那么就没有理由否认他应该按照自己的能力来帮助他人，因为要不然他就不一致了。换句话说，作为一个平等主义者，我们并不认为（就像科恩所认为那样③），我不应该帮助别人，只是因为这样做无助于缓解整个不平等的状况。当然，指望现实世界中的不平等根本上都可以依靠个人努力来消除是相当不现实的，因为大规模的不平等其实往往是从制度化的手

①　John Rawls, *Political Liberalism*, p. 266.

②　这是 Andrew Williams 在回答科恩的批评时的中心关注。在一个简要的评论中，科恩论证说，公共性的概念"可以表明不是正义的一个要求"。但在这点上科恩错了。因为即使公共性的概念在严格的意义上不是正义的一个要求，它对一个切实可行的正义概念施加了合适性约束。罗尔斯有意把他的正义理论与功利主义的理论加以对比，并认为他的正义原则满足了公共性要求，其目的就是要说明这一点。参见 A. Williams (1998), "Incentives, Inequality and Publicity", *Philosophy and Public Affairs* 27（3），pp. 225 – 247, and G. A. Cohen, *If You're an Egalitarian, How Come You're So Rich*, pp. 212 – 213, note 26。

③　参见 G. A. Cohen, *If You're an Egalitarian, How Come You're So Rich*, pp. 161 – 163.

段中产生出来的，因此也就必须通过制度改革来逐渐消除。只有当社会结构
已经普遍具有一种平等主义趋势时，在日常的选择和行动中，人们才会逐渐
具有一个平等主义的动机。在制度改革和个人选择之间，当然应该有某种合
理的互动和整合，但劳动分工仍然是必要的。正如罗尔斯所说，"没有任何
切实可行的规则，既能够合理地施加于个人，又能够避免使背景正义遭到腐
蚀"，因为"制约个人之间的交易和协定的规则不可能太复杂，或者为了正
确地得到使用而要求太多的信息"。①所以，把背景正义提交给基本制度并不
是不符合这个要求：在日常生活中，具有道德承诺的个人应该按照他们对正
义的深思熟虑的判断来行动。劳动分工的观点，并不像科恩和墨菲所认为的
那样，意味着在正义问题上的道德断裂。相反，劳动分工的必要性就体现在
大规模的不平等产生的方式中，体现在正义的要求如何最好地得到实现的方
式中。

　　由此可见，把罗尔斯有关责任分工的观点表征为一种二元论，其实是一
种很令人误解的做法。当墨菲给罗尔斯扣上"二元论"的帽子时，他想要倡
导的就是这样一个一元论的观点："没有任何一个用来评价法律制度和其他
社会制度的根本的规范原则，不可以应用于个人行为的领域。"②然而，罗尔
斯其实并不认为，他的两个正义原则绝对不适用于个人行为和个人选择。在
日常的行动和选择中，一个人对自由权的行使至少必须符合平等自由的原
则。此外，通过某些体制，例如纳税机制，差别原则也可以应用于每一个适
合于这个原则的个人。但是，当罗尔斯说，这两个原则特别适用于社会制度
时，他的意思大概是说：鉴于制度就是产生背景公正与不公正的首要原因，
因此按照那些原则来评价制度就特别合适，因为我们可以指望通过制度改革
来维护正义和纠正不义。在这里我们必须记住，所谓基本结构，罗尔斯指的
是"决定背景公正的一切社会体制"。③ 因此，即使罗尔斯称为"基本结构"
的那些东西本质上没有固定的界限，因为"什么东西能够对人们的生活和运
气产生深远持久的影响"这一问题是一个开放的经验问题，但是，说背景公
正主要需要依靠结构手段来实现，而不是依靠个人选择来实现，仍然是正确
的。理由在于，背景公正名正言顺地构成了公平合作和公正分配的背景。那

① John Rawls, *Political Liberalism*, p. 267.
② L. Murphy, "Institutions and the Demands of Justice", p. 254.
③ John Rawls, *Political Liberalism*, pp. 271-272.

些被利用来实现背景公正的东西必须多多少少是结构性的，其中一个理由是，个人之间或者协会之间的孤立交易所产生的累积效应，可以有意义地削弱背景公正，因此就需要制度化的手段来"连续不断地调整和补偿那些偏离背景公正的必然趋势"。[①]

到目前为止，我希望我已经表明，罗尔斯有强有力的理由把基本结构视为正义的首要对象和主体。作为主体，基本结构必须对在个人和协会那里出现或体现出来的公正与不公正负责。公正与不公正产生的主要方式表明，它们是一个集体责任的问题。不过，说公正与不公正都是一种集体责任，并不意味着否认个人对公正与不公正是负有一定责任的。因为说"某个东西是从一种相互作用的情景中产生出来的"，与说"个人的选择和行为能够以某种方式影响那种相互作用的结果"并不矛盾，即使个人的选择和行为不可能完全支配那个结果。墨菲声称，"我们能够接受这个观点：根本上说，正义是一个集体责任的问题；但我们并不需要接受这个思想：根本上说，正义是一个制度设计的问题"。[②]如果我目前提出的论证是可靠的，那么墨菲的观点在我看来就显得很古怪，因为某种制度上的设计，按照目前的论证，其实就是保证一项集体义务得到落实的最佳方式。正是因为正义问题是以这种方式产生的，责任分工就变得格外必要。[③]当然，分配正义的问题就是"利益和负担的分配对个人来说是否公正"[④] 的问题，但只有在一个更广泛的框架中，我们才能富有成效地思考"如何设想一个恰当的分配式正义体制（或理论）"这个问题。对罗尔斯来说，对分配正义的考虑必须与对一些其他问题的考虑结合起来，例如社会合作的稳定性问题，在一个多元主义背景下社会统一的问题，等等。换句话说，一个合理的分配正义体制也必须受制于某些其他约束，而不仅仅是考虑个人选择在其中的重要性。另一方面，也正是因为这些考虑或者类似的考虑，罗尔斯有关责任的社会分工的观点，与他对一个平等主义的伦理风尚的接受，也就变得相辅相成。以下我就来表明这一点。

---

① John Rawls, *Political Liberalism*, p. 268.

② L. Murphy, "Institutions and the Demands of Justice", p. 257.

③ 例如，正义的情境能够对人的心理动机产生重要的影响。正如我们即将看到的，罗尔斯对正义的建构充分考虑了人的心理动机。

④ G. A. Cohen, "Where the Action Is: On the Site of Distributive Justice", p. 12.

四 平等主义的伦理风尚与正义的共同体

迄今我已经表明，罗尔斯对社会正义的探讨反映了他的一个重要思想：正是社会的基本制度，而不是孤立的个人，应当对背景的公正与不公正担当主要责任。正如我已经指出的，这个强调其实符合墨菲称为"一元论"的那种观点：人们对公正与不公正有直接的责任。但是，如果在这点上我是正确的，那么一元论的观点并不意味着，在社会正义问题上，社会制度没有独立的重要性。

罗尔斯有关责任的社会分工的观点容易招致各种各样的误解。为了明白这是如何产生的，我们可以把罗尔斯对社会正义的探讨与功利主义的探讨作个比较。① 众所周知，罗尔斯的《正义论》部分地是在批判功利主义的基础上建立起来的。在提出这个批评时，罗尔斯刻意表明，功利主义并不直接地或内在地关心不同的个体所能享有的总体福利的平均水平，而至多只是对个体给予一种工具性的关注。这表明，即使功利主义貌似有一个平等关怀和平等尊重的理想（亦即边沁准则），不过，既然它要求最大化平均福利或总体福利，在对个人的实际处理上，它就可能会允许最严重的不平等。罗尔斯提出这个批评，是因为他认为，既然社会不是一个能够体验到其成员的总体集聚快乐或痛苦的个体，那么，把时间中立性原则从单个个体的情形扩展到共同体或社会的情形就是不合理的。②

然而，有趣的是，罗尔斯对功利主义的批评也经常成为他的批评者的把柄，例如，他们可以提出这个非议：社会制度其实也没有体验到任何正义或不义，相反，正义的责任应该被赋予个人而不是社会制度，因为利益和负担

---

① 这种比较不是没有任何根据的，因为至少墨菲提出了类似的观点。参见 L. Murphy, "Institutions and the Demands of Justice", p. 271。

② 对这一点的说明，参见 John Rawls, *A Theory of Justice*, pp. 183 – 192。时间中立性原则是一个实践合理性原则，它的意思是说，如果一个人看重他的长远的自我利益，那么他就应该按照他的长远的生活计划来规划他的当下的欲望，按照那些欲望与他的长远的生活计划的关系来决定是否应该在目前满足那些欲望，在这个意义上，一个欲望的满足并没有时间上的重要性。这个实践合理性原则是任何理性的利己主义者决定采纳的一个原则。亨利·西季威克认为，功利主义实际上是把理性的利己主义从个体之内的选择扩展到人际选择的结果。参见 Henry Sidgwick, *Methods of Ethics* (Hackett Publishing Company, seventh edition, 1981)。对这个原则与功利主义的关系的进一步论述，参见 Derek Parfit, *Reasons and Persons* (Clarendon Press, 1984), Part II。

归根结底是落到个人头上。然而，正如我已经初步表明的，这个批评严重地误解了罗尔斯的主张：基本结构既是正义的首要对象也是正义的首要主体。正如我已经建议的，我们应该这样来理解那个主张的实际含义——它所说的是，必须有结构性的手段来调整和校正个人之间和协会之间的自由交易的结果。这种手段必须是结构性的，因为单个的个人不可能被认为对背景的正义和不义负责。即便我们假设个人应该对正义和不义承担某些责任，但离开了对背景制度的考虑，作为理论家，我们也就无法解决"他们应该如何担当这个责任"的问题，因为个人是在那些背景制度中来选择和行动的。对人与人之间的自由交易的结果的规范评价，至少部分地依赖于社会在政治上和经济上被组织起来的方式。相对于个人而论，社会正义问题是在某种制度性的体制已经确立起来之后才出现的。这意味着，就那个问题而论，背景制度应该占据一种规范的优先性。

现在，为了明白这种优先性如何影响我们对正义的责任的理解，我们需要把注意力集中到一个关系，这个关系的一方是平等关怀和平等尊重的理想，另一方是一个宪政民主国家的政治合法性。①当然，没有理由否认我们应当倡导人与人之间的平等关怀和平等尊重，但是，就这个理想的具体实施而论，个人与国家对这个理想的态度是有本质差别的。如果一个人没能把另一个人作为平等的个体来加以对待，那么这种失败至多表明前者在道德上很不像样，或者对他人缺乏同情。但是，相比较而论，如果国家没能把其公民处理为平等的个体，那么这种失败就很严重了。按照罗纳德·德沃金的观点，如果一个国家赤裸裸地拒绝遵循和追求严格平等的分配原则，那么它就显示了一种失败，也就是说，不能按照平等关怀和平等尊重的原则来对待其公民。尽管科恩攻击那种"以国家为中心的"平等观念，②但我们直观上应该相信，就对待那个原则的态度而言，在个人和国家之间有一种道德上很重要的不对称性。

对一个民主宪政国家来说，平等关怀和平等尊重的理想就构成了其政治

---

① 当然，墨菲也提到并讨论了这一点，参见 L. Murphy，"Institutions and the Demands of Justice"，pp. 275 – 278。不过，尽管在这里我无法详细处理这个问题，我并不认为墨菲的论证是可靠的。正如墨菲注意到的，德沃金是这个问题的一个原始来源。参见 Dworkin, *Taking Rights Seriously* (Harvard University Press，1978)，pp. 180 – 183，272 – 278；Dworkin, *A Matter of Principle* (Harvard University Press，1985)，Part 3，and Dworkin, *Law's Empire* (Harvard University Press，1986)，chapter 10.

② 参见 G. A. Cohen, *If You're an Egalitarian, How Come You're So Rich*, pp. 163 – 166。

合法性的主要根据。所有社会都要求获得一种政治合法性，不管它们如何设想这种合法性。在一个自由主义社会中，政府应当努力把这个要求与"尊重公民的人性"这个根本原则联系起来，它有理由按照平等关怀和平等尊重的理想来这样做。例如，如果我们把资源的平等分配看作平等的一个指数，如果一个假设的民主宪政国家以这样一种方式来分配资源，以至于很多人毫无指望地落在某个基本的生活水平下面，但同时又拒绝采取必要的措施来弥补这种过失，那么那个国家就有可能会丧失其政治合法性。因此，一旦我们把平等看作一种主要应该依靠政府或国家来保证的集体责任，我们也就可以（比如说）提出一些可以使公民的不服从得到辩护的条件。在这个意义上，罗尔斯对社会正义的探讨不仅允许而且要求一种参与制民主，并且在这两者之间产生了一种自然的婚姻关系。

科恩和墨菲认为，在社会正义问题上，他们的那种"一元论"的观点能够带来一些有价值的东西。不过，我相信上面提到的那种联姻能够更好地满足他们提出的要求。其实，科恩和墨菲正确地认识到，就社会正义而论，根本上重要的是：平等应该得到促进。但这只是问题的一个方面，另一个更重要的方面是：平等应如何得到促进。墨菲倾向于按照"权重慈善"（weighted beneficence）的概念来设想分配正义问题。他进而声称，"如果我们按照权重慈善来思考分配正义，那么我们就看不到在制约制度设计的原则和制约个人行为的原则之间有什么区别"。①不过，这个主张既是错误的又是虚幻的：它是错误的，因为从上述讨论中我们已经可以清楚地看到，既然权重慈善的原则只是意味着，在促进福利时，应该优先考虑处于最不利地位的那些人，那么分配正义的问题就不仅仅是一个权重慈善的问题；它是虚幻的，因为没有什么东西可以保证私人慈善总是能够改进处于不利地位的人们的生活状况。理由是：尽管慈善确实是一项责任，但就分配正义的问题而论，那个责任基本上太弱——就算人们普遍地具有道德良知，如何履行那个责任仍然取决于他们的能力和条件。

然而，一旦我们按照基于制度的探讨来设想平等的责任，那么事情就会变得有所不同了。在反对这种探讨时，科恩反问道："如果强化平等的义务是从对统治权的声明中产生出来的，那么，既然人民整体上可以不声明具有

---

① 　L. Murphy, "Institutions and the Demands of Justice", p. 263.

这样一个权利，为什么那个义务还是应该落到他们头上？"①这确实是个尖锐的问题，但不幸的是，答案在罗尔斯那里其实早就准备好了。首先，正如我们刚才看到的，统治权不一定是一个合法的权利。认为人民只是因为已经把权利转让给主权者，因而就无法收回他们服从国家的义务（不论国家如何对待他们），这其实是一个错误的思想。参与制民主保证人民能够对国家的行为发表言论，这意味着，在平等的责任的实施中，个人选择仍然起着一定作用，即使贯彻落实那个责任主要是国家的使命。不过，不管那个责任主要是要依靠国家来落实，还是也可以体现在个人选择中，在必要时它是可以被公共地强化的。因为从基于制度的观点来看，如果社会的基本结构就是正义的首要主体，那么人民就具有相关的权利。如果人们逐渐发现社会制度并未按照正义的原则来制定和落实各项社会政策，那么他们就可以有合法的抱怨，因为那些原则被假设提供了判断国家的行为是否合法的标准。

其次，我们可以合理地假设，个人对平等的责任在如下意义上是派生的：如果人们尚未参与某种有可能会产生不平等的社会合作体制，那么他们就无须互相承担平等的责任。尤其是，一个人认为自己具有那个责任，只有当通过逐渐认识到平等关怀和平等尊重为互惠互利的合作提供了保障，他已经坚定地承诺和服从那个理想。由此可见，当科恩断言一个公正的社会要求一个平等主义的伦理风尚来通告人们的行动和选择时，他确实是正确的。为了使一个社会变得公正，只是要求人们以顺应（in conformance to）正义原则而不是服从（in compliance with）正义原则的方式来行动远远是不够的。②换句话说，在一个社会中，如果社会成员是通过他们对正义原则的承诺来行动的，就好像（就罗尔斯的差别原则的应用而论）让本来生活得不好的人们在生活上变得越来越好是一件客观上必要的事情，那么那个社会就是公正的。由此可见，一个公正的社会必须突出这一要求：在参与社会合作时，人们互相负有平等关怀和平等尊重的责任。而且，一旦社会合作产生了没有正当根据的不平等，人们就应该通过相应的结构性手段来消除那种不平等。然而，在任何一个实际社会中，既然平等依然是平等主义者努力争取的一个理想，

① G. A. Cohen, *If You're an Egalitarian, How Come You're So Rich*, p. 166.

② 在这里，我是在借用 Joseph Raz 在"服从一个理由"与"顺应一个理由"之间的区分。简单地说，前者意味着：被那个理由激发起来以某种方式行动；而后者则意味着：只是按照那个理由提出的要求来行动，但行动的动机是来自某种别的东西，例如某些有关自我利益的考虑。参见 Joseph Raz, *Practical Reason and Norms*（Oxford University Press, 1999）, pp. 178 - 182。

所以也就特别需要依靠背景制度来促进这个理想。如果大多数巨富自己不赞同平等的理想，那么私人的慈善也就无法保证这个理想能够得到有效实现。另一方面，如果巨富从社会合作中得到了好处，那么，进行制度改革，以便让他们能够合理地受益于社会合作，就是一种恰当的做法。这种做法是可行的，因为我们已经假设，不论是利益还是负担，都是通过结构化的社会活动形式产生出来的。平等的责任是一项集体责任，因此特别适合于从一种基于制度的观点来进行研究，其理由就在于此。

因此，科恩和墨菲对罗尔斯的探讨提出批评，其实是因为他们尚未充分注意到"正义"这个责任的特殊性，尚未充分注意到罗尔斯对正义理论的建构的一般特点。在强调背景正义与基本制度的本质联系时，罗尔斯的目的不是否认个人选择在分配正义中的作用。而且，他对责任分工的强调也与如下这个实际上有争议的看法毫不相干：正义的责任根本上说是"消极的"责任。实际上，罗尔斯自己认为，人们有一个积极的责任受益于他人，只要这样做不会让他们付出很大代价。[①]正义的责任特别适合于用法律的强制手段来强化，恰好是因为，当人民有权享受某些重要利益（不管是个体的还是集体的）时，我们无法保证慈善本身就可以对那些利益提供安全保障。例如，在一个比较复杂的社会共同体中，不可避免会出现"搭便车者"的问题。或者，即使我们能够设法避免这个问题出现，我们为此将不得不付出不可忍受的代价，因此，凭借有组织的法律手段来保障人们的基本利益，就成为一种更加可取的做法。

现在我们可以表明，科恩认为罗尔斯持有的那三个观点，为什么其实说不上抵触了罗尔斯的核心论点：基本结构既是正义的首要对象也是正义的首要主体。为此我们需要表明，罗尔斯有关责任的社会分工的观点，不仅符合而且也实际上要求如下主张：一个公正的社会需要一个平等主义的伦理风尚来通告人们的行动和选择。为了说明这一点，我们需要回到罗尔斯对正义原则的建构体现出来的某些一般特点。

罗尔斯把原初状态看作一个分析设施。对他来说，通过原初状态达到的原始协议是假设性的而非历史性的。这意味着：罗尔斯通过利用那个契约主

---

① 参见 John Rawls, *A Theory of Justice*, pp. 114–117。也见康德在《道德形而上学》（*The Metaphysics of Morals*, Cambridge University Press, 1996）中对慈善的责任以及完全的责任和不完全的责任的区分的说明，在那里，康德明确认为，慈善的责任是一个正面的责任，尽管那个对责任的实际履行允许一定程度的自由。

义的设施建立起来的正义理论是一个理想的理论。在这里，"理想的"这个术语应该在两个意义上来理解。首先，在描述的意义上，它与"实际的"形成对比；其次，在规范的意义上，它与"不完善的"形成对比。前面那个意义上是明显的，而后面这个意义则很清楚地体现在罗尔斯的如下论述中：

> 一个正义的概念必须指定它所要求的结构原则，必须为政治行为指出一个完整的方向。如果背景制度缺乏这样一种理想的形式，那么也就没有理性基础来连续地调整社会过程，以便维护背景正义，也没有理性基础来消除不义。因此，既然理想的理论规定了一个完全公正的基本结构，它就成为对非理想的理论的必要补充，而且，没有那个理想的理论，要求变化的欲望也就缺乏一个目的。①

这样，基本结构就被指定来表示这样一个正义理想，而现实社会中的不义应该按照这个理想来加以纠正。对从原初状态中选择出来的原则与公正的政治制度和公正的经济秩序的关系，罗尔斯给出了一个四阶段的论述。在这里我们无须关心这个论述的细节，关键的是要注意，罗尔斯的论述提出了那些原则在现实社会中如何得到保障的问题。一个现实社会的本质特征是：在这个社会中，没有任何原则或规则能够得到充分服从。即便在极端不确定的条件下，人们能够在某个正义观念上达到一致，我们仍然可以合理地问：既然正义的情景就是人们的需要无法得到充分满足的情景，那么，在人们相互间的日常交易中，为什么他们应该按照正义的要求来行动呢？毕竟，从一个"搭便车者"的观点来看，如果偶然违背正义规则并不会导致整个正义体制的解体，相反倒可以让自己受益，那么偶然违背正义规则也就不是不合理的了。但是，从这种可能性中确实产生了罗尔斯所谓的"稳定性问题"。②

罗尔斯自己对这个问题的解决立足于他称为"正义感"那种东西。在这里，所谓"正义感"，罗尔斯指的是按照正义原则的要求来行动的一个有效欲望。在罗尔斯看来，他所提供的解决要求回答两个进一步的问题。首先，究竟是谁应该对正义和不义负责？其次，什么东西说明了人们按照正义的要求来行动？在回答第一个问题时，罗尔斯告诉我们，就人们都能具有一种正

---

① John Rawls, *Political Liberalism*, p. 285.
② 关于罗尔斯自己对这个问题的表述，参见 John Rawls, *A Theory of Justice*, pp. 496 – 497.

义感而论，人们互相都负有正义的责任。罗尔斯对第二个问题的回答则以如下两个观察为依据。首先，如果我们并不按照正义的要求来行动，那么我们就是在不公正地对待那些已经在服从正义原则的人们。因为正义的规则本质上是一种二阶规则，这样一个规则大概是说：如果我们发现其他人都在服从具体的正义原则，那么我们也应该服从那些原则。其次，如果我们并不按照正义的要求来行动，那么我们就无法具有某些道德情感（例如愤慨和义愤），从而也就失去了互相关怀和互相信任的纽带。①

　　由此可见，罗尔斯是通过引入一个精心制作的道德心理学来解决稳定性问题的，而那个理论就旨在表明人们为什么会发展出一种正义感，并最终按照公共制度的规则来行动。②罗尔斯论证说，如果"一个社会是公正的，而且大家都知道它是公正的"，那么，当人们确信其他人愿意信任他们时，他们也会发展对其他人的信任，于是就可以发展出一种正义感。如果一个人看到其他人在一个公正的合作体制中履行他们自己的责任，看到他自己以及他所关心的那些人从那个体制中受益，那么他自己也会发展出一种有效的动机来服从公共的正义原则。③在这里，罗尔斯的中心思想是：当我们看到其他人为了我们的利益而约束自己时，我们就会产生一种互惠互利的倾向，并且也以类似的方式来行动。在罗尔斯看来，这种倾向就是按照正义的要求来行动的倾向的根源。这意味着，一个稳定的正义体制关键地取决于这个事实：一旦我们逐渐认识到我们自己的利益受到他人影响的方式，我们就逐渐获得了对他人以及对公正的社会制度的忠诚。在这点上，休谟的正义理论对罗尔斯的影响是显而易见的。④而且，我们也不难看到，正是在平等关怀和平等尊重的理想得到兴旺发达的社会中，那种必需的正义感获得了最完美的实现，因为我们提倡和贯彻那个理想，就是为了建立和维护"公民友爱的纽带"。⑤

　　因此，看来罗尔斯确实相信，正义在实现社会中的完整实现要求把一个

---

　　① 在"正义感"这篇原来写于1963年的文章中，罗尔斯阐明了这些要点。该文重印于 John Rawls, *Collected Papers*, pp. 96 - 116.

　　② Lawrence Kohlberg 已经提出一个六阶段的道德发展理论，按照那个理论，罗尔斯的正义理论显示出道德思维的最复杂、最成熟的水平，涉及到互惠性的概念。参见 Lawrence Kohlberg, *The Philosophy of Moral Development: Moral Stages and the Idea of Justice* (Harper and Row, 1981), Preface, p. 28。

　　③ 参见 John Rawls, *A Theory of Justice*, pp. 490 - 491。

　　④ 参见休谟在《人性论》中有关"正义"的论述。

　　⑤ John Rawls, *A Theory of Justice*, p. 5.

平等主义的伦理风尚建立在其中。正如德沃金曾经向科恩所建议的，"一个罗尔斯式的政府可以被认为负有一个责任，那就是，在差别原则的指导下，去促进某种鼓励支持平等选择的社会伦理风尚。"①但不幸的是，科恩认为，德沃金对罗尔斯的解释提出了三个不相一致的论点：首先，差别原则是一个平等主义的分配正义原则；其次，这个原则向政府施加了一个责任，要求促进平等主义的伦理风尚；第三，并非为了加强社会分配的正义，那个原则才被要求来促进一个平等主义的伦理风尚。然而，我们已经表明，这三个论点并不是不相一致的。因此，如果罗尔斯对"社会统一"所说的东西就对应于科恩对"一个具有辩护作用的共同体"所说的东西，那么上面那个结论就很自然了，即使罗尔斯对社会统一的思考是建立在比科恩的考虑更加广泛的基础上。

　　其实，罗尔斯肯定会同意科恩的观点：男性至上的家庭结构显示了某种程度的不公正。当配偶双方都在外工作，而妻子却被要求在家庭事务上承担更重的负担时，那种家庭还有什么公正可言呢？罗尔斯可能也相信，在判断丈夫对妻子的行为是否公正或是否恰当这件事上，是有一些伦理标准的。然而，鉴于家庭结构体现了一种特殊的联系，认为丈夫对妻子的行为应该通过法律强制来加以纠正，可能是一种很不恰当的想法。然而，即使我们假设基本结构无须完全具有法律强制的特征，有可能的是，制约一些人的选择和行为的某个伦理风尚，也许得不到其他人的接受和认同。在一个多元主义社会中，这种可能性不是不存在的。倘若如此，并非一切告诉我们的选择、制约我们的行为的伦理风尚，都有资格进入社会正义的场域。例如，假若没有特别有力的理由使一位反对人工流产的人确信人工流产是道德上可允许的，那么，在制定本来被认为对所有公民都适用的公共政策时，政府最好对人工流产的合法性问题保持政治上中立的态度。因此，个人选择能够影响人们思考正义问题的方式，本身就受到了在一个社会中被公共地接受和采纳的正义观念的约束。需要对责任进行社会分工，这样做的一个目的，就是要保证"公民对自由、机会和通用手段的要求不致受到其他人的不合理要求的侵犯"。②另一方面，为了保障平等关怀和平等尊重的理想能够得到有效实现，用来判断人们的要求是否合理的正义观念，就必须在那个观念所要应用的社会中得

①　G. A. Cohen, "Where the Action Is: On the Site of Distributive Justice", p. 13.

②　John Rawls (1982), "Social Unity and Primary Goods," in Rawls (1999), p. 371.

到全体公民的一致同意。而且，甚至在所有人都已经普遍接受一个平等主义理想的社会中，一个切实可行的正义体制也需要考虑其他重要的价值。在某些情形中，正义体制的稳定性和社会统一有可能会要求在相关的价值之间进行某种合理的折中。①例如，我们可以认为，罗尔斯设计差别原则的一个目的，就是为了协调在平等和效益之间的张力。

因此，问题并不在于一个罗尔斯式的公正社会是否需要一个平等主义的伦理风尚。正如我们已经看到的，如果这样一个社会必须满足稳定性条件，那么它也要求其社会成员具有一种正义感。另一方面，如果那种必需的正义感，就像罗尔斯所认为的那样，必须是自我产生的和自我支持的，那么关键的问题就是：什么样的伦理风尚必须被输入那个社会中，并能够通过结构性的手段来加以促进？这些问题（以及类似的问题）实际上标志着罗尔斯的正义理论从一个理想理论到一个非理想理论的转变。墨菲声称，"罗尔斯把规范的领域划分为两套规则，一套规则制约着社会制度，另一套规则制约着人民，然而，接受这种划分的任何政治理论，都会对人们在非理想情况下应该做什么提出一个不合理的说明。因此，我们应该坚决拒斥罗尔斯的那种二元论"。②在提出这一主张时，墨菲显然认为，罗尔斯的那种以责任的社会分工为基础的正义理论，不可能处理非理想的情形。然而，我们的分析表明，这个指责对罗尔斯来说既是不真实的又是不公正的，因为罗尔斯有关社会分工的观点，并不意味着人们在日常生活中不应该按照一种正义感来行动。

不过，有人可能会说，一旦责任的划分进入适当的位置，一旦人们基本上只是关心自己的利益，那么也就很难看到他们何以能够有望继续支持公正的背景制度。但这个忧虑其实不可能正确地应用于罗尔斯，③因为从罗尔斯的观点来看，这个忧虑的根本假定基本上是可疑的。首先，它假设人们必定是自我利益导向的（在"自我利益"这个词的最狭窄的意义上），也就是说，他们对别人漠不关心，甚至不关心那些与他们具有紧密关系的人。其次，它假设人们不需要任何社会合作就可以获得他们的理性的自我利益。但是，从

---

① 与此相关的一个问题是：当平等尊重的理想与公正性发生冲突时，那个理想应如何得到保证呢？对这个问题的一个探讨，参见 Jonathan Wolff（1998），"Fairness, Respect, and the Egalitarian Ethos", *Philosophy and Public Affairs* 27（2），pp. 97 – 122。

② L. Murphy, "Institutions and the Demands of Justice", p. 279.

③ 据我所知，这个忧虑最先是由托马斯·内格尔提出来的。参见 Thomas Nagel, *Equality and Partiality*（Oxford University Press, 1991），chapters 6 and 9。

罗尔斯的正义理论的角度来看，这些假定显然都是假的。其中一个理由是，在一个罗尔斯式的公正社会中，如果人们确实参与社会合作并从中受益，那么他们就可以逐渐具有一种正义感。不过，甚至在一个非罗尔斯式的社会中，如果那个社会多少普遍地认识到尊重人性的具体含义，那么，一旦他们的处境使他们无法维护一个重要的认识，即他们是能够参与社会合作和能够维护公正的社会制度的积极公民，或者使他们无法合理地承认那个社会也是他们自己的社会时，那么他们就会要求制度改革。

　　当然，罗尔斯有关责任的社会分工的观点有一个强调：人们有责任维护和支持公正的社会制度。为了让社会制度能够反映人民的要求，因此对其中的合理要求加以考虑，我们就需要把一种基于后果（consequences - based）的分析引入对正义的一种单纯程序性的理解中。①认为罗尔斯不会接受这个思想是毫无道理的。②如果有人声称，对罗尔斯来说，程序正义根本上无需指涉公正制度的目的，那么他就是在把罗尔斯的正义概念同化为一种诺齐克式的观点——那种拒绝考虑任何结果模式（patterning of outcomes）的应得权利学说。但是，墨菲自己实际上很清楚："对后果主义的政治理论与单纯程序性的政治理论的区分，超越了一元论和二元论的划分。"③然而，一旦社会制度能够合适地回应人民的反应，并按照这些反应来恰当地调整自己，那么，它们成功地满足正义要求的可能性，就比人们单独行动来满足那些要求的可能性要大。表面上看，发展墨菲所提倡的那种一元论的探讨似乎是必要的和急需的，但这种必要性和迫切性其实是来自如下事实：大多数社会，就其制度设计而论，尚未充分满足罗尔斯的正义原则对正义提出的要求。

五　结论

　　以上我已经试图表明，由科恩发起并进而由墨菲发展的那种批评，基本上是立足于对罗尔斯有关责任的社会分工的观点的误解。如果我的论证是可

---

　　①　我强调这种分析应该是"后果立足的"而不是严格"后果主义的"（consequentialist），因为罗尔斯认为合理的最大化是有限制的。对这个区分的说明，参见 Amartya Sen (1982), "Rights and A-gency," *Philosophy and Public Affairs* 11 (1)。

　　②　其实，差异原则就其应用和内容而论取决于这种分析。一些作者已经指出，在罗尔斯的正义概念中有一个明显的后果主义要素。例如，参见 Thomas Pogge, *Realizing Rawls* (Cornell University Press, 1989), pp. 36 - 47。

　　③　L. Murphy, "Institutions and the Demands of Justice", p. 285.

靠的,那么罗尔斯的责任分工观点其实并没有任何这样的含义:个人没有责任按照正义的要求来行动。实际上,罗尔斯已经反复强调:如果个人是合情合理的,那么他们就应该适应正义的要求,以一种符合那种要求的方式去追求和实现他们的个人目的。① 所以,罗尔斯不可能认为,正义原则并不适用于个人的日常行为和选择。责任分工观点所说的是,有一些正义的责任,比如说,那些与背景正义相关的责任,特别适用于制度而不是个人。个人有责任维护、支持和促进公正的社会制度,不仅因为与那些制度相关的结构性手段,一般来说,就是获得分配正义的最有效的手段,而且因为人与人之间的规范关系基本上是通过制度表达出来的,而制度在广泛的意义上被设想为公共认识到的规则或规范体系。这就是为什么责任分工的观点仍然坚不可摧,即使罗尔斯称为"社会基本结构"的那些东西并没有固定的边界。

当然,科恩确实很正确地看到,正义要求一个具有辩护作用的共同体。但辩护问题实际上比他所设想的要复杂得多。科恩论证说,当有才能的人们要求得到激励性报酬时,他们是在坚决否认他们与其他人享有一个共同体。但如果那些人并没有因为他们付出的艰苦劳动,或者因为他们所承受的特殊负担,而得到某种合理的补偿,那么他们就可以问:"为什么我们仍然需要生活在这个得不到合理补偿的社会中呢?"毕竟,一个公正的社会也应该是这样一个社会:在这个社会中,人们的能力和潜力应该和能够得到恰当的承认、欣赏和利用。确实,我们需要有一个平等主义的伦理风尚来通告我们的选择,来制约我们的行为,但那是因为我们的动机结构,就像科恩正确地认识到的那样,② 是由各种各样的社会结构广泛地塑造出来的。因此,在思考平等主义的计划应该如何与现存的社会结构相联系,并通过那些结构得到实现时,我们也就需要格外留心那些结构。也许,为了克服不平等,我们确实需要在我们的动机结构上发起一场革命。然而,没有可靠的理由认为,为了完成那样一场革命,我们不仅应该而且必须以一种马克思主义的方式来改变世界。③

① 对"合情合理"(reasonableness)与"合理性"(rationality)这两个概念的区分的说明,参见 John Rawls, *Political Liberalism*, pp. 48 – 54。

② 参见 G. A. Cohen, *If You're an Egalitarian, How Come You're So Rich*, p. 119。

③ 马克思曾经说道:"我们感兴趣的不是改变私有财产,而是将它完全歼灭,不是调和阶级对立,而是消灭一切阶级,不是改革当前的社会,而是建立一个新的社会。"转引自 Eric Voegelin, "The Formation of the Marxian Revolutionary Idea", *The Review of Politics* 12, p. 301。本文写于 2000 年,我感谢 Christian Barry 和 Thomas Pogge 就有关问题与我进行的讨论。

参考文献

1. 罗尔斯原著

（A）英文专著

A Theory of Justice, Cambridge, MA: Harvard University Press, 1971; *A Theory of Justice* (*revised edition*), Cambridge, MA: Harvard University Press, 1999.

Colleted Papers, Cambridge, MA: Harvard University Press, 1999.

Justice as Fairness: *A Restatement*, Cambridge, MA: Harvard University Press, 2001.

Political Liberalism, New York: Columbia University Press, 1993; *Political Liberalism*, The revised edition includes an additional preface and Rawl's 1995 article: the "reply to Habermas", New York: Columbia University Press, 1996.

The Law of Peoples, Cambridge, MA: Harvard University Press, 2001.

（B）英文论文

"Kantian Constructivism in Moral Theory", in *The Journal of Philosophy*, (September 1980), 77 (9).

"Reply to Alexander and Musgrave", *The Quarterly Journal of Economics*, 1974a, 88 (4).

"Some Reasons for the Maximin Criterion", *American Economic Review*, 1974b, 64 (2).

"The Basic Liberties and Their Priority", in S. MacMurrin (ed.), *The Tanner Lectures on Human Values*, Ⅲ, Cambridge, UK: Cambridge University Press, 1982.

"The Idea of Public Reason Revisited", in *Collected Papers*, edited by Samuel Freeman, Cambridge, MA: Harvard University Press, 2001.

"Some Reasons for the Maximin Criterion", *American Economic Association*, Vol. 64, No. 2 (May, 1974).

(C) 中译原著

《道德哲学史讲义》，张国清译，上海三联书店 2003 年版；

《正义论》，何怀宏、何包钢、廖申白译，中国社会科学出版社 1988 年版；

《政治自由主义》，万俊人译，译林出版社 2000 年版；

《正义论（修订版）》，何怀宏、何包钢、廖申白译，中国社会科学出版社 2009 年版；

《作为公平的正义——正义新论》，姚大志译，上海三联书店 2002 年版；

《主张最大最小化标准的几个理由》，包利民译，收录于包利民主编《当代社会契约论》，第 14—19 页，凤凰出版传媒集团、江苏人民出版社 2007 年版。

2. 英文参考书目

(A) 专著

Arrow, K., *Social Choice and Individual Values*, Cambridge, MA: Yale University Press, 1963.

Aurelius, M., "Meditations", in A. S. L. Farquharson, *The Meditations of the Emperor Marcus Antoninus*, Oxford: Oxford University Press, 1990.

Barkerr, E., *Social Contract: Locke, Hume and Rousseau*, Oxford: Oxford University Press, 1947.

Barry, B., *Theories of Jusitce*, Vol. 1, Berkeley: University of California Press, 1989.

——*Justice as Impartiality*, Oxford: Oxford University Press, 1995.

Beitz, C., *Political Theory and International Relations*, Princeton: Princeton University Press, 1979.

Binmore, K., *Game Theory and Social Contract*, Vol. I: Playing Fair,

Cambridge, MA: The MIT Press, 1994;

——*Game Theory and Social Contract*, *Vol. II*: Just Playing, Cambridge, MA: The MIT Press, 1998;

——*Natural Justice*, Oxford: Oxford Ann Arbor: University Press, 2005.

Buchanan, J. M. & Tullock, G., *The Calculus of Consent: Logical Foundations of Constitutional Democracy*, Ann Arbor: University of Michigan Press, 1967.

Kukathas, C. & Pettit, P., *Rawls: A Theory of Justice and its Critics*, Cambridge, UK: Polity Press, 1995.

Cohen, G., "On the currency of egalitarian justice", *Ethics*, 1989, 99.

Dahl, R., *How Democratic is the American Constitution?*, second edition, New Haven Yale University Press, 2003.

Dworkin, R., *Taking Rights Seriously*, Cambridge, MA: Harvard University Press, 1977.

——*Sovereign Virtue: The Theory and Practice of Equality*, Cambridge, MA: Harvard University Press, 2002.

Frohlich, N. & Oppenheimer, J. A., *Choosing Justice: An Experimental Approach to Ethical Theory*, Berkeley: U. California Press, 1992.

Gauthier, D., *Morals By Agreement*, Oxford: Oxford University Press, 1986.

Habermas, J., *Communication and the Evolution of Society*, trans. McCarthy, Beacon Press, 1979;

——*Moral Consciousness and Communicative Action*, Cambridge, UK: Polity Press, 1990.

Hayek, F. A., *Individualism and Economic Order*, Chicago: University of Chicago Press, 1948;

——*The Sensory Order: An Inquiry into the Foundations of Theoretical Psychology*, Taylor & Francis, 1952;

——*The Counter – Revolution of Science: Studies on the Abuse of Reason*, London: Free Press of Glencoe, Collier Macmillan Ltd., 1952;

——*Studies in Philosophy, Politics and Economics*, London: Routledge and Kegan Paul, 1967;

——*Law, Legislation and Liberty*, London: Routledge and Kegan

Paul, 1976;

——*New Studies in Philosophy*, *Politics*, *Economics and the History of Ideas*, Chicago: University of Chicago Press, 1978.

Jefferson, T. , *Political Writings*, edited by Joyce Appleby & Terrence Ball, Cambridge, UK: Cambridge University Press, 1999.

Klosko, G. , *The Development of Plato's Political Theory*, 2nd ed. , Oxford: Oxford University Press, 2006.

Knight, F. , *Risk, Uncertainty, and Profit*, Boston, MA: Hart, Schaffner & Marx, Houghton Mifflin Co. , 1921.

Lessnoff, M. , *Social Contract*, London: Macmillan, 1986 (Humanities Press International, 1986) .

MacIntyre, A. , *After Virtue*, Notre Dame, Indiana: University of Notre Dame Press, 1981/2007.

Miller, D. , *Social Justice*, Oxford: Oxford University Press, 1976.

Nathanson, S. , *Economic Justice*, Upper Saddle River, New Jersey: Prentice Hall, 1998.

Nagel, T. , *Equality and Partiality*, New York : Oxford University Press, 1991.

Neumann, J. von & Morgenstern, O. , *Theory of Games and Economic Behavior*, Princeton University Press, 1944.

Nozick, R. , *Anarchy, State, and Utopia*, New York: Basic Books Inc. Publishers, 1974.

Popper, K. , *The Open Society and its Enemies*, London: Routledge, 1945.

Richard R. , *Objectivity, Relativism, and Truth*, Cambridge, UK: Cambridge University Press, 1991.

Samuel F. (ed.), *The Cambridge Company to Rawls*, Cambridge: Cambridge University Press, 2003.

Sandal, M. , *Liberalism and the Limits of Justice*, Cambridge: Cambridge University Press, 1982.

Scanlon, T. , *What We Owe to Each Other*, Cambridge, MA: Harvard University Press, 1998.

Sen, A. , *Collective Choice and Social Welfare*, San Francisco: Holden –

Day, 1970;

——*Development as Freedom*, Oxford: Oxford University Press, 1999.

——*The Idea of Justice*, London: Penguin – Allen Lanes, 2009;

Wald, A., *Statistical Decision Functions*, New York: John Wiley & Sons, 1950.

Walzer, M., *Interpretation and Social Criticism*, Cambridge, MA: Harvard University Press, 1987.

Wolff, R. P., *Understanding Rawls*, Princeton: Princeton University Press, 1977.

(B) 论文

Axelrod, R., "Effective Choice in the Prisoners Dilemma", *Journal of Conflict Resolution*, Vol. 24, 1980.

Arrow, K., "Some Ordinalist – Utilitarian Notes on Rawls's Theory of Justice", *Journal of Philosophy*, 1973.

Buchanan, J. M., " Rawls on Justice as Fairness ", *Public Choice*, 1972, 13.

Daniels, Norman, "Health – Care Needs and Distributive Justice", *Philosophy and Public Affairs*, Vol. 10, No. 2, 1981.

Dasgupta, P., "On Some Problems Arising from Professor Rawls´Conception of Distributive Justice", *Theory and Decision*, 1974, 4.

Frohlich, N. & Oppenheimer, J. A., "Preferences for Income Distribution and Distributive Justice: A Window on the Problems of Using Experimental Data in Economics and Ethics", *Eastern Economic Jounal*, 1994, 20 (2) .

Frohlich, N. & Oppenheimer, J. A. & Eavey, C. L., "Laboratory Results on Rawls's Distributive Justice", *British Journal of Political Science*, 1987, 17 (1) .

Habermas, J., "Reconciliation through the Public Use of Reason: Remarks on John Rawls's Political Liberalism," *Journal of Philosophy*, March 1995;

Harsanyi, J., "Can the Maximin Principle Serve as a Basis for Morality? A Critique of John Rawls's Theory ", *American Political Science Review*, 1975, 69.

—— "Rule Utilitarianism and Decision Theory", in *Erkenntnis*, 1977, 1.

—— "Rule Utilitarianism, Rights, Obligations and the Theory of Rational Behavior", in *Theory and Decision*, 1980, 6.

Musgrave, R. A., "Maximin, Uncertainty, and the Leisure Trade – Off", *The Quarterly Journal of Economics*, 1974, 88（4）.

Nell, O., Boulding, K. E. & Worland, S. T., "Three Reviews of John Rawls: 'A Theory of Justice'", *Journal of Economic Issues*, 1973, 7（4）.

Okin, S., "Justice as Fairness: For Whom?", in Milton Fish, ed., *Justice*, New Jersey: Humanities Press, 1993.

Olson, M., *Power and Prosperity: Outgrowing Communist and Capitalist Dictatorships*, Basic Books, 2000.

Przeworski, A., "Minimalist Conception of Democracy: A Defense", In *Democracy's Value*, edited by Ian Shapiro and Casiano Hacker – Cordon, Cambridge, UK: Cambridge University Press, 1999.

Savage, L. J., "The Theory of Statistical Decision", *Journal of the American Statistical Association*, 1951, 46.

Sugden, R., "Contractarianism and Norms", *Ethics*, 1990, 100（4）.

Zhao, Tingyang, "Understanding and Acceptance", *les Assises de la connaissance reciproque*, Le Robert, 2003.

3. 中文参考书目

（A）著作类

艾克斯罗德:《合作的进化》,吴坚忠译,上海人民出版社1996年版。

高小勇、汪丁丁编:《专访诺贝尔经济学奖得主:大师论衡中国经济与经济学》,朝华出版社2005年版。

哈贝马斯:《公共领域的结构转型》,学林出版社1999年版。

哈耶克:《法律、立法与自由》下册（第二、三卷）,邓正来译,中国大百科全书出版社2000年版。

何怀宏:《良心与正义的探求》,黑龙江人民出版社2004年版;

——《世袭社会及其解体》,生活·读书·新知三联书店1996年版;

——《选举社会及其终结》,生活·读书·新知三联书店1998年版;

——《世袭社会》,北京大学出版社2011年版;

——《选举社会》，北京大学出版社 2011 年版；

——《契约伦理与社会正义：罗尔斯正义中的历史与理性》，中国人民大学出版社 1993 年版。

黄涛：《博弈论教程——理论·应用》，首都经贸大学出版社 2004 年版。

康德：《实践理性批判》，韩水法译，商务印书馆 1999 年版；

——《历史理性批判文集》，何兆武译，商务印书馆 1990 年版；

——《道德形而上学原理》，苗力田译，上海人民出版社 2005 年版。

克里斯汀·蒙特、丹尼尔·塞拉：《博弈论与经济学》，张琦译，经济管理出版社 2005 年版。

肯尼斯·阿罗：《社会选择与个人价值》，丁建峰译，上海人民出版社 2010 年版。

肯·宾默尔：《博弈论与社会契约》第一卷，王小卫、钱勇译，上海财经大学出版社 2003 年版；

——《自然正义》，李晋译，上海财经大学出版社 2010 年版。

罗纳德·德沃金：《认真对待权利》，中国大百科全书出版社 1998 年版；

——《至上的美德》，江苏人民出版社 2003 年版。

罗森鲍姆编：《宪政的哲学之维》，郑戈、刘茂林译，生活·读书·新知三联书店 2001 年版 。

马基雅维里：《论李维》，冯克利译，上海人民出版社 2005 年版。

迈克尔·J. 桑德尔：《自由主义与正义的局限》，万俊人等译，译林出版社 2001 年版。

迈克尔·曼：《社会权力的来源》第一卷，刘北成、李少军译，上海人民出版社 2002 年版。

迈克尔·沃尔泽：《正义诸领域》，译林出版社 2001 年版。

孟德斯鸠：《罗马盛衰原因论》，婉玲译，商务印书馆 1962 年版。

施锡铨：《博弈论》，上海大学出版社 2000 年版。

石元康：《罗尔斯》，广西师范大学出版社 2004 年版。

涛慕思·博格：《罗尔斯：生平与正义理论》，顾肃、刘雪梅译，中国人民大学出版社 2010 年版。

尤尔根·哈贝马斯：《交往行为理论》第一卷，曹卫东译，上海人民出版社 2004 年版。

王海明：《新伦理学》，商务印书馆 2001 年版。

魏丕信：《18世纪中国的官僚制度与荒政》，徐建青译，江苏人民出版社 2003 年版。

周保松：《自由人的平等政治》，生活·读书·新知三联书店 2010 年版。

朱·弗登博格、让·梯若尔：《博弈论》，中国人民大学出版社 2002 年版。

《礼记》。

《礼记训纂》。

《礼记集解》。

《朱文公文集》。

《荀子》。

《管子》。

《国语》。

《论语》。

(B) 论文类

水梦云：《何为正义，如何公平？——解读〈正义论〉》，http：//www.wyzxsx.com/Article/Class17 – /201005/148779.html。

许纪霖：《合法与正义之间：论两种自由和民主——对"自由主义"与"新左派"论战的反思》，新加坡国立大学东亚研究所论文系列，第 31 期，2001 年 5 月出版。

赵汀阳：《初始状态的博弈问题》，《社会科学论坛》2006 年第 12 期；

——《荀子的初始状态理论》，《社会科学战线》2007 年第 5 期。

索　引